应用型本科电子商务专业精品系列规划教材

电子商务概论

（第3版）

主　编　彭　媛

副主编　宁　亮　熊奇英

参　编　唐建军　涂传清　沈俊鑫
　　　　　马　威　郑　静　陈　琦
　　　　　彭　芳　吴　燕　黄青云

北京理工大学出版社
BEIJING INSTITUTE OF TECHNOLOGY PRESS

内 容 简 介

电子商务概论是电子商务专业的基础课,也是大学本科其他专业的选修课。本书从经济、金融和技术的视角去构筑电子商务概论的系统和理论框架。

本书系统地介绍了电子商务的整体架构、基础知识及相关的应用,包括电子商务概述、网络经济、电子商务的技术基础、电子商务安全、网络金融、网络营销、电子商务物流管理、电子商务网站建设、企业电子商务应用及电子商务的法律问题 10 章内容。

本书旨在向读者介绍电子商务的基本概念及相关的应用。为了提高学生的学习兴趣,书中尽量采用图文并茂的形式,深入浅出地介绍电子商务的理论和知识;并在各章后面附有"本章小结""复习题",使学生在学习书本知识之后能分析和解释电子商务活动中存在和发生的问题,提高学生分析和解决问题的能力。

本书可以作为高等院校电子商务专业及信息管理、市场营销、国际贸易等非电子商务专业本科学生的教材,也可作为广大电子商务爱好者和大专院校相关专业师生的参考用书。

版权专有　侵权必究

图书在版编目(CIP)数据

电子商务概论 / 彭媛主编. —3 版. —北京:北京理工大学出版社,2018.1(2019.6 重印)

ISBN 978 - 7 - 5682 - 5254 - 6

Ⅰ. ①电… Ⅱ. ①彭… Ⅲ. ①电子商务 - 高等学校 - 教材　Ⅳ. ①F713.36

中国版本图书馆 CIP 数据核字(2018)第 018742 号

出版发行 /	北京理工大学出版社有限责任公司
社　　址 /	北京市海淀区中关村南大街 5 号
邮　　编 /	100081
电　　话 /	(010)68914775(总编室)
	(010)82562903(教材售后服务热线)
	(010)68948351(其他图书服务热线)
网　　址 /	http://www.bitpress.com.cn
经　　销 /	全国各地新华书店
印　　刷 /	三河市华骏印务包装有限公司
开　　本 /	787 毫米 × 1092 毫米　1/16
印　　张 /	19.5
字　　数 /	458 千字
版　　次 /	2018 年 1 月第 3 版　2019 年 6 月第 3 次印刷
定　　价 /	49.00 元

责任编辑 / 申玉琴
文案编辑 / 申玉琴
责任校对 / 周瑞红
责任印制 / 李志强

图书出现印装质量问题,请拨打售后服务热线,本社负责调换

第3版前言

以互联网为代表的数字技术正在加速与经济社会各领域深度融合，成为促进我国消费升级、经济社会转型、构建国家竞争新优势的重要推动力。互联网的快速发展直接影响了电子商务的发展，而电子商务的飞速发展是信息技术在经济领域发展的集中体现。

电子商务从出现到现今，已有了一套完整的运作方式和原理，在全球所有行业中都给出了连接和共享的信息平台，电子商务在新时代对实体经济和虚拟经济发展均具有不可或缺的重要作用。

本书全面系统地介绍电子商务的整体框架及其涵盖的主要内容，并着重从管理层面对电子商务的理论问题和实践问题进行深入探讨，以使读者在阅读本书后能对电子商务的理论、技术与应用有一个清晰、完整的了解。本书在编写上有两个特点：第一，便于自学。每章都设有学习目标，明确应了解、掌握的知识点，章后均附有本章小结及复习题。第二，内容简洁，突出重点，着重对知识的全面把握。

随着电子商务产业的迅速发展，电子商务课程教材也需要适时更新与不断完善。第3版的修订在吸取前两版的编写经验的基础上，保持"原版特色、组织结构和内容体系"不变的前提下，努力在电子商务行业案例、产业资讯、教学资料等内容的时效性方面有所更新和充实。修订的主要内容有：

第一，对有关章节的案例进行了更新，力求达到资料翻新、个案全新、思考创新。

第二，对有关章节的教材内容和条目顺序进行调整、充实、更改甚至重写，力求达到与时俱进，强调实用、强化实践。

教材具体的编写分工如下：第一章：彭媛（江西农业大学）、宁亮（江西财经大学）；第二章：彭媛、熊奇英（江西农业大学南昌商学院）；第三章：吴燕（江西农业大学）、沈俊鑫（昆明理工大学）；第四章：唐建军（江西农业大学）、陈琦（江西农业大学）；第五章：彭媛、马威（湖南大学）；第六章：彭媛、彭芳（江西农业大学）；第七章：涂传清（江西农业大学）、郑静（江西财经大学现代经济管理学院）；第八章：唐建军、黄青云（江西农业大学）；第九章：宁亮、彭媛、郑静；第十章：彭媛、马威。全书由彭媛统稿。

本书建议授课总学时为 48 课时。

本书在编写过程中参考了国内外电子商务教材、相关的文献资料和一些网站资料，在此一并向相关作者表示衷心的感谢！

由于水平有限，书中难免有不足之处，希望广大读者批评指正。

编　者

目 录

第一章 电子商务概述 …………………………………………………………（1）
  第一节 电子商务的兴起和发展 ……………………………………………（1）
    一、电子商务产生和发展的条件 …………………………………………（1）
    二、电子商务的发展阶段 …………………………………………………（2）
    三、世界电子商务的发展现状 ……………………………………………（3）
  第二节 电子商务的概念和分类 ……………………………………………（8）
    一、电子商务的概念 ………………………………………………………（8）
    二、电子商务的特性 ………………………………………………………（11）
    三、电子商务的范围 ………………………………………………………（12）
    四、电子商务的分类 ………………………………………………………（14）
  第三节 电子商务对社会经济的作用和影响 ………………………………（21）
    一、电子商务对社会生产力的推动作用 …………………………………（22）
    二、电子商务是实现经济变迁的重要措施和手段 ………………………（22）
    三、电子商务发展是促进市场资源有效配置的必备手段 ………………（23）
  本章小结 ………………………………………………………………………（23）
  复习题 …………………………………………………………………………（24）

第二章 网络经济 ………………………………………………………………（25）
  第一节 网络经济的定义与发展 ……………………………………………（25）
    一、网络经济的定义 ………………………………………………………（25）
    二、网络经济对传统经济的影响 …………………………………………（26）
  第二节 网络经济的理论分析 ………………………………………………（29）
    一、网络经济中的边际收益 ………………………………………………（29）
    二、网络经济的定律 ………………………………………………………（31）
    三、网络经济的竞争原则 …………………………………………………（33）
    四、我国快速健康发展网络经济的思考 …………………………………（35）

本章小结 …………………………………………………………（ 36 ）
　　复习题 ……………………………………………………………（ 37 ）

第三章　电子商务的技术基础 ………………………………………（ 38 ）
　　一、计算机网络基础知识 ………………………………………（ 38 ）
　　二、因特网（Internet）基础知识 ………………………………（ 51 ）
　　三、电子数据交换技术 …………………………………………（ 60 ）
　　四、物联网技术 …………………………………………………（ 68 ）
　　五、云计算 ………………………………………………………（ 69 ）
　　本章小结 …………………………………………………………（ 70 ）
　　复习题 ……………………………………………………………（ 71 ）

第四章　电子商务安全 …………………………………………………（ 73 ）
　　第一节　电子商务系统存在的安全隐患 ………………………（ 74 ）
　　　一、电子商务的安全问题 ……………………………………（ 74 ）
　　　二、电子商务的安全需求 ……………………………………（ 77 ）
　　第二节　电子商务的安全技术 …………………………………（ 78 ）
　　　一、数据加密技术 ……………………………………………（ 78 ）
　　　二、安全认证技术 ……………………………………………（ 83 ）
　　第三节　防火墙技术 ……………………………………………（ 88 ）
　　　一、防火墙概述 ………………………………………………（ 88 ）
　　　二、防火墙的作用 ……………………………………………（ 89 ）
　　　三、防火墙的功能 ……………………………………………（ 89 ）
　　　四、防火墙的分类 ……………………………………………（ 89 ）
　　　五、防火墙的作用和局限 ……………………………………（ 90 ）
　　第四节　SSL与SET安全协议 …………………………………（ 91 ）
　　　一、SSL（Secure Sockets Layer）安全协议 ………………（ 91 ）
　　　二、SET（Secure Electronic Transaction）安全协议 ……（ 91 ）
　　　三、SSL与SET协议的比较 …………………………………（ 92 ）
　　本章小结 …………………………………………………………（ 93 ）
　　复习题 ……………………………………………………………（ 93 ）

第五章　网络金融 ………………………………………………………（ 95 ）
　　第一节　电子商务网络支付系统概述 …………………………（ 95 ）
　　　一、网络支付与电子商务发展的关联 ………………………（ 95 ）
　　　二、网络支付系统基础 ………………………………………（ 98 ）
　　　三、网络支付系统的分类 ……………………………………（100）
　　第二节　网上支付方式 …………………………………………（101）
　　　一、信用卡网上支付方式 ……………………………………（101）
　　　二、电子支票支付方式 ………………………………………（104）

三、电子现金支付方式 …………………………………………………… (106)
　第三节　网络银行 ……………………………………………………………… (109)
　　一、网络银行概述 ………………………………………………………… (109)
　　二、网络银行的产生和发展 ……………………………………………… (111)
　　三、网络银行的类型 ……………………………………………………… (112)
　　四、网络银行的系统构成 ………………………………………………… (113)
　　五、我国网络银行的发展与策略 ………………………………………… (114)
　第四节　第三方支付的概况介绍 ……………………………………………… (118)
　　一、第三方支付简介 ……………………………………………………… (118)
　　二、第三方支付的分类方式 ……………………………………………… (121)
　　三、第三方支付现状 ……………………………………………………… (122)
　　四、第三方支付的优缺点 ………………………………………………… (124)
　　五、部分第三方支付跨境支付业务介绍 ………………………………… (124)
　　六、第三方支付未来的趋势 ……………………………………………… (127)
　第五节　网络金融与发展趋势 ………………………………………………… (129)
　　一、网络金融现状 ………………………………………………………… (129)
　　二、网络金融发展趋势 …………………………………………………… (132)
　本章小结 ………………………………………………………………………… (133)
　复习题 …………………………………………………………………………… (134)

第六章　网络营销 …………………………………………………………… (136)
　第一节　网络营销的基本理论 ………………………………………………… (136)
　　一、网络营销的基本概念 ………………………………………………… (136)
　　二、网络营销的产生与发展 ……………………………………………… (137)
　　三、网络营销功能 ………………………………………………………… (138)
　　四、网络营销的理论基础 ………………………………………………… (140)
　第二节　网络市场调研 ………………………………………………………… (144)
　　一、网上直接调研 ………………………………………………………… (144)
　　二、网上间接调研 ………………………………………………………… (146)
　　三、商务信息的收集策略 ………………………………………………… (147)
　　四、网络市场调查存在的问题 …………………………………………… (148)
　第三节　网络营销策略 ………………………………………………………… (149)
　　一、网上产品和服务策略 ………………………………………………… (149)
　　二、网络营销价格策略 …………………………………………………… (152)
　　三、网络营销渠道策略 …………………………………………………… (154)
　　四、网络促销策略 ………………………………………………………… (159)
　第四节　网络营销方法 ………………………………………………………… (159)
　　一、搜索引擎和搜索引擎营销 …………………………………………… (160)
　　二、交换链接 ……………………………………………………………… (163)

三、病毒式营销 …………………………………………………… (164)
　　四、网络广告 ……………………………………………………… (165)
　　五、许可 E-mail 营销与邮件列表 ……………………………… (168)
　　六、联属网络营销 ………………………………………………… (169)
　　七、Web 2.0 的营销工具和方法 ………………………………… (169)
　本章小结 ……………………………………………………………… (178)
　复习题 ………………………………………………………………… (178)

第七章　电子商务物流管理 …………………………………………… (180)
　第一节　电子商务物流管理概述 …………………………………… (180)
　　一、物流概述 ……………………………………………………… (180)
　　二、物流与电子商务的关系 ……………………………………… (182)
　　三、电子商务物流的含义与特点 ………………………………… (184)
　第二节　电子商务物流的组织模式 ………………………………… (185)
　　一、电子商务物流的组织模式 …………………………………… (185)
　　二、电子商务企业选择物流组织模式应遵循的原则 …………… (188)
　第三节　电子商务物流过程管理 …………………………………… (189)
　　一、包装 …………………………………………………………… (189)
　　二、运输 …………………………………………………………… (190)
　　三、仓储 …………………………………………………………… (191)
　　四、装卸搬运 ……………………………………………………… (192)
　　五、流通加工 ……………………………………………………… (193)
　　六、配送 …………………………………………………………… (193)
　第四节　电子商务物流信息管理 …………………………………… (195)
　　一、电子商务物流信息 …………………………………………… (195)
　　二、电子商务物流信息管理系统 ………………………………… (196)
　　三、电子商务物流信息技术 ……………………………………… (197)
　第五节　电子商务物流成本管理 …………………………………… (200)
　　一、物流成本概述 ………………………………………………… (200)
　　二、物流成本构成与计算 ………………………………………… (204)
　　三、物流成本控制 ………………………………………………… (206)
　本章小结 ……………………………………………………………… (209)
　复习题 ………………………………………………………………… (209)

第八章　电子商务网站建设 …………………………………………… (211)
　第一节　电子商务站点的策划 ……………………………………… (211)
　　一、电子商务站点的规划 ………………………………………… (211)
　　二、电子商务站点的设计 ………………………………………… (214)
　第二节　电子商务站点的建设 ……………………………………… (215)

一、电子商务站点的实施方式 ·· (215)
　　二、电子商务站点的域名申请 ·· (218)
　　三、电子商务站点的准备 ·· (219)
　　四、电子商务站点的开发 ·· (221)
　　五、电子商务站点的维护 ·· (227)
　第三节　网页设计与制作 ·· (228)
　　一、网页设计语言 ··· (228)
　　二、动态网页技术 ··· (235)
　　三、网页制作工具 Dreamweaver ··· (239)
　本章小结 ·· (240)
　复习题 ·· (240)

第九章　企业电子商务应用 ·· (242)
　第一节　企业电子商务的应用类型 ··· (243)
　　一、企业电子商务的应用层次及交易模式 ···································· (243)
　　二、企业外部电子商务 ·· (244)
　　三、企业内部电子商务 ·· (246)
　第二节　顾客主导型电子商务模式 ··· (251)
　　一、顾客主导型电子商务模式的内涵 ·· (251)
　　二、顾客主导型电子商务模式的管理 ·· (252)
　第三节　企业电子商务信息化建设 ··· (253)
　　一、企业信息化的产生和发展 ·· (253)
　　二、企业信息化的概念和内容 ·· (255)
　　三、企业信息化的功能和作用 ·· (256)
　第四节　企业的电子商务应用——企业资源计划 ·································· (257)
　　一、ERP 的产生背景 ·· (257)
　　二、ERP 的概念和特点 ··· (258)
　　三、ERP 系统的管理思想 ·· (261)
　　四、ERP 系统的构成 ·· (262)
　　五、ERP 在我国的应用现状和存在的问题 ··································· (265)
　第五节　电子商务的应用——客户关系管理 ······································· (267)
　　一、客户关系管理概述 ·· (267)
　　二、成功实施 CRM 战略的主要步骤 ·· (268)
　　三、CRM 的系统构成 ··· (269)
　第六节　企业信息化应用——供应商关系管理 ···································· (270)
　本章小结 ·· (271)
　复习题 ·· (272)

第十章　电子商务的法律问题 ·· (273)
　第一节　电子商务法律概述 ·· (273)

一、电子商务法律问题产生的原因 …………………………………………（273）
　　二、电子商务的基本法律问题 ……………………………………………（274）
　　三、电子商务法的概念和特征 ……………………………………………（275）
　第二节　电子商务交易安全的法律保障 ………………………………………（275）
　　一、电子商务与消费者权益保护 …………………………………………（275）
　　二、电子商务中的隐私保护 ………………………………………………（277）
　　三、垃圾邮件及其法律措施 ………………………………………………（288）
　第三节　电子商务涉及的知识产权问题 ………………………………………（291）
　　一、网络版权问题 …………………………………………………………（291）
　　二、域名的知识产权问题 …………………………………………………（293）
　　三、网络对专利领域提出的挑战 …………………………………………（294）
　本章小结 …………………………………………………………………………（298）
　复习题 ……………………………………………………………………………（298）

参考文献 …………………………………………………………………………（299）

第一章

电子商务概述

> **导读**
>
> 在网络技术快速发展的当代社会,人们已深深领略到信息革命第二次浪潮的冲击。现代信息网络的应用范围从单纯的通信、教育和信息查询向更具效益的商业领域扩张。认识电子商务、参与电子商务成为管理者、企业家和消费者都必须认真对待的一项新任务。本章在介绍电子商务的发展历程和前景的基础上,系统讨论了电子商务的概念、分类、基本流程和参与各方的法律关系,阐述了电子商务在现代经济中的地位和作用,使读者对电子商务有一个系统性的了解。

> **学习目标**
>
> 1. 了解电子商务的发展历史。
> 2. 理解电子商务的概念。
> 3. 掌握电子商务的分类和应用。
> 4. 了解电子商务对社会经济的影响。

第一节 电子商务的兴起和发展

一、电子商务产生和发展的条件

电子商务最早产生于20世纪60年代,发展于90年代,其产生和发展的重要条件主要有以下几个方面。

(一) 计算机的广泛应用

近30年来,计算机的处理速度越来越快,处理能力越来越强,价格越来越低,应用越来越广泛,这为电子商务的应用提供了基础。

（二）网络技术的成熟和应用的普及

由于因特网逐渐成为全球通信与交易的媒体,因此全球上网用户呈指数增长趋势,快捷、安全、低成本的特点为电子商务的发展提供了应用条件。

（三）信用卡的普及应用

信用卡以其方便、快捷、安全等优点成为人们消费支付的重要手段,由此形成了完善的全球性信用卡计算机网络支付与结算系统,使"一卡在手,走遍全球"成为可能。

（四）电子交易安全协议的制定

1997年5月31日,由美国维萨国际组织（VISA International）和万事卡达国际组织（Master Card International）等联合制定的 SET 协议,即电子安全交易协议出台,该协议得到大多数厂商的认可和支持,为开发网络上的电子商务提供了关键的安全环境。

（五）政府的支持与推动

自1997年欧盟发布欧洲电子商务协议及美国随后发布全球电子商务纲要以后,电子商务受到世界各国政府的重视,许多国家的政府开始尝试"网上采购",为电子商务在全球范围内的发展提供了有力的支持。

二、电子商务的发展阶段

世界电子商务的发展历程基本可以分为酝酿起步、迅速膨胀和稳步发展三个阶段。

（一）酝酿起步阶段

20世纪70年代,欧美一些发达国家开始采用 EDI（Electronic Data Interchange）技术进行贸易,形成了涌动全球的"无纸贸易"热潮。

20世纪90年代以来,随着网络、通信和信息技术的突破性进展,因特网在全球爆炸性的增长并迅速普及,使现代商业具有不断增长的供货能力、客户需求和全球竞争三大特征。在这一新趋势下,一种基于因特网,以交易双方为主体,以银行电子支付和结算为手段,以客户数据为依托的全新商务模式——电子商务出现并发展起来。

（二）迅速膨胀阶段

1996年12月16日,联合国第85次全体会议通过了第51/162号决议,正式颁布了《贸易法委员会电子商业示范法及其颁布指南》（以下简称《电子商业示范法》）。《电子商业示范法》的颁布,规范了电子商务活动中的各种行为,极大地促进了世界电子商务的发展,并为各国电子商务立法提供了一个范本。

1997年4月5日,欧盟提出了"欧盟电子商务行动方案",对信息基础设施、管理框架和商务环境等方面的行动原则进行了规定。同年7月1日,美国政府发表了《全球电子商务框架》,提出了开展电子商务的基本原则、方法和措施。该文件第一次将因特网的影响与200年前的工业革命相提并论,极大地推动了美国和世界电子商务的发展。这一年,通过因特网形成的电子商务交易额达到26亿美元。

1998年，IBM、HP等跨国公司相继宣布该年度为"电子商务年"，得到众多信息技术公司和商务公司的响应。1999年12月14日，Ziff-Davis杂志牵头组织了301位世界著名的因特网和IT（Information Technology，信息技术）业巨头、记者、民间团体、学者等，对7项47款标准进行了历时半年的两轮投票，确定了世界上第一个因特网商务标准（The Standard for Internet Commerce，Version 1.0-1999），虽然这并不是一个法律文本，但遵守这一标准的销售商的确在随后的几年中获得了更大的发展。

（三）稳步发展阶段

进入21世纪，因特网经济遭到第一次沉重的打击。美国纳斯达克指数暴跌，网络股的价值缩水使投资人忧心忡忡。一时间，众多的注意力集中在因特网经济的泡沫上。尤其是作为电子商务典范的美国亚马逊公司经营状况的恶化、中国8848等电子商务公司的倒闭，更加大了人们对电子商务的心理恐惧，似乎电子商务已经走到了崩溃的边缘。甚至有人认为网络公司已经开始分享"最后的晚餐"。

面对电子商务发展的严峻形势，联合国有关组织加大了电子商务发展工作的力度。2001年5月10日，联合国促进贸易和电子商务中心（UN/CEFACT）与结构化信息标准发展组织（OASIS）正式批准了ebXML（Electronic Business Extensible Markup Language）标准，为拓展一个统一的全球性的电子商务交易市场奠定了基础。

2001年11月，联合国贸易和发展委员会发表了由联合国秘书长安南亲自作序的《2001年电子商务和发展报告》。这一长达40万字的报告在充分考察电子商务发展过程的基础上，深入分析了电子商务对发达国家和发展中国家的影响，构造了电子商务发展环境模式和实践方法，并对电子商务的应用进行了全面总结。应当说，在电子商务发展的关键时刻，这一报告对促进世界电子商务的应用进行了全面总结，对促进世界电子商务的发展起到了极为重要的作用。

2002年1月24日，联合国第56届会议通过了《联合国国际贸易法委员会电子签字示范法》（以下简称《电子签字示范法》），这是联合国继《电子商业示范法》后通过的又一部涉及电子商务的重要法律。该法试图通过规范电子商务活动中的签字行为，建立一种安全机制，促进电子商务在世界贸易活动中的全面推广。会议之后，联合国国际贸易法委员会电子商务工作组将工作的重点转移到电子订约的立法工作上，并提出了电子订约立法的整体构思。与此同时，各国政府也相继推出各种鼓励政策，继续支持电子商务的发展。电子商务摆脱了世界经济萎缩和IT行业泡沫破灭的影响，步入了稳定发展阶段。

三、世界电子商务的发展现状

（一）总体概况

通信产业调研机构Point Topic 2017年上半年公布了2017第一季度的全球宽带用户数据。全球固网宽带用户数量环比增长2.63%，固网宽带用户总数达到8.751亿。其中固网用户数量排名前十的国家的宽带用户数如图1-1所示。

报告还显示美国人在电子商务上的花费排在最前位。接下来分别是英国、瑞典、法国、德国、日本、西班牙、中国、俄罗斯和巴西，如图1-2所示。

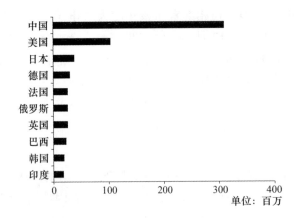

图1-1 2017年全球固网用户数量排名前十的国家的宽带用户数（来源于 Point Topic）

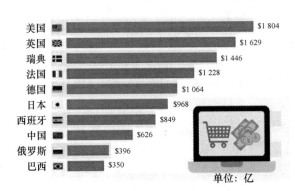

图1-2 2017年全球网络购物消费金额前十位国家排名（来源于 Point Topic）

（二）不同地区的发展情况

1. 北美与欧洲

在北美和欧洲的发达国家，电子商务发展较早，美国作为全球最大的电子商务市场，其电子商务的应用领域和规模都远远领先于其他国家。根据美国商务部公布的数据，2017年一季度，美国电商销售额达到了1 000亿美元，第一次在非圣诞节季节中突破1 000亿美元大关。从同比增速看，电商销售增速为20%并开始提速。PC端的电商销售达到了778亿美元，移动端达到了223亿美元。美国访问量最大的电商网站里，亚马逊一枝独秀，紧随其后的是eBay，沃尔玛排名第三，接下来是苹果、Target和Home Depot。

MasterCard（万事达信用卡组织）2017年的"泛欧洲电商趋势"调查报告显示，欧洲人都热衷于电商购物。该报告的调查对象涵盖了欧洲经济区（EEA）二十多个国家的消费者，调查结果显示，2016年，每四个使用互联网的欧洲人中，就有一个人每周至少一次会网购产品或服务。欧洲互联网用户电商购物的频率是这样的：25%的欧洲用户每周至少网购一次；63%的欧洲用户每月至少网购一次；90%的欧洲用户每年至少网购一次。在网购最频繁的欧洲国家，14%的波兰人和10%的立陶宛人每天会网购，8%的英国人、意大利人、西班牙人每天都会网购；41%的英国人、32%的爱尔兰人、30%的德国人每周会进行网购。网购最频繁的国家是波兰、立陶宛、英国、意大利、西班牙；在进行电商购物和手机购物支付时，所有欧洲人最主要的担心就是遇到欺诈；71%的希腊网购者和46%的丹麦网购者担心遭遇网购欺诈。对移动支付新技术最感兴趣的欧洲国家是挪威、希腊和芬兰，如图1-3所示。

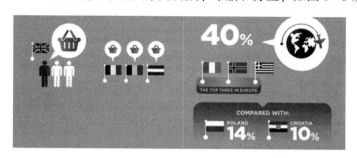

图1-3 欧洲国家被调查者网络购物的频率示意图

2. 非洲、拉丁美洲与加勒比地区

在非洲，随着因特网的逐步普及，电子商务的发展也有了明显的起色，但总的发展程度仍然比较低。据国际电信联盟（ITU）最新数据显示，目前非洲地区无线通信技术发展迅猛，移动电话用户量增至1亿，即每11个非洲居民中就1人使用移动电话。非洲已经成为全球移动通信发展最为迅速的地区。因此，通过移动电话获取信息、开展在线交易、转账和娱乐消费等业务在非洲将逐渐成为一种趋势。

与其他商业行为相比，移动电子商务由于其低成本、高效率而受到非洲居民的普遍欢迎。同时，由于非洲的互联网普及率不高，移动电子商务更加凸显其优势。

3. 亚洲地区

亚洲地区和太平洋地区人口众多，经济发展速度较快，是世界电子商务发展最有潜力的地区。我们通过中日韩三国的情况介绍来了解一下亚洲地区的电子商务发展情况。

（1）日本的电子商务

我们先来看看亚洲地区经济最为发达的日本。日本电子商务发展已相对成熟，电子商务及移动电子商务普及程度较高，日本网络通信基础环境的迅速发展为电子商务的发展创造了良好的基础环境。日本移动电子商务的发展程度位居世界前列。日本物流业的专业化、自动化、信息化水平位居世界前列。日本邮政、日通、日本邮船、日本大和运输公司等均属于世界百强物流公司。发达的物流业务加之日本国土面积较小，使日本电子商务企业基本可以提供当天或第二天配送服务，且提供配送时间指定服务。日本信用卡的普及和数量多、分布广的便利店体系也在一定程度上推动了日本电子商务的发展。日本电子商务从最初的"e-Japan"（电子日本）发展到了"u-Japan"（随时随地联结的日本），其中，"u"代表"ubiquitous"，意为"无所不在"。换言之，日本希望所有物品和人都能在任意时间、任意地点通过互联网接收和发送信息。

（2）韩国的电子商务

韩国电子商务的基础设施在国际社会被公认为世界级水平，宽带普及率也是世界上最高的。韩国的电子商务一直在高速增长。尽管经济持续低迷，但是韩国电子商务市场却保持了涨势。受经济衰退等外部环境因素影响，网民外出时间减少，一般去超市或百货商店购买的东西也转向网上购买，这些都刺激了韩国电子商务的增长。

（三）中国的电子商务发展状况

经过二十余年的努力，中国发展电子商务的基础环境逐步完善。中国互联网络信息中心公布的第 40 次《中国互联网络发展状况统计报告》显示，截至 2017 年 6 月，中国网民规模达 7.51 亿，相当于欧洲人口总量，互联网普及率达到 54.3%。我国手机网民规模达 7.24 亿，增长率连续三年超过 10%。台式电脑、笔记本电脑的使用率均出现下降，手机不断挤占其他个人上网设备的使用。移动互联网与线下经济联系日益紧密，2017 年上半年，我国手机网上购物用户规模增长迅速，达到 4.8 亿，网民手机网上支付的使用比例提升至 66.4%。手机支付向线下支付领域的快速渗透，极大丰富了支付场景，有 54.3% 的网民在线下实体店购物时使用手机支付结算。具体数据如图 1-4 所示。

图 1-4　2012—2017 年中国网民规模及互联网普及率

（数据来源 http://www.cnnic.net 中国互联网发展状况统计调查 2017.6）

截止到 2017 年 6 月，我国 IPV4 地址数量为 3.38 亿个，IPV6 地址 21 283 块/32。网站总数为 506 万个，其中 ".cn" 下网站总数为 270 万个。国际出口带宽达到 7 974 779 Mbps，具体数据如表 1-1 所示。

表 1-1　2015 年 12 月到 2017 年 6 月中国互联网基础资源对比

基础资源	2016 年 12 月	2017 年 6 月	半年增长量	半年增长率
IPV4/个	338 102 784	338 451 968	349 184	0.1%
IPV6/（块·32^{-1}）	21 188	21 283	95	0.4%
网站/个	4 823 918	5 057 808	233 890	4.8%
其中 "cn" 下网站/个	2 587 365	2 702 141	114 776	4.4%
国际出口带宽/Mbps	6 640 291	7 974 779	1 334 488	20.1%

2017 年 6 月，艾瑞咨询发布的《2017 年中国网络经济报告》显示，2016 年中国网络经济营业收入规模达到 14 707 亿元，同比增长 28.5%。其中，PC 网络经济营业收入规模为 6 799.5 亿元，移动网络经济营业收入规模为 7 907.4 亿元；电商营业收入规模 8 946.2 亿元，占比超过 60%。2016 年电子商务市场细分行业结构中，B2B 电子商务合计占比超过七成，仍然是电子商务的主体；中小企业 B2B、网络购物、在线旅游交易规模的市场占比与

2015年相比均有小幅上升。

根据中国社会科学院财经战略研究院、央视财经联合发布的2017年中国电子商务半年报告显示，2017年上半年，我国电子商务发展保持着较高的增速。2016年12月至2017年5月，网上零售额总额达到30 229亿元，首次在连续六个月内突破3万亿元，相比上年同期增长35.3%（根据国家统计局公布的数据计算所得到的名义增长速度），为中国电商零售同期的最高纪录。其中，实物商品网上零售额为23 272亿元，服务网上零售额为6 957亿元。在社会商品零售额中占比达到13.35%（其中1~5月为13.2%），同比提高3个百分点。国家统计局的数据也显示，2017年前五个月，全国网上零售额达到24 663亿元，同比增长32.5%，增速接近22个百分点。农村电子商务、跨境电子商务成为新的增长热点。

（四）中国电子商务的发展趋势

全球电子商务日趋活跃，业务模式不断创新，我国电子商务进入快速发展机遇期。未来的发展将突出表现出以下几点趋势。

1. 电子商务与产业发展深度融合，加速形成经济竞争新态势

电子商务广泛深入渗透到生产、流通、消费等各个领域，改变着传统经营管理模式和生产组织形态，正在突破国家和地区局限，影响着世界范围内的产业结构调整和资源配置，加速经济全球化进程。发达国家和新兴工业化国家把电子商务作为强化竞争优势的战略举措，制订了电子商务发展政策和行动计划，力求把握发展主动权。随着我国对外开放水平的提高和市场化进程的加快，大力发展电子商务已成为我国参与全球经济合作的必然选择。

2. 电子商务服务业蓬勃发展，逐步成为国民经济新的增长点

技术创新加速社会专业化分工，为电子商务服务业提供了广阔的发展空间。基于网络的交易服务、业务外包服务、信息化技术外包服务规模扩大，模式不断创新。网络消费文化逐步形成，面向消费者的电子商务服务范围不断拓宽，网上消费服务日益丰富。电子商务服务业正成为新的经济增长点，推动经济社会活动向集约化、高效率、高效益、可持续方向发展。

3. 我国电子商务基础条件日趋成熟，步入快速发展新阶段

"十二五"期间，我国国民经济继续保持快速增长，经济总量持续扩大，为电子商务发展提供了坚实的经济基础和广阔的市场空间。随着全面建设小康社会的加快，市场经济体制进一步完善，推进经济增长方式转变和结构调整的力度继续加大，对发展电子商务的需求更加强劲。全球范围内资源、市场、技术、人才的国际竞争愈加激烈，进一步激发了企业应用电子商务的主动性和积极性，电子商务发展的内在动力持续增强，我国电子商务进入了快速发展期。2015年3月，十二届全国人大三次会议上，李克强总理在政府工作报告中提出，"制订'互联网+'行动计划，推动移动互联网、云计算、大数据、物联网等与现代制造业结合，促进电子商务、工业互联网和互联网金融（ITFIN）健康发展，引导互联网企业拓展国际市场"。

4. 跨境电商成"一带一路"重要落脚点，打开供给侧改革新通道

2016年"两会"，供给侧改革和"一带一路"成为关键词。跨境电商是互联网时代的产物，是"互联网+外贸"的具体体现。跨境电商新供给创造外贸新需求，提高发展的质量和效益，对接"一带一路"，助力"中国制造"向外拓展，并将搭建一条"网上丝绸之路"，成为建设"丝绸之路经济带"新起点的重要支撑。

电子商务是网络化的新型经济活动，是推动"互联网+"发展的重要力量，是新经济的主要组成部分。电子商务经济以其开放性、全球化、低成本、高效率的优势，广泛渗透到生产、流通、消费及民生等领域，在培育新业态、创造新需求、拓展新市场、促进传统产业转型升级、推动公共服务创新等方面的作用日渐凸显，成为国民经济和社会发展新动力，孕育全球经济合作新机遇。

2016年12月，商务部、中央网信办、发展改革委三部门联合印发了《电子商务"十三五"发展规划》。规划确立了"2020年电子商务交易额40万亿元、网上零售总额10万亿元、相关从业者5 000万人"三大发展指标。构建了"十三五"电子商务发展框架体系，归纳为五项任务：一是加快电子商务提质升级；二是推进电子商务与传统产业深度融合；三是发展电子商务要素市场；四是完善电子商务民生服务体系；五是优化电子商务治理环境。

第二节 电子商务的概念和分类

一、电子商务的概念

一直以来，国内外的专家学者都试图对电子商务的概念做出确切的表述，但目前还没有形成完全一致的看法。这里，我们介绍世界电子商务会议、联合国国际贸易法委员会（UNCITRAL）和经济合作与开发组织（OECD）的表述，希望使读者能对电子商务的概念有深入了解。

（一）世界电子商务会议关于电子商务的概念

1997年11月6—7日，国际商会在法国巴黎举行了世界电子商务会议（The World Business Agenda for Electronic Commerce），从商业角度提出了电子商务的概念：电子商务是指实现整个贸易活动的电子化。从涵盖范围方面定义电子商务为交易各方以电子交易方式而不是通过当面交换或直接面谈方式进行的任何形式的商业交易；从技术方面定义，电子商务是一个多技术的集合体，包括交换数据（如电子数据交换、电子邮件）、获得数据（如共享数据、电子公告牌）以及自动捕获数据（如条形码）等。

电子商务涵盖的业务包括：信息交换、售前售后服务（如提供产品和服务的细节、产品适用技术指南、回答顾客意见）、销售、电子支付（如使用电子资金转账、信用卡、电子支票、电子现金）、运输（包括商品的发送管理和运输跟踪以及可以电子化传送的产品的实际发送）、组建虚拟企业（即组建一个物理上不存在的企业，集中一批独立中小公司的权限，提供比任何单独公司多得多的产品和服务）、公司和贸易伙伴可以共同拥有和运营共享的商业方法等。

（二）联合国国际贸易法委员会（UNCITRAL）的表述

为了适应使用计算机技术或其他现代技术进行交易的当事方之间通信手段发生的重大变化，1996年12月16日，联合国国际贸易法委员会通过了《电子商业示范法》（以下简称《示范法》）。但《示范法》并未给出明确的"电子商业"的定义，只是强调这种电子商业交易手段的特殊性，即在商业交易中使用了数据电文作为交易信息的载体。

《示范法》对"电子商业"中的"商业"一词作了广义解释："使其包含不论是契约型或非契约型的一切商务性质的关系所引起的种种事项。商务性质的关系包括但不限于下列交易：供应或交换货物服务的任何贸易交易；分销协议；商务代表或代理、客账代理；租赁；工厂建造；咨询；工程设计；许可贸易；投资；融资；银行业务；保险；开发协议或特许；合营或其他形式的工业或商务合作；空中、海上、铁路或公路的客、货运输。"《示范法》第2条对数据电文作了明确的定义："'数据电文'系指经由电子手段、光学手段或类似手段生成、储存或传递的信息，这些手段包括但不限于电子数据交换（EDI）、电子邮件、电报、电传或传真。"

联合国贸易法委员会认为，在"电子商业"的标题下，可能广泛涉及数据电文在贸易方面的各种用途。"电子商业"概念所包括的通信手段有以下各种以使用电子技术为基础的传递方式：以电子数据交换进行的通信，狭义界定为电子计算机之间以标准格式进行的数据传递；利用公开标准或专有标准进行的电文传递；通过电子手段例如通过互联网络进行的自由格式的文本的传递。电子商业的一个显著特点是它包括了可编程序电文，通过计算机程序制作是此种电文与传统书面文件之间的根本差别。

（三）OECD关于电子商务概念的理解

经济合作与发展组织（OECD）曾对电子商务的定义作过深入研究，其研究报告《电子商务的定义与统计》指出，狭义的电子商务主要包括利用计算机网络技术进行的商品交易，而广义的电子商务将范围扩大到服务领域。公共统计部门为了数据收集的需要和便利，常常将电子商务局限于某一领域，例如因特网商务。而国家政策部门为了扩大影响，将电子商务的定义扩展到经济生活的各个方面，其中电子政务归于电子商务之中就是一个典型。

所以，OECD认为，类似于其他横向活动一样，很难对电子商务做出一个精准的定义。作为一个通用的定义，"电子商务"应当包括两个方面：一是交易活动或形式；二是能够使交易活动进行的通信设施。交易活动或形式所涵盖的范围可以是广义的，也可以是狭义的：前者包括大部分不同层次的商务活动，如工程设计、商务、交通、市场、广告、信息服务、结算、政府采购、保健、教育等；后者仅仅包括通过电子化实现的零售或配送等。通信设施可以再分为两个部分：应用软件与网络。所有软件（如网络软件、EDI软件等）应可以在所有可能的通信网络（如开放的、封闭的、私人或非私人的网络）上运行。

理解技术与商务过程的相互关系是理解电子商务定义的关键。电子商务的定义应当反映现代经济活动转变的状态，反映信息技术在商务活动中的应用，否则就不能区别存在多年的利用传真或电话进行的电子交易；电子商务的定义也不能局限于信息软件和通信技术，它应当反映信息软件和通信技术在全部商业过程价值链中的应用。2004年，OECD从业务流程的角度对电子商务进行了再次定义：电子商务是以计算机网络为媒介的自动商务流程，既包括企业内部流程，也包括企业外部流程。电子商务的处理过程需要整合各项任务并且逾越单独的和个人的应用。

（四）《电子商务发展"十一五"规划》对电子商务的定义

2007年6月26日，国家发展和改革委员会、国务院信息化工作办公室联合发布了我国

《电子商务发展"十一五"规划》(以下简称《"十一五"规划》)。《"十一五"规划》首次提出,电子商务是网络化的新型经济活动,即基于互联网、广播电视网和电信网络等电子信息网络的生产、流通和消费活动,而不仅仅是基于互联网的新型交易或流通方式。电子商务涵盖了不同经济主体内部和主体之间的经济活动,体现了信息技术网络化应用的根本特性,即信息资源高度共享、社会行为高度协同所带来的经济活动高效率和高效能。

相对于前面所述的各种定义,《"十一五"规划》对电子商务的定义更为宽泛。从宏观角度讲,这样的定义有利于整个社会对电子商务的发展给予高度重视,其核心思想是促进网络经济与实体经济的高度融合,在国民经济各领域和社会生活各层面,全方位推进不同模式、不同层次的电子商务应用。但从实际应用角度看,这种定义很难界定电子商务的应用范围,从而给电子商务的统计、政策制定和法律调整带来较大的难度。

可以看出,以上几类观点有的侧重于描述电子商务所包括的技术和商务范围,有的倾向于刻画技术对商务的功用,有的则更注重商务对技术的应用。总而言之,电子商务是在商务发展的内在要求及技术发展的外在推动下应运而生的。现在,人们已逐步认识到技术始终只是手段,商务才是电子商务的本质。

(五)本书对电子商务的定义

综合各方面不同看法,本书对电子商务的概念作如下表述:电子商务是指交易当事人或参与人利用现代信息技术和计算机网络所进行的各类商务活动,包括货物贸易、服务贸易和知识产权贸易。

一方面,对电子商务的理解,应从"现代信息技术"角度涵盖各种以电子技术为基础的通信方式;另一方面,对"商务"一词应作广义解释,使其包括契约型的一切商务性质的关系所引起的种种事项。如果将"现代信息技术"看作一个子集,"商务"看作另一子集,则电子商务所覆盖的范围应当是这两个子集形成的交集,即"电子商务"标题之下可能广泛涉及的因特网、内部网和电子数据交换在贸易方面的各种用途,如图1-5所示。

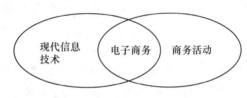

图1-5 电子商务是"现代信息技术"与"商务"两个子集的交集

电子商务不等于商务电子化,真正的电子商务绝不仅仅是企业前台的商务电子化,更重要的是包括后台在内的整个运动体系的全面信息化,以及企业整体经营流程的优化和重组。也就是说,建立在企业全面信息化基础上,通过电子手段对企业的生产、销售、库存、服务以及人才资源等环节实行全方位控制的电子商务才是真正意义上的电子商务。

(六) Electronic Commerce 与 Electronic Business 的区别

在 Electronic Commerce(E-commerce)出现几年后,国外学者提出了 Electronic Business(E-business)的概念,两者都可以翻译成中文的"电子商务"。相对于 E-commerce,E-business 所涉及的范围更广。E-commerce 侧重研究企业与消费者、企业与企业和企业与政府之间的商务活动,而 E-business 则将研究的范围扩展到第三产业领域,如旅游电子商务、交通电子商务、房地产电子商务等领域,甚至电子政务领域。

二、电子商务的特性

电子商务的特性可归结为以下几点：商务性、服务性、集成性、可扩展性、安全性、协调性。

（一）商务性

电子商务最基本的特性为商务性，即提供买、卖交易的服务、手段和机会。网上购物提供一种客户所需要的方便途径。因而，电子商务对任何规模的企业而言，都是一种机遇。就商务性而言，电子商务可以扩展市场，增加客户数量；通过将因特网信息连至数据库，企业能记录下每次访问、销售、购买形式和购货动态以及客户对产品的偏爱，这样企业方向就可以通过统计这些数据来获知客户最想购买的产品是什么。

（二）服务性

在电子商务环境中，客户不再受地域的限制，不再像以往那样，忠实地只做某家邻近商店的老主顾，他们也不再仅仅将目光集中在最低价格上。因而，服务质量在某种意义上成为商务活动的关键。技术创新带来新的结果，因特网应用使得企业能自动处理商务过程，并不再同以往那样强调公司内部的分工。如今，在因特网上许多企业都能为客户提供完整服务，而因特网在这种服务的提高中充当了催化剂的角色。企业通过将客户服务过程移至万维网上，使客户能以一种比过去简捷的方式完成过去他们较为费事才能获得的服务。如将资金从一个存款户头移至一个支票户头、查看一张信用卡的收支、记录发货请求，乃至搜寻购买稀有产品，这些都可以足不出户而实时完成。显而易见，电子商务提供的客户服务具有一个明显的特性：方便。这不仅对客户来说如此，企业同样也能受益。我们不妨来看一个例子：比利时的塞拉银行通过电子商务，使客户能全天候地存取资金账户，快速地阅览诸如押金利率、贷款过程等信息，服务质量大为提高。

（三）集成性

电子商务是一种新兴产物，其中用到了大量新技术，但并不是说新技术的出现就必然导致老设备的死亡。因特网的真实商业价值在于协调新老技术，使用户能更加行之有效地利用他们已有的资源和技术，更加有效地完成他们的任务。电子商务的集成性在于事务处理的整体性和统一性，它能规范事务处理的工作流程，将人工操作和电信息处理集成为一个不可分割的整体，不仅能提高人力和物力的利用，也提高了系统运行的严密性。

（四）可扩展性

要使电子商务正常运作，必须确保其可扩展性。因特网上有数以百万计的用户，传输过程中会时不时地出现高峰状况。倘若一家企业原来设计每天可受理40万人次访问，而事实上却有80万人，它就必须尽快配有一台扩展的服务器，否则客户访问速度将急剧下降，甚至还会拒绝数千次可能带来丰厚利润的客户的来访。对于电子商务来说，可扩展的系统才是稳定的系统。如果在出现高峰状况时能及时扩展，就可使系统阻塞的可能性大为降低。电子商务中，耗时仅2分钟的重新启动也可能导致大量客户流失，因而可扩展性极其重要。

（五）安全性

对于客户而言，无论网上的物品如何具有吸引力，如果对交易安全性缺乏把握，他们根本就不敢在网上进行买卖。企业和企业间的交易更是如此。在电子商务中，安全性是必须考虑的核心问题。欺骗、窃听、病毒和非法入侵都在威胁着电子商务，因此要求网络能提供一种端到端的安全解决方案，包括加密机制、签名机制、分布式安全管理、存取控制、防火墙、安全万维网服务器、防病毒保护等。为了帮助企业创建和实现这些方案，国际上多家公司联合开展了安全电子交易的技术标准和方案研究，并发表了 SET（安全电子交易）和 SSL（安全套接层）等协议标准，使企业能建立一种安全的电子商务环境。随着技术的发展，电子商务的安全性也会相应得以增强，成为电子商务的核心技术。

（六）协调性

商务活动是一种协调过程，它需要雇员和客户，生产方、供货方以及商务伙伴间的协调。为提高效率，许多组织都提供了交互式的协议，电子商务活动可以在这些协议的基础上进行。传统的电子商务解决方案能加强公司内部相互作用，电子邮件就是其中一种。但那只是协调员工合作的一小部分功能。利用因特网将供货方连接到客户订单处理，并通过一个供货渠道加以处理，这样公司就节省了时间，消除了纸张文件带来的麻烦并提高了效率。电子商务是迅捷简便的、具有友好界面的用户信息反馈工具，决策者们能够通过它获得高价值的商业情报、辨别隐藏的商业关系和把握未来的趋势，因而可以做出更有创造性、更具战略性的决策。

三、电子商务的范围

（一）实物产品与信息产品

计算机信息技术的应用使现代商品交易中的产品或服务分化为两大类：实物产品与信息产品（见图 1-6）。

实物产品是指提供给市场，能够满足消费者或用户某种需求或欲望的任何有形商品和服务。实物产品一般包括核心产品和形式产品。核心产品是指向顾客提供的产品的基本效用或利益；形式产品是指核心产品借以实现的形式或目标市场对某种需求的特定满足形式，包括品质、式样、特征、商标及包装等。需要注意的是，目前某些实物产品正在演化为信息产品，如纸质机票已经演变成电子机票。信息产品是利用信息技术，通过数字计算加工手段而生成的能够满足消费者或用户某种需求或欲望的任何无形的物品。这类产品信息量大、传输快捷、容易保存、便于复制，主要分布在信息交互、娱乐等领域。在信息技术的影响下，电子邮件、网络软件、网络游戏、电子支付、网络服务等一大批信息产品或在线服务得以开发和实现使产品的形式发生了巨大的变化。

与此相类似的服务产品也分为实物服务和信息服务。

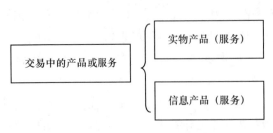

图 1-6 现代商品交易中产品或服务的分化

（二）实体市场与虚拟市场

商品交易市场中产品的分化，使商品交易市场演变为两个截然不同市场：实体市场和虚拟市场。虚拟市场是一种完全不同于实体市场的市场形式。与实体市场相对应，在虚拟市场中也有独立的主体、客体和交易模式。虚拟市场的主体是网民。截至2012年12月30日，我国互联网普及率到了42.1%，网民总人数达到5.64亿，造就了巨大的虚拟产品消费群体。虚拟市场的客体是实体产品和信息产品，其交易模式有多种类型。

实体市场与虚拟市场并不是截然分开的，两者有着密切的联系。根据产品、过程和参与者虚拟化的程度，可以设计一个三维坐标图，如图1-7所示。在图1-7中，产品为纵坐标，过程为横坐标，参与者为水平坐标，箭头的指向表示虚拟化程度的高低，即离原点越远，产品、过程和参与者虚拟化程度越高。据此，我们可以将坐标图的空间化为八个部分。左下方阴影表示的方块为实体市场，其商务形式为传统商务，此种形式的商务的三个要素都是物质形态的；而右上方阴影表示的方块为虚拟市场，其商务形式为纯粹的电子商务，其中包括的三个要素都是数字化的。而所有其他方块所包含的三个要素则兼有实物性和虚拟性，即它们所包含的三种要素中至少有一个是非数字形式的。这些方块表示不完全的电子商务。从左下方到右上方，数字化程度逐渐加强，传统商务逐步向纯粹的电子商务过渡（见图1-7）。

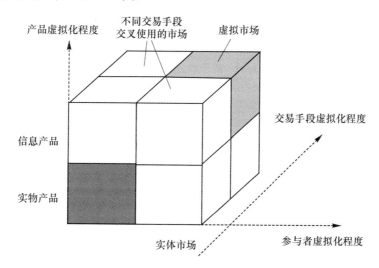

图1-7 实体市场与虚拟市场的模型

虚拟市场和实体市场既有区别，又相互关联。在纯粹的实体市场上，交易各方采用传统交易手段进行交易；而在纯粹的虚拟市场上，交易各方采用电子手段进行交易。在实体市场和虚拟市场之间有一个过渡，存在着不同手段交叉使用的交易市场。在商品交易三个主要阶段（合同签署、款项支付和商品送达）中，除实体物品的配送外，实体市场越来越多地采用虚拟市场的交易方法。在许多情况下，实体市场的交易手段已经被虚拟市场的交易手段所替代。

（三）电子商务的市场范围

随着电子商务手段的出现，实体产品和信息产品都有一部分产品开始使用电子商务手段进行交易。当排除了使用传统交易手段交易的实体产品和信息产品后，我们就可以清晰地分辨出使用电子商务手段交易的实物产品和信息产品，包括国内市场和国际市场的电子商务，其市场分布如图1-8所示。

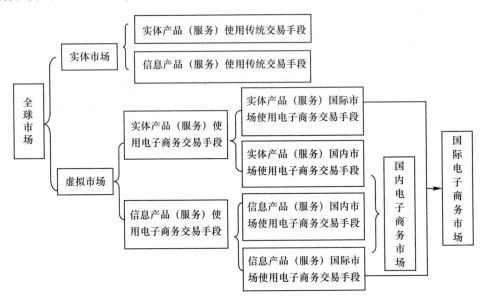

图1-8 电子商务的市场分布

四、电子商务的分类

（一）按照商务活动形式分类

按照商务形态可把电子商务分为两类：完全电子商务（Pure EC）和不完全电子商务（Partial EC）。在分别介绍这两类电子商务之前，我们先来分析一个典型的商务过程，如表1-2所示。

表1-2 典型的商务过程

步骤	买方活动	卖方活动
1	确定需要	进行市场调查，确定顾客需要
2	寻找能满足这种需要的产品或服务	创造满足客户需求的产品或服务
3	选择供应商	推广产品或服务
4	采购谈判，包括：交货条款、验货、测试和收货条款	销售谈判：包括交货、验货、测试和收货
5	支付货款	接受货款
6		产品运输和提供发票
7	日常维修并要求质量担保	售后服务

如果在全部商务活动中,所有业务步骤都是以传统方式完成的,则称之为传统商务。如在表1-2中,对买方来说,在确定了需要后,通过查看报纸广告、企业黄页及朋友推荐等方式寻找产品或服务和供应商,然后与供应商进行面对面的谈判,并付清货款,提取货物,最后接受企业的定期维修服务。对卖方来说,首先,以问卷方式或人员咨询等传统方式进行市场调查,制造有形产品,再通过报纸广告、登录企业黄页等途径进行产品宣传,当有客户购买时与之进行面对面的谈判,接受客户当面支付的货款,手工开发票给客户,最后定期为客户提供上门的售后服务。如果在全部商务活动中,所有业务步骤都是以数字化方式完成的,则称之为完全电子商务。如在表1-2中,买方在确定了需要后,通过因特网搜索到所需产品或服务的信息,并通过在线比较选定了供应商,双方通过E-mail或实时沟通(如视讯会议)等方式进行谈判,签订电子合同,买方完成在线支付,卖方通过网上银行查知货款支付情况,并允许客户以下载等方式获得所需产品,当然目前能以在线方式获得的只能是数字化产品(如音乐、电影、数字化信息服务、全文文献资料等)。在整个交易过程中,双方无须见面,甚至可以足不出户,这就是我们理想中的电子商务。

但是,现实生活中还存在着相当一部分介于两者之间的商务形态,即并非商务活动的所有环节都以传统方式或电子方式开展,而是二者兼而有之。一部分业务过程是通过传统方式完成的,另一部分则应用了IT技术手段。这种在全部商务活动中,至少有一个或个以上的业务环节应用了IT技术的商务形态,一般称为不完全电子商务。

我们在图1-7的三维坐标图的基础上来进一步说明三种商务形态,可以形成一个三维的商务形态模型,如图1-9所示。

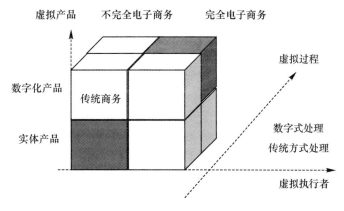

图1-9 商务形态模型

(二) 按照交易对象分类

按照交易对象可把电子商务分为六类:B2C、B2B、C2C、B2G、C2G、G2G。B、C、G分别代表企业(Business)、个人消费者(Consumer)和政府(Government)三个交易主体。

1. 企业与消费者之间的电子商务

企业与消费者之间的电子商务即B2C(Business to Consumer)电子商务。这是人们最熟悉的一种电子商务类型,交易起点为企业,终点为消费者,基本等同于电子零售。它类似于联机服务中的进行商品买卖，是利用计算机网络使消费者直接参与经济活动的高级形式。这种形式随着网络的普及迅速发展，现已形成大量的网络商业中心，提供各种商品和服务。如我国的京东商城（http：//www.jd.com）就是典型的B2C型电子商务企业。图1-10是京东商城的网站首页截图。

图1-10　京东商城的网站首页截图

2. 企业与企业之间的电子商务

企业与企业之间的电子商务即B2B（Business to Business）电子商务。B2B包括特定企业间的电子商务与非特定企业间的电子商务。特定企业间的电子商务是指，在过去一直有交易关系或者今后还要继续进行交易的企业间，为了相同的经济利益，共同进行设计、开发或全面进行市场及库存管理而进行的商务交易。企业可以使用网络向供应商订货、接收发票和付款。非特定企业间的电子商务是指，在开放的网络中为每笔交易寻找最佳伙伴，与伙伴进行从订购到结算的全部交易行为。

按照电子商务交易网站（平台）模式的不同，B2B电子商务还可以分为综合B2B模式、垂直B2B模式、自建B2B模式。

综合B2B模式一般是由一个专业的电子商务服务商提供一个网站平台，在网站上聚集了分布于各行业中的大量客户群，供求信息来源广泛，通过这种模式供求信息可以得到较高的匹配。这些提供电子商务服务平台的专业电子商务服务商一般能够为企业提供从构建企业Web网站到网站推广、贸易撮合等一系列的专业服务，为企业顺利进入因特网开展电子商务提供了极大的便利。

在B2B电子商务中，参与主体主要包括：采购商、供应商、B2B电子商务服务平台、网上银行、物流配送中心、认证机构等。供应商完成的主要业务包括：产品目录制作和发布、产品数据库维护、在线投标、在线洽谈、网上签约、订单处理、在线业务数据统计等。采购商完成的主要业务包括：在线招标、在线洽谈、网上签约、订单处理、支付货款、货物接受、在线业务数据统计等。

服务平台由专业电子商务服务商（第三方）进行管理。后台管理并不涉及交易双方企业之间的商务活动,而是主要负责会员管理、系统运营维护、产品管理、订单管理、信息发布等。但综合 B2B 模式可能会出现缺乏对各行业的深入理解和对各行业的资源深层次整合的现象,导致供求信息的精准度不够,进而影响到买卖双方供求关系的长期确立,如图 1-11 所示。

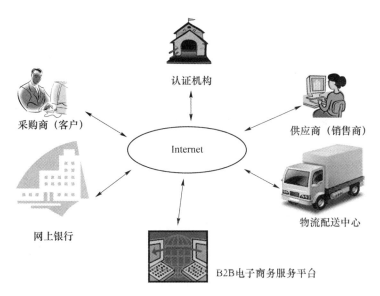

图 1-11　基于交易中介服务平台的 B2B 型电子商务工作模式

我国著名的电商网站阿里巴巴最开始发展的就是 B2B 模式,如图 1-12 所示。

图 1-12　阿里巴巴网站页面

垂直 B2B 模式着力整合、细分行业资源,以专业化的平台打造符合各行业特点的电子化服务,提高供求信息的准确度。网盛科技是这种模式的代表,如图 1-13 所示。垂直 B2B

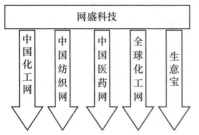

图1-13 垂直B2B模式（以网盛科技为例）

模式避开了综合B2B模式的优势和锋芒，明确了供求关系，使供求双方形成了牢固的交易关系。但垂直B2B模式容易导致供求信息的广泛性不足。此外，随着垂直网站的发展，自身行业专家不足的问题也会逐步凸显，进而遭遇发展瓶颈。

行业龙头企业自建B2B模式是行业龙头企业基于自身的信息化建设程度，搭建以自身产品供应链为核心的行业化电子商务平台。行业龙头企业通过自身的电子商务平台，串联起行业整条产业链，供应链上下游企业通过该平台实现资讯、沟通、交易。但此类电子商务平台过于封闭，缺少产业链深度整合，若不能独立成为电子商务B2B交易平台，则不能适应未来市场发展的需要。中国石油、中国石化、宝山钢铁集团等都是这种模式，图1-14是这种模式的基本框架。

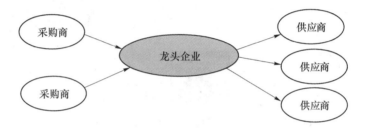

图1-14 行业龙头企业自建B2B模式

3. 消费者与消费者之间的电子商务（C2C）

C2C电子商务是在消费者与消费者之间进行的电子商务模式。网上拍卖就是典型的C2C电子商务的应用。它通过因特网为买卖双方消费者提供一个在线交易平台——C2C商务平台，使卖方可以主动提供商品上网拍卖，而买方可以自行选择商品进行竞价，如美国的eBay（http：//www.ebay.com）和中国的淘宝网（http：//www.taobao.com）。图1-15为eBay的主页，图1-16为淘宝网主页。

图1-15 eBay的主页

图 1-16 淘宝网主页

如今 eBay 已有 1.471 亿注册用户，有来自全球 29 个国家的卖家，每天有涉及几千个分类的几百万件商品在线销售，是全球著名的电子集市。

4. 企业与政府之间的电子商务

企业与政府之间的电子商务即 B2G（Business to Government）电子商务。这种商务活动覆盖企业与政府组织间的各项事务。如政府可通过网络采购、招标，企业可通过网络做出回应，甚至可在线竞价。这种电子商务模式有利于加强政府采购工作的透明度，同时也可促进营造企业的公平竞争环境，节省政府开支，提高政府的工作效率。如"中国采购与招标网"是我国发布政府招标公告的唯一一家国家级招标代理机构。此外，政府还可以通过这类电子商务实施对企业的行政事务管理，如政府用电子商务方式发放进出口许可证及开展统计工作，企业可以通过网上办理交税和退税等，实现网上报关、网上报税、网上申领执照或营业许可证、网上产权交易等涉及企业与政府之间的行为。图 1-17 是中国采购与招标网主页截图。

图 1-17 中国采购与招标网主页截图

5. 消费者与政府之间的电子商务

C2G 电子商务是政府与消费者之间开展的电子商务模式。目前我国基本实现了各级政府有自己的网站，公众可以查询其机构构成、政策条文、公告等信息。此外，C2G 电子商务的应用还主要致力于电子福利支付、个人税收征收及电子身份认证等方面的服务。政府运用电子资料交换、磁卡、智能卡等技术，处理政府各种社会福利作业，直接将政府的各种社会福利支付交付受益人。

（三）按照使用网络类型分类

根据使用网络类型的不同，电子商务目前主要有四种形式：EDI（Electronic Data Interchange，电子数据交换）商务、因特网（Internet）商务、内联网（Intranet）商务、移动电子商务。

EDI 商务，按照国际标准由组织的定义，是"将商务或行政事务按照一个公认的标准，形成结构化的事务处理或文档数据格式，从计算机到计算机的电子传输方法"。简单地说，EDI 就是按照商定的协议，将商业文件标准化和格式化，并通过计算机网络在贸易伙伴的计算机网络系统之间进行数据交换和自动处理。

EDI 主要应用于企业与企业、企业与批发商、批发商与零售商之间的批发业务。相对于传统的订货与付款方式，EDI 大大节约了时间和费用。相对于因特网，EDI 较好地解决了安全保障问题，这是因为使用者均有较可靠的信息保证，并有严格的登记手续和准入制度，加之多级权限的安全防范措施，从而实现了包括付款在内的全部交易工作电脑化。

但是，EDI 必须租用 EDI 网络上的专线，即通过购买增值网（Value Added Networks，VAN）服务才能实现，费用较高，还需要有专业的 EDI 操作人员，同时需要贸易伙伴也使用 EDI，因此只有大公司才有能力使用 EDI。正是这种状况使 EDI 虽然已经存在了三十多年但至今仍未广泛普及。近年来，随着计算机大幅降价，因特网网络的迅速普及，基于因特网、使用可扩展标识语言的 EDI，即 web-EDI，或称 open-EDI 正在逐步取代传统的 EDI。在 EDI 基础上发展起来的 ebXML 已经成为新世纪电子商务推广的重点。

因特网商务是现代商务的新形式。它以计算机、通信、多媒体、数据库技术为基础，通过互联网络，在网上实现营销、购物服务。它突破了传统商业生产、批发、零售及进、销、存、调的流转程序与模式，真正实现了少投入、低成本、零库存、高效率，避免了商品的无效搬运，实现了社会资源的高效运转和最大节余。消费者可以不受时间、空间、厂商的限制，广泛浏览，充分比较，模拟使用，力求以最低的价格获得最满意的商品和服务。

内联网商务是利用企业内部网络开展的商务活动。Intranet 是 Intra-business Internet 的缩写，是指运用因特网技术，在企业内部所建立的网络系统。因特网只有企业内部的人员可以使用，信息存取只限于企业内部，并在安全控制下连接内联网。一般内联网多设有防火墙程序，以避免未经授权的人进入。由于建立成本较低，所以内联网目前发展迅速。企业开展内联网商务，一方面可以节省许多文件往来时间，方便沟通管理并降低管理成本；另一方面可通过网络与客户提供双向沟通，适时提供产品与服务的特色，提升服务品质。

EDI 商务、因特网商务和内联网商务的关系可以用图 1-18 表示。

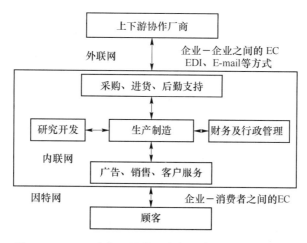

图 1-18　EDI 商务、因特网商务和内联网商务的关系

移动电子商务是近年来电子商务的一个新的分支。移动电子商务利用移动网络的无线连通性，允许各种非 PC 设备（如手机、PDA、车载计算机、便捷式计算机等）在电子商务服务器上检索数据，开展交易。它将因特网、移动通信技术、短距离通信技术以及其他信息处理技术相结合，使人们可以在任何时间、任何地点进行各种商贸活动，实现随时随地、线上线下的购物与交易、在线电子支付以及各种交易活动、商务活动、金融活动和相关的综合服务活动等。目前，移动电子商务已经成为电子商务发展的主要趋势。

第三节　电子商务对社会经济的作用和影响

电子商务通过采用网络技术并以因特网作为最基本的沟通手段，将企业的价值主张通过创新链、供应链和价值链定位，进行持续不断地优化配置。业务（Business）仍旧是这种方式的核心部分，而"E"在其中扮演的是一种沟通手段，用来对核心部分进行优化。

传统的价值思考是一种基于农业经济和工业经济的假想和模式。而在一个飞速变化的全球网络竞争环境中，价值创造的基础逻辑发生了巨大的变化。

农业时代的财富来源于土地，人们运用有限的农业技术来顺应自然力的要求，进行农牧业的开发和财富的积累。这时候，劳动是财富之父，土地是财富之母，劳动成为价值增值的源泉，新土地的使用和土地的兼并则成为价值增值的基础。

工业时代的财富来源于制造，社会通过分工和专业化提高了组织的作用，工厂建立起来进行生产，大学和研究机构建立起来培养与之相适应的科学技术传播人员和训练劳动力。工业生产的核心特征是"标准化基础上的规模经济"，制造效率的提高成为财富之母，流水线的作用使社会经济高度组织化，效率成为至上的价值来源。

在信息时代，价值越来越多地建立在数据、信息和知识的基础结构上。当服务经济转变到信息经济时，使用电子商务的优势就变得更加清晰。通过因特网，电子商务以一种前所未有的方式集成传统商业活动中的物流、资金流和信息流，同时帮助企业将客户、经销商、供应商以及员工结合在一起。电子商务改变了企业的生产方式，改变了传统的采购、营销及售后服务活动的方式，缩短价值链环节，从而为企业带来巨大的利润。

　　电子商务是因特网发展日臻成熟的直接后果，是网络技术应用新的发展方向。因特网自身具有的开放性、全球性、低成本、高效率等特点已成为电子商务的内在特征，它不仅使电子商务大大超越了作为一种新的贸易形式所具有的价值，而且为整个社会的价值创造带来了一种新的模式。

一、电子商务对社会生产力的推动作用

　　以微电子、计算机、通信和网络技术为代表的现代信息技术在经济领域的广泛应用，使交易成本急剧下降，从而导致信息替代了资本在经济发展中的主导地位。作为重要的生产要素和战略资源，通过因特网传递的大量信息使得现有的社会资源获得高效配置，社会劳动生产率大幅提高，并推进经济结构革新和产业结构的升级。

　　电子商务对于社会生产力的推动作用突出表现在三个方面。

（一）大幅降低信息成本，提高信息使用效率

　　作为一个极为重要的商务信息载体和运送平台，电子商务降低了信息来源成本；突破行业和产品物理特性的限制，使交易范围急剧放大；弥补了信息的不对称性，实现交易信息互换和交易行为的虚拟市场化。从目前市场情况看，电子商城、网上书店和网上拍卖等交易行为无不体现了电子商务与传统交易相比的信息成本优势。信息成本的低廉形成了对电子商务生存的最有力支撑。

（二）大量减少中间环节，降低销售成本和购买成本

　　电子商务为买卖双方在网上直接交易提供了现实可能性，缩短了供求之间的距离。绕过传统经销商而直接与客户沟通，企业可以将需求直接转化为企业的生产指令，减少了许多中间环节，使得零库存生产成为可能。在批发领域，电子商务可以在很大程度上取代传统商业在商品流通渠道中的批发职能，使批发商的作用大大削弱。除了农业生产资料要面对众多的农户以外，大多数生产消费者都有可能直接上网采购生产资料，普通消费者则可以通过网络购买降低购物成本。

（三）有利于形成高效流通和交换体制

　　电子商务构成虚拟社会中的整个商品交易的庞大网络，实体社会中商品的盲目实物移动转变为有目标的实物移动。借助于电子商务的信息沟通和需求预测，企业可以组织有效的生产，形成高效的流通和交换体制。政府则可以通过电子商务，将市场、企业和个人连接起来，方便地进行宏观调控和微观调控。

二、电子商务是实现经济变迁的重要措施和手段

　　说到经济变迁，人们会自然联想到制度变迁、技术变迁、体制变迁等。但是，用其中任何一种"变迁"描述信息经济所带给人类经济活动方方面面的深刻变化似乎都嫌单薄。"经济变迁"也许更多地包容了世纪之交产业社会向知识社会的根本转换，从企业经营管理到经济理论、社会经济结构、经济增长等。而就"变迁"本身而言，它需要"变迁"的内在和外在动力、变迁的传导形态和变迁的阶段性内容。20世纪70年代以来，围绕发达工业国

家的经济"滞胀"压力，变迁的外在动力导致寻找新的经济增长点。

人类社会经济的发展曾经经历了两次重大的转变，一是在1880年前后由农业经济转换为工业经济，再就是开始于20世纪70年代的工业经济向知识经济的转化。农业经济和工业经济都属于物质经济，因而农业经济转变为工业经济仍然属于在同一形式下的经济转变。与第一次转变相区别，工业经济转变为知识经济却是由旧的经济形式向新的经济形式的转变，因此这种转变对经济发展的影响要比第一次的转变深远得多、广泛得多。而在这样一种转变过程中，电子商务是一种非常重要的、关键性的措施和手段，因为它是将信息技术与传统经济连接起来的最有效的桥梁。电子商务已经对世界经济发展和竞争格局产生了巨大的影响。

三、电子商务发展是促进市场资源有效配置的必备手段

中国经济的发展需要一个高效、健全、可持续的发展模式，以满足与支持全球资源配置的能力。要发挥我们的比较优势，更需要我们有一个高效而廉价的交易平台。

电子商务是一种手段，也是企业不可忽视的一种竞争力。无论是传统产业的转型，还是新型行业的兴起，都需要发挥电子商务潜在的市场配置能力。

电子商务将政府、企业以及贸易活动所需的其他环节连接到网络信息系统上，在整个供需链与贸易链中，从原材料采购供应到为消费者服务进行双向的信息交换、传递和应用集成，并以高效快捷的信息交流与直接应用完成全部商务活动，促进各种要素合理流动，消除妨碍公平竞争的制约因素，实现市场对资源的基础性配置作用。在解除了传统贸易活动中的物质、时间、空间对交易双方限制的条件下，电子商务帮助企业实现了资源的跨地域传递和信息共享，在传统贸易运行环境下困扰企业的区位劣势和竞争劣势得以克服。

由于信息在因特网中充分、便捷地流动，减少了产品交易的不确定性和市场发展的盲目性，进一步削弱了因不完全信息或信息的不对称性而产生的市场垄断行为，消除了暗箱操作和信用危机，使整个市场秩序得到优化。

本章小结

本章介绍了电子商务的产生和发展，引出电子商务的概念和特点，对电子商务的分类进行了重点介绍并探讨了电子商务的发展趋势。电子商务将传统的商务流程电子化、数字化，大量减少人力、物力，降低了成本。同时，突破时间和空间的限制，使交易活动更为方便快捷，大大提高了交易效率。全球电子商务作为网络化的新型经济活动，正以前所未有的速度迅猛发展，并成为各国增强经济竞争实力，赢得全球资源配置优势的有效手段。当前国际金融市场动荡加剧，全球经济增长明显放缓，电子商务成为帮助企业走出困境的最为可靠的手段之一，在此背景下，我国大力发展电子商务，运用其开放性和全球性的特点为企业创造更多的贸易机会，帮助企业走出金融危机困境。同时，通过电子商务企业的发展，带动就业，拉动消费，放缓经济增长下滑的步伐。

电子商务的飞速发展已经是不争的事实，作为网络时代的学生，掌握必要的电子商务基础知识成为基本的素质要求。通过本章的学习，应该了解什么是电子商务，掌握电子商务的定义、分类和特点，理解电子商务的内涵。

复习题

一、选择题

1. 企业之间的网络交易指以下哪一种电子商务基本形式？（   ）
   A. C2C　　　　　　B. B2C　　　　　　C. B2B　　　　　　D. B2G
2. 企业和消费者间的网络交易指以下哪一种电子商务基本形式？（   ）
   A. C2G　　　　　　B. B2B　　　　　　C. B2C　　　　　　D. B2G
3. 政府和消费者间的电子商务指以下哪一种电子商务基本形式？（   ）
   A. B2G　　　　　　B. B2B　　　　　　C. B2C　　　　　　D. G2C
5. 亚马逊网上商城是一家以（   ）业务为主的电子商务企业。
   A. C2C　　　　　　B. B2C　　　　　　C. B2B　　　　　　D. B2G

二、简答题

1. 什么是电子商务？
2. 电子商务有哪几种分类？每种分类请举例说明。
3. 有人说"电子商务是纯技术的问题"，你的看法是怎样的？

三、论述题

论述"互联网+"对我们经济生活的影响。

四、实践题

选择身边熟悉的一家企业或组织，分析其是否开展了电子商务。如果有，开展的电子商务属于什么类型？

第二章

网络经济

导读

网络经济在世纪之交的蓬勃发展，是与1993年以来国际互联网商务性应用的急剧高涨分不开的。现在成为时尚并流行的网络经济或网络经济学，就其内容而言，实际上是互联网经济（Internet Economy）或互联网经济学（Internet Economics）。对网络经济可从不同的层面去认识它，从经济形态这一最高层面看，网络经济有别于游牧经济、农业经济、工业经济的信息经济或知识经济，由于所说的网络是数字网络，所以它又是数字经济。在这种经济形态中，信息网络尤其是智能化信息网络将成为极其重要的生产工具，是一种全新的生产力。

学习目标

1. 了解网络经济的内涵。
2. 理解网络经济的主要规律。

第一节 网络经济的定义与发展

一、网络经济的定义

从20世纪90年代初期开始的网络经济浪潮把人类社会带入了一个信息空前丰富的阶段，信息的流动变得高效率、低成本，这种变化极大地影响了人们的生产和生活，使经济活动出现了新的特点，人们把这种经济状况称为网络经济。但是由于信息网络这样一个新生事物还没有被人们完全认清，所以人们只是以在自身所处的经济环境中感受到的网络影响为基础，从各自的认识和思考出发，提出了对网络经济在不同发展阶段上的理解和定义，大家的观点不尽相同。这些关于网络经济的定义中的差别有的来自视角的不同，有的来自表述的差异。

我国经济学家乌家培认为"网络经济就是通过网络进行的经济活动"。他还指出，"对网络经济可以从不同层面去认识它。从经济形态这一层面来看，网络经济就是有别于游牧经济、农业经济、工业经济的信息经济或知识经济，由于所说的是数字网络，所以它又是数字经济"。从产业发展的中观层面来看，网络经济就是与电子商务紧密相连的网络产业，既包括网络贸易又包括网络银行、网络企业以及其他商务性的网络活动，也包括网络基础设施、网络设备和产品以及网络服务的建设、生产和提供等经济活动。从企业营销、居民消费或投资的微观层面来看，网络经济则是一个网络大市场或大型的虚拟市场。

美国得克萨斯大学发布的《测量Internet经济》（1999年10月）是全球第一份网络经济发展的实证分析报告。这份报告把网络经济分成四个层次，依次是：网络基础结构、网络应用基础结构、网络中介和在线交易。第一层网络基础结构包括：网络主干提供商、网络服务提供商、网络硬件/软件企业、电脑和服务器制造商、安全卫士、光纤制造商、线性加速硬件制造商。第二层网络应用基础结构描述了网络顾问、网络商业应用、多媒体应用、网络发展软件、内容搜索软件、在线训练，网上数据库产业的发展。第三层描述了网络中介市场的发育，包括在线旅游代理商、在线股票交易、内容门户（Aggregator）、内容提供商、网络广告经纪人、在线广告商的市场发育情况。第四层是在线交易，也是网络经济链条中的最高形态，包括电子零售商、制造商的在线销售，以及在线娱乐、专业服务等，以戴尔、亚马逊、美国在线等为典型代表。

可见学界对于网络经济的含义并没有取得一致。总的来说有着两种观点，一种观点是认为网络经济是指一个产业经济概念，把依托网络技术而发展起来的信息技术产业、基础设施产业，以及服务产业群等与网络结构相关的部分统称为网络经济（部门）。相应的网络经济研究实际上是一种产业部类经济研究，它只是对网络产业和服务市场提供经济学解释和相关政策建议。另一种观点是当今对网络经济的主流看法，已经是不再把网络经济仅仅看作一种独立的技术或产业经济。

现在学术界一般的观点认为"网络经济是基于网络尤其是互联网所产生的经济活动的总和，它的产生是经济网络化的必然结果"。对此更进一步的解释认为，网络经济不仅指以计算机网络为核心的一个新行业，或围绕这个新行业衍生出来的若干个相关行业，而且是指通过互联网进行的生产、分配、交换和消费等各种经济活动，包括网络商业、电子商务、网络金融、网络传媒、网络广告、网络教育等形式。而对网络经济的更深入理解还需要从不同的层面去把握它，从经济活动形态的层面看，网络经济是通过数字化信息产品的交易实现经济的网络化，信息产品是网络经济时代的主要交易商品；从产业发展的层面看，网络经济就是与电子商务紧密相连的网络产业，或具有"网络"特征的一些相关产业；从企业层面看，网络经济是一个虚拟的大市场，各种经济活动是通过如虚拟企业、虚拟商场、虚拟办公室等虚拟主体来完成的。

二、网络经济对传统经济的影响

由于网络经济是信息经济的一个特称或别称，它对经济理论的影响主要是通过两个途径实现的。一个途径是以新的视野或用新的方法来解释原有的理论，使其有新发展，例如引入信息的不完全性、有成本性、非对称性使经济学中传统的市场理论、均衡理论、企业理论等发生了质的变化。另一个途径是从新的经济现象出发，研究和确立新的经济理论，例如信息产业的发展推动经济学在研究边际效益递增理论、无形资产及其评估理论的作用等。网络经济对经济理论有广泛而深刻的影响，这里谈及的重要经济理论因受网络经济发展的影响而产生了一系列的变化。

（一）对生产力要素理论的影响

生产力是生产关系的物质基础。关于生产力究竟是由哪些要素组成的，历来有不同的观点。例如，"两要素说"把生产力理解为人类作用于自然界的生产能力，它"由用来生产物质资料的生产工具，以及有一定的生产经验和劳动技能来使用生产工具、实现物质资料生产的人"共同组成。"三要素说"认为生产力指的是生产总量，决定该量的生产过程的要素即生产要素也就是生产力要素。因此，生产力除劳动工具和劳动力之外，还包括劳动对象。劳动对象的发掘与变革对生产力的增长起着越来越明显作用。"多要素说"视生产力为生产率或劳动生产率，而它的高低除受上述三要素的影响外，还取决于"科学的发展水平和它在工艺上应用的程度，生产过程的社会结合，……自然条件"，以及其他要素。"多要素说"随着社会生产的发展而发展。这种发展一方面表现在决定生产力的主导因素的变化上，如从生产工具主导论到"科技是第一生产力"的科技进步主导论的变化。另一方面表现为决定生产力的要素在不断增加中，除科技、管理外，还有教育、信息与知识等。

1991年乌家培曾提出，"信息是最重要的生产力软要素"，并对此观点作过全面的论述。网络经济的发展对生产力要素理论产生了全面的影响，这表现在：第一，使生产力的首要因素劳动力对其信息能力即获取、传递、处理和运用信息的能力的依赖空前增强，并促进新型劳动者即信息劳动者的出现与快速增加。第二，使生产力中起积极作用的活跃因素劳动工具网络化、智能化以及隐含在其内的信息与知识的分量急剧增大，信息网络本身也成了公用的或专用的重要劳动工具。第三，使不可缺少的生产要素劳动对象能得到更好的利用，并扩大其涵盖的范围，数据、信息、知识等都成了新的劳动对象。第四，使生产力发展中起革命性作用的科学技术如虎添翼，由于科技情报交流的加强和科技合作研究的发展，科技进步日新月异，信息科技成了高科技的主要代表，它对社会和经济的渗透作用和带动作用不断强化。第五，使对生产力发展有长期的潜在的重要作用的教育发生了根本性变革，远程教育、终身教育日趋重要，本来就是与信息相互交融的教育更加信息化、社会化和全球化了。第六，使组合、协调生产力有关要素以提高它们综合效益的管理对生产力发展的决定性作用更加强化，导致管理科技甚至也成了高科技。管理信息化已发展到内联网、外联网、互联的网际网新阶段，并与各种业务流程信息化相融合，信息不仅是管理的基础，而且与知识一道也成了管理的对象。信息管理、知识管理日益成为管理的重要组成部分和新型的增长点。第七，使作为生产力特殊软要素的信息与知识通过对生产力其他要素所起的重大影响和通过对这些要素的有序化组织、总体性协调，发挥其物质变精神、精神变物质两个过程相互结合的特殊作用。

(二) 对边际效益递减理论作用范围的影响

在农业经济和工业经济中，由于物质、能量资源的有限性或稀缺性、技术进步的相对稳定性、市场容量的饱和性，当需求依靠供给来满足时，任意一个投入产出系统中，随着投入的增加边际产出（即边际效益）呈递减趋势。这一规律性现象广泛存在，有普遍性。

到了信息经济尤其是其网络经济阶段，信息资源成了主要资源，该资源可再生和重复利用，对其生产者无竞争性而对其使用者无排他性，它的成本不随使用量的增加而成比例增加，同时信息技术发展快、变化大、生命周期短，而且需求往往是由供给创造的，产品受市场容量饱和的影响较小。因此在投入与产出的关系中出现了边际效益递增的规律性现象，这种现象还会因网络效应的作用而强化。

边际效益递减是与负反馈相联系的，而边际效益递增是与正反馈相联系的。负反馈反映原有的差异逐渐缩小以至消失的倾向，正反馈则反映初始的微小差异不断扩大导致全然不同结果的趋势。当然，这种变化都是有条件的。认为在传统的工农业经济中只有边际效益递减的规律性而在信息经济或网络经济中只有边际效益递增的规律性的那种观点，是与现实相悖的。人们会发现，在物质产品生产达到一定的经济规模之前也有边际效益递增的现象，而在信息产品生产中当技术方向有问题时也会出现边际效益递减甚至为零或负的现象。网络经济所改变的仅仅是缩小了边际效益递减规律的作用范围，使它在经济活动中不再成为起主导作用的规律。

(三) 对规模经济理论相对重要性的影响

在工业经济中，由于社会分工、专业化协作的发展，由于机械化、自动化以及由此而来的生产流水线的发展，当钢铁、汽车、石化等固定成本占总成本很大比例的产业在经济中起主导作用时，规模经济即产品单位成本随着产品数量增加而降低所带来的经济性，是提高经济效益、优化资源配置的主要途径。

在信息经济或网络经济中，尽管规模经济仍然是提高经济效益、优化资源配置的重要途径，但由于生产技术和管理技术的集成化、柔性化发展，数字化神经网络系统的建立与应用，由于外部市场内部化同外包业务模式的并行发展，还由于相关业务甚至不同业务的融合，当软件、多媒体、信息咨询服务、研究与开发、教育与培训、网络设备与产品等变动成本占总成本较高比例的信息产业、网络产业、知识产业在经济中起主导作用时，增加经济性效应的途径越来越多样化了。范围经济（通过产品品种或种类的增加来降低单位成本）变得更加重要了，差异经济（通过产品或服务差异性的增加来降低成本和增加利润）、成长经济（通过拓展企业内外部的成长空间来获取利润）、时效经济（通过抢先利用机遇扩大市场份额来赢得竞争优势）等各种提高经济效益的新途径出现了，这些途径不仅大企业可以利用，而且更有利于大量中小企业利用。

无可否认，规模经济作为人类经济活动提高效益的基本途径，这个事实没有变，但它的相对重要性由于网络经济的发展确实变化了，它不再是最重要的更不是唯一的经济性效应。

(四) 对通货膨胀率与失业率此消彼长"理论"的影响

英国经济学家 A. W. 菲利普斯于1958年提出失业率与通货膨胀率（或物价上涨率）之间存在着此消彼长的变动关系，低失业率与高通胀率相陪伴，而高失业率则与低通胀率同时并存，若用纵坐标表示通胀率、横坐标表示失业率，那么两者之间的这种关系就表现为从左上方向右下方倾斜的曲线，这就是所谓菲利普斯曲线。到了20世纪90年代，由于信息产业和经济全球化的发展，美国出现了在经济高增长中低失业率与低通胀率并存的新经济现象，这让人们对菲尔普斯曲线理论又有了不同视角的理解。

（五）对经济周期波动理论的影响

正像工业与工业化烫平传统农业生产的季节性波动一样，信息业与信息化熨平了传统工业（汽车业、建筑业等）经济的周期性波动。按照美国经济学家熊彼特的"创新理论"，由于创新的产生不是连续的、平稳的，而是时高时低的，因此会出现经济的周期性波动，每个周期包括危机、萧条、复苏、高涨四个阶段。第一次世界大战前，主要资本主义国家大约平均间隔8~10年爆发一次危机。第二次世界大战后，由于发达国家采取了反危机措施，使经济周期变形，危机持续时间缩短，萧条和复苏之间的界限因经济上升加快而不明显，高涨时经济发展劲头不强，于是出现了经济衰退与经济高涨交替更迭的简化经济周期说。以美国经济为例，自1991年4月走出第二次世界大战后第九次衰退期以来，经济高涨持续了八年半。

第二节　网络经济的理论分析

一、网络经济中的边际收益

传统经济学认为，在技术水平不变的情况下，当把一种可变的生产要素投入到一种或几种不变的生产要素中时，最初这种生产要素的增加会使产量增加，但当它的增加超过一定限度时，增加的产量将要递减，最终还会使产量绝对减少，这就是所谓边际效益递减规律。也就是说，总存在一点，在这一点后边际效益递减。在传统的农业经济和工业经济中，由于物质、能量资源的有限性或稀缺性、技术进步的相对稳定性、市场容量的饱和性，当需求依靠供给来满足时，任意一个投入产出系统中，随着投入的增加边际产出（即边际效益）呈递减趋势，是符合边际效益递减规律的。

但是，这个流行了两百多年的规律在网络经济面前却遭遇到了严峻的挑战，那就是网络经济的边际收益递增。

在网络经济中，消费者对某种商品使用得越多，增加该商品消费量的欲望就越强，出现了边际效益递增规律。之所以如此，是由于网络经济有着与传统经济大相径庭的发展规律。具体来说，主要原因如下：

（一）网络经济的边际成本递减

边际效益随着生产规模的扩大会显现出不同的增减趋势。在工业社会物质产品生产过程中，边际效益递减是普遍规律，因为传统的生产要素——土地、资本、劳动都具有边际成本递增和边际效益递减的特征。信息网络成本主要由三部分构成：一是网络建设成本；二是信息传递成本；三是信息的收集、处理和制作成本。由于信息网络可以长期使用，并且其建设费用与信息传递成本及入网人数无关，所以前两部分的边际成本为零，平均成本都有明显递减趋势。只有第三种成本与入网人数相关，即入网人数越多，所需信息收集、处理、制作的信息也就越多,这部分成本就随之增大,但其平均成本和边际成本都呈下降趋势。因此,信息网络的平均成本随着入网人数的增加而明显递减,其边际成本则随之缓慢递减,但网络的收益却随入网人数的增加而同比例增加。网络规模越大,总收益和边际收益就越大(如图2-1所示)。

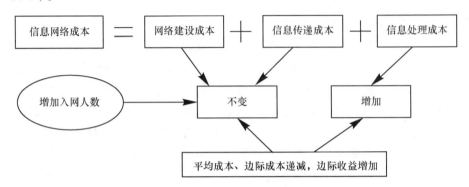

图2-1 网络经济中的成本递减

(二)网络经济的锁定

锁定是网络经济的规律,因为信息是在一个由多种硬件和软件组成的系统中存储、控制和流通的,还因为使用特定的系统需要专门的训练。如从苹果计算机转移到英特尔计算机不但要牵涉到新硬件,还要牵涉到新软件。不仅如此,你和你的雇员为了能使用软件和硬件而建立的知识也需要更新,更新计算机系统的转移成本可能会达到天文数字。微软企业的用户一旦使用了该企业的产品,就会像吸毒上瘾一样,对其具有越来越大的依赖性。这是由于软件用户已被锁定在某一个文字处理系统或排版系统上。他们不愿学习使用新系统,于是不断购买原系统的新版本。根据美国学者香农的定义,"信息是不确定性的消除量",其认为信息具有使不确定性减少的能力,信息量就是不确定性减少的程度。不被受体理解的信息没有使不确定性减少,也就不称其为信息。而要想理解这些信息,用户需要花费时间和金钱进行再学习。因此,软件用户就会被其最熟悉的微软视窗锁定。

(三)知识是唯一不遵守效益递减规律的工具

由于信息等高科技产业以知识为基础,而知识具有可共享、可重复使用、可低成本复制、可发展等特点,对其使用和改进越多,其创造的价值越大。而且,知识作为资本要素投入,通过与其他要素的有机配比和使用,提高了投入要素的边际效益,最终导致效益递增。著名经济学家克拉克较早地发现了这一规律,他曾指出,"知识是唯一不遵守效益递减规律的工具"。如美国微软企业为开发第一套视窗软件投入了5 000万美元,其额外生产上千万套只需复制即可,成本几乎可以不计,但仍能以与第一套同样的价格发行,这样,在新经济部门就出现了不同于传统产业部门的"边际效益递增"的情况。美国经济学家罗默据此提出了"新增长理论",认为好的想法和技术发明是经济发展的推动力量,知识的传播以及它可以几乎无止境地变化与提炼是经济增长的关键,而好的想法和知识有其自身的特性,即非常丰富且能以极低的成本复制,因而产生"边际效益递增",这一观点是对新古典微观经济学的毁灭性挑战。

在网络经济阶段,信息资源成了主要资源,该资源可再生和重复利用,对其生产者无竞争性而对其使用者无排他性,它的成本不随使用量的增加而成比例增加;同时信息技术发展快、变化大、生命周期短,而且需求往往是由供给创造的,产品受市场容量饱和的影响较小。因此,在投入与产出的关系中出现了类似"边际效益递增"的现象,使边际效益递减规律的作用范围缩小。

二、网络经济的定律

(一)梅特卡夫定律

梅特卡夫定律是一种网络技术发展规律,梅特卡夫定律是 3Com 企业的创始人,计算机网络先驱鲍勃·梅特卡夫(Bob. Metcalfe)提出的。最初主要针对电话网络,假设起初只有一个用户安装了电话,由于其无法通过电话与别人交流,因此这部电话对他而言效用是 0。当又有一位用户安装了电话时,对这两个用户而言,既可以打给对方又可以接听对方打来的电话,这样总效用为 2,边际效用(即增加一个用户所增加的效用)为 2。当第三个用户安装了电话时,总效用增加为 6,边际效用为 4。当电话用户增加到 4 时,总效用已达到 12,边际效用为 6。以此类推可以发现,当用户数量越过 10 以后,总效用值会迅速增大。当用户数 n 很大时,电话用户的总效用就趋近于 n^2,如表 2-1 所示。

表 2-1 电话网络的总效用与边际效用

电话用户数	1	2	3	4	5	…	$n\to\infty$
边际效用(MU)	0	2	4	6	8	…	$2(n-1)$
总效用(TU)	0	2	6	12	20	…	$n(n-1)\to\infty$

对以上的这一规律,鲍勃·梅特卡夫总结出一个规律:网络的价值以用户数量的平方速度增长,即 $V=n^2$(V 表示网络的总价值,n 表示该网络的用户数量),我们称之为梅特卡夫法则。虽然梅特卡夫法则是针对电话网络提出的,但它不仅适用于电话、传真等传统的通信网络,而且也适用于因特网这样的虚拟网络世界。

这个法则告诉我们:如果一个网络中有 n 个人,那么网络对于每个人的价值与网络中其他人的数量成正比,这样网络对于所有人的总价值与 $n\times(n-1)=n^2-n$ 成正比。如果一个网络对网络中每个人价值是 1 元,那么规模为 10 倍的网络的总价值等于 100 元;规模为 100 倍的网络的总价值就等于 10 000 元。网络规模增长 10 倍,其价值就增长 100 倍。

20 世纪 90 年代以来,互联网络不仅呈现了这种超乎寻常的指数增长趋势,而且爆炸性地向经济和社会各个领域进行广泛的渗透和扩张。计算机网络的数目越多,它对经济和社会的影响就越大。换句话说就是,计算机网络的价值等于其节点数目的平方。梅特卡夫法则揭示了因特网的价值随着用户数量的增长而呈算术级数增长或二次方程式的增长的规则。应用梅特卡夫法则可以对网络市场的规模效应进行研究,特别是作为对 C2C 市场效益价值研究的理论依据。

(二)摩尔定律

摩尔定律是指 IC 上可容纳的晶体管数目约每隔 18 个月便会增加一倍,性能也将提升一倍。摩尔定律是由英特尔（Intel）公司的创始人之一戈登·摩尔（Gordon Moore）经过长期观察提出来的。

1965年，戈登·摩尔（Gordon Moore）准备了一份关于计算机存储器发展趋势的报告。他整理了一份观察资料，在他开始绘制数据时，发现了一个惊人的趋势，每个新芯片大体上包含其前任两倍的容量，每个新芯片的产生都是在前一个芯片产生后的18~24个月内。如果这个趋势继续的话，计算能力相对于时间周期将呈指数式的上升。摩尔的观察资料就是现在所谓的摩尔定律，所阐述的规律一直延续至今，且仍不同寻常地准确。人们还发现它不光适用于对存储器芯片的描述，也适用于说明处理机能力和磁盘驱动器存储容量的发展，该定律成为许多工业对于性能预测的基础。在26年的时间里，芯片上的晶体管数量增加了3 200多倍，从1971年推出的第一款4004的2 300个增加到奔腾Ⅱ处理器的750万个。

由于高纯硅的独特性，即集成度越高，晶体管的价格越便宜，这就引出了摩尔定律的经济学效益。在20世纪60年代初，一个晶体管要10美元左右，但随着晶体管越来越小，小到一根头发丝上可以放1 000个晶体管时，每个晶体管的价格只有千分之一美分。据有关统计，按运算10万次乘法的价格算，IBM704电脑为1美元，IBM709降到20美分，而60年代中期IBM耗资50亿研制的IBM360系统电脑已变为3.5美分。

摩尔定律提出30年来，集成电路芯片的性能的确得到了大幅的提高，但英特尔高层人士也开始注意到芯片生产厂的成本在相应提高。1995年，英特尔董事会主席罗伯特·诺伊斯预见到摩尔定律将受到经济因素的制约。同年，摩尔在《经济学家》杂志上撰文写道："现在令我感到最为担心的是成本的增加……这是另一条指数曲线。"他的这一说法被人称为摩尔第二定律。

近年来，国内IT专业媒体上又出现了"新摩尔定律"的提法，则指的是我国因特网的联网主机数和上网用户人数的递增速度大约每半年就翻一番，专家们预言，这一趋势在未来若干年内仍将保持下去。

（三）达维多定律

达维多定律认为在网络经济中，由于人们的心理反应和行为惯性，在一定条件下，优势或劣势一旦出现并达到一定程度，就会导致不断加剧而自行强化，出现"强者更强、弱者更弱"的垄断局面。实际上达维多定律体现的是网络经济中的马太效应，说明了网络经济中的主流化现象。

马太效应，是指好的愈好、坏的愈坏，多的愈多、少的愈少的一种现象，来自《圣经·新约·马太福音》中的一则寓言："凡有的，还要加给他叫他多余；没有的，连他所有的也要夺过。"1968年，美国科学史研究者罗伯特·莫顿（Robert K. Merton）提出这个术语，用以概括一种社会心理现象："相对于那些不知名的研究者，声名显赫的科学家通常得到更多的声望即使他们的成就是相似的，同样地，在同一个项目上，声誉通常给予那些已经出名的研究者。例如，一个奖项几乎总是授予最资深的研究者，即使所有工作都是一个研究生完成的。"此术语后为经济学界所借用，反映贫者愈贫、富者愈富、赢家通吃的经济学中收入分配不公的现象。

马太效应反映了网络经济时代企业竞争中一个重要因素——主流化。"非摩擦的基本规律其实很简单——你占领的市场份额越大，你获利就越多，也就是说，富者越富。"

Compuserve 和 AOL 是美国的两家联机服务供应商，1995 年之前，Compuserve 占有市场较大份额，在相互竞争中占有优势。而从 1995 年开始，AOL 采取主流化策略，向消费者赠送数百万份 PC 机桌面软件，"闪电般地占领了市场"，迅速赶超了 Compuserve 企业。

（四）吉尔德定律

据美国激进的技术理论家乔治·吉尔德预测：在可预见的未来（未来 10 年），通信系统的总带宽将以每年三倍的速度增长。随着通信能力的不断提高，吉尔德断言，每比特传输价格朝着免费的方向下跌，费用的走势呈现出"渐近曲线"（Asymptotic Curve）的规律，价格点无限接近于零，如图 2-2 所示。

吉尔德定律中所描述的主干网增长速度比 CPU 的增长速度要快得多。微软企业最近的一次实验证明，在 300 千米的范围内无线传输 1GB 的信息仅需 1 秒钟，这是我们计算机里 Modem 传输能力的 1 万倍！这一事实表明带宽的增加早已不存在什么技术上的障碍，而只取决于用户的需求——需求日渐强烈，带宽也会相应增加，而上网的费用自然也会下降。会有那么一天，人们因为每时每刻都生活在网络的包围中而逐渐忘却"上网"之类的字眼。

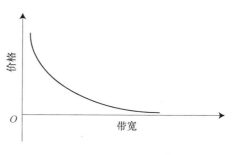

图 2-2　吉尔德定律

乔治·吉尔德认为，正如 20 世纪 70 年代昂贵的晶体管如今变得如此便宜一样，如今还是稀缺资源的主干网的网络带宽有朝一日会变得足够充裕，那时上网的代价也会大幅下降。在美国，目前已经有很多的 ISP 向用户提供免费上网服务，随着带宽的增加，并且将会有更多的设备以有线或无线的方式上网，这些设备本身并没有什么智能，但大量这样的"傻瓜"设备通过网络连接在一起时，其威力将会变得很大，就像利用便宜的晶体管可以制造出价格昂贵的高档电脑一样，只要将廉价的网络带宽资源充分利用起来也会给人们带来巨额的回报，未来的成功人士将是那些更善于利用带宽资源的人。

三、网络经济的竞争原则

网络经济有着与传统经济迥然不同的特征、原理和规律。在网络经济中，企业必须顺应环境的变化，采取全新的竞争原则和竞争策略，方有可能在激烈的竞争中取胜。下面提出的五大竞争原则，勾画出一家企业由弱变强的若干重要途径。

（一）主流化原则

网络企业相信，要使软件在市场中获得成功，必须激发大量需求。通过快速形成巨大的市场占有率，导航者成为这个领域的标准。这种为了赢得市场最大份额而赠送第一代产品的做法被称为主流化原则。主流化原则有助于吸引顾客，迅速提高市场份额，使企业在市场上占有主流地位。

主流化原则可以推广为：企业降低价格、锁定特定的用户群、发展长远的顾客。所谓锁定，是指通过吸引顾客，使顾客无法放弃你的产品以占领市场的过程。由于惯性、懒惰与时间的珍贵，人们愿意始终只与一个相对固定的企业进行交易。低价推动的正反馈机制是主流化原则的灵魂。微软企业通过每六个月发行一个新版本的方法从用户身上获取大量利润。原用户不但本身被锁定在微软产品上，通过重复购买产生累积效应，而且会向其亲戚朋友进行推荐，使微软产品的影响迅速扩大，在消费者心目中逐步变成一种时尚，一种非买不可的产品。这时，该产品已取得主流地位。

（二）个人市场原则

在传统经济中，通行以全体顾客为对象的大批量生产、大众化销售方式。在网络经济中，出现了"柔性生产"技术。由于互联网的互动作用，企业易于了解消费者的个人偏好，可以借助于网络和计算机，适应个人的需要，有针对性地提供低成本、高质量的产品或服务。个体化产品的售价要比大批量生产的产品价格高，这不但因为支出的成本较高，而且因为它更容易激起顾客的购买欲望。Broad Vision 可在网上向人们提供经过剪裁的个人报纸。只要说出你感兴趣的新闻的范围、类型和侧重点，以及对于版面设计或其他方面的基本要求，你就能得到一份充满个人色彩的、图文兼茂的报纸。

（三）特定化原则

与个人市场原则密切相关的是特定化原则，即挖掘个人市场，然后瞄准市场中某类特定顾客。企业必须首先找出具有代表性的个人习惯、偏好和品位，据此生产出符合个人需要的产品。然后，企业找出同类型的大量潜在客户，把他们视作一个独立的群体，向他们出售产品（服务）。为了吸引特定顾客的注意力，企业应迎合他们共同的人生经历、价值观念和兴趣爱好，创造一个虚拟社会，唤起一种社区意识。虚拟社会能使客户树立对品牌的忠诚，在建立虚拟社会上投入的越多，得到的客户忠诚和收入回报就越多。一项产品一旦成了虚拟社会注意的焦点，它就达到了锁定客户的目标，该社区的成员将会拒绝购买其他同类产品。为了锁定客户，仅靠产品的品牌化是不够的，客户还应因其忠诚而受到奖励。瞄准特定市场是一个循环往复的过程：企业跟踪调查单个顾客的消费行为，将有关数据输入电脑，从而对某一消费者群体的购买行为做出预测，并施加一定的影响，如邮寄广告或有针对性的购物指南，对于那些老客户，还可以享受额外的打折优惠。

瞄准特定客户是弱小企业的最佳策略。由于小企业的资源和能力有限，只能瞄准范围有限的特定客户群。随着锁定一部分客户并不断扩大战果，企业可遵循主流化原则迅速提高市场占有率。但是，随着市场份额的上升，瞄准特定市场的效果也就逐步下降，因为未受控制的份额在迅速缩小。当然，随着企业的发展，它所瞄准的客户的范围将会不断扩大。

（四）价值链原则

一种产品的生产经营会有多个环节，每个环节都有可能增值，我们将其整体称作价值链。价值链原则包括三层含义：

其一，企业不应只着眼于价值链某个分支的增值，而应着眼于价值链的整合，着眼于整个价值链的增值。

其二，企业应尽可能多地拥有或控制价值链上的分支，并从中赚取尽可能多的利润。

其三，企业应缩短价值链，获取由被砍掉的价值链分支曾经获取的收入。

价值链的每一环节都应有价值增值，并使价值乘数达到最大。所谓价值乘数，是指增值总量与增加的投资之比。价值乘数的大小与客户数量、反应率、结账率（实际购买人数）和价格呈正向关系，与广告费用呈反向关系。企业应设法稳定价格、增加客户数量、提高反应率和结账率，减少广告费用。而要做到这一点，关键是瞄准特定市场、创造虚拟社会，锁定比较狭窄的客户群；或者运用"柔性生产"，使个人需要得到较大的满足，使产品可以有更高的售价。换而言之，个人市场原则和特定化原则可使价值乘数达到最大化。

在控制价值链分支上，最能带来巨额利润的是建立一个新的价值链，即建立一个由相关企业组成，存在着上下游关系的产业。例如，微软企业是一个产业，而苹果企业只是一个企业，因为微软企业产业不仅包括本企业，还包括成千上万的开发商、合作伙伴和追随者。索尼等游戏机制造商出售的游戏机是亏损的，但它可以锁定用户并将之纳入自己的价值链中。索尼企业不但可以通过出售游戏软件大发横财，还可以从影院、快餐店及玩具制造厂等生产相关产品的价值链的分支上获取利润。

（五）适应性原则

由于互联性的存在，市场竞争在全球范围内进行，市场呈现出瞬息万变之势，精心制订好的发展计划很可能在转眼间就成为一堆废纸。因此，对企业的经营策略及时做出调整，或使企业的组织结构具有足够的弹性，以适应市场的急剧变化，已成为任何企业必须遵循的最基本的竞争原则之一。企业的适应性原则包括三方面的内容：企业产品的适应性、企业行为的适应性和企业组织的适应性。

企业产品的适应性：即企业产品（服务）能适应消费者不断变化的个人需要。

企业行为的适应性：即企业行为要适应市场的急剧变化。

企业组织的适应性：即企业组织要富于弹性，能随着市场的变化而伸缩自如。企业组织通常等级森严、权力集中。在网络经济中，面对着大量信息的快速传递，面对着市场的急剧变化，面对着全球范围的竞争对手，现有的僵化的组织结构已经难以为继了。如果任何一项行动都必须等待企业总裁的批准，这项行动往往会变得毫无意义。在网络经济中，由于外界环境的变化极其迅速，推动企业发展的不再是效率，而是高度的适应性。应该把企业看成是有机体，它可以感受环境、适应环境，甚至改变环境。市场环境则是一种选择机制，它可以判定哪种有机体更适合生存。

四、我国快速健康发展网络经济的思考

（一）正确把握网络经济的发展新趋势，制定网络经济发展战略

要在深刻认识和把握网络经济运行的机制、规律、方式和特点的基础上，根据中国经济发展实际情况，科学制定可持续发展的网络经济总体规划。

（二）大力加强网络经济基础设施建设，满足网络经济平台建设的现实需求

要在借鉴和吸收国内外网络经济基础设施建设先进经验的基础上，针对我国网络经济基础设施建设的现实状况，采取切实有效的政策措施，大力改进和加强我国的网络经济基础设施建设。例如，电信部门的垄断尚未完全打破，造成上网费用居高不下，限制了我国网络人

口的增长，造成网络企业的高昂经营成本等等。

（三）建立一支适应网络经济发展要求的人才队伍

一切经济活动的主体是人，网络经济的特点决定了谁想在高层次竞争中处于优势地位，谁就要在人才培养上下功夫。我国要在深入分析和认识网络经济发展对新世纪劳动者素质要求的基础上，制定和实施符合网络经济发展要求的人才培养方案，培养和造就一大批高素质的网络经济发展人才。

（四）形成安全高效的网络经济发展技术保证系统，构建网络经济创新体系

网络经济的一大特点是具有一定的高风险性，规避风险的最好办法是加速信息技术的发展。在充分认识国内外网络经济运行经验教训的基础上，结合我国上网企业特点，研制开发适应我国网络经济发展要求的技术保障系统，确保网络经济安全。要建立信息企业之间的创新网络，打破相互之间的封锁与条块分割的格局，鼓励各种形式的企业联系。从国家安全的角度来看，必须开发具有独立知识产权的信息安全技术，必须重视网络安全技术的开发，这样才能保证我国网络经济体系的健康的发展。

（五）商业模式自主创新

在网络经济领域，用来描述诸如亚马逊和Netflix、Real.com之类网站的商业和经济模式的"长尾"效应尤为显著。应用"长尾"理论我们可以解释很多在网络经济中异军突起的公司，实际上这些公司是在进行一种商业模式的自主创新。还有，维基经济学所揭示的四个新法则——开放、对等、共享以及全球运作——正在取代一些旧的商业教条，许多成熟的传统公司正在从这种新的商务范式中受益。我们所熟知的企业如Google、亚马逊、宝洁、IBM、英特尔、波音、乐高、MySpace等，都已经从维基经济中获得巨大成功。

（六）政策法规的完善与网络文明建设

新的经济环境引起社会大环境的改变，同时也产生了一些全新的高科技犯罪，越来越多的案例说明，现有的法律制度失去了制定的科学性原则。因此，建立起一套与时俱进的法律法规制度尤为重要。在虚拟的网络环境中，建设网络文明、构建和谐网络文化，任务光荣、责任重大。要真正把网络建设成传播先进文化的重要阵地，为全面贯彻落实科学发展观、建设社会主义和谐社会做出新的贡献。

网络经济代表了未来经济发展的趋势，它为现实经济增长构筑起一个全新的技术平台，提供了一种将信息资源转化为经济收益的高效工具，营造了一种全球化的经营环境。发展我国网络经济归根到底，就是要用科学发展观作为总指导，这样才能使我国的网络经济快速、健康、可持续发展。

本章小结

网络经济是现代经济中非常活跃的组成部分，甚至有人把网络经济作为现代经济的主要代表，由此可见网络经济的重要性。网络经济是一种建立在计算机网络（特别是Internet）基础之上，以现代信息技术为核心的新的经济形态。它不仅是指以计算机为核心的信息技术产业的兴起和快速增长，也包括以现代计算机技术为基础的整个高新技术产业的崛起和迅猛

发展，更包括由于高新技术的推广和运用所引起的传统产业、传统经济部门的深刻的革命性变化和飞跃性发展。因此，不能把网络经济理解为一种独立于传统经济之外、与传统经济完全对立的纯粹的"虚拟"经济。它实际上是一种在传统经济基础上产生的、经过以计算机为核心的现代信息技术提升的高级经济发展形态。但是网络经济又与传统经济有很大区别，这从网络经济中存在的规律就可看出来，网络经济中呈现的摩尔定律、梅特卡夫法则、吉尔德定律反映了网络中信息的正反馈现象，网络经济中边际成本递增又充分指出了网络产品免费提供的原因，网络经济中的各种规律为我们更好地理解网络中的各种经济现象提供了依据。本章主要掌握的知识点是网络经济的主要规律。

复习题

一、选择题

1. 网络经济时代的生产力特征主要体现在（　　）。
   A. 以人力作为生产工具　　　　　　B. 以动力作为生产工具
   C. 以智能作为生产工具　　　　　　D. 以物质和能量作为生产工具
2. 网络节点的数目呈算术级数增加时，网络的总效用则（　　）。
   A. 呈算术级数增加　　　　　　　　B. 呈几何级数增加
   C. 呈算术级数减少　　　　　　　　D. 呈几何级数减少
3. 网络经济的竞争原则不包括（　　）。
   A. 适应性　　　　B. 价值链　　　　C. 特定化　　　　D. 边际化

二、简答题

1. 网络经济的内涵是什么？
2. 解释梅特卡夫法则。

三、论述题

1. 你如何理解网络经济中的马太效应？
2. 你如何理解"摩尔定律会消失，计算机的革命永远不会停止"这句话？

第三章

电子商务的技术基础

导 读

电子商务是基于计算机网络、通信、安全认证等技术的产生而发展的。计算机网络就是使用通信线路连接起来的计算机集合，它的基本功能就是能够互相交换信息，共同享有网络资源，计算机网络与通信技术的发展大大促进电子商务的兴起，促进了电子商务的健康快速发展。本章主要介绍与电子商务有关的计算机网络、因特网络，并简要介绍电子数据交换技术。

学习目标

1. 计算机网络基本结构和类型。
2. Internet 网络相关知识。
3. 电子数据交换技术的基本理论。

一、计算机网络基础知识

计算机网络基础知识包括计算机网络概论、计算机网络应用、计算机网络的分类、计算机网络拓扑结构、计算机网络协议、计算机网络连接设备等内容。

（一）计算机网络概况

1. 计算机网络的产生和发展

21 世纪是计算机网络的时代。随着计算机技术的迅速发展，计算机应用已逐渐渗透到社会发展的各个领域，单机操作的时代已经满足不了社会发展的需要。社会资源的信息化、数据的分布式处理、各种计算机资源的共享等种种应用的需求推动了通信技术和计算机技术的发展与结合。计算机网络就是计算机与通信技术相融合的产物。计算机网络的发展经历了从简单到复杂的过程，大体上可分为面向终端的计算机通信网、分组交换网、形成计算机网络体系结构、因特网的应用与高速网络技术四个阶段。

目前，计算机网络的发展正处于第四阶段，其主要标志是因特网的应用与高速网络技术的发展。因特网是覆盖全球的信息基础设施之一，好像一个庞大的广域计算机网络。用户可以利用因特网来实现全球范围内的电子邮件、信息查询与浏览、电子新闻、文件传输、语音与图像通信服务等功能。因特网对推动世界科学、文化、经济和社会的发展有着不可估量的作用。

在因特网飞速发展与广泛应用的同时，高速网络的发展也引起了人们越来越多的注意，高速网络技术主要表现在：网络传输介质的光纤化，多媒体网络及宽带综合业务数字网（BISDN）的开发和应用以及智能网络的发展。比计算机网络更高级的分布式系统的研究促使高速网络技术飞速发展，相继出现高速以太网、光纤分布式数据接口（FDDI）、快速分组交换技术，包括帧中继、异步传输转移模式等。

20世纪90年代以来，世界经济已经进入了一个全新的发展阶段。世界经济的发展推动着信息产业的发展，信息技术与网络的应用已成为衡量21世纪综合国力与企业竞争力的重要标准。

2. 计算机网络的定义

在计算机网络发展过程的不同阶段中，人们对计算机网络提出了不同的定义。这些定义可分为三类：广义的观点、资源共享的观点与用户透明性的观点。从目前计算机网络的特点看，资源共享的观点的定义能比较准确地描述计算机网络的基本特征。资源共享的观点将计算机网络定义为：将分布在不同地理位置上的具有独立工作能力的计算机、终端及其附属设备用通信设备和通信线路连接起来，并配有网络软件，以实现计算机资源共享的系统。

这个定义符合目前计算机网络的基本特征，主要表现在：

（1）计算机网络是通信技术与计算机技术的结合

在硬件设备上，计算机网络增加了通信设备，网络内的计算机通过一定的互联设备与通信技术连接在一起，通信技术为计算机之间的数据传递和交换提供了必要的手段。因此，网络中的计算机之间能够互相进行通信。

（2）计算机网络建立的主要目的是实现计算机资源的共享

计算机资源主要指硬件、软件与数据。网络用户不但可以使用本地计算机资源，而且可以通过网络访问联网的远程计算机资源，还可以调用网中几台不同的计算机共同完成某项任务。

（3）计算机网络是分布在不同地理位置的多台独立的计算机的集合系统

互联的计算机之间可以没有明确的主从关系，每台计算机可以联网工作，也可以脱网独立工作，联网计算机可以为本地用户提供服务，也可以为远程网络用户提供服务。网络中的计算机最少是两台，大型网络可容纳几千甚至几万台主机。目前世界上最复杂的最大的网络就是国际互联网，即因特网，它将全世界的计算机相互连接在一起，并且能够互相进行通信，实现全球范围内的资源共享。

（4）联网计算机必须遵循全网统一的网络协议

3. 计算机网络的组成部分

通常每种网络中都有大量的软件、硬件，名称也各不相同，但是任何计算机网络都有以下三个组成部分：

①至少两台独立的分离的计算机。

②一种能保持计算机之间进行接触的通道。

③一些保证计算机之间相互通信的规则。

通过一个例子来说明这三部分的作用。有两个计算机专家，一个住在中国，一个住在日本。他们都只会说本地语言。他们想讨论计算机在电子商务中的应用问题，怎么办呢？首先两位计算机专家会各找一位电气工程师兼翻译和一架电报机，然后中国专家把自己的看法讲述给他的工程师，工程师把它转换成英语用摩尔斯电报码拍发出去。日本的工程师接到电报码后解读出它的含义，然后用日语向日本专家转述。这样日本专家就明白了中国专家的想法。

在这个例子中，两位专家相当于两台计算机，他们之间有需要共享的东西（计算机在电子商务中的应用问题）。电报机是两位专家进行接触的通道，两位兼做翻译的工程师保证计算机专家之间通信的可读性，他们都遵守相同规则（用摩尔斯电报码拍发英语）。

上面讲的三个组成部分总结成术语就是：

①可以共享的某些资源——网络服务（Network Services）。

②保证相互接触的通道——传输介质（Transmission Media）。

③保证通信的规则协议（Protocols）。

这三部分又称为网络三要素，如图3-1所示。

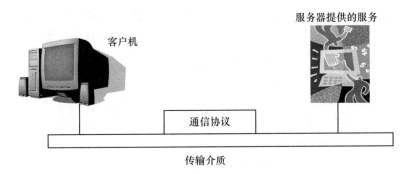

图3-1 计算机网络的三要素

（二）计算机网络应用

计算机网络的应用从总体上分为两大部分：计算机网络在企业信息管理与信息服务中应用；计算机网络在个人信息服务中的应用。同时，计算机网络的广泛应用也不可避免地带来了一些新的社会、道德、政治与法律问题。

1. 计算机网络在企业信息管理与信息服务中的应用

计算机网络在企业信息管理与信息服务中的应用，主要有以下几点：

（1）信息共享与交流

主要包括网上发布信息、网上会议、群体交流合作等。例如：一名工作人员在线修改文件内容，远地网络用户可以立即得到修改后的新文件；多个技术人员分散在不同的地方，但能够在网络上共同设计一种产品；两个网络用户无论相距多远，都可以通过计算机网络发送与接收信息等。计算机网络的应用正在改变着企业、公司、机关、学校的工作方式与人际交往方式，利用网络进行商务谈判、订立商务合同与银行结算的方式已经在国际贸易与商业活动中越来越普及。

（2）资源共享

包括硬件资源以及软件资源的共享。其目的是让网络上的用户无论处于什么地方，也无论资源的物理位置在哪里，都能使用网络中的程序、设备，尤其是数据。也就是说，用户使用千里之外的数据就像使用本地数据一样。可以这样归纳网络的目的：它试图解除"地理位置的束缚"。例如：在一间有10台单机电脑的小型办公室，如果只有一台打印机，那么只有与这台打印机连接在一起的电脑才能进行打印工作。其他用户必须将自己的数据存到软盘里，然后拿着软盘到连有打印机的电脑上打印，这样一来当然会干扰那台电脑用户的正常工作。网络允许连至网络的任何人使用打印机，而不仅仅是坐在连接了打印机的那台电脑前面的人员。

（3）提高资源的可靠性

如果我们将重要的文件复制并存储到两三台机器里，这样一旦其中一台机器发生故障，其他机器中的文件拷贝还可以使用。网络中的多台计算机可以互为后备，如果其中有一台机器发生故障，其他机器仍能使用，不至于造成系统工作中断。通过口令，网络还能提供更进一步的安全防护措施。

（4）节约经费

这是因为个人计算机联网比大型机有更高的性价比。一个工厂可以只有一台大型机，它的运行速度可以是微型计算机的几十倍，但是它的价格与运行维护费用却是微型计算机价格的几千倍，这样我们可以考虑为每个用户购置一台微型计算机作为客户机，然后再购置一台或几台性能较强、配置较高的计算机作为多个用户共享的服务器，用网络将多台分散的客户机与服务器互联起来，构成客户机/服务器（C/S）结构。在这种结构里，客户机向服务器发出服务请求；服务器在接收到客户机请求后，利用服务器提供的资源完成客户请求的信息查询、检索与处理，再将检索和处理的结果回送给客户机。通常服务器可以是功能较强、性能较好的一台或几台计算机，而客户机可以是很多台微型计算机。

（5）增强信息系统的可扩展性

随着企业规模的扩大和计算机应用规模的增大，信息系统的扩展表现在两个方面：一是网络共享信息量的增大；二是网络用户数增多，联网计算机数量的增加。当网络共享信息量增大时，需要增加网络服务器的数量；当网络用户增多时，需要增加客户机的数量。在客户机/服务器模式中，服务器与客户机数量的增加、网络规模的扩大是很容易就能实现的。

2. 计算机网络在个人信息服务中的应用

20世纪70年代与80年代，计算机网络的应用仅局限于一些大型企业、公司、校园与研究部门，只有在微型计算机普及之后，人们才看到微型计算机联网后所产生的重大影响，计算机网络开始越来越普及。到了90年代，计算机网络作为个人信息服务的一种重要手段进入了家庭。家庭和个人使用计算机网络与公司网络工作方式是不同的：一是家庭和个人一般拥有一台或几台微型计算机，它是作为客户机通过电话交换网或光纤连到公共数据网中；

二是家庭和个人一般希望通过计算机网络获得各种信息服务。这些信息服务一般分为以下三类。

（1）远程信息的访问

远程访问是集成的"路由和远程访问"服务的一部分，用来为远程办公人员、外出人员以及监视和管理多个部门办公室服务器的系统管理员提供远程网络。

（2）个人间通信

20世纪个人之间通信的基本工具是电话，21世纪个人之间通信的基本工具则是计算机网络。电子邮件 E-mail、电视会议、即时通信工具飞速发展极大地改变了人们的社交方式和范围。

（3）家庭娱乐

家庭娱乐正在对信息服务业产生着巨大的影响。计算机网络可以让人们在家里点播电视和电影节目，新的电影可能是交互式的，观众可以在看电影时不时地参与到电影节目中去。近年来随着虚拟现实技术（VR，Virtual Reality）的应用迅猛发展，娱乐领域的应用体验越来越丰富。

总之，基于计算机网络的各种应用，各种信息服务、通信与家庭娱乐都正在促进信息产品制造业、软件产业与信息服务业的高速发展，也正在引起社会产业结构和从业人员结构的变化，越来越多的人从事信息产业与信息服务业的工作。

（三）计算机网络的分类

计算机网络的分类方法很多，常用的主要有两种：按传输技术分类和按网络规模分类。

1. 按传输技术分类

网络所采用的传输技术决定了网络的主要技术特点，因此根据网络所采用的传输技术对网络进行分类是一种很重要的方法；按传输技术可把网络分为两类：广播式网络（Broadcast Networks）、点到点网络（Point-to-Point Networks）。

（1）广播式网络

在广播式网络中，所有联网计算机都共享一条公共通信信道；当一台计算机利用共享通信信道发送报文分组时，所有其他的计算机都会"收到"这个分组。由于发送的分组中带有目的地址与源地址，接收到该分组的计算机将检查目的地址是否与本节点地址相同。如果被接收报文分组的目的地址与本节点地址相同，则接收该分组，否则将它放弃。

（2）点到点网络

与广播式网络相反，在点到点式网络中，每条物理线路连接一对计算机。假如两台计算机之间没有直接连接的线路，那么它们之间的分组传输就要通过中间节点的接收、存储、转发，直至目的节点。由于连接多台计算机之间的线路结构可能是复杂的，因此从源节点到目的节点可能存在多条路由，通常是多条路径，并且可能长度不一样；从通信子网的源节点到达目的节点的路由需要由路由选择算法来决定，采用分组存储转发与路由选择是点到点网络与广播式网络的重要区别之一。

2. 按网络规模分类

计算机网络按照其覆盖的地理范围进行分类，可以很好地反映不同类型计算机网络的技术特征：由于网络覆盖的地理范围不同，它们所采用的传输技术也就不同，因而形成了不同的网络技术特点与网络服务功能。按计算机网络规模分类，可把计算机网络分为：局域网（LAN）、区域网（MAN）、广域网（WAN）。

（1）局域网

局域网用于有限距离内的计算机之间的数据和信息传递，一般覆盖范围在10千米以内，如一个楼房或一个单位内部的网络。传输距离直接影响速度，因此，局域网内的通信由于传输距离短，传输的速率一般都比较高。目前，局域网的传输速率一般可达到10 Mb/s和100 Mb/s，高速局域网传输速率可达到1 000 Mb/s。

（2）区域网

区域网是介于广域网与局域网之间的一种高速网络，它通常覆盖一个地区或城市，在地理范围上从几十千米到上百千米。区域网设计的目标是要满足几十千米范围内的大量企业、机关、公司的多个局域网互联的需求，以实现大量用户之间的数据、语音、图形与视频等多种信息的传输功能。

（3）广域网

广域网指远距离、大范围的计算机网络，覆盖的地理范围从几十千米到几千千米。广域网的覆盖范围广，联网的计算机多，因此广域网上的信息量非常大，共享的信息资源很丰富。因特网是全球最大的广域网，覆盖的范围遍布全世界。

（四）计算机网络拓扑结构

计算机网络设计的第一步就是要解决在给定计算机的位置及保证一定的网络响应时间、吞吐量和可靠性的条件下，通过选择适当的线路、线路容量、连接方式，使整个网络的结构合理，成本低廉。为了应付复杂的网络结构设计，人们引入了网络拓扑的概念。计算机网络拓扑主要是指通信子网的拓扑构型。

网络的拓扑结构是通过网络节点与通信线路之间的几何关系，表现网络结构，反映出网络中各实体间的结构关系，也就是说这个网络看起来是一种什么形式。网络的物理拓扑不涉及网络中信号的实际流动，而仅关心介质的物理连接形态。网络物理结构千差万别，但是最终可归结为以下几类：总线型、星形、环形和网状拓扑结构。

1. 总线型拓扑

总线型物理拓扑使用一条电缆作为主干电缆，网络设备由从主干电缆上引出的电缆加以连接，如图3-2所示。

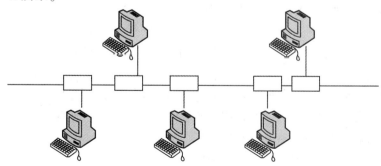

图3-2 总线型拓扑结构

总线型的物理结构容易安装,只需要一台设备一台设备地进行电缆连接,而无须引入其他设备。由于信号和电缆的性能原因,总线型拓扑结构在使用中有一些限制。并且,采用总线型的连接方式,当电缆上某一段发生断裂时,整个网络都会陷于停顿,且对网络故障定位比较困难。

2. 星形拓扑

星形拓扑结构使用集线器作为中心设备,连接多台计算机。计算机与中心设备之间的连接是点对点的连接。另外,星形拓扑可以层层连接下去,形成级联结构。星形拓扑结构的使用相当广泛,局域网中常用的 10Base-T 网就是采用双绞线的星形网络,如图 3-3 所示。

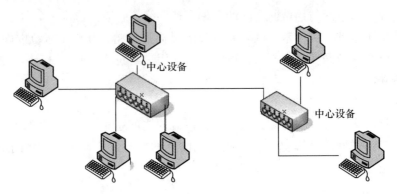

图 3-3 星形拓扑结构

星形网络的设计比较简单,但是由于每台计算机和集线器之间都要有一条电缆,所以它的电缆消耗量就大得多。这样多的电缆又带来了较大的网络施工工作量。这种每台计算机都使用一条电缆的做法在增加消耗的同时也带来了一些优点:

①重新设置网络比较容易。
②故障定位容易。
③星形拓扑中各段介质都是分离的,相互之间互不影响。

3. 环形拓扑

环形拓扑是把多台设备依次连接形成一个物理的环状结构,设备与设备之间采用点对点连接方式。环形物理拓扑必须构成一个封闭的物理环,所以要比总线拓扑使用更多的电缆。网络建成后对其进行重新配置比较困难,每增加人或减少一台设备都需要对环形进行修改,这意味着要断开环路进行工作,如图 3-4 所示。

4. 网状拓扑

网状拓扑在网间所有设备之间实现点对点的连接,它虽然浪费电缆,但有自己的优点。由于网状拓扑中设备与设备之间采用点对点的连接方式,没有其他设备争用信道,能够保证通信双方有充分的通信带宽。另外,每条电缆之间都相互独立,当发生故障时,可以容易地将其隔离开进行故障定位。最后,网状拓扑的容错性能极好。任何两站之间都有两条或多条线路可以互相连通,当某条线路上发生故障或拥挤不堪时,信号可以绕过有故障的网段,保证信息传输的畅通。这一点对于某些对安全性、可靠性要求高的场合是极其重要的。目前实际存在与使用的广域网基本上都是采用网状拓扑结构的,如图 3-5 所示。

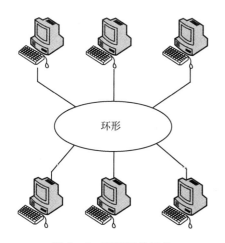
图3-4 环形拓扑结构

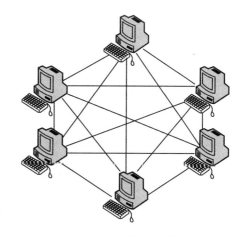
图3-5 网状拓扑结构

(五) 计算机网络协议

1. 网络协议的概念

协议是联网的实体之间用来保证相互通信的规则。协议包括三部分：语义、语法、时序。语义是指构成协议的控制信息或命令及应答。语法是指数据或控制信息的数据结构形式或格式。时序是指时间的执行顺序。协议既可以是一个也可以是一组完全的规则和标准，这些规则和标准使不同的设备之间能够互相交谈。这就像行驶的车辆必须遵守交通规则一样，网络中不同主机间的数据交换同样也需要遵循一定的规则，这样主机间的数据交换就会有效地进行，减少不必要的网络拥挤和阻塞。

实际上，目前正在使用的协议有许多种，一方面是由于各种不同的应用场所使得不可能有一种"万能协议"；另一方面是各种利益集团间互不妥协的结果。各种协议处理的问题不同，互相之间的风格和方法更是千差万别，但是我们可以通过国际标准化组织提出的开放系统互联参考模型来对协议有个大体的了解。

2. 开放系统互联参考模型（OSI 模型）

OSI（Open System Interconnection，开放系统互联）参考模型推出后，逐渐成为网络技术界所公认的标准，目前大多数流行协议都遵守该模型，如图3-6所示。

OSI 模型从最基础的物理硬件到最终的用户程序之间共分七层，由底到顶分别是：

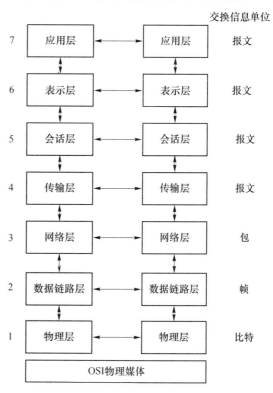
图3-6 OSI 七层参考模型示意图

物理层、数据链路层、网络层、传输层、会话层、表示层、应用层。从通信的角度看，信息是从一方的应用层发送到另一方的应用层中去，发送方的信息从应用层向下流动，在流动过程中每一层都向下加入自己的标识，使信息越来越多，到达物理层后通过传输通道到达接收方的物理层，然后一层层向上传递，最后到达应用层。在接收方数据向上流动的过程中，每一层都去掉发送方相应层加上的标识，在到达应用层时就恢复了发送的信息。

（1）物理层

物理层的作用是在物理媒体上传输原始的数据比特流。它是为了确保当一方发送二进制比特"1"时，对方能正确接收到此信号，并识别出来。对于媒体信道上应有多少条线、相应的插头和插座的机械形状的大小、插针的个数和排列、什么电信号代表"1"和什么电信号代表"0"、比特的持续时间是多长、每个插针或每条线传输的是什么信号和它们之间应按什么顺序升起或落下、最初的连接应如何建立、传输完成后连接又如何终止等，在传输的双方间都要有一致统一的约定，这就是物理层的协议。归结为一句话，物理层的功能是为在物理媒体上建立、维持和终止传输数据比特流的物理连接提供机械、电气、功能和过程的手段。

（2）数据链路层

原始的物理连接由于外界噪声干扰等因素，在传输比特流时可能发生差错。数据链路层的一个主要功能就是通过校验、确认和反馈重发等手段将该原始的物理连接改造成无差错的数据链路。另外物理层传输的是原始比特流，并不关心其意义和结构，在数据链路层我们将比特组合成数据单元，也就是我们所说的帧。在一帧中我们可以判断哪一段是地址、哪一段是控制域、哪一段是数据、哪一段是校验码。数据链路层还要解决防止高速的发送方发来的数据过快而淹没慢的接收方的问题，即流量控制的问题。高级数据链路控制（High-Level Data Link Control，HDLC）规程就是一个数据链路层协议的例子。

（3）网络层

网络层关心的是通信子网的运行控制，主要解决如何把网络协议数据单元（分组）从源传送到目标。这就需要在通信子网中进行路由选择。路由选择算法可以是简单的、固定的，也可以是复杂的、动态适应性的。如果同时在通信子网中出现过多的分组，会造成阻塞，因而要对其进行控制。当分组要跨越多个通信子网才能到达目标时，还要解决网际互联的问题。

（4）传输层

传输层是第一个端对端，也就是主机到主机的层次。有了传输层后，上层用户就可以利用传输层的服务直接进行端到端的数据传输，从而不必知道通信子网的存在。通信子网的更替和技术的变化通过传输层的屏蔽将不被上层用户看到。通常，传输层在上层用户请求建立一条传输虚通信连接时，就通过网络层在通信子网中建立了一条独立的网络连接。但是，若需要较高的吞吐量，传输层也可以建立多条网络连接来支持一条传输连接，这就是分流。或者为了节省费用，传输层也可以将多个传输通信合用一条网络连接，称为复用。传输层还要处理端到端的差错控制和流量控制的问题。概括地说，传输层为上层用户提供端对端的透明优化的数据传输服务。

(5) 会话层

会话层允许不同机器上的进程之间建立会话关系。传输层是主机到主机的层次，而会话层是进程与进程之间的层次。它可管理的对话允许双向同时进行，或任何时刻只能在一个方向进行。在后一种场合下，会话层提供一种数据权标来控制哪一方有权发送数据。会话层还提供同步服务，若两台机器进程间需进行数小时的文件传输，而通信子网故障率又较高，对传输层来说，每次传输中途失败后都不得不重新传输这个文件。会话层提供了在数据流中插入同步点的机制，在每次网络出现故障后可以仅重传最近一个同步点以后的数据，而不必从头开始。

(6) 表示层

表示层为上层用户提供共同需要的数据或信息语法表示。大多数用户间并非仅交换随机的比特数据，而且要交换诸如人名、日期、货币数量和商业凭证之类的信息。它们是通过字符串、整型数、浮点数以及由简单类型组合成的各种数据结构来表示的。不同的机器采用不同的编码方式来表示这些数据类型和数据结构。为了让采用不同编码方法的计算机通信交换后能相互理解数据的值，可以采用抽象的标准方法来定义数据结构，并采用标准的编码表示形式。管理这些抽象的数据结构，并把计算机内部的表示形式转换成网络通信中采用的标准表示形式都是由表示层来完成的。数据压缩和加密也是表示层可提供的表示变换功能。数据压缩可用来减少传输的比特数，从而节省经费；数据加密可防止敌意的窃听和篡改。

(7) 应用层

应用层是开放系统互联环境的最高层，为特定类型的网络应用提供访问 OSI 环境的手段。网络环境下不同主机间的文件传送、访问和管理（File Transfer, Access and Management, FTAM），网络环境下传送标准电子邮件的文电处理系统（Message Handling System, MHS），方便不同类型终端和不同类型主机间通过网络相互访问的虚拟终端（Virtual Terminal, VT）协议等都属于应用层的范畴。

(六) 计算机网络连接设备

计算机网络互联是计算机网络和通信技术快速发展的结果。为了更大范围地实现计算机间数据通信和资源共享，需要通过网络互联将若干个计算机网络互联成更大的网际网，使网际网中的各个计算机之间能够互相通信并获得各种网络服务。根据 OSI 参考模型的分层观点，互联划分为四个层次，即物理层、数据链路层、网络层与高层，与之对应的网络设备分别是中继器、网桥、路由器和网关。

1. 中继器

信号在网络传输介质中的衰减和噪声使有效的数据信号变得越来越弱。为了保证有用数据的完整性，并在一定范围内传送，中继器把它接收到的弱信号提出，再放大保持与原数据相同。从理论上讲，可以用中继器把网络扩展到任意长的传输距离，然而很多网络上都限制了一对工作站之间加入中继器的数目。例如，总线网限制最多使用四个中继器，即最多由五个网络段组成，电缆总长 2.5 km。

中继器是网络物理层的一种连接设备。它只是把传输媒体上的二进制位从一个网传入另一个网，对信号进行复制与放大。因此中继器的主要作用是扩展与延伸同一类局域网（LAN）中的各个网段，如图 3-7 所示，在网段间实现电气的转接。实际上，用中继器连接起来的一个网络相当于同一条电缆组成的更大的网络。中继器只是网络段的互联设备，而非网络的互联设备。

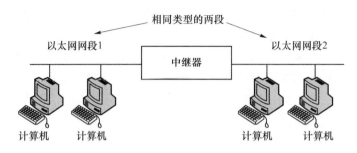

图 3-7 采用中继器进行互联

最简单的集线器（HUB）也可看成是中继器设备，主要用来支持双绞线（如 10BASE-T 以太网）或光纤的网络布线与连接，相当于一个很多个端口的"多口中继器"，也可以具有监视所连接的每一网段或计算机的连接情况的作用。比如某一端口所连的计算机或网段出了问题，可以用指示灯显示出来，也可以断开使其他网段继续正常工作。

2. 网桥

网桥是一种工作在数据链路层的存储转发设备。也就是说，两个网络具有不同的数据链路层，但是两者的网络层及其以上各层是相同的，这时可采用网桥相连接。在网桥设备中将进行两个网桥之间的数据链路层的协议转换。图 3-8 显示了用网桥去连接一个以太网与一个令牌环网的例子。当以太网中的帧到达了网桥后，要把它转换成为令牌环帧的格式后再传给令牌环网内；反之亦然。

网桥除了能支持在本地的局域网（LAN）与局域网（LAN）之间的连接，也可以支持广域网（WAN）的广域连接。

网桥还具有网络隔离的功能。所谓网络隔离功能，是指网桥能将一个大的局域网分离成几个网段，每个网段有自己的网络地址，同一网段内的通信只在本网段内进行，不必穿过其他网段在整个网络内传输，减少段与段之间的数据传输量，提高了网络的工作效率，比如，网桥收到的帧中的目的地址与源地址属于同一个局域网（LAN）网段，则通信只在本网段内进行，不必通过网桥；如分属于两个局域网（LAN），那么需进行帧格式转换后继续向前传送。图 3-9 是网桥所起的网络隔离作用示意图。

网桥的作用可归纳为以下几点：
① 增加传输距离和平衡负载。
② 实现不同类型的局域网互联。
③ 网桥有隔离网络的功能，将一个大的局域网划分成几个网段。
④ 提高网络安全性。

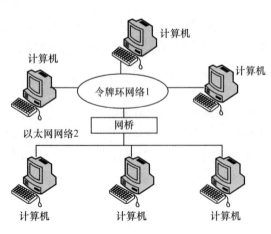

图 3-8 采用网桥进行互联

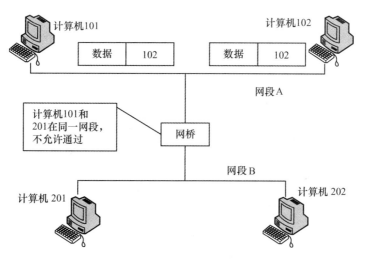

图 3-9 网桥所起的网络隔离作用示意图

3. 路由器

路由器工作在 OSI 开放式互联模式的网络层，具有路由选择功能与流量控制能力。路由器在网络互联中起着至关重要的作用，主要用于局域网和广域网的互联。

因特网就是由众多的路由器连接起来的计算机网络组成的。可以说，没有路由器，就没有今天的因特网。

路内器的主要功能为：路径选择、数据转发和数据过滤。路由器的功能可以由硬件来实现，也可以由软件来实现，或者部分功能由软件实现，部分功能由硬件实现。下面对其主要功能作一下简要论述。

(1) 路径选择

路由器一般都有多个网络接口，包括局域网的网络接口和广域网的网络接口，每个网络接口连接不同的网络，这就为源主机通过网络到目的主机的数据传输提供了多条途径。路由选择就是从这些路径中寻找一条将数据包从源主机发送到目的主机的最佳传输路径的过程。

(2) 数据转发：因特网用户可使用各种信息服务，其信息传送均以 IP 包为单位进行，IP 包除了包括要传送的数据信息外，还包括要传送信息的目的 IP 地址、发送信息的源主机 IP 地址，以及一些相关的控制信息。当一个路由器收到一个 IP 数据包时，它将根据数据包中的目的 IP 地址查找路由表，根据查找的结果将此 IP 数据包送往对应端口；下一台 IP 路由器收到此数据包后继续转发，直至发送到目的地。

(3) 数据过滤

除上述功能以外，路由器的另外一个重要作用就是充当过滤器，将来自对方网络的不需要的数据阻止在网络之外，进而减少网络之间的通信量。正是由于这种过滤功能，使得在网络之间传输某些特殊数据成为可能。

通常把路由器产品分为单协议路由器（只能用于特定协议环境的产品，价格便宜些）和多协议路由器两种。多协议路由器除了可以支持多种协议外，还可提供手段去允许或禁止某几个指定的协议。但是，必须注意的是：路由器只是提供网络层服务的设备，并不具备在协议间实施转换的功能。具体地说，路由器可作为多于两个网络的网络之间互联设备

(图 3-10 显示了连接四个局域网的路由器),也可以作为常用的广域网连接设备,包括允许采用各类广域网接口的多种路由器设备;路由器还能够充当在网络间的数据处理设备,其数据处理功能包括过滤、转发、优先权指定、多路复用、信息加密、数据压缩等,同时还能够作为网络的管理设备,如参与网络中的配置管理、性能管理与容错管理。

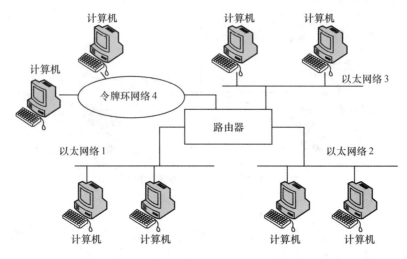

图 3-10 路由器连接四个局域网

4. 网关

网关实质上是通信服务器。这是一种相当复杂的在应用层进行网络互联的设备,可以用来连接异种网络(包括不同的各类网络操作系统),实现网络之间协议转换的功能(故有时也专门称为协议转换器)。

图 3-11 显示了网关可以使两个或多个不同的网络之间相互连接而进行通信的功能,在这里"不同"的含义是指允许传输协议与物理网络结构不一样。

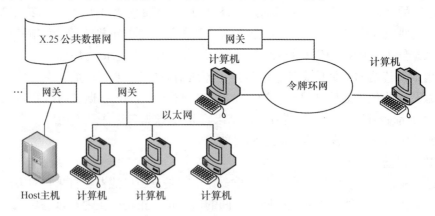

图 3-11 用网关进行互联

网关由于其功能的复杂性(比如互联网之间的帧、分组与报文的格式各异,差错控制算法不同,服务类别与各类参数都可以不一致),通常较多地涉及专有系统,因此未能实现网关的标准化。早期的网关产品大多是专门厂商的主机结构与局域网的连接设备,目前也有一些把局域网与各类广域网协议连接起来的网际连接设备。

综上所述，我们可以简单地小结一下，中继器在 OSI 模型中只参与最低的第一层（物理层）；网桥涉及最低的第一、二层（物理层、数据链路层）；路由器则提供网络层的传输服务；而网关（通信服务器）则可能涉及七层协议的转换（从应用层到应用层）。其中，目前用途最广的是中继器中的集线器、路由器和必要的网关。

值得指出的是，以上网际互联设备的分类与说明主要是从概念上与功能上加以讨论。在实际应用中，目前已出现两类重要趋势：

①交换机设备正在迅速崛起和广泛应用。交换机设备的本质是一类多端口的网桥，交互式网络应用范围在迅速扩大。

②网桥与路由器的功能在相互渗透，区别越来越不明显。比如：网桥的生产厂商已生产了 Bridge Router，它是有某些特定路由功能的桥接器，以两端口为主，路由器生产厂商也生产出了 Bridge Router（桥路器），它是能桥接某些无网络层协议的帧协议的路由器，可有多端口；桥路器则又是一种由软件配置的混合设备（一般用于专用系统的相连）。

二、因特网（Internet）基础知识

因特网的基础知识包括因特网概论、因特网协议（TCP/IP 协议）域名系统、用户接入因特网的方式、因特网的应用和服务等内容。

（一）因特网的概念

依传统的定义，Internet 可理解为"网络的网络"，即网际互联的意思。那么，什么是网络呢？例如，某公司将办公室的所有计算机连接起来，或一所大学将校园中的计算机连接起来进行通信，这些计算机的连接就组成了网络。

如果两个网络使用相同的协议和标准，或在两个网络之间增设一个接口装置进行两种标准的转换，两个网络之间用一定的媒质连接后，那么，两个网络中的任何计算机或计算机与打印机等外部设备之间便可以交换命令和数据，也可以通过一台计算机向网络中多台计算机以广播的方式传送数据。

显然，要把计算机连接起来组成一个网络，网络中的各计算机都必须有一个地址才可相互通信。地址可以用一组字母或一组数字表示，例如，某图书馆采访部计算机的地址可以是字形（如"cf"），也可以是数字（如"17"）。当两个或更多的网络连接起来时，地址不仅要能标识计算机，还要能标识计算机或其他设备所在的本地网络。为此，通常表示的方式是使用一个点符号"."把计算机的名字与网络的名字隔开。例如，"cf"计算机在"CB"网络上时，那么，表示该计算机的地址就是"cf.CB"；也可将其看作是"17"计算机在"205"网络上，则该计算机的地址是"17.205"，其中"CB"或"205"表示网络名。

如果某计算机有多个用户，每个用户都应有相应的名称，用户名用"at"符（@）来与计算机名区别开。例如，要给用户"小王"送一个消息，而小王又是"cf"计算机的用户之一，则他的名称应为 xiaowang@cf.CB（可读作"小王在采访点采编网络上"）。既然每台计算机的每个用户都有自己的名称，那么把文件从一台计算机送到另一台计算机上，或给指定的用户发送消息不仅能实现，而且这些事情在网络上办起来都是简单易行的事情了。

可以想象，当把众多网络连在一起时，情况变得更复杂了。例如，如果 A 图书馆与 B

图书馆的网络连接在一起时，那么两个图书馆的网络中都可能有采编"CB"网络上的计算机"cf. CB"。因此，在地址中必须加入更多的信息来区别不同图书馆的网上计算机才能使各个地址是唯一的。此时，A 图书馆小王的地址可写为 xiaowang@ cf. CB. ALIB，其中 ALIB 代表 A 图书馆。

如果每个用户都使用相同的编名和编址系统，那么信息也可以通过中间网络送到第三、第四或第五等网络上的计算机上去。所以，如果 A 与 B 和 C 三个图书馆网络相连时，那么 A 图书馆也能与 C 图书馆互送信息。

当更多的图书馆如 D 与 E 图书馆也进入网络，可以想象到各图书馆之间流通的数据量将增加，并使每个系统负担加重。如 B 或 C 图书馆最终会发现由于自己网中过多的流量用于传送其他图书馆信息，而不能自如地处理自己内部的信息。这时，五个联网的主管人将研究重新调整系统。他们可利用一台计算机建立一个中心集线器（HUB）或用一条主干线将所有的设备连接起来，而不采用以前各个网络之间相互串联的连接方案。如果五个本地网上的所有计算机都使用相同的语言（或使用转换设备进行语言的互译），那么，任何用户与其他用户互换信息和数据就不成问题了。

以此推论，几个更大网络连在一起形成一个大系统，该系统中任一方可将它的网络与其他网络相连。任何用户都可以使用这些网络的线路。如果这条线路的另一端还与另一个主干网相连，则互联网络便可覆盖一个面积更大的区域，形成网际互联的局面。

（二）全球性因特网

从广义上来说，以上网络连接就是互联网的基本工作方式。HTML 是全球计算机系统的集合，这些计算机系统通过主干系统互联在一起，它们有一套完整的编址和命令系统。

因特网在 1969 年始建于美国，它起源于一个广域网建造的研究项目。1973 年首次和挪威及英格兰的国际网络互联。到 1983 年，美国完成该项目，即 ARPANET，它是因特网的网络基础。

由于 ARPANET 的成功，美国国家科学基金会 NSF（National Science Foundation）于 1986 年采用传输控制协议/互联网协议，即 TCP/IP 通信协议，建立起 NSFNET 网络。NSFNET 是一个非常成功的模式，它不仅向研究人员提供可获得无限资源的通信网络，而且深深地影响着世界各地的网络建设。

NSFNET 的主干网是以全美 13 个节点为主干节点构成的，再由各主干节点向下连接地区性网络，再连接到各大学校园网络的局域网。主干节点是以 T3（45 Mb）为主，各地区网络是以 64 K 专线为主，而且采用 TCP/IP 为其通信传输标准。其地区性网络、校园网络的层次结构，是现在美国最著名的 US Internet 结构，其主干线包括大容量电话线、微波、激光、光纤和卫星等多种通信手段，以此网络为基础和全世界各地区网络相连，便构成了一个世界性因特网。它具有开放存取、网络通信协议一致和相互交换信息的公用程序等特点。现在，因特网上不仅提供非常丰富的科技、教育、发明、产品等信息资料，还能提供许多其他的资源。

除了网络资源共享的特点外，分布式控制的特点也是明显的，例如，NSF 巨型计算机中心不断地扩展着互联网的工作能力和用途，它们已经组成了分布式计算机系统。分布式计算机系统可将该中心的巨型机与其他各类计算机连接起来，组成"虚拟计算机"系统，使需要处理大量科学问题的成群分布式计算机分工协作,明显优于单台计算机,通过 NSF 巨型机中心提供的软件,分布式计算机系统上的所有计算机都达到了最好的协调工作。目前因特网系统中连有上万的网络和几千万台计算机。它的发展是如此迅速,以致没有人能精确说明系统上到底有多少用户。

随着越来越多的系统加入因特网,越来越多的信息形式被转换为数字形式,网络用户可使用的资源不断地继续增长。可利用的资源可以是文本信息、图片、录音磁带、图书馆目录和软件等(包括可在个人计算上运行的许多程序)。当通过某一调制解调器或某一区域网将个人计算机与因特网相连时,计算机便可以与全球因特网上任何计算机互换资源。

以上是从数据通信工程师的眼光来看因特网。若从社会学家的角度来看因特网,又是怎样的呢?因特网作为一种社会现象,其物理连接并非重要,当全国以及全球的因特网发展时,人们会把它看作一个具有自己传统和风格的社会团体。例如,某人在一次会议上提出一个问题,而另一个陌生人将会回答这个问题。那些没有看到原答案的人会多次提出同样的问题,为此,其他人便会列出一张"高频问题表",并将它放在新加入的用户能找到的地方,因特网老用户把这个表称为 FAQ,很快,因特网便成为所有用户的公共资源,没有人独自占有因特网,但许多人在为它的正常运行做出贡献。可以说,因特网是为共同利益而分享各自资源的、人们互相合作组成的团体,通过因特网,用户可以与其他百万台计算机相连,并和有共同爱好的人交流,它是个人计算机通往世界的窗口。

(三) 因特网网络运行和发展

因特网是一个包含成千上万相互协作的组织及网络的集合体,它不受政府或某个中心的管理和控制,看起来像是处于无政府状态。同时,它的每个组织作为一个成员,负责本网络的管理及费用,并且自愿与相邻网络协作,指导网络数据的来回传送,其运行和管理形式分局域网、区域网、主干网三种方式。

局域网是因特网的基础模块。通过局域网可将大学、企业、公司以及机关等单位内的计算机进行连接,每个局域网的管理和费用都由本单位的组织负责控制和支付。

区域网是由局域网通过线路互联而构成,它还可与其他区域网连接,所以区域网是许多不同的局域网和组织的联合。

主干网是连接全国和洲际的大容量的线路。例如,我国教育科研网 CERNET 和美国国家科学基金会等提供的干线主要是为教育和科技服务的,鼓励教育和科研方面的通信和研究。世界上有很多具有同样目的的其他类似的组织。此外,商业服务部门向用户提供远程通信系统及线路服务,也向区域网提供线路和干线的租用服务。租用线路的选择多种多样,可能是一条电话线、光纤电路、微波电路,甚至是一条卫星传输电路。通常,用户按月为租用线路付费,而不是按实际发送的数据量计算。决定线路的价格是线路传送的距离以及带宽。一旦用户租用了一条线路,用户就可以在一整月之内的任何时间随意传送带宽所允许的任意多的数据量。为了节省开支,相邻网络可以共同分担连接它们的租用线路的费用。

不论哪种形式,所有与因特网相连的组织和网络都应相互协作共享资源,互相发送电子邮件和数据。同时,它们都遵循允许 TCP/IP 数据包在网络间传送的通用协议,保证了用户能方便地用自己的计算机和因特网上的其他计算机进行通信和传输数据。此外,各个网络和组织应遵循由因特网用户通过评论请求（RFC）方式而建立的协议。例如，如果某个用户的网络由于不适当地使用了因特网而损害了与其相邻的网络正常工作，那么其相邻网络就会切断同它的联系。这种来自网络同行的压力是保障因特网可靠运行的重要条件之一。

目前，因特网网络协会是帮助引导因特网发展的最高组织。它是一个非营利性组织，其成员是由与因特网相连的各组织和个人组成，会员全凭自愿参加，但必须交纳会费。而因特网网络协会并不经营，但它支持网络活动协会（IAB）。IAB由两部分组成：一部分是因特网网络工程任务队，它关心的主要事情是正在应用和发展的TCP/IP协议；另一部分是因特网网络研究任务队，它主要致力于发展网络技术。此外，IAB协会控制着因特网网络号码分配局，以便监督网络地址的分配，同时IAB还控制着因特网登记处，它跟踪域名系统（DNS）的根数据库并且负责域名与IP地址的联系。今天的因特网已经变成了一个开发和使用信息资源的覆盖全球的信息海洋。在因特网上，按从事的业务分类，包括广告公司、航空公司、农业生产公司、艺术、导航设备、书店、化工、通信、计算机、咨询、娱乐、财贸、各类商店、旅馆等一百多类，覆盖社会生活的方方面面，构成了一个信息社会的缩影。

（四）因特网基础通信协议——TCP/IP

在覆盖范围较小的局域网内，主机间的数据交换都遵守相同的网络通信协议。而因特网由数十万个网络与数千台计算机组成，它涉及不同的网络间的相互通信，TCP/IP协议（Transmission Control Protocol/Internet Protocol，传输控制协议/因特网协议）是因特网上不同子网间的主机进行数据交换所遵守的网络通信协议，泛指所有与因特网有关的一系列的网络协议的总称。其中传输控制协议（TCP）和因特网协议（IP）是其中最重要的两个协议，是因特网最基本的协议、因特网国际互联网络的基础，由网络层的IP协议和传输层的TCP协议组成。TCP/IP定义了电子设备如何连入因特网，以及数据如何在它们之间传输的标准。协议采用四层层级结构，每一层都呼叫它的下一层所提供的协议来完成自己的需求，如表3-1所示。通俗而言，就是TCP负责发现传输的问题，一旦发现有问题就发出信号，要求重新传输，直到所有数据安全正确地传输到目的地。IP是给因特网的每一台联网设备规定一个地址。

表3-1 TCP/IP与OSI分层模式对照表

OSI分层模式	TCP/IP分层模式	TCP/IP常用协议
应用层	应用层	DNS HTTP SMTP POP TELNET FTP
表示层		
会话层		
传输层	传输层	TCP UDP
网络层	网络层	IP ARP RARP ICMP
数据链路层	物理层	Ethernet FDDI 令牌环
物理层		

1. TCP/IP 协议的分层模式

TCP/IP 协议是一组协议，与前面讲过的 OSI 开放系统互联模式类似，它也采用分层模式，自上而下分为四层，其与 OSI 分层模式的对应关系如表 3-1 所示。

2. TCP/IP 中几个常用的协议及其特点

根据上述 TCP/IP 的分层模式，下面具体来说一下几个常用的协议及其特点。

（1）物理层

由于 TCP/IP 在设计时考虑到与具体的传输介质无关，即任何网络都可以接入因特网，因此物理层只提供了各种物理网络与 TCP/IP 之间的接口。例如，TCP/IP 实现了与其他网络如 Ethernet（以太网）、FDDI、令牌环网的通信。

（2）网络层

网络层又叫寻址层。TCP/IP 网络层运行的协议是 IP 协议，与 OSI 的网络层功能类似，此层的任务是将要发送的信息分成若干个较短的小包，并为其选择合适的路由器发送和传递包；IP 协议为因特网上的每一台主机分配独一无二的 IP 地址，并且 IP 地址的分层结构使我们在因特网上可以很方便地寻找主机地址。与 IP 协议配套使用的还有三个协议：

一是地址转换协议 ARP（Address Resolution Protocol）：IP 地址是网络层的地址，若要将网络层中传送的数据最终交给目的主机，必须知道该主机的物理地址。ARP 协议就是完成 IP 地址到物理地址转换的协议。

二是反向地址转换协议应为 RARP（Reverse Address Resolution Protocol）：实现物理地址到 IP 地址转换的协议。

三是因特网控制报文协议 ICMP（Internet Control Message Protocol）：发送消息，并报告数据包的传送错误。

总之，网络层实现网络和网络间发送数据的路由选择，先找出 IP 地址的网络地址部分根据各种路由选择协议，选择合适的路径发送数据包。

（3）传输层

提供端到端的可靠通信，这一层通常使用的两个协议为 TCP 和 UDP。

TCP 是可靠的面向连接的协议。面向连接服务具有建立连接、数据传输和连接释放三个阶段，而且传输的数据是按顺序到达的。在发送数据之前，通信双方首先建立连接，就好像占有了一条完整的端到端的物理线路一样（因特网采用分组交换，链路是逐渐被占用的）。连接建立之后，用户就可以将报文按顺序发送给远端用户，接收报文也是按顺序进行的，数据发送完毕就释放连接。

UDP（User Data Protocol）用户数据报文协议提供数据包的传递服务。在传递服务时，通信双方不建立连接，发送方发送完数据，它的任务就完成了。它的优点是比较灵活，适合发送少量数据。

（4）应用层

应用程序通过此层访问网络，为用户和主机间提供了一个接口。常用的应用层协议有：

① DNS（Domain Name System，域名系统）：域名和 IP 地址之间转换所用的协议。

② FTP（File Transmission Protocol，文件传输协议）：主机之间进行文件交换所使用的协议。

③ Telnet：远程登录协议。

④ HTTP（Hyper Text Transfer Protocol，超文本传输协议）：使用浏览器查询 Web 服务器上超文本信息所使用的协议。

⑤ SMTP（Simple Mail Transfer Protocol）：简单邮件传输协议。

⑥ POP（Post Office Protocol）：邮局协议。

（五）域名系统

1. IP 地址

连接到因特网的每台计算机都必须有一个唯一的地址，就如信件要通过复杂的邮政系统、途经许多邮局转发、最后投递到目的地而必须有特定地址一样。用数字来表示的因特网上主机的地址称为 IP 地址，它是因特网主机的一种数字型标识，由四个字节也就是 32 位的二进制数组成，由于二进制数不直观，所以 IP 地址一般用小数点隔开的十进制数表示，如 202.204.67.55。

IP 地址由网络标识和主机标识两部分组成。网络标识用来区分因特网的各个网络；主机标识用来区分同一网络上的不同计算机。

IP 地址分为 A 类、B 类、C 类、D 类和 E 类，大量使用的是 A、B、C 三类。

（1）A 类地址

A 类地址中第一个字节表示网络地址，后三个字节表示该网络内计算机的地址，其中有效范围是 1.0.0.1～126.255.255.254。

（2）B 类地址

B 类地址中前两个字节表示网络地址，后两个字节表示网络内计算机的地址。其有效范围是 128.0.0.1～191.255.255.254。

（3）C 类地址

C 类地址则是前三个字节表示网络地址，后一个字节表示网络内计算机的地址。其有效范围是 192.0.0.1～222.255.255.254。

A 类地址用于非常巨大的计算机网络，主机可以达到 2^{24} 个，除去系统占用的两个地址，共 16 777 214 个主机地址。B 类地址次之，C 类地址则用于小网络，最多只有 2^8 个，除去系统占用的地址，共 254 个主机地址。

前面介绍的 IP 地址的格式和分类是指现行的 IPV4（Internet Protocol Version 4），其核心技术属于美国，相对日益增长的用户数，它的最大问题是网络资源有限。从理论上讲，编址 1 600 万个网络、40 亿台主机。但采用 A、B、C 三类编址方式后，可用的网络地址和主机地址的数目大打折扣，以至于 IP 地址已经于 2011 年 2 月 3 日分配完毕了。其中，北美占有 3/4，约 30 亿个，而人口最多的亚洲只有不到 4 亿个，严重制约了除美国以外的其他国家尤其是亚洲国家的互联网应用和发展。IPV6 是 Internet Protocol Version 6 的缩写，是 IETF（Internet Engineering Task Force）互联网工程任务组设计的用于替代现行版本 IPV4 的下一代 IP 协议。单从数量级上来说，IPV6 拥有的地址容量大约是 IPV4 的 8×10^{28} 倍，达到 2^{128} 个。这不但解决了网络地址资源数量的问题，同时也为除了电脑外的其他设备连入互联网扫清了数量限制上的障碍。当然，IPV6 并不是十全十美的，它仍然是在发展中不断完善，从 IPV4 到 IPV6 的过渡也需要时间和成本。

2. 域名

因特网在全世界拥有信息发布主机上千万台，通过拥有并发布企业域名，可使有兴趣者访问自己的主机；同时也有利于向全世界宣传自己的产品，展示自己公司的形象。由上可知，IP 地址是因特网主机的一种数字型标识，数字型标识对于计算机网络是有效的，但是对于网络使用者来说有不容易记忆的缺点。为此，人们研究出一种字符型标识，这就是域名。如同每个人的姓名一样，域名是因特网中联网计算机的名字。类似的，IP 地址相当于人的身份证号码一样，网络间正是通过域名进行互相访问的。

（1）定义

网络上的数字型 IP 地址相对应的字符型地址，被称为域名。

网络系统通过域名解析服务器（DNS，Domain Name System）完成 IP 地址与域名的双向映射。域名服务器接受一个域名，将它翻译成 IP 地址，再将这个 IP 地址返回提出域名请求的计算机，如图 3 – 12 所示。

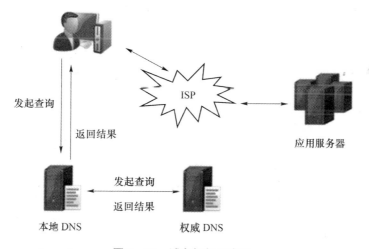

图 3 – 12　域名解析示意图

（2）域名的基本结构

举例：http：//www.baidu.com 是一个网址，也称为 URL（统一资源定位符），其中"http：//"是协议名，"www"是主机名，"baidu.com"是域名。

一个完整的域名可以由 26 个英文字母、10 个阿拉伯数字、"－"（英文连字符）等组成，多个字符串之间用"."分隔。域名的书写沿用了欧美人书写地址的习惯，域名的层次机构中从后往前看，级别越来越低。

（3）域名的类型和域名的管理机构

① 国际一级域名。

国际一级域名由美国商业部授权的互联网名称与数字地址分配机构（The Internet Corporation for Assigned Names and Numbers）即 ICANN 负责注册和管理，一级域名可以分为两类：一类表示国家或行政区，另一类表示机构类别。域名的层级展示如图 3 – 13 所示。地区域和行业域的部分分类举例如表 3 – 2 和表 3 – 3 所示。

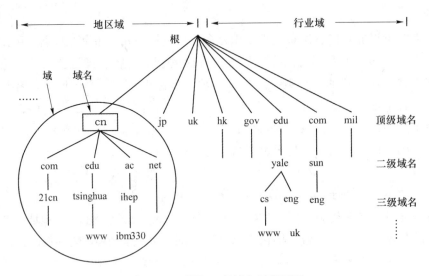

图 3-13 国际一级域名层级展示

表 3-2 国家或行政区分类（部分）

域名	国家或行政区	域名	国家或行政区	域名	国家或行政区
.uk	英国	.au	澳大利亚	.us	美国
.ca	加拿大	.ch	瑞士	.in	印度
.cn	中国	.hk	中国香港	.fr	法国
.de	德国	.tw	中国台湾	.jp	日本
.it	意大利	.sg	新加坡	.ru	俄罗斯

表 3-3 国际一级域名按机构类别常见分类

域名	类别	域名	类别
.com	工商、金融等企业	.biz	网络商务向导
.edu	教育机构	.int	国际组织
.gov	政府组织	.org	非营利性组织
.mil	军事部门	.info	信息相关机构
.net	网络相关机构	.name	个人网站
.coop	合作组织	.acro	航空运输
.pro	医生、律师、会计专用	.museum	博物馆

② 中国的国内二级域名管理。

中国的域名管理机构是中国互联网络信息中心（CNNIC）。该中心成立于1997年6月3日，行使国家互联网络信息中心的职责。CNNIC的运行和管理工作由中国科学院计算机网络信息中心承担。

（4）域名的重要性

案例 3-1 "kaixin001.com"与"kaixin.com"开心网的域名之争

2008年3月创办的开心网，域名为kaixin001.com，是国内第一家以办公室白领为用户群体的社交网站。因为kaixin.com这个域名早在2000年就被一个美国人注册了，开心网无法支付该域名的高价，就另外申请了kaixin001.com。2008年10月，千橡互联网公司经受让取得"kaixin.com"域名，并用"开心"企业作为网站名称，该公司也是一家提供社会性网络服务的网站，提供与开心网十分类似的网络服务和产品。在kaixin.com这个域名的混淆下，原开心网开始流失大量的用户，不知情的网民甚至将千橡公司的开心网当成了正规军。虽然开心网后来通过法律手段使千橡公司停止使用与"开心网"相同或近似的名称，但用户的流失已经不可避免。

域名绝不只是一个简单的网址，具有长远眼光的公司会在运营网站前确定一个好域名，这对日后市场推广、产品营销、企业品牌的建立至关重要。域名的重要性体现在以下几个方面。

① 有利于树立良好的企业形象。

如果域名简明、易记，与企业名称或品牌相一致，会让客户记忆深刻，一个好域名可以吸引更多的回头客，激发更多潜在的客户。比如：提到百度，用户就会想到它的域名baidu.com；淘宝网的域名就是taobao.com；京东商城的域名就是jd.com。

② 便于推动市场，推广产品和服务。

好的域名能够让客户很快地记住并找到你，使推广事半功倍。在各大门户网站对微博展开的竞争中，新浪收购weibo.com以及weibo系列后缀域名就是极为成功的一个案例，weibo.com让网友感觉"微博"就是"新浪微博"，域名本身的优势将其他微博类网站远远甩在了后面。

③ 保护品牌。

为避免企业相关域名被恶意使用，影响品牌形象，企业需要购买最能反映网站名称的域名，并确保好的域名不落入竞争对手手中，尽量将与自己品牌有关的主流域名全部保护起来。奇虎360公司花费1亿元人民币收购域名360.com，可见域名对品牌保护起到非常重要的作用。

④ 获取更多的流量。

某些域名自身就带有流量，像car.com域名未建立网站前就有很多对车感兴趣的网友访问此域名。这样的域名建立网站后，未推广就会有很大的浏览量。一个好域名能带来访问量，并省下巨额的广告费用，难怪business.com以750万美金在美国出售。而sex.com根据业内人员推测每年光广告费用就可以赚几百万美元。好域名是个人和企业的一笔巨大无形资产，Yahoo网站光域名的价值就超过1亿美金。

三、电子数据交换技术

EDI（Electronic Data Interchange，电子数据交换）是一种利用计算机进行商务处理的新方法。它是将贸易、运输、保险、银行和海关等行业的信息用一种国际公认的标准格式，通过计算机通信网络使各有关部门、公司和企业之间进行数据交换和处理，并完成以贸易为中心的全部业务过程。由于 EDI 的使用可以完全取代传统的纸张文件的交换，因此也有人称它为"无纸贸易"或"电子贸易"。随着我国经济的飞速发展，各种贸易量逐渐增大，为了适应这种形势，我国将陆续实行"三金"工程，即金卡、金桥、金关工程，其中的金关工程就是为了适应贸易的发展，加快报关过程而设立的。

传统的贸易过程通常是参与贸易的有关各方通过电话、传真等方式进行贸易磋商、签约和执行，有关的贸易文件的制作和传输也要通过人工来处理。贸易过程要经过银行、海关、商检、运输等环节，含有同样交易信息的不同文件要经过多次重复的处理，这就增加了重复劳动量、额外的开支以及出错的机会。同时，邮寄的延误和丢失常常给贸易双方造成意想不到的损失。自从计算机技术开始使用，人们就一直探索用电子手段来代替传统的纸面消息记录和信息传输方式。EDI 就是模拟传统的商务单据流转过程，对整个贸易过程进行简化的技术手段。

（一）EDI 的历史

EDI 的发展至少经历了二十多年，其发展和演变的过程已经充分显示了商业领域对其的重视程度。人们将 EDI 称为"无纸贸易"，将电子转账称为"无纸付款"，已经足以看出 EDI 对商业运作的影响。

EDI 最初来自 Electronic Data Interchange，即电子数据交换。其最基本的商业意义在于由计算机自动生成商业单据，如订单、发票等，然后通过电信网络传输给商业伙伴。这里的商业伙伴包括任何公司、政府机构及其他商业或非商业机构，它们与企业保持经常性的、带有结构性的数据交换。

EDI 的好处有：

1. 降低纸张的耗费

根据联合国组织的一次调查，进行一次进出口贸易，交易双方需交换近 200 份文件和表格，其纸张、行文、打印及差错可能引起的总开销等大约为货物价格的 7%。据统计，美国通用汽车公司采用 EDI 后，每生产一辆汽车可节约成本 250 美元，按每年生成 500 万辆计算，此项节约可以产生 12.5 亿美元的经济效益。

2. 减少了许多重复劳动，提高了工作效率

如果没有 EDI 系统，即使是高度计算机化的公司也需要经常将外来的资料重新输入本公司的电脑。调查表明，从一部电脑输出的资料有多达 70% 的数据需要再输入其他的电脑，既费时又容易出错。

EDI 使贸易双方能够以更迅速有效的方式进行贸易，大大简化了订货或存货的过程，使交易双方能及时地充分利用各自的人力和物力资源。英国 DEC 公司应用了 EDI 后，使存货期由 5 天缩短为 3 天，每笔订单费用从 125 美元降到 32 美元。新加坡采用 EDI 贸易网络之后，使贸易的海关手续从原来的 3~4 天缩短到 10~15 分钟。

3. 改善贸易双方关系

EDI 可以改善贸易双方的关系。厂商可以准确地估计日后商品的需求量；货运代理可以简化大量的出口文书工作；商户可以提高存货的效率。

实施 EDI 的基本目的就是通过第三方的增值服务，用电子数据交换代替商业纸面单证的交换。这建立在信息标准化的基础上，因此 EDI 的历史实际上也是商业数据的标准化和增值网络服务商的发展过程。

在 EDI 的发展历史中，真正推进 EDI 发展的是那些独立的 EDI 网络增值服务商。特别是自 20 世纪 80 年代以来，西方各国电信政策逐步放宽，私营网络增值服务商的出现使 EDI 走向了商业化发展。

（二）EDI 的概念

EDI 是一种计算机应用技术。商业伙伴们根据事先达成的协议，对经济信息按照一定的标准进行格式化处理，并将把这些格式化的数据通过计算机通信网络在他们的计算机系统之间进行交换和自动处理。

美国国家标准局 EDI 标准委员会对 EDI 解释是："EDI 指的是在相互独立的组织机构之间所进行的标准格式、非模糊的具有商业或战略意义的消息的传输。"

联合国 EDIFACT 培训指南认为："EDI 指的是在最少的人工干预下，在贸易伙伴的计算机应用系统之间标准格式数格的交换。"

从上述解释中，可以归纳出以下五点：

①EDI 是计算机系统之间所进行的电子信息传输。
②EDI 是标准格式和结构化电子数据的交换。
③EDI 是由发送者和接收者达成一致的标准和结构。
④EDI 由计算机自动读取而无须人工干预。
⑤EDI 是为了满足商业用途。

EDI 的应用是现代信息技术和经济管理相结合的一个例子。它极大地改变了传统的商贸手段和管理手段，不仅使商务业务的操作方式根本改观，而且影响了企业的行为和效率，在市场结构、国民经济的运行方式等方面都引起了根本性的变化，因而被认为是一次影响深远的结构性商业革命。

EDI 作为计算机通信技术的一部分，其应用范围远不止通常意义上的贸易部门，实际上，它可以应用于各种经济部门之中。

制造业、运输业、零售业以及卫生保健和政府部门，甚至可以应用于经济部门以外的其他部门，只要那里是用计算机进行管理的，而且需要在不同的单位间进行文件资料的交换和处理。当然，在大多数情况下，人们谈到 EDI 时还是指各经济部门之间的计算机数据交换，是指计算机通信技术在各项经济业务中的应用。

（三）EDI 的影响

EDI 在商务上广泛应用之后，可以大量节省企业的运营成本，提高企业的运营水平。研究资料表明，EDI 的应用已经产生了显著的经济效益和社会效益。例如，交易文件的传递速度提高了 81%，文件处理成本降低了 38%，因差错造成的贸易损失减少了 40%。美国的汽车公司应用 EDI 后，每辆汽车大约可以节省 200 美元。英国通用电器公司统计，近 5 年来应用 EDI 使公司的产品销售额增加 60%，库存周期由原来的 30 天降至 6 天。

实施 EDI 的效益可从以下方面反映出来。

1. 缩短交易时间，提高工作效率

与邮寄（或其他形式的实际传递）有关的时间延迟被消除了。那些订单登记员、应付账部门办事员等人员阅读、重新输入数据所需的处理时间也消除了。这些都会使业务处理时间大大缩短。

2. 减少文件处理成本

EDI 的一个重要特征便是它把有关文件的数据以机器可以处理的形式，由计算机网络来传送，而不必像纸质文件那样需要手工处理。这样既节省了纸张，又去除了纸质文件的订印、审核、修改、邮寄等花费。

3. 员工成本的减少

计算机自动接收和处理信息，使公司在同样业务的情况下可以用更少的员工去处理，或者把一部分专业人员从行政管理中解脱出来，去从事具有更高效率的工作。

4. 可以减少库存

适当的库存量是企业维持正常生产所必需的。用传统方法搞采购时，订单处理周期长、不确定性高，因此企业要求的安全库存量也就比较大。使用 EDI 之后，文件处理比以前既快又可靠，自然可以降低安全库存水平，使存货占用的资金量减少，从而降低了企业的运营成本，同时减少脱销和生产线缺料停工现象的发生。

5. 避免重复操作，减少人为差错，提高工作质量

商业文件中的一个错误可能会使企业付出很大代价，订单遗失也会给企业带来损失。使用 EDI 后，因为减少了重复击键录入的次数，从而使出错机会减少。EDI 软件一般具有编辑差错功能，一些信息源上的数据输入错误可以很早就被发现，加上 EDI 在收到信息后就会回发给信息发送者一份收到通知，这就可以及时发现漏发信息或信息中途遗失的情况。虽然 EDI 不能消除所有的错误，但它确实可以更早地发现错误，并且用更少的代价去改变错误。

6. 时间价值效益

利用 EDI 来处理应收款，可以使资金的回笼时间提前。

7. 其他效益

使用 EDI 可以改善公司内部的经营管理，可以加强与供货商的联系，可以保持与客户良好关系等。这些都会为公司创造效益。

（四）EDI 结构和业务流程

1. EDI 的结构

EDI 可以分成三个部分：EDI 的标准、EDI 的软件和 EDI 的硬件。下面我们分别作一介绍。

（1）EDI 的标准

这里所说的 EDI 标准是指它的数据标准。我们知道，EDI 是以格式化的、可用计算机自动处理的方式来进行公司间的文件交换。在用人工处理订单的情况下，工作人员可以从各种不同形式的订单中得出所需信息，如要什么货、什么规格、数量多少、价格、交货日期等。

这些信息可以是手工书写的方式，也可以是打字的方式；可以是先说明所要的规格、型号再说明价格，也可以先说明价格再说明所要的规格、型号。订单处理人员在看到这些格式各异的订单时能看懂其上所传达的信息，但计算机却没有这种本领。要使计算机"看懂"订单，订单上的有关信息就不应该是自然文字形式，而应是数码形式，并且这些数码应该按照事先规定的格式和顺序排列。事实上，商务上的任何数据和文件的内容都要按照一定的格式和顺序排列才能被计算机识别和处理。这些大家共同制定并遵守的格式和顺序就是 EDI 的标准。

EDI 的标准主要包括以下内容：语法规则、数据结构定义、编辑规则与转换、公共文件规范、通信协议、计算机语言。

EDI 的标准有四种：企业专用标准、行业标准、国家标准和国际标准。

① 企业专用标准。

当某一公司采用计算机进行管理时，就需要使输入计算机的数据或文件具有一定的格式。这种标准专门适用于某个公司的情况，该公司的数据都要纳入到这个标准中去。

② 行业标准。

在 EDI 应用于商务领域的初期，企业各自维持互不相通的数据标准是难免的，但随着 EDI 应用的发展，各个企业都认识到，如果能把各个不同的企业专用标准进行统一，就会给大家都带来好处。在此共同认识下，大家克服在建立统一标准问题上的分歧，从而形成该行业企业共同采用的行业标准。

③ 国家标准。

行业标准的出现和企业专有标准相比是一个巨大的进步，但它还不是最终解决问题的方法。当一个公司的业务不限于本行业，还需要和其他行业做生意时，行业标准就有局限性了，这个公司可能被迫维持多种标准。于是，正如不同的企业专用标准最终会产生一个统一的行业标准那样，不同的行业标准又会促使大家去开发一种适用于各个行业的国家标准。它具有足够的灵活性，以满足各个行业的需要。

④ 国际标准。

20 世纪 90 年代是各国寻求实现一个世界的 EDI 标准的时代。如果能有一种全球范围的标准，其好处是十分明显的。EDI 用户用不着支持多种标准便能进行国际电子数据交换。

目前，世界上通用的 EDI 标准有两个：一个标准是由美国国家标准局（ANSI）主持制定的 X.12 数据通信标准，它主要在北美使用。另一个标准是 EDIFACT（EDI for Administration Commerce and Transportation），最早在西欧使用。近年来，联合国鉴于 EDI 有助于推动国际贸易程序与文件的简化，经有关标准化组织的工作，EDIFACT 已被作为事实上的 EDI 国际标准。现在，ANSI X.12 和 EDIFACT 两个标准已经被合并成为一套世界通用的 EDI 标准，使现行 EDI 客户的应用系统能够有效地移植过来。

（2）EDI 的软件

人们所说的 EDI 软件，在多数情况下是指翻译软件，其主要功能是把某个公司专有的各种商务文件和单证文件格式转换成某种标准的格式，比如转换成 X.12 格式或 EDIFACT 格式，同时，这个翻译软件也能够把某种标准格式的文件转换成某公司的专用格式。之所以需要翻译软件，是因为计算机应用系统只能够处理符合某种格式的数据或文件，各个公司由于自己业务特点和工作需要，在设计自己的计算机应用系统的时候不可能采用完全相同的格式。因此，要实现不同公司之间的 EDI 通信，翻译软件是必不可少的，EDI 翻译软件除了转换文件格式以外，还必须指导数据的传输，并保证传输的正确和完整，它应该知道贸易伙伴用的是什么标准，并能处理有关的问题等。例如，一个公司可能使用不同的增值网向许多贸易伙伴发送电子单证，如发票、订购单等；另外，这些电子单证有可能使用不同的标准，或虽使用同一标准却用了不同的版本，要确保每个贸易伙伴在适当的网络上自动地接收到这个公司所发送的那个标准文本并不容易。另外，如果发生了什么传输或翻译上的问题，这个系统应该能够辨明发生了什么问题，并采取适当的行动去纠正。

一般地说，一个翻译软件应包括五个主要文件：贸易伙伴文件、标准单据文件、网络文件、安全保密文件、差错管理文件。它们和主处理程序相互作用，来完成翻译、发送和接收电子单证的工作。

① 贸易伙伴文件。

贸易伙伴文件中保存着使用者的所有贸易伙伴的信息，包括这些贸易伙伴的名字、地址、标识、所使用的增值网、在紧急情况下和谁联系、被发送和接收的单据等。随着公司业务的不断发展，贸易伙伴会不断增加，此类文件也要不断更新。

② 标准单据文件。

技术人员用现存的标准格式制作单据，并把它们存储起来以备将来之用。例如：把符合 X.12 标准的采购订单文件存储在标准单据文件里，它把所有的单证及其结构都罗列出来，同时还把必备的数据段和可选数据段的定义以及它们的形态结构等都列了出来。当和贸易伙伴发生联系时，用户可以很容易地利用标准单据文件里存储的单证模式构造出一个符合标准的单证来。

③ 网络文件。

网络文件里包含着公司的贸易伙伴所使用的网络信息，诸如网络识别、电话号码、传输协议以及传输速度等。根据贸易伙伴的标识符就可以知道此文件应该送向哪儿以及怎样传送 EDI 报文。

④ 安全保密文件。

安全保密文件的作用就是限制对这个系统的访问，并规定每个用户的功能能力（Functional Capability）。

⑤ 差错管理文件。

差错管理文件包含着有关被退回的报文的信息，如被退回的原因以及有关对这个报文在发送过程中的踪迹进行检查的信息。它还有日志文件，以便当某些数据或报文在传输过程中被破坏或被删除时可以根据日志文件来恢复或再造这些数据或报文。

EDI 的软件除了翻译软件外，常常还有另一种形式的软件，那就是"搭桥"软件。"搭桥"软件的作用是像"桥"一样将一个组织内的各种计算机应用程序连接起来。当一个组织收到 EDI 报文后，有关数据就能为这个组织的各个部门的计算机应用系统所用，而不必在组织内部各部门之间再进行键盘输入。比如，当一个企业收到一份订单后，其数据能自动被用于更新销售文件的内容。同样，这些数据不需要重新键入就能用于更新各部门的文件内容，于是就能自动生成一份发票单证。有了"搭桥"软件，企业发出去的订购单和收到的发票之间就用不着人工核对，完全可以由计算机自动核对以消除可能的错误支付。

（3）EDI 的硬件

有四种基本类型的计算机平台可以用来实行 EDI。

① 只使用一台主机或中型机。

此种方法将所有的 EDI 软件放到主机或中型机上去，使其执行全部的 EDI 功能。这种方法的优点是：首先，它能对大量交易进行迅速处理。其次，因为所有的数据处理活动都在主机或中型机中完成，并不存在处理过程中对数据装载和卸载问题，也不需要把数据重新键入，这就提高了数据处理速度，同时又消除了因数据重新键入而可能带来的误差。最后，使用主机或中型机可以较容易地在公司内部的各个部门的计算机系统之间"搭桥"连接，数据可以自由地在各个部门的应用系统之间传输、被使用，从而大大提高公司的计算机管理水平。这种方法的缺点一是成本高，二是在主机或中型机上建立 EDI 系统一般没有现成的软件，故需要花费大量的时间来编制，通常要做许多测试和调试工作。

② 只使用一台 PC 机。

可以将所有的 EDI 软件放到 PC 机上去，使其执行全部的 EDI 功能。这台 PC 机和公司的其他机器一般并没有密切的联系，EDI 活动只是在这台微机里单独地进行。这种方法的优点一是成本低，二是系统的安装调试容易。这种方法存在某些缺点：首先，数据需要重复输入，容易出错。其次，其处理速度低，处理数据的容量、能力也比较小。最后，这种方法不容易在公司内部各部门的计算机系统之间"搭桥"连接，不能大幅减少办公室工作人员。

③ 使用 PC 机作为主机的前端处理器。

把 PC 机作为主机的前端处理器，也可以作为实行 EDI 的一种平台。在这种情况下，PC 机与主机相连，存储在主机中的数据可以传输到 PC 机中（即 Downloading，下载），同样，存储在 PC 机中的数据也可以传输到主机中（即 Uploading，上传）。在这种安排下，如果要向外发送一份 EDI 报文，先从主机里取出所需的数据，将这些数据传向 PC 机，将这些数据翻译成符合 EDI 标准的格式，并产生电子单证。这种方式可以同时具有某些只使用一台主机和只使用一台 PC 机时所具有的优点。比如，把 PC 机作为主机的前端处理器，费用要比只使用一台主机来实行 EDI 少得多，而且与只使用一台 PC 机时相比有更大的容量和处理速度。此外，这种方式的 EDI 平台容易买到现成的软件，容易安装。并且由于这种方式的处理过程用不着手工重新输入，因而可以减少误差。这种方式的主要缺点是费用比只使用一台 PC 机大，而处理速度比只使用一台主机时慢。

④ 专用的 EDI 操作系统。

这种系统通常采用一台中型机平台以及专门的 EDI 软件，这个 EDI 软件把 EDI 活动和企业的计算机应用系统进行一体化。在许多情况下，这种操作系统被用来对组织内部 EDI 网络的所有 EDI 行动和功能进行总的管理。例如，某连锁商店系统有一个总的配货中心，各个商店通过条形码的光笔扫描，对各种货物的存货和销售进行计算机管理。当商店某些货物的存货水平下降到某一事先设定的水平时，计算机就能自动产生一份配货通知送往配货中心，而配货中心的计算机系统又会自动安排这种货物的发送，并和商店进行电子化的结算。

2. EDI 的业务流程

一般来说，EDI 较多地应用于有大量表单式数据处理的部门和单位，而且要求有一定的规范性。从应用领域看，通常可以分为以下类型。

① 贸易数据交换系统，用 EDI 来传送订单、供应单等。
② 金融汇兑系统，用 EDI 进行费用汇兑。
③ 公用事业系统，主要用于商检、海关以及税务等部门。
④ 交叉式应答系统，如机票预订、饭店预订等。

下面我们以采购业务为例，说明在采用 EDI 进行商务处理的情况下，买卖双方是如何处理业务的。图 3-14 给出了商品贸易 EDI 系统的工作模型，由此图可以看到 EDI 进行商品交易信息处理的流程。

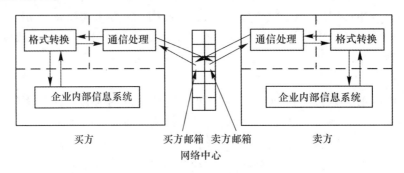

图 3-14 EDI 系统的工作模型

① 当买方的库存管理系统提出购买某种物资的数据时，EDI 的翻译软件据此编制一份 EDI 单。
② 通信软件将订单通过网络送至网络中心指定的卖方邮箱内。同时，利用公司内部计算机应用程序之间的"搭桥"软件，将这些数据传达给应付账部门和收货部门，进行有关登记。
③ 卖方定时经通信网络到网络中心的邮箱内取回订单，EDI 的翻译软件把这份订单翻译成卖方数据格式。
④ 卖方收到订单时，卖力的"搭桥"软件把有关的数据传送给仓库或工厂，以及开票部门，并对计算机发票文件的内容进行相应的更新。
⑤ 买方收到供应单后，在订单基础上产生一份商品情况询问表，将其传送给卖方。双方就商品价格等问题进行讨论，直到达成一致。
⑥ 达成一致后，卖方的仓库或工厂填制装运单，编制运输通知，并将其传送给买方。同时，通过"搭桥"软件，将运输通知传送给开票部门，生成电子发票，传送给买方。卖方在开立发票时，有关数据就进入应收账部门，对应收账的有关数据进行更新。
⑦ 买方接到运输通知后，有关数据自动进入收货部门文件，产生收货通知。收货部门的收货通知通过"搭桥"软件传送给应付账部门。
⑧ 买方收到电子发票以后，产生一份支付核准书，传送给应付账部门。
⑨ 买方应付账部门开具付款单据通知自己的开户银行付款，同时通知卖方付款信息。
⑩ 卖方收到汇款通知后，有关数据经过翻译进入应收账户，买方则因支付而记入贷方项目。

由此可见，当买方提出购买的要求后，EDI 可以自动进行转换操作，生成不同用途的数据，送至各相关伙伴，直至该事务处理结束。

案例 3-2　　上海联华超市集团 EDI 应用系统

1. 基本状况

每天中午 12 点钟，配送中心将商品的库存信息以文件形式发送到增值网上，各门店计算机系统从自己的增值网信箱中取出库存信息，然后根据库存信息和自己门店的销售信息制作"要货单"，但由于要货单信息没有通过网上传输，而是从计算机中打印出来，通过传真形式传送到配送中心，配送中心的计算机工作人员需再将要货信息输入计算机系统。这样做的结果不仅导致了数据二次录入可能发生的错误和人力资源的浪费，也体现不出网络应用的价值和效益，因此，公司决定采用 EDI 系统管理公司的业务。EDI 系统结构如图 3-15 所示。

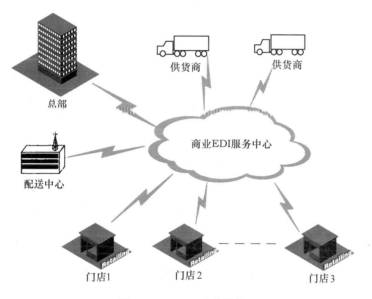

图 3-15　EDI 系统结构

2. 应用信息流

采用 EDI 之后，配送中心直接根据各门店的销售情况和要货情况产生订货信息发送给供货厂家。供货厂家供货后，配送中心根据供货厂家的发货通知单直接去维护库存，向门店发布存货信息（见图 3-16）。

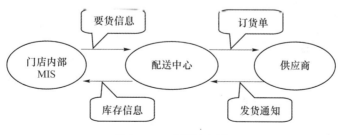

图 3-16　应用信息流

四、物联网技术

(一) 物联网定义

物联网是新一代信息技术的重要组成部分,也是信息化时代的重要发展阶段,最早在1999年提出。它是通过射频识别(RFID)(RFID+互联网)、红外感应器、全球定位系统、激光扫描器、气体感应器等信息传感设备,按约定的协议,把任何物品与互联网连接起来,进行信息交换和通信,以实现智能化识别、定位、跟踪、监控和管理的一种网络。其英文名称是"Internet of Things"。顾名思义,物联网就是物物相连的互联网。这有两层意思:其一,物联网的核心和基础仍然是互联网,是在互联网基础上的延伸和扩展的网络;其二,其用户端延伸和扩展到了在任何物品与物品之间进行信息交换和通信,也就是物物相息。物联网通过智能感知、识别技术与普适计算等通信感知技术广泛应用于网络的融合中,也因此被称为继计算机、互联网之后世界信息产业发展的第三次浪潮。

(二) 关键技术

1. 传感器技术

这也是计算机应用中的关键技术。到目前为止绝大部分计算机处理的都是数字信号。自从有计算机以来就需要传感器把模拟信号转换成数字信号,计算机才能处理。

2. RFID 标签

RFID 标签也是一种传感器技术。RFID 技术是融合了无线射频技术和嵌入式技术为一体的综合技术,在自动识别、物品物流管理方面有着广阔的应用前景。

3. 嵌入式系统技术

嵌入式系统技术是综合了计算机软硬件、传感器技术、集成电路技术、电子应用技术为一体的复杂技术。经过几十年的演变,以嵌入式系统为特征的智能终端产品随处可见,小到人们身边的 MP3,大到航天航空的卫星系统,嵌入式系统正在改变着人们的生活,推动着工业生产以及国防工业的发展。如果把物联网用人体做一个简单比喻,传感器相当于人的眼睛、鼻子、皮肤等感官,网络就是神经系统,用来传递信息,嵌入式系统则是人的大脑,在接收到信息后要进行分类处理。这个例子形象地描述了传感器、嵌入式系统在物联网中的位置与作用。

物联网用途广泛,遍及智能交通、环境保护、政府工作、公共安全、平安家居、智能消防、工业监测、环境监测、路灯照明管控、景观照明管控、楼宇照明管控、广场照明管控、老人护理、个人健康、花卉栽培、水系监测、食品溯源、敌情侦查和情报搜集等多个领域,如图 3-17 所示。

图 3-17 物联网应用领域

(三) 发展趋势

物联网将是下一个推动世界高速发展的重要生产力,是继通信网之后的另一个万亿级市场。

业内专家认为,物联网一方面可以提高经济效益,大大节约成本,另一方面可以为全球经济的复苏提供技术动力。美国、欧盟等都在投入巨资深入研究探索物联网。我国也正在高度关注、重视物联网的研究,工业和信息化部会同有关部门正在对新一代信息技术开展研究,以形成支持新一代信息技术发展的政策措施。

此外,物联网普及以后,用于动物、植物和机器、物品的传感器与电子标签及配套的接口装置的数量将大大超过手机的数量。物联网的推广将会成为推进经济发展的又一个驱动器,为产业开拓又一个潜力无穷的发展机会。物联网的发展需要按亿计的传感器和电子标签,这将大大推进信息技术元件的生产,同时增加大量的就业机会。

五、云计算

云计算是继 20 世纪 80 年代大型计算机向客户端/服务器的大转变之后的又一种巨变。

云计算(Cloud Computing)是分布式计算(Distributed Computing)、并行计算(Parallel Computing)、效用计算(Utility Computing)、网络存储(Network Storage Technologies)、虚拟化(Virtualization)、负载均衡(Load Balance)、热备份冗余(High Available)等传统计算机和网络技术发展融合的产物。

(一)定义

云计算是基于互联网的相关服务的增加、使用和交互模式,通常涉及通过互联网提供动态、易扩展且经常是虚拟化的资源。美国国家标准与技术研究院(NIST)定义:云计算是一种按使用量付费的模式,这种模式提供可用的、便捷的、按需的网络访问,进入可配置的计算资源共享池(资源包括网络、服务器、存储、应用软件、服务),这些资源能够被快速提供,只需投入很少的管理工作或与服务供应商进行很少的交互。

(二)特点

云计算使计算分布在大量的分布式计算机上,而非本地计算机或远程服务器中,运用云计算后,企业数据中心的运行将与互联网更相似。这使企业能够将资源切换到需要的应用上,根据需求访问计算机和存储系统。

好比是从古老的单台发电机模式转向了电厂集中供电的模式。云计算意味着计算能力也可以作为一种商品进行流通,就像煤气、水电一样,取用方便,费用低廉。最大的不同在于,它是通过互联网进行传输的。

被普遍接受的云计算特点如下。

1. 超大规模

"云"具有相当的规模,Google 云计算已经拥有一百多万台服务器,Amazon、IBM、微软、Yahoo 等的"云"均拥有几十万台服务器。企业私有云一般拥有数百上千台服务器。"云"能赋予用户前所未有的计算能力。

2. 虚拟化

云计算支持用户在任意位置、使用各种终端获取应用服务。用户所请求的资源来自"云",而不是固定的有形的实体。应用在"云"中某处运行,但实际上用户无须了解、也不用担心应用运行的具体位置。只需要一台笔记本或者一个手机,就可以通过网络服务来实现我们需要的一切,甚至包括超级计算这样的任务。

3. 高可靠性

"云"使用了数据多副本容错、计算节点同构可互换等措施来保障服务的高可靠性，使用云计算比使用本地计算机可靠。

4. 通用性

云计算不针对特定的应用，在"云"的支撑下可以构造出千变万化的应用，同一个"云"可以同时支撑不同的应用运行。

5. 高可扩展性

"云"的规模可以动态伸缩，以满足应用和用户规模增长的需要。

6. 按需服务

"云"是一个庞大的资源池，用户按需购买；"云"可以像自来水、电、煤气那样计费。

7. 极其廉价

由于"云"具有特殊容错措施，可以采用极其廉价的节点来构成云。"云"的自动化集中式管理使大量企业无须负担日益高昂的数据中心管理成本，"云"的通用性使资源的利用率较之传统系统大幅提升，因此用户可以充分享受"云"的低成本优势，经常只要花费几百美元、几天时间就能完成以前需要数万美元、数月时间才能完成的任务。

8. 潜在的危险性

云计算服务除了提供计算服务外，还必然提供了存储服务。但是云计算服务当前垄断在私人机构（企业）手中，而仅仅能够提供商业信用。政府机构、商业机构（特别是像银行这样持有敏感数据的商业机构）对于选择云计算服务应保持足够的警惕，一旦商业用户大规模使用私人机构提供的云计算服务，无论其技术优势有多强，都不可避免地让这些私人机构以"数据（信息）"的重要性挟制整个社会。对于信息社会而言，"信息"是至关重要的。另外，云计算中的数据对于数据所有者以外的其他用户是保密的，但是对于提供云计算的商业机构而言确实毫无秘密可言。所有这些潜在的危险，是商业机构和政府机构选择云计算服务特别是国外机构提供的云计算服务时，不得不考虑的一个重要前提。

（三）云存储

云存储是在云计算概念上延伸和发展出来的一个新的概念，是指通过集群应用、网格技术或分布式文件系统等功能，将网络中大量各种不同类型的存储设备通过应用软件集合起来协同工作，共同对外提供数据存储和业务访问功能的一个系统。当云计算系统运算和处理的核心是大量数据的存储和管理时，云计算系统中就需要配置大量的存储设备，那么云计算系统就转变成为一个云存储系统，所以云存储是一个以数据存储和管理为核心的云计算系统。例如，目前中国的百度云盘、360云盘等，极大地方便和满足了用户对大容量数据的存储和传输需求要求。

本章小结

电子商务是计算机信息技术在商务活动中的应用，是一门交叉学科，涉及网络技术和网络通信技术，而计算机网络是软件产业的重要组成部分，是信息化过程中重要的技术基础之一。凡是将地理位置上分散的具有独立功能的多台计算机及其他外部设备，通过通信设备和线路互相连接起来，再配有相应的网络软件，能够实现互相通信和资源共享的系统，就称为计算机网络。

EDI 是一种计算机应用技术。商业伙伴们根据事先达成的协议，对经济信息按照一定的标准进行格式化处理，并把这些格式化的数据，通过计算机通信网络在他们的计算机系统之间进行交换和自动处理。

实施 EDI 的效益可从以下一些方面反映出来：缩短交易时间，提高工作效率；减少文件处理成本；减少员工成本；减少库存；避免重复操作，减少人为差错，提高工作质量；提升时间价值效益等。

物联网是新一代信息技术的重要组成部分，也是信息化时代的重要发展阶段，最早在 1999 年提出。它是通过射频识别（RFID）（RFID+互联网）、红外感应器、全球定位系统、激光扫描器、气体感应器等信息传感设备，按约定的协议，把任何物品与互联网连接起来，进行信息交换和通信，以实现智能化识别、定位、跟踪、监控和管理的一种网络。

云计算是基于互联网的相关服务的增加、使用和交互模式，通常涉及通过互联网来提供动态、易扩展且经常是虚拟化的资源。美国国家标准与技术研究院定义：云计算是一种按使用量付费的模式，这种模式提供可用的、便捷的、按需的网络访问，进入可配置的计算资源共享池（资源包括网络、服务器、存储、应用软件、服务），这些资源能够被快速提供，只需投入很少的管理工作或与服务供应商进行很少的交互。

复习题

一、选择题

1. 计算机网络可以分为局域网、（　　）、广域网。
A. 校园网　　　　B. 城域网　　　　C. 宽带网

2. （　　）是 OSI 参考模型的最底层。
A. 网络层　　　　B. 物理层　　　　C. 传输层　　　　D. 数据链路层

3. 按顺序包括 OSI 模型的各个层次的选项是（　　）。
A. 物理层、数据链路层、网络层、传输层、会话层、表示层和应用层
B. 物理层、数据链路层、网络层、传输层、系统层、表示层和应用层
C. 物理层、数据链路层、网络层、转换层、会话层、表示层和应用层
D. 表示层、数据链路层、网络层、传输层、会话层、物理层和应用层

4. DNS 是指（　　）。
A. 域名服务器　　B. 发信服务　　　C. 收信服务器　　D. 邮箱服务器

5. Internet 的协议选择是（　　）。
A. NetBEUI　　　B. IPX/SPX　　　C. TCP/IP　　　　D. UDP

6. 因特网的历史最早可追溯到 20 世纪 70 年代，那时候它的名称为（　　）。
A. NSFNET　　　B. USENET　　　C. INTERNET　　D. ARPANET

7. Internet 中的 IP 地址由四个字节组成，每个字节间用（　　）符号分开。
A. "、"　　　　　B. "，"　　　　　C. "/"　　　　　D ". "

8. 采用浏览器方式访问 FTP 服务器时，输入地址正确的是（　　）。

A. HTIP：//192.168.0.1　　　　B. http：\ \ 192.168.0.1

C. ftp：//192.168.0.1　　　　　D. 192.168.0.1

9. 在 Internet 上对每一台计算机的区分是通过（　　）来区别的。

A. 计算机的登录名　　　　　　B. 计算机的域名

C. 计算机所分配的 IP 地址　　　D. 计算机的用户名

二、简答题

1. 常用计算机网络的拓扑结构有哪几种？
2. OSI 参考模型指的是什么？请简要说明各层的功能。
3. 简述路由器的功能。

三、论述题

什么样的域名才是一个好的域名？

四、实践题

一家小型贸易公司中有一位经理、一位副经理、一名秘书和四名业务员。公司决定实施一个网络系统。该公司的办公区占据了一个小型建筑物的半座楼。公司业务在过去三年中一直保持稳定，最近因业务量有所增长，需要新增两名员工。

公司中的每个人都有计算机，但经理拥有仅有的一台打印机。这些计算机没有以任何网络形式连接在一起。其他员工需要打印文档时，他们必须首先将文件复制到软盘中，然后将文件装入经理的计算机中再打印。同样，在同事间需要共用数据的时候，唯一的办法就是将每台计算机中的数据复制到软盘中，然后再将该软盘插入到一台计算机。

最近，问题出现了。该经理需要花费长时间来打印其他人的文档，而且经常不清楚哪篇文档是当前应当使用的版本。

讨论：

1. 你会建议这家公司采用什么类型的网络？
2. 在这种情况下，采用哪种网络拓扑结构比较合适？

第四章

电子商务安全

导 读

随着互联网的应用和电子商务的发展,其安全问题也变得越来越突出。电子商务的一个重要技术特征是利用IT技术来传输和处理商业信息。因此,电子商务安全从整体上可分为两大部分:计算机网络安全和商务交易安全。

计算机网络安全的内容包括:计算机网络设备安全、计算机网络系统安全、数据库安全等。其特征是针对计算机网络本身可能存在的安全问题实施网络安全增强方案,以保证计算机网络自身的安全性为目标。

商务交易安全则紧紧围绕传统商务在互联网络上应用时产生的各种安全问题,致力于在计算机网络安全的基础上保障电子商务过程的顺利进行,即实现电子商务的保密性、完整性、可鉴别性、不可伪造性和不可抵赖性。

计算机网络安全与商务交易安全实际上是密不可分的,两者相辅相成,缺一不可。没有计算机网络安全作为基础,商务交易安全就犹如空中楼阁,无从谈起。没有商务交易安全的保障,即使计算机网络本身再安全,仍然无法达到电子商务所特有的安全要求。

学习目标

1. 了解电子商务存在的安全隐患以及安全的基本要求。
2. 掌握数据加密方法及特点。
3. 理解防火墙的功能与技术。
4. 掌握电子商务的基本认证技术。
5. 理解SSL、SET协议的工作过程。

第一节 电子商务系统存在的安全隐患

一、电子商务的安全问题

(一) 概况介绍

电子商务交易规模日益庞大的今天,受利益的驱动,网络罪犯把电子商务视为攻击的"靶子"。电子商务安全问题日益严重,电子商务金融成了攻击目标,以垃圾邮件、网页恶意代码(网页挂木马病毒)和网络仿冒事件为主的网络安全事件数量大幅攀升。网络罪犯通常瞄准互联网最集中的经济交易平台攻击,以便从网络交易领域中牟利。

以中国为例,根据瑞星公司发布的《瑞星2016中国信息安全报告》,2016年瑞星"云安全"系统共截获病毒样本总量4 327万个,病毒总体数量比2015年同期上涨16.47%。报告期内,病毒感染次数5.6亿次,感染机器总量1 356万台,平均每台电脑感染40.96次病毒。2016年瑞星"云安全"系统共截获手机病毒样本502万个。其中隐私窃取类病毒占比32%,位列第一位;资费消耗类病毒占比16%,位列第二位;流氓行为类与恶意扣费类并列第三,占比15%。

在报告期内,新增木马病毒占总体数量的49%,依然是第一大种类病毒;灰色软件病毒(垃圾软件、广告软件、黑客工具、恶意软件)为第二大种类病毒,占总体数量的17%;第三大种类病毒为后门病毒,占总体数量的13%,如图4-1所示。

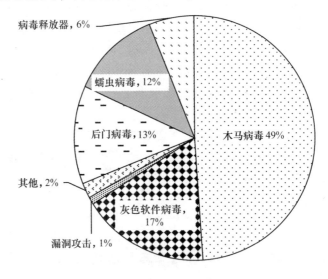

图4-1 2016年病毒类型统计

(数据来源:《瑞星2016中国信息安全报告》)

案例4-1 **2017年安全大事件案例:勒索病毒**

WannaCry(又叫 Wanna Decryptor)是一种"蠕虫式"的勒索病毒软件,由不法分子利用 NSA(National Security Agency,美国国家安全局)泄露的危险漏洞"Eternal Blue"

("永恒之蓝")进行传播。2017 年 5 月 12 日,WannaCry 蠕虫通过 MS17 – 010 漏洞在全球范围大爆发,感染了大量的计算机,该蠕虫感染计算机后会向计算机中植入敲诈者病毒,导致电脑大量文件被加密。受害者电脑被黑客锁定后,病毒会提示支付价值相当于 300 美元(约合人民币 2 069 元)的比特币才能够给予解锁。勒索病毒肆虐,给广大电脑用户造成了巨大损失。最新统计数据显示,一百多个国家和地区超过 10 万台电脑遭到了勒索病毒攻击、感染。勒索病毒是自"熊猫烧香"以来影响力最大的病毒之一。WannaCry 勒索病毒在全球大爆发,至少 150 个国家、30 万名用户中招,造成损失达 80 亿美元,已经影响到金融、能源、医疗等众多行业,造成严重的危机管理问题。中国部分 Windows 操作系统用户遭受感染,校园网用户首当其冲,受害严重,大量实验室数据和毕业设计被锁定加密。部分大型企业的应用系统和数据库文件被加密后无法正常工作,影响巨大。勒索病毒界面如图 4 – 2 所示。

图 4 – 2　勒索病毒界面

(二) 电子商务系统存在的安全隐患

一般来说,电子商务系统可能遭受的攻击有以下几种。

1. 系统穿透

未经授权通过一定手段假冒合法用户接入系统,对文件进行篡改、窃取机密信息、非法使用资源等。黑客一般采用伪装(Masquerade)或利用系统的薄弱环节(如绕过检测控制)、手机情报(如口令)等方式实现。

黑客们常常利用各种试探软件反复猜测某个网站的用户密码,一旦成功就可假冒该用户进入系统。1998 年 2 月,美国五角大楼的关键主机遭到了"迄今为止最有组织、有系统的攻击"。这次破译由一个以色列年轻人 Ehud Tenenbaum 领导,他向两个美国加州的年轻人演示了进入五角大楼安全分支的不同方法,于是两个年轻人在数天之内进入了全美数以百计的网络。

2. 违反授权原则

一个被授权进入系统做某件事的用户在系统中做未经授权的其他事情,表面看来这是系统内部的误用或滥用问题,但这种威胁与外部穿透有关联。一个攻击者可以通过猜测口令接入一个非特许用户账号,进而发现系统的薄弱环节,取得特许接入系统权,从而严重危及系统的安全。

3. 植入

在系统穿透或违反授权攻击成功后,入侵者常要在系统中植入一种能力,为其以后能够攻击系统提供方便条件,如向系统中注入病毒、蛀虫、特务。例如,一种表面上合法的字处理软件能将所有编辑文档复制存入一个隐藏的文件中,供攻击者检索。"美丽杀"病毒就是一种典型的植入攻击,黑客把病毒作为电子邮件的附件发给受攻击者,一旦对方运行了该附件,其系统就会感染该病毒。更有甚者,如果附件不是病毒,而是远程控制程序,如有名的 B002K,则被攻击方的系统将完全被黑客控制,黑客可以随心所欲地浏览、删除对方的文件,甚至执行关机、重启等操作。

4. 通信监视

这是一种在通信过程中从信道进行搭线窃听的方式。入侵方通过搭线和电磁泄漏等对机密性进行攻击,造成泄密,或对业务流量进行分析,获取有用情报。侦察卫星、监视卫星、预警卫星、间谍飞机、隐身飞机、预警飞机、装有大型综合空径雷达的高空气球、无数微型传感器都可用于截获和跟踪信息。2013 年震惊世界的棱镜门事件中,美国情报机构被曝从 2007 年开始一直在九家美国互联网公司中进行数据挖掘工作,从音频、视频、图片、邮件、文档以及连接信息中分析个人的联系方式与行动。监控的类型有 10 类:信息、电子邮件、即时消息、视频、照片、存储数据、语音聊天、文件传输、视频会议、登录时间以及社交网络资料的细节等。其中包括两个秘密监视项目:一是监视、监听民众电话的通话记录;二是监视民众的网络活动。

5. 通信窜扰

攻击者对通信数据或通信过程进行干预,对完整性进行攻击,篡改系统中数据的内容,修正消息次序、时间(延时和重放),注入伪造消息。

6. 中断

对可用性进行攻击,破坏系统的硬件、硬盘、线路、文件系统等,会使系统不能正常工作,破坏信息和网络资源。例如,高能量电磁脉冲发射设备可以摧毁附近建筑物中的电子器件,而电子生物可以吞噬电子器件。

7. 拒绝服务

拒绝服务指合法接入信息、业务或其他资源受阻,例如一个业务口被大量信息垃圾阻塞等。在 1999 年北约入侵南联盟期间,南斯拉夫的黑客们集中向北约的邮件服务器发送"PING"指令,使其系统不得不全力接收并处理成千上万的该指令,无力处理正常的邮件业务,最终被迫关闭。

8. 否认

一个实体进行某种通信或交易活动，稍后则否认曾进行过这一活动，不管这种行为是有意的还是无意的，一旦出现再要解决双方的争执就不太容易了。

9. 病毒

由于因特网的开放性，病毒在网络上的传播比以前快了许多，而且因特网的出现又促进了病毒制造者的交流，使新病毒层出不穷，杀伤力也大有提高。著名的 CIH 病毒出现不久，起源码就在网上传开，很快根据它改编的更隐蔽、更厉害的变种病毒大量出现，并造成了巨大的损失。

二、电子商务的安全需求

（一）保密性

保密性是指交易过程中必须保证信息不会被非授权的人或实体窃取（无论是无意的还是恶意的）。要保证信息的保密性，需要防止入侵者侵入系统；对商务机密（如信用卡信息等）要先经过加密处理，再送到网络传输。

（二）完整性

完整性是指数据在输入和传输过程中要求能保证数据的一致性，防止数据被非授权者建立、修改和破坏。信息的完整性将影响贸易各方的交易和经营策略，保持这种完整性是电子商务应用的基础。因此，要预防对信息的随意生成、修改和删除，同时还要防止数据在传送过程中丢失和重复，以保证信息传送次序的统一。

（三）不可抵赖性

信息的不可抵赖性是指信息的发送方不可否认已经发送的信息，接收方也不可否认已经收到的信息。例如，卖方因市场价格的上涨否认收到订单的日期或完全否认收到订单；再如，网上购物者订货后不能谎称不是自己订的货等。因此，要求在交易信息的传输过程中为参与交易的个人、企业或国家提供可靠的标识，使原发送方在发送数据后不能抵赖，接收方在接收数据后也不能抵赖。不可否认业务主要用于帮助通信用户对付来自其他合法用户的威胁，如发送用户对他所发消息的否认、接收用户对他已收消息的否认等，而不是对付来自未知的攻击者。一般来说，不可否认业务性不能制止某合法用户对某业务的否认，但可以提供足够充分的证据迅速地辨别出谁是谁非，可采用仲裁签名、不可否认签名等技术实现。不可否认业务不仅是为了解决通信双方相互之间可能的欺诈，而且也反映了现实系统的不完整性。现实环境下，当一个事件结束时，双方常会持不同的看法。特别是对商务中起关键作用的纸面文件，如合同、报价、标书、订货单、发票、支票等，在处理过程中常会出现问题，如票据丢失、损坏、被涂改、签章不全或不符、持票人身份不符、时间戳不符、票据伪造等。为了解决这类问题，商务活动中常采用的手段包括签字、柜台签字、仲裁签字、收据、邮戳、挂号邮件等。一个好的商务系统应采用适当的票据来解决可能出现的争执，必要时可提供足够的证据，有时需要第三者（如邮局、代理人、仲裁等）协助。类似的，在电子商务系统中也需要不可否认业务，在电子商务中解决这个问题比传统商务更为困难，需要采用新的技术，如数字签名等。

（四）真实性

真实性是指商务活动中交易者身份的真实性，亦即交易双方确实是存在的，不是假冒的。网上交易的双方相隔很远，互不了解，要使交易成功就必须互相信任，确认对方是真实的。商家要考虑客户是不是骗子，发货后会不会收不回货款；客户要考虑商店是不是黑店，付款后会不会收不到货，或者收到货后质量是否能有保证。因此，能否方便而又可靠地确认交易双方身份的真实性是顺利进行电子商务交易的前提。

（五）可靠性

可靠性是指电子商务系统的可靠性，指在由计算机失效、程序错误、传输错误、硬件故障、系统软件错误、计算机病毒和自然灾害等所产生的潜在威胁状态下，而仍能确保系统安全、可靠。保证计算机系统的安全是保证电子商务系统数据传输、数据存储及电子商务完整性正确和可靠的根基。

（六）内部网的严密性

企业的内部网上一方面有着大量需要保密的信息，另一方面传递着企业内部的大量指令，控制着企业的业务流程。企业内部网一旦被恶意侵入，可能给企业带来极大的混乱与损失。比如，计算机黑客一旦非法闯入某一银行的内部网络，就可以修改存款数据，划拨资金。再如，对一些自动化程度高的企业而言，内部网若被恶意侵入，企业的经营活动就会陷入瘫痪：无法按规定的程序生产或生产出大量废品；产品被胡乱送到不需要的地方，资金被划拨等。因此，保证内部网不被侵入也是开展电子商务的企业应着重考虑的安全问题。

第二节　电子商务的安全技术

一、数据加密技术

（一）加密技术的基本概念

所谓加密技术，是指采用数学方法对原始信息（通常称为"明文"）进行再组织，使得加密后在网络上公开传输的内容对于非法接收者来说成为无意义的文字（加密后的信息通常称为"密文"）。而合法的接收者因为其掌握正确的密钥，可以通过解密过程得到原始数据（即"明文"）。一条信息的加密传递过程如图4-3所示。在加密和解密过程中，都要涉及信息（明文/密文）、密钥（加密密钥/解密密钥）和算法（加密算法/解密算法）这三项内容。

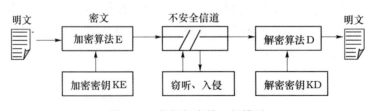

图4-3　数据加密的一般模型

明文一般是未经保护的敏感数据，加密的主要作用是提供机密性。加密技术从原理上可以分为两类：对称密钥加密技术和非对称密钥加密技术。它们的主要区别在于加密时和解密时所使用的密钥加密技术；如果两者不同，则是非对称密钥加密技术。

（二）对称密钥加密技术

对称密钥加密技术又称私有加密技术。对称加密的算法是公开的，信息的接收方和发送方采用相同的算法和同一个密钥。采用对称密钥加密和解密的过程如图4-4所示。

图4-4 采取对称密钥加密和解密的过程

1. 古典加密算法

（1）移位加密算法（凯撒密码）

凯撒密码是一种单表替代密码，对于任意密钥k，将明文的每个字母循环后移k位得到密文，表示为如下函数：

$$FA = (a + k) \mod n$$

其中：a是明文的字母，n是字母表里的字母个数，k是密钥。

假如我们令K=4，那么替换的方法如下所示：

明文：ABCDEFGHIJKLMNOPQRSTUVWXYZ

密文：EFGHIJKLMNOPQRSTUVWXYZABCD

如果我们要传送"Let us go"，根据上面的信息，将生成密文"PIX YW KS"。对方收到密文后再根据信息解密即可。

（2）维吉尼亚（Vigenere）密码

人们在单一凯撒密码的基础上扩展出多表密码，称为维吉尼亚密码。它是由16世纪法国亨利三世王朝的布莱瑟·维吉尼亚发明的。维吉尼亚密码引入了"密钥"的概念，即根据密钥来决定用哪一行的密表来进行替换，以此来对抗字频统计。维吉尼亚密码的密钥空间大小为26 m，所以即使m的值很小，使用穷尽密钥搜索方法也需要很长的时间。例如，当m=5时，密钥空间大小超过1.1×107，这样的密钥量已经超出了使用手算进行穷尽搜索的能力范围。

维吉尼亚密码是一种多表替代密码，它把26个英文字母循环移位，再排列在一起，形成26×26的方阵。使用时先把一个容易的单词作为密钥，再把它反复写在明文下面，每个明文下面的密钥字母就表示了该明文字母应用列表的那一行加密。

举个例子说明：首先列出维吉尼亚密码表（Vigenere表），如表4-1所示。

假如以表4-1的第一行代表明文字母，左面第一列代表密钥字母，对如下明文加密：

TO BE OR NOT TO BE THAT IS THE QUESTION

当选定RELATIONS作为密钥时，加密过程是：明文的第一个字母为T，密钥的第一个字母为R，因此可以找到R行中代替T的为K，依次类推，得出对应关系如下：

明文：TOBEORNOTTOBETHATISTHEQUESTION

密钥：RELATIONSRELATIONSRE LATIO NSREL
密文：KSMEH ZBBLK SMEMP OGAJX SEJCS FLZSY

表4-1 Vigenere表

A	B	C	D	E	F	G	H	I	J	K	L	M	N	O	P	Q	R	S	T	U	V	W	X	Y	Z
B	C	D	E	F	G	H	I	J	K	L	M	N	O	P	Q	R	S	T	U	V	W	X	Y	Z	A
C	D	E	F	G	H	I	J	K	L	M	N	O	P	Q	R	S	T	U	V	W	X	Y	Z	A	B
D	E	F	G	H	I	J	K	L	M	N	O	P	Q	R	S	T	U	V	W	X	Y	Z	A	B	C
E	F	G	H	I	J	K	L	M	N	O	P	Q	R	S	T	U	V	W	X	Y	Z	A	B	C	D
F	G	H	I	J	K	L	M	N	O	P	Q	R	S	T	U	V	W	X	Y	Z	A	B	C	D	E
G	H	I	J	K	L	M	N	O	P	Q	R	S	T	U	V	W	X	Y	Z	A	B	C	D	E	F
H	I	J	K	L	M	N	O	P	Q	R	S	T	U	V	W	X	Y	Z	A	B	C	D	E	F	G
I	J	K	L	M	N	O	P	Q	R	S	T	U	V	W	X	Y	Z	A	B	C	D	E	F	G	H
J	K	L	M	N	O	P	Q	R	S	T	U	V	W	X	Y	Z	A	B	C	D	E	F	G	H	I
K	L	M	N	O	P	Q	R	S	T	U	V	W	X	Y	Z	A	B	C	D	E	F	G	H	I	J
L	M	N	O	P	Q	R	S	T	U	V	W	X	Y	Z	A	B	C	D	E	F	G	H	I	J	K
M	N	O	P	Q	R	S	T	U	V	W	X	Y	Z	A	B	C	D	E	F	G	H	I	J	K	L
N	O	P	Q	R	S	T	U	V	W	X	Y	Z	A	B	C	D	E	F	G	H	I	J	K	L	M
O	P	Q	R	S	T	U	V	W	X	Y	Z	A	B	C	D	E	F	G	H	I	J	K	L	M	N
P	Q	R	S	T	U	V	W	X	Y	Z	A	B	C	D	E	F	G	H	I	J	K	L	M	N	O
Q	R	S	T	U	V	W	X	Y	Z	A	B	C	D	E	F	G	H	I	J	K	L	M	N	O	P
R	S	T	U	V	W	X	Y	Z	A	B	C	D	E	F	G	H	I	J	K	L	M	N	O	P	Q
S	T	U	V	W	X	Y	Z	A	B	C	D	E	F	G	H	I	J	K	L	M	N	O	P	Q	R
T	U	V	W	X	Y	Z	A	B	C	D	E	F	G	H	I	J	K	L	M	N	O	P	Q	R	S
U	V	W	X	Y	Z	A	B	C	D	E	F	G	H	I	J	K	L	M	N	O	P	Q	R	S	T
V	W	X	Y	Z	A	B	C	D	E	F	G	H	I	J	K	L	M	N	O	P	Q	R	S	T	U
W	X	Y	Z	A	B	C	D	E	F	G	H	I	J	K	L	M	N	O	P	Q	R	S	T	U	V
X	Y	Z	A	B	C	D	E	F	G	H	I	J	K	L	M	N	O	P	Q	R	S	T	U	V	W
Y	Z	A	B	C	D	E	F	G	H	I	J	K	L	M	N	O	P	Q	R	S	T	U	V	W	X
Z	A	B	C	D	E	F	G	H	I	J	K	L	M	N	O	P	Q	R	S	T	U	V	W	X	Y

历史上以维吉尼亚密表为基础又演变出很多种加密方法，其基本元素无非是密表与密钥，一直沿用到第二次世界大战以后的初级电子密码机上。

（3）中国古代的一种密码

这里我们再介绍一种中国古代的军事密码，它用于大本营与前线之间的联系。在出征前，前方将领要与大本营共同制定一套军事代码，比如制定一套代码：1——前进，2——固守，3——撤兵，4——求援……然后双方商定以一首诗为密钥，比如："夜来风雨声，花落知多少。"这样，一套密码体制就建立起来了。假如后方想前进，则取出诗中的第一个字"夜"，作为密文叫人送往前线，前方一看到"夜"，就可以解密得到命令。

2. 现代对称密钥加密技术典型算法

1973 年，美国标准局 NBS 征求非军事领域的国家密码标准方案，IBM 提交的算法被选中，经过修改于 1977 年被颁布作为加密标准算法 DES。

DES（Data Encryption Standard）是一种典型的"对称式"加密法，其加密与解密的密钥及流程完全相同，区别仅仅是加密与解密使用的密钥序列的施加顺序刚好相反。DES 算法的入口参数有三个：Key、Data、Mode。其中 Key 为 7 个字节共 56 位，是 DES 算法的工作密钥；Data 为 8 个字节 64 位，是要被加密或被解密的数据；Mode 为 DES 的工作方式，有两种——加密或解密。DES 综合运用了置换、代替、代数等多种密码技术，把消息分成 64 位大小的块，使用 56 位密钥，加密算法的迭代轮数为 16 轮。DES 密码算法输入的是 64 bit 的明文，在 64 bit 密钥的控制下产生 64 bit 的密文；反之输入 64 bit 的密文，输出 64 bit 的明文。64 bit 的密钥中含有 8 bit 奇偶校验位，所以实际有效密钥长度为 56 bit。

该算法在 1998 年前没有被公开破解过。1998 年，Electronic Frontier 基金会耗资 250 000 美元建造了一个包含 180 个 Deep Crack 芯片的破解机器，可以在几天内暴力破解 DES 算法的密钥。

除此之外，对称加密算法还包括 IDEA 和 3DES 等。IDEA（International Data Encryption Standard）算法中明文和密文分组长度都是 64bit，密钥长 128bit，最初有瑞士联邦技术学院的学者于 1990 年提出，在 1991 年进行改进。3DES 是采用 3 个 56bit 密钥，它的安全性比 DES 要高。AES（Advanced Encryption Standard）是美国基于替代 DES 算法的思想而提出来的，它的密钥可以是 128 位、192 位和 256 位三种情况，相比 DES 算法而言，明显地提高了加密性的安全性。对称加密体系加密流程如图 4-5 所示。

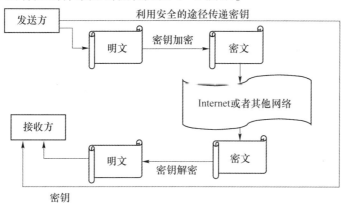

图 4-5　对称加密体系加密流程

对称密钥加密技术的主要优点是：加密和解密速度快，加密强度高，且算法公开，而最大的缺点是实现密钥的秘密分发困难，在拥有大量用户的情况下密钥管理复杂，且无法完成身份认证等功能，不适于在开放式网络环境中应用。例如，有10个用户，两两之间采用对称加密算法进行信息交换，都需要使用其他人不知道的唯一密钥，则整个系统需要45（10×9/2）个密钥。随着用户数量的增加，密钥的数字会急剧增加。因此，密钥的管理和分发都将成为很麻烦的问题。

对称加密算法还有一个不足之处是交易双方都使用同样的密钥，安全性得不到保证，在分布式网络系统上使用较为困难。

（三）非对称性密钥加密技术

非对称密钥加密技术也称为公有密钥加密技术。它所使用的加密密钥和解密密钥是配对使用的，这两者是不一样的，并且很难从其中一个推断出另一个。通常，将其中一个密钥公开，称为公钥；另一个密钥由用户自己保存，称为私钥，分别用于对数据的加密和解密。加密时采用公钥还是私钥，要根据具体的应用来决定。非对称密钥加密和解密过程如图4-6所示：

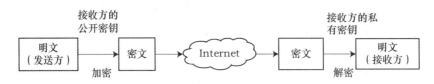

图4-6 非对称密钥加密和解密过程

非对称密钥加密技术中最具代表性的算法是RSA，算法以三个发明者的名字（Rivets、A. Shamir 和 L. Adleman）来命名，它从公布至今一直是加密算法中的主要算法之一。但在数学上还未找到最佳破译方法，安全性也未能得到理论上的证明。它的安全性依赖于大素数分解难题。例如，两个大素数 p 和 q 相乘得到的乘积 n 比较容易计算，但从它们的乘积 n 分解为两个大素数 p 和 q 则十分困难。如果 n 为足够大，当前不可能在有效的时间内把 n 分解。

1999年，由RSA算法的创始人Rivets、A. Shamir 和 L. Adleman 提出RSA-155数字，通过国际协作，由许多科学家在近300台工作和个人计算机以及1台超级计算机上通过共享处理，最终被分解了出来。分解工作总共花了五个多月。只要增大RSA的模数，将大大增大分解因数所需要的代价。目前RSA算法可以使用1 024位或2 048位的模数，模数越大，其安全性好。

RSA算法也有其不足：加密和解密速度较慢，RSA算法最快时也比对称加密技术DES慢上几个数量级，因此，RSA算法更多地只是被用于加密少量数据。RSA算法产生密钥也很麻烦。

根据加密时使用公钥还是私钥，非对称密钥加密技术可以分为加密模式和签名模式两种基本使用模式。

1. 加密模式

在加密模式中，加密和解密过程为：

(1) 发送方用接收方的公钥对要送的信息进行加密。
(2) 发送方将加密后的信息通过网络传送给接收方。
(3) 接收方用自己的私钥对接收到的加密信息进行解密，得到明文。

这样，发送方只要拥有接收方的公钥，就可以给接收方发送加密信息，接收方则可以解密这个加密信息。

2. 签名模式

在签名模式中，加密和解密模式过程为：
(1) 发送方用自己的私钥对要发送的信息进行加密。
(2) 发送方将加密后的信息通过网络传送给接收方。
(3) 接收方用发送方的公钥对接收到的加密信息进行解密，得到明文。

这样，接收方只要拥有发送方的公钥，就可以验证该信息是否确实来自发送方。这个过程有些类似于生活中的盖私章。一般来说，用于加密和签名模式的两对密钥应该不一样，这样有利于增加安全性。

对非对称密钥技术来说，如果明文是与公钥运算来得到密文，则解密应该是与私钥运算来得到明文。

（四）对称与非对称加密技术的结合使用

由于对称加密的算法具有运算速度快的优点，而非对称加密安全性更好，也易于管理。为了提高效率，可以同时采取对称与非对称加密技术。

举例说明如下：为了发送信息给用户 B，用户 A 和 B 都生成一对自己的密钥对。密钥对中的公钥是公开的，但各自的密钥由用户 A 和 B 分别妥善保管。用户 A 和 B 进行信息传输的过程如下：

① 用户 A 生成一个对称密钥，该密钥用来对发送的信息加密，同时，该对称密钥要安全地传送给用户 B。
② 用户 A 取用户 B 的公钥对要传输的对称密钥进行加密。
③ 用户 A 把加密后的信息和加密后的对称密钥通过网络传输到用户 B。
④ 用户 B 用自己的私钥对用户 A 传送过来的对称密钥进行解密，得到发送方产生的对称密钥。
⑤ 接收方用解密得到的对称密钥对接收的加密信息进行解密，得到用户 A 发送的信息的明文。

这样，采用非对称加密算法仅需要对发送的对称密钥这一小部分信息加密。因此，一般采用运算速度快的对称加密算法对大部分要传输的信息加密。

二、安全认证技术

安全认证技术是保证电子商务活动中交易双方的身份及其所用文件真实性的必要手段，包括数字摘要、数字签名、数字水印、数字时间戳、数字证书等。

（一）数字摘要

1. 概念

数字摘要，又称信息摘要。其原理是采用单向散列哈希（Hash）函数将需加密的明文进行某种变换运算,得到固定长度的摘要码。Hash 算法是 Ron Rivets 发明的一种单向加密算法,其加密结果是不能解密的。

哈希函数中,H(M) 作用于任意长度的消息 M,返回一个固定长度的散列值 h:

$$h = H(M)$$

所谓信息摘要,是指从原文中通过 Hash 算法得到的一个固定长度(128 位)的散列值,不同的原文所产生的信息摘要必不相同,相同原文产生的信息摘要必定相同。因此信息摘要类似于人类的"指纹",可以通过信息摘要鉴别原文的真伪。信息摘要的过程如图 4-7 所示。

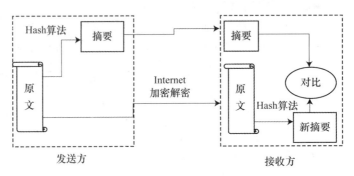

图 4-7 信息摘要的过程

2. 信息摘要的过程

整个信息摘要的过程可以描述如下:

① 对原文使用 Hash 算法得到数字摘要。

② 将数字摘要与原文一起发送。

③ 接收方对接收到的原文应用 Hash 算法产生一个摘要。

④ 用接收方产生的摘要与发送方发来的摘要进行对比,若两者相同则表明原文在传输过程中没有被修改,否则就说明原文被修改过。

(二) 数字签名

1. 数字签名的概念

数字签名是指通过使用非对称加密系统和哈希函数来变换电子记录的一种电子签名,它使得同时持有最初未变换电子记录和签名人公开密匙的任何人可以准确地判断该项变换是否是使用与签名人公开密匙相配的私人密匙做成的,进行变换后可判断初始电子记录是否被改动过。

数字签名与用户的姓名及手写签名形式毫无关系,它实际上是采用了非对称加密技术,用信息发送者的私钥变换所需传输的信息,因而不能复制,安全可靠,用于保证信息的完整性和不可否认性。

2. 数字签名的过程

整个数字签名的过程可以描述如下:

首先,对原文使用 Hash 算法得到信息摘要。其次,发送者用自己的私钥对信息摘要加密,发送者将加密后的信息摘要与原文一起发送;接收者用发送者的公钥对收到的加密摘要进行解密,接收者对收到的原文用 Hash 算法得到接收方的信息摘要;将解密后的摘要与接收方摘要进行对比,如相同则说明信息完整且发送者身份是真实的,否则说明信息被修改或不是该发送者发送的,如图 4-8 所示。

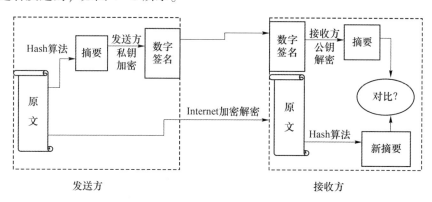

图 4-8 数字签名的过程

由于发送者的私钥是自己严密管理的,他人无法仿冒,同时发送者也不能否认用自己的私钥加密发送的信息,所以数字签名解决了信息的完整性和不可否认性问题。

(三) 数字水印

由于图形、图像、视频和声音等数字信息很容易通过网络、CD 进行传递与复制,存在非法拷贝、传播或篡改有版权的作品的问题,因此,能对数字产品实施有效的版权保护及信息保密的数字水印技术应运而生。

数字水印技术通过一定的算法将数字、序列号、文字、图像标志等版权信息嵌入到多媒体数据中,但不影响原内容的价值和使用,并且不能被人的感知系统觉察或注意到。被其保护的信息可以是任何一种数字媒体,如软件、图像、音频、视频或一般性的电子文档等。在产生版权纠纷时,可通过相应的算法提取出该数字水印,从而验证版权的归属,确保媒体著作权人的合法利益,避免非法盗版的威胁。

(四) 数字时间戳

在书面合同中,文件签署的日期和签名一样均是防止文件被伪造和篡改的关键性内容,一般由签署人自己填写。电子交易过程同样需要证明电子文件的有效性,因此,进行数字签名时经常包括相应的时间标记。这种时间戳一般由认证单位的数字时间戳服务(DTS)负责,以 DTS 收到文件的时间为依据。

时间戳是一个经加密后形成的凭证文档,它包括三个部分:
① 需加时间戳的文件的摘要。
② DTS 收到文件的日期和时间。
③ DTS 的数字签名。

时间戳将日期和时间与数字文档以加密的方式关联。数字时间戳可用于证明电子文档在其时间戳所述的时间期限内有效。数字时间戳的过程如图 4-9 所示。

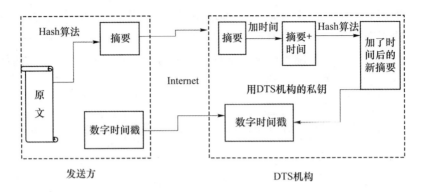

图 4-9 数字时间戳的过程

(五) 数字证书

1. 概念

数字证书也称为数字标识（Digital ID），它是采用公钥密码体制经证书授权中心数字签名的，包含公开密钥拥有者信息以及公开密钥的数据文件。它是各类实体（持卡人/个人、商户/企业、网关/银行等）在网上进行信息交流及商务活动的身份证明。

证书内容包括证书申请者的名称及相关信息、申请者的公钥、签发证书的数字证书授权中心的数字签名及证书的有效期等内容。最简单的证书包含一个公开密钥、名称以及证书授权中心的数字签名。数字证书的详细信息如图 4-10 所示。

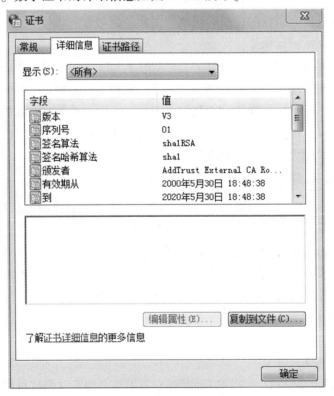

图 4-10 数字证书的详细信息

2. 数字证书的作用及分类

数字证书被广泛地用于各种电子交易中，如发送安全电子邮件、网上招投标、网上公文传送、网上缴费、网上炒股、网上购物和网上报关等。它提供了一种在因特网上进行身份验证的方式，人们可以通过出示数字证书来证明自己的身份，访问在线信息或享受有关服务，与日常生活中的身份证相似。个人数字证书可存放于计算机硬盘、智能卡、USB 中。

从证书的用途来看，数字证书可分为签名证书和加密证书。签名证书主要用于对用户信息进行签名，以保证信息的不可否认性；加密证书主要用于对用户传送信息进行加密，以保证信息的真实性和完整性。

数字证书大致可以分为以下三种类型：

（1）个人凭证（Personal Digital ID）

它仅仅为某一个用户提供凭证，以帮助其在网上进行安全交易操作。个人身份的数字证书通常安装在客户端的浏览器内，并通过安全的电子邮件来进行交易操作。

（2）企业（服务器）凭证（Server ID）

它通常为网上的某个 Web 服务器提供凭证，拥有 Web 服务器的企业可以用具有凭证的万维网站点来进行安全电子交易。有凭证的 Web 服务器会自动地将其与客户端 Web 浏览器通信的信息加密。

（3）软件（开发者）凭证（Developer ID）

它通常为因特网中被下载的软件提供凭证，该凭证用于和微软公司 Authenticode 技术（合法化技术）结合的软件，以使用户在下载软件时能获得所需的信息。数字证书由认证中心发行。

3. 数字证书授权中心

（1）认证中心概述

数字证书授权中心（Certificate Authority，CA）是采用 PKI 公开密钥基础架构技术，专门提供网络身份认证服务，负责发放、管理、废除数字证书，且具有权威性和公正性的第三方信任机构，承担公钥体系中公钥的合法性检验的责任。它的作用就像现实生活中颁发证件的机构。认证中心的主要功能包括数字证书的颁发、更新、查询、作废及归档等。

对于一个大型的应用环境，认证中心往往采用一种多层次的分级结构，各级的认证中心类似于各级行政机关，上级认证中心负责签发和管理下级认证中心的证书，最下一级的认证中心直接面向最终用户。认证中心的系统结构如同一个树形验证结构。在进行交易时，交易方通过出示由某个 CA 签发的证书来证明自己的身份，如果对签发证书的 CA 本身不信任，可逐级验证 CA 的身份，一直到公认的权威 CA 处，就可确信证书的有效性。SET 证书就是通过信任层次来逐级验证的，每一个证书与数字化签发证书的实体的签名证书关联。沿着"信任树"一直追溯到一个公认的信任组织，就可确认该证书是有效的。数字证书的体系验证结构如图 4-11 所示。

（2）数字证书的申请

不同 CA 类型数字证书的申请步骤略有不同，一般有以下步骤：

① 下载并安装 CA 的根证书：为了建立数字证书的申请人与 CA 的信任关系，保证申请证书时信息传输的安全性，在申请数字证书前，客户端计算机要下载并安装 CA 的根证书。

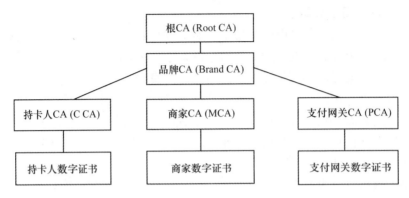

图 4-11 数字证书的体系验证结构

② 填交证书申请表：不需身份验证的申请表可在线填写后提交；需要个人或单位身份验证的，下载申请表填写后连同身份证明材料一起送达 CA，由 CA 进行身份审核。

③ 下载或领取证书：普通证书可以用身份审核后得到的序列号和密码从网上下载；使用特殊介质（如 IC 卡）存储的证书需要到 CA 处领取证书。

（3）数字证书颁发过程

数字证书颁发过程如下：

① 由用户产生自己的密钥对，并将公共密钥及部分个人身份信息传送给一家认证中心。

② 认证中心对用户身份进行核实，并对用户发送来的信息进行确认。

③ 认证中心发给用户一个数字证书，该证书内附有用户和他的密钥等信息，同时还附有对认证中心公共密钥加以确认的数字证书。

第三节 防火墙技术

一、防火墙概述

防火墙在生活中指建筑物大厦用来防止火灾蔓延的隔断墙。网络安全技术中的防火墙技术的作用与之类似，是一种由计算机硬件和软件组合起来的技术，它在外部网与内部网之间建立起一个安全网关，具有限制外界用户对内部网络访问及管理内部用户访问外界网络的权限，从而保护内部网络免受非法用户的侵入，是在被保护网周边建立起的一个分隔被保护网络与外部网络的安全系统。防火墙常被安装在受保护的网络与连接到的外部网络的节点之间。

防火墙一般由一组硬件设备，如路由器、主计算机再配以相关的软件组成。其主要功能有：数据包过滤、网络地址翻译、应用级代理、虚拟专用网以及身份认证。只有被允许的通信才能通过防火墙，从而对内部网与外部网进行隔离，可以限制外部用户对内部网络的访问和内部用户对外部网络的访问。它控制所有内部网与外部网之间的数据流量，防止企业内部信息流入因特网；控制外部有害信息流入因特网。防火墙还能执行安全策略，记录可疑事件。换句话说，如果不通过防火墙，公司内部的人就无法访问因特网，因特网上的人也无法和公司内部的人进行通信。

二、防火墙的作用

防火墙能有效地防止外来的入侵，其作用为：过滤掉不安全服务和非法用户；控制对特殊站点的访问；提供监视因特网安全和预警的方便端口；可以连接到一个单独的网段上，将因特网上的用户所访问的系统与内部员工访问的系统分离出来。

三、防火墙的功能

防火墙的功能包括：通过定义一个中心点来防止非法用户进入内部网络，方便地监视网络的安全性并报警；作为部署网络地址变换的地点，缓解 IP 地址空间短缺的问题；审计和记录因特网的使用费等。

四、防火墙的分类

防火墙一般分为三种类型。

（一）网络层防火墙

网络层防火墙可视为一种 IP 封包过滤器，运作在底层的 TCP/IP 协议堆栈上。我们可以以枚举的方式只允许符合特定规则的封包通过，其余的一概禁止穿越防火墙（病毒除外，防火墙不能防止病毒侵入）。这些规则通常可以经由管理员定义或修改，不过某些防火墙设备可能只能套用内置的规则。

我们也能以另一种较宽松的角度来制定防火墙规则，只要封包不符合任何一项"否定规则"就予以放行。操作系统及网络设备大多已内置防火墙功能。

较新的防火墙能利用封包的多样属性来进行过滤。例如，来源 IP 地址、来源端口号、目的 IP 地址或端口号、服务类型（如 HTTP 或 FTP），也能经由通信协议、TTL 值、来源的网域名称或网段等属性来进行过滤。

（二）应用层防火墙

应用层防火墙是在 TCP/IP 堆栈的"应用层"上运作，您使用浏览器时所产生的数据流或使用 FTP 时的数据流都是属于这一层。应用层防火墙可以拦截进出某应用程序的所有封包，并且封锁其他的封包（通常是直接将封包丢弃）。理论上，这一类防火墙可以完全阻绝外部的数据流进到受保护的机器里。

防火墙借由监测所有的封包找出不符规则的内容，可以防范电脑蠕虫或木马程序的快速蔓延。不过就实现而言，这个方法非常复杂，因为软件有千千万万种，所以大部分的防火墙都不会考虑以这种方法设计。

XML 防火墙是一种新型的应用层防火墙。根据侧重不同，可分为：包过滤型防火墙、应用层网关型防火墙、服务器型防火墙。

应用级网关也称代理防火墙，是在网络应用层上建立协议过滤和转发功能。其特点是将所有跨越防火墙的网络通信链路分为两段，所有的连接都在防火墙处终止，外部计算机的网络连接只能到达代理服务器，从而起到隔离防火墙内外计算机系统的作用。应用级网关如图 4-12 所示。

图 4-12 应用级网关

（三）数据库防火墙

数据库防火墙是一款基于数据库协议分析与控制技术的数据库安全防护系统。基于主动防御机制，实现数据库的访问行为控制、危险操作阻断、可疑行为审计。

数据库防火墙通过 SQL 协议分析，根据预定义的禁止和许可策略让合法的 SQL 操作通过，阻断非法违规操作，形成数据库的外围防御圈，实现 SQL 危险操作的主动预防、实时审计。

数据库防火墙面对来自外部的入侵行为，提供 SQL 注入禁止和数据库虚拟补丁包功能。

没有任何一个防火墙的设计能适用于所有的环境。它就像一个防盗门，在通常情况下能起到安全防护的作用，但当有人强行闯入时可能失效。所以企业在选择购买防火墙时，应根据站点的特点来选择合适的防火墙。

五、防火墙的作用和局限

（一）作用

1. 保护脆弱的服务

通过定义一个中心"扼制点"及过滤不安全的网络服务，防火墙可防止非法用户进入内部网络，减少内网中主机的风险。

2. 控制对系统的访问

防火墙可提供对系统的访问控制。如允许从外部访问某些主机；同时禁止访问另外的主机；允许内部员工可使用某些资源而不能使用其他资源等。

3. 集中的安全管理

对内网实行集中的安全管理。通过制定安全策略，其安全防护措施可运行于整个内网系统中而无须在每个主机中分别设立。同时还可将内网中需改动的程序都存于防火墙中而不是分散到每个主机中，便于集中保护。

4. 增强保密性

可阻止攻击者获取攻击网络系统的有用信息。

5. 有效记录因特网上的活动

因为所有进出信息都必须通过防火墙，所以防火墙非常适用收集关于系统和网络使用和误用的信息。

（二）局限性

防火墙不是万能的，它的不足之处表现在以下方面。

1. 不能防范来自内部的攻击

防火墙对内部用户偷窃数据、破坏硬件和软件等行为无能为力。

2. 不能防范不通过防火墙的连接

对有意绕过防火墙进/出内网的用户或数据无法阻止，从而带来威胁，如用户可以将数据复制到磁盘中带出内网。

3. 不能防范未知的威胁

能较好地防备已知的威胁，但不能自动防御所有新的威胁。

4. 不能完全防范病毒的破坏

5. 使用受限

为了提高安全性，限制和关闭了一些有用但存在安全缺陷的网络服务，给用户带来了使用的不便。

第四节 SSL 与 SET 安全协议

为了保障电子商务的安全性，人们制定了一些安全协议，其中比较著名的有 SSL 安全协议和 SET 安全协议。

一、SSL（Secure Sockets Layer）安全协议

安全套接层协议 SSL 是由 Netscape 公司于 1994 年研究制定的安全通信协议，主要基于因特网计算机之间的通信，它能加密浏览器与服务器之间的通信数据。因此，可以采用 SSL 传输密码和信用卡号等敏感信息，在浏览器和服务器之间建立一个安全通道。

SSL 协议工作在 TCP 层上，高层的应用协议可以透明地工作于 SSL 层之上。它由两层协议构成，共包含四个子协议。

其中比较重要的是 SSL 握手协议和记录协议。

SSL 握手协议位于 SSL 记录协议之上。它用于数据传输前进行服务器和浏览器之间的身份认证，同时双方协商采用的协议版本、加密算法等参数，确定加密数据所需的对称密钥，采用公钥加密技术产生共享机密。

SSL 记录协议定义要传输的数据格式，它位于 TCP 层之上，从高层的 SSL 子协议接收数据进行封装，同时用对称密钥加密，通过 TCP 层进行传输。

SSL 可以实现浏览器和服务器相互的身份认证。

值得注意的是，使用时有的浏览器尤其是比较早版本的浏览器不支持 128 bit 密钥，仅支持 40bit 密钥，这时为了增加安全性，需要下载相应的 128 位补丁。

二、SET（Secure Electronic Transaction）安全协议

SET 协议是 1996 年 Master Card 与 Visa 两大国际信用卡组织会同 IBM、Netscape 等一些计算机供应商共同开发的。SET 主要是为了解决用户、商家和银行之间在因特网环境下通过信用卡支付的问题设计的。它给出了一套电子交易的过程规范，通过 SET 实现电子商务交

易中的加密、认证机制和密钥管理机制等,从而保证支付信息的机密、支付过程的完整和商家及持卡人的合法身份。

SET 中主要包含:信用卡持卡人、商家、支付网关、CA 及信用卡结算中心。SET 协议比 SSL 协议复杂,它不仅可以加密两个端点间的单个会话,还可以加密和认证三方之间的多个信息。

SET 协议的工作过程如图 4-13 所示。

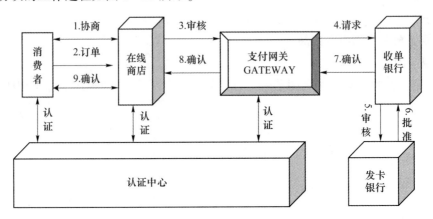

图 4-13 SET 协议的工作过程

其中步骤如下:

第一步:持卡人使用浏览器在商家的 Web 主页上查看在线商品。

第二步:持卡人选择要购买的商品。

第三步:持卡人填写订单。

第四步:持卡人选择付款方式。当选择 SET 方式进行付款时,SET 开始起作用。

第五步:持卡人发送给商家一个完整的订单及要求付款的指令。在 SET 中,订单和付款指令由持卡人进行数字签名。同时,利用双方签名技术保证商家看不到持卡人的账号信息。

第六步:商家接收订单后,向持卡人的金融机构请求支付认可。通过支付网关到银行,再到发卡机构确认,批准交易,然后返回确认信息给商家。

第七步:商家发送订单确认信息给顾客。

第八步:商家给顾客装运货物或完成订购的服务。

第九步:商家从消费者的金融机构请求支付。

SET 标准定义了第四步到第九步使用的通信协议、请求信息的格式和数据类型等。在上述操作的每一步,持卡人、商家和支付网关都要通过 CA 来验证通信主体的身份,以确保通信的双方不是冒名顶替。

三、SSL 与 SET 协议的比较

SET 协议定义了银行、商家和持卡人之间交换的报文的标准,SSL 只是在通信的两方之间建立了一条安全通道。SSL 是面向链接的,而 SET 允许各方之间的报文交换不是实时的。

SET 报文能够在银行内部网或者其他网络上传输。

从费用上看，SET 协议过于复杂，处理速度慢，支持 SET 系统的费用很高，它需要持卡人、商家、支付网关等计算机系统上均安装相应的软件，而使用 SSL 协议成本很低，大部分浏览器内置了都能支持 SSL 的代码。

SET 协议也可以用在系统的一部分或者全部采用。

从认证方面看，SET 的安全需求较高，持卡人、商家和支付网关都必须先申请数字证书来识别身份，而在 SSL 中，只有商家的 Web 服务器需要认证，客户认证则是可选的，也可以选择不使用客户认证。

从安全方面看，一般认为 SET 的安全性较 SSL 高，在整个交易过程中，持卡人到商家、商家到支付网关再到银行网络的通信都受到严密的保护。

从市场占有率看，由于 SET 的设置成本较 SSL 高很多，并且进入国际市场的时间不如 SSL 早，目前普及率还不如 SSL 高，SSL 具有简洁通用等特点。在长时间内，两个安全协议都有自己的用户群存在。

本章小结

电子商务安全的现状不容乐观，因此引发了交易各方对电子商务安全的需求。本章主要阐述了电子商务安全问题及其安全需求、电子商务安全所涉及的主要技术、电子商务安全协议。加密技术主要包括对称密钥加密和非对称密钥加密技术。数字签名技术的实现基础就是公钥加密技术，它是实现交易安全的核心技术之一。数字时间戳技术能提供电子文件日期和时间信息的安全保护。数字证书提供了一种在因特网上验证用户身份的方式，它是由数字证书认证中心发行的。电子商务安全协议有 SSL 协议和 SET 协议。

复习题

一、选择题

1. 对称加密方式主要存在的问题是（　　）。
   A. 密码安全交换和管理的困难　　　　B. 加密，解密复杂
   C. 无法鉴别交易双方的身份　　　　　D. 漏洞百出
2. 按照（　　）划分，可将密钥体制分为对称和非对称密钥体制。
   A. 加密与解密算法是否相同　　　　　B. 加密与解密算法是否可逆
   C. 加密与解密的密钥是否相同　　　　D. 加密与解密的密钥是否可逆
3. 保证商业服务不可否认的手段主要有（　　）。
   A. 防火墙　　　B. 数据加密　　　C. 身份认证　　　D. 数字签名
4. 消息经过散列函数处理之后得到的是（　　）。
   A. 公钥　　　　B. 私钥　　　　　C. 信息摘要　　　D. 数字签名
5. DES 加密算法所采用的密钥的有效长度为（　　）bit。
   A. 56　　　　　B. 48　　　　　　C. 128　　　　　　D. 32

二、简答题

1. 简述常见的加密算法及其分类。
2. SSL 与 SET 对比有哪些差异?
3. 简述数字证书的作用。
4. 什么是防火墙?其基本功能是什么?

三、论述题

电子商务安全设计需要注意哪些安全问题?

四、实践题

在 http://www.verisign.com 或 http://www.itrus.com.cn 上完成网上数字证书申请和安装,并相互发送签名和加密邮件。

第五章

网 络 金 融

导 读

电子商务是基于互联网的一种网上交易、网上支付的新型商业模式。随着电子商务的快速发展，网络支付的重要性越来越明显，已经成为整个电子商务产业链中的核心环节。从2013年阿里巴巴推出"余额宝"到2014年春节时腾讯公司推出的微信"抢红包"活动，显示了互联网金融尤其是移动支付开始渗透到人们生活的方方面面。本章围绕电子支付、网络银行、第三方支付和网络金融的热点展开学习。

学习目标

1. 了解电子商务支付的产生和发展历程。
2. 掌握电子商务结算系统的概念、特点。
3. 掌握几种具体的电子商务结算系统的概念和基本工作原理，如电子现金、电子钱包、电子支票、结算及其他新兴结算工具。
4. 掌握网络银行的概念、网络银行的主要功能和服务内容以及网络银行的建立模式。
5. 了解我国第三方支付的概念和发展现状。
6. 了解互联网金融的概念及内涵。

第一节　电子商务网络支付系统概述

一、网络支付与电子商务发展的关联

（一）传统支付方式简介

1. 现金

现金有两种形式，即纸币和硬币，由国家组织或政府授权的银行发行。纸币本身没有价

值,它只是一种由国家发行并强制通用的货币符号;硬币本身有一定的金属成分,故具有一定的价值。

在现金交易中,买卖双方处于同一位置,而且交易是匿名进行的。卖方不需要了解买方的身份,因为现金本身是有效的,其价值由发行机构加以保证。现金具有使用方便和灵活的特点,因此很多交易都是通过现金来完成的。其交易流程如图 5-1 所示。

2. 票据

广义的票据包括各种记载一定文字、代表一定权利的文书凭证,如股票、债券、货单、车船票、汇票等,人们笼统地将它们泛称为票据。狭义的票据是一个专用名词,专指票据法所规定的汇票、本票和支票等票据。我国《票据法》将票据分成汇票、本票和支票三种。汇票是出票人委托他人于到期日无条件支付一定金额给收款人的票据;本票是出票人自己于到期日无条件支付一定金额给受款人的票据;支票则是出票人委托银行或其他法定金融机构于见票时无条件支付一定金额给受款人的票据。所以,票据是出票人依据票据法发行的、无条件支付一定金额或委托他人无条件支付一定金额给收款人或持票人的一种文书凭证。票据支付过程中有三个当事人,即出票人、收款人和付款人(支票的付款人为银行)。其交易流程如图 5-2 所示。

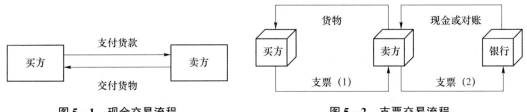

图 5-1 现金交易流程　　　　图 5-2 支票交易流程

在支票交易中,支票由买方签名后生效,故而买卖双方无须处于同一位置,卖方需通过银行来处理支票,并等待提款。

汇票交易流程与支票大体相同,即汇票、支票是由卖方通过银行处理的;而本票交易则有所不同,是由买方通过银行处理。

3. 银行卡传统支付

银行卡传统支付模式高效、便捷、简单、安全,由于银行为持卡人和特约商户提供高效的结算服务,这样消费者就便于也乐于持卡购物和消费。另外,利用银行卡结算可以减少现金货币流通量,简化收款手续;而且,持卡人即使到外地也可以凭卡存取现金,十分灵活方便,免却了随身携带大量现金的不便,而且又有安全保障。银行卡的传统支付过程如图 5-3 所示。

银行卡交易流程的具体步骤如下:

① 特约商家的现金出纳系统将顾客的消费金额输入 POS 终端。

② 读卡器读取信用卡磁条中的认证数据,顾客输入密码。

③ 将前两步输入的数据送往信用卡机构。

④ 信用卡机构基于收到的数据验证信用卡的合法性、顾客密码及信用额度,更新顾客数据库文件,并将处理结果数据实时送回 POS 终端。

⑤ 现金出纳系统对处理结果数据确认后，将商品及收据交给顾客。

⑥ 信用卡机构的计算机中心将处理过的申请支付数据，通过计算机网络传送给相应的银行。

⑦ 银行收到申请支付数据后，从顾客的账户支出该款项，同时存入特约商家的账户。

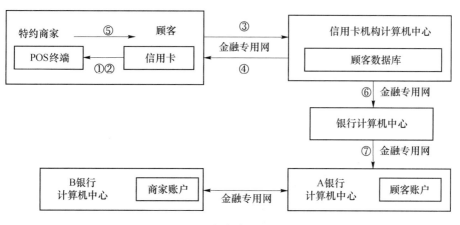

图 5-3 银行卡交易流程

（二）传统支付结算的局限

传统支付方式中的现金、票据和银行卡等都是有形的，在安全性、认证性、完整性和不可否认性上有较高的保障，已经有一套适合其特点的比较成熟的管理运行模式。但由于是以手工操作为主，通过传统的通信方式来传递凭证、实现货币的支付结算，因而存在效率低下、成本较高等问题。传统支付结算主要存在以下一些缺陷：

① 受时间和空间的限制，不在同一时间、同一地点进行的交易无法采用现金支付的方式。

② 现金表面金额的固定性意味着交易者在大宗交易中需携带大量的现金，这种携带的不便性以及由此产生的不安全性在一定程度上限制了现金作为支付手段的采用。

③ 票据的真伪、遗失等都会带来一些问题。

（三）网络支付结算兴起

电子商务是一种全新的商务模式，对传统支付结算模式的冲击很大。传统的支付结算系统是以手工操作为主，以银行的金融专用网络为核心，通过传统的通信方式（邮递、电报、传真等）来进行凭证的传递，从而实现货币的支付结算。其中，它使用的支付工具不论是现金还是支票、单据，都是有形的，在安全性、认证性、完整性和不可否认性上有较高的保障，但它又存在效率低下、成本高等问题，目前已经有一套适合其特点的比较成熟的管理运行模式。而由电子商务带来的网络化使有形的东西无形化了，在网上支付系统中，不论是将现有的支付模式转化为电子形式，还是创造出网络环境下的新的支付工具，它们多多少少都具有无形化的特征。货币可以是智能卡芯片上的一组数据，也可以是硬盘中的一个文件。网络中的一组二进制流在一次支付中不会产生任何实体性的东西，而只是生成了若干文件而已。面对这样的一种支付系统，我们应该重新考虑它的支付规律，制定新的管理运行模式，以符合它崭新的面貌与特点。

电子商务的实现必须由两个重要环节组成：一是交易环节；二是支付环节。前者在客户与销售商之间完成，后者需要通过银行网络来完成。显然，没有银行专业网络的支持，没有安全、平稳、高效的网上支付系统运作的支撑，就不可能实现真正意义上的电子商务。网上支付正是在这种电子商务发展的需求下逐步诞生的，它作为电子商务的重要组成之一，是电子商务发展的必然结果。电子商务的最终目的是通过网络实现网上信息流、物流和资金流的三位一体，从而形成低成本、高效率的商品及服务交易活动。在线电子支付是电子商务的关键环节，也是电子商务得以顺利发展的基础条件。所以，电子商务发展的需求直接导致了网络支付结算的兴起。

二、网络支付系统基础

（一）网络支付的概念及特征

网络支付也称网上支付，英文可定义为 Net Payment，就是指以金融电子化网络为基础，以各种电子货币为媒介，通过计算机网络特别是因特网以电子信息传递的形式实现流通和支付功能。其特征表现在以下几个方面。

1. 网络支付采用先进的技术、通过数字流转完成信息传输

网络的各种支付方式都是采用数字化的方式进行款项支付的；而传统的支付方式则是通过现金的流转、票据的转让及银行的汇兑等物理实体的流转来完成款项支付的。

2. 基于网络平台进行工作

网络支付的工作环境是基于一个开放的系统平台（因特网）之中；而传统支付则是在较为封闭的系统中运作。

3. 采用先进的通信手段

网络支付使用的是最先进的通信手段，如因特网、外联网；而传统支付使用的则是传统的通信媒介。网上支付对软、硬件设施的要求很高，一般要求有联网的微机、相关的软件及其他一些配套设施；而传统支付则没有这么高的要求。

4. 方便、快捷、高效、经济

网络支付具有方便、快捷、高效、经济的优势。用户只要拥有一台上网的 PC 机，便可足不出户，在很短的时间内完成整个支付过程。

（二）网络支付系统的基本功能

网络支付体系是借助银行的支付工具、支付系统以及金融专用网实现的。电子商务中的网络支付体系是融购物流程、支付工具、安全技术、认证体系、信用体系以及现在的金融体系为一体的综合系统。其具体功能如下：

① 能够使用数字签名和数字证书等实现对网上商务各方的认证，以防止支付欺诈。

② 能够使用较为尖端的加密技术，对相关支付信息流进行加密。

③ 能够使用数字摘要（即数字指纹）算法确认支付电子信息的真伪性，防止伪造假冒等欺骗行为。

④ 当网上交易双方出现纠纷，特别是有关支付结算的纠纷时，系统能够保证对相关行为或业务的不可否认性。

⑤ 能够处理网上贸易业务的多边支付问题。

⑥ 能够保证网络支付结算的速度,即应该让商家与客户感到快捷,这样才能体现电子商务的效率,发挥网络支付结算的优点。

⑦ 整个网络支付结算过程对网上贸易各方,特别对客户来讲,应该是方便易用的,手续与过程不能太烦琐,大多数支付过程对客户与商家来讲应是透明的。

(三) 网络支付系统基本构成

电子商务的网络支付系统是集购物流程、支付工具、安全认证技术、信用体系以及现代金融体系为一体的综合大系统。其基本构成包括活动参与的主体、支付方式以及遵循的支付协议几个部分,如图5-4所示。

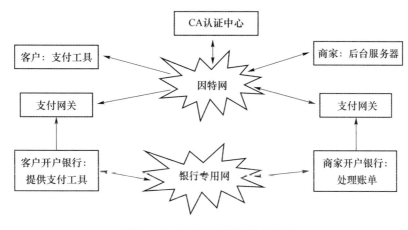

图5-4 网络支付系统基本构成

其中,客户是指与某商家有交易关系并存在未清偿的债权债务关系的一方(一般是债务),客户用自己已拥有的支付工具(如信用卡、电子钱包等)来发起支付,是支付体系运作的原因和起点。

商家则是指拥有债权的商品交易的另一方,他可以根据客户发起的支付指令向金融体系请求获取货币给付,商家一般准备了优良的服务器来处理这一过程,包括认证以及不同支付工具的处理。

客户开户行是指客户在其中拥有了账户的银行。客户所拥有的支付工具就是由开户行提供的,客户开户行在提供支付工具的时候也同时提供了一种银行信用,即保证支付工具的兑付。在信用卡支付体系中客户开户行又被称为发卡行。

商家开户行是指商家在其中拥有账户的银行。其账户是整个支付过程中资金流向的地方,商家将客户的支付指令提交给其开户行后,就由开户行进行支付授权的请求以及行间的清算等工作。商家的开户行是依据商家提供的合法账单(客户的支付指令)来工作的,因此又称作收单行。

支付网关是指公用网与金融专用网之间的接口,支付信息必须通过支付网关才能进入银行支付系统,进而完成支付的授权和获取。支付网关的建设关系着支付结算的安全以及银行自身的安全,关系着网上支付结算的安排以及金融系统的风险,必须十分谨慎。因为电子商务交易中同时传输了交易信息与支付信息两种信息,必须保证这两种信息在传输过程中不能被无关的第三者阅读,包括商家不能看到其中的支付信息(如信用卡号、授权密码等),银行不能看到其中的交易信息（如商品种类、商品总价等），这就要求支付网关一方面必须由商家以外的银行或其委托的信用卡组织来建设；另一方面，网关不能分析交易信息，对支付的信息只起保护传输的作用。

金融专用网是银行内部及行间进行通信的网络，具有较高的安全性，包括中国国家现代化支付系统（CNAPS）、人行电子联行系统、商行电子汇兑系统、银行卡授权系统等。我国银行的金融专用网发展很迅速，为逐步开展电子商务提供了必要的条件。

认证机构则为参与的各方（包括客户、商家与支付网关）发放数字证书，以确认各方的身份，保证网上支付的安全性，认证机构必须确认参与者的资信状况（如通过对在银行的账户状况，与银行交往的历史信用记录等来判断），因此也要有银行的参与。除以上参与各方外，网上支付系统的构成还包括支付中使用的支付工具以及遵循的支付协议，是参与各方与支付工具、支付协议的结合。在网上交易中，消费者发出的支付指令，在由商户送到支付网关之前，是在公用网上传送的，这一点与持卡 POS 消费有着本质的区别，因为从 POS 到银行之间是专线。因特网交易就必须考虑公用网上支付信息的流动规则及其安全保护，这就是支付协议的责任所在。目前，已经出现了一些比较成熟的支付协议（如 SET 协议）。通常情况下，一种协议针对某种支付工具，对交易中的购物流程、支付步骤、支付信息的加密、认证等方面做出规定，以保证在复杂的公用网中的交易双方能快速、有效、安全地实现支付与结算。

三、网络支付系统的分类

（一）按照网络支付的支撑平台划分

按照网络支付的支撑平台可以划分为两类平台：一类是传统成熟的 EDI 专用网络支付平台，另一类是大众化网络平台因特网。

1. EDI 专用网络支付平台

EDI 是一种在贸易企业之间借助通信网络，以标准格式传输订货单、发货通知单、运货单、装箱单、收据发票、保险单、进出口申报单、报税单、缴款单等贸易作业文件的电子文本，可以快速交换贸易双方或多方之间的商务信息，从而保证商务快速、准确、有序并且安全进行。

2. 大众化网络平台因特网

大众化因特网网络支付平台主要由因特网、支付网关、银行内部专用业务网络三个部分组成。

（二）按照网络支付使用的支付工具划分

按照网络支付系统中使用的支付工具不同，可以将网上支付系统大致分为三类，即信用卡支付系统、电子转账支付系统和电子现金支付系统。

1. 信用卡支付系统

信用卡支付系统的特点是每张卡对应着一个账户，资金的支付最终是通过转账实现的。

2. 电子转账支付系统

电子转账支付系统的特点是支付过程中的操作直接针对账户，对账户的处理即意味着支付的进行，是一种"即时付款"的支付办法。在支付过程中，由于发起人不同又可分为付款人启动的支付和接收人启动的支付。在此系统中，付款人对支付的确认意义十分重要，这就需要一些确认的手段，如支票。于是这一系统又包括直接转账的支付系统和电子支票支付系统。由于涉及账户，此系统也必须在线操作，但不允许透支。

3. 电子现金支付系统

电子现金支付系统的特点是支付过程中不直接对应任何账户，持有者事先预付资金，便可获得相应货币值的电子货币（智能卡或硬盘文件），因此可以是离线操作，是一种"预先付款"的支付系统。

（三）按照开展电子商务的实体性质划分

按照开展电子商务的实体性质划分，网络支付结算方式可分为 B2C 型网络支付结算方式和 B2B 型网络支付结算方式。

1. B2C 型网络支付结算方式

B2C 型网络支付结算方式是指适应企业对消费者、政府对消费者以及个人对消费者进行电子商务交易时采取的网络支付方式，如信用卡网络支付结算方式、智能卡网络支付结算方式、电子现金网络支付结算方式、电子钱包网络支付结算方式等。

2. B2B 型网络支付结算方式

B2B 型网络支付结算方式是指适应企业对企业、企业对政府进行电子商务交易时采取的网络支付方式。

（四）按照第三方支付的载体划分

按照第三方支付的载体不同，网络支付结算方式可以划分为互联网支付、移动支付、银行卡收单。

1. 互联网支付

以互联网为载体进行资金的转移，利用银行所支持的某种数字金融工具，发生在购买者和销售者之间的金融交换，而实现从购买者到金融机构、商家之间的在线货币支付、现金流转、资金清算、查询统计等过程，由此为电子商务服务和其他服务提供金融支持。

2. 移动支付

移动终端包括智能手机、平板电脑等在内的移动工具，运用蓝牙、红外、NFC（近场通信）、RFID（射频识别）等技术，通过移动通信网络，实现资金由支付方转移到收款方的一种支付方式。

3. 银行卡收单

银行卡收单是指通过销售点（POS）终端等为银行卡特约商户代收货币资金的行为。

第二节　网络支付方式

一、信用卡网上支付方式

（一）信用卡简介

1. 起源

信用卡是银行或金融公司发行的，授权持卡人在指定的商店或场所进行记账消费的信用凭证，是一种特殊的金融商品和金融工具。"信用"一词来自英文单词 credit，其含义包括：信用、信贷、信誉、赊销及分期付款等。

信用卡于 1915 年起源于美国。最早发行信用卡的机构并不是银行，而是一些百货商店、饮食业、娱乐业和汽油公司。美国的一些商店、饮食店为招徕顾客，推销商品，扩大营业额，有选择地在一定范围内发给顾客一种类似金属徽章的信用筹码，后来演变成用塑料制成的卡片，作为客户购货消费的凭证，开展了凭信用筹码在本商号或公司或汽油站购货的赊销服务业务，顾客可以在这些发行筹码的商店及其分号赊购商品，约期付款，这就是信用卡的雏形。1952 年，美国加利福尼亚州的富兰克林国民银行作为金融机构首先发行了银行信用卡。1959 年，美国的美洲银行在加利福尼亚州发行了美洲银行卡。此后，许多银行加入了发卡银行的行列。到了 20 世纪 60 年代，银行信用卡受到社会各界的普遍欢迎，并得到迅速发展，信用卡不仅在美国，而且在日本、加拿大及欧洲各国盛行起来。从 20 世纪 70 年代开始，新加坡、马来西亚以及我国的香港和台湾地区等也开始发行信用卡业务。

目前，信用卡的支付系统都是建立在金融专用网基础上的。通过金融专用网的终端，持卡人可以获得身份验证、消费结算、消费信贷、转账结算、通存通兑、自动取款、代发工资、代理收费等服务。因此，信用卡支付系统的一大特点就是需要在线实时操作，进行持卡人身份的真实性以及信用额度的验证和处理。目前，在金融专用网上开展此类业务会受到银行营业时间的限制，随着电子商务的发展，网上信用卡支付系统不仅在范围上扩展到所有的公共网络，时间也扩展到全天 24 小时，这就需要增加相应的机构和技术来支持这种扩展。要将金融专用网的信用卡支付系统延伸到公共的因特网上，必须要对消费者和商家的节点进行处理，使之成为能处理信用卡操作的终端。

2. 分类

信用卡的分类方式很多，按发卡组织可以分为维萨卡、万事达卡、美国运通卡、JCB 卡、Discover 发现卡（美洲）、Banknetvn（越南）、NETS（新加坡）、BC 卡（韩国）、中国银联卡（中国大陆）、联合信用卡（中国台湾）等；按信用等级可以分为普通卡（银卡）、金卡、白金卡等；按是否联名发行可以分为联名卡、标准卡（非联名卡）、认同卡；按卡片形状及材质不同可以分为标准卡、迷你卡、异型卡、透明卡等；按信息储存介质不同可以分为磁条卡、芯片卡；按卡片间的关系可以分为主卡、附属卡；按持有人的身份可以分为个人卡、公务卡、公司卡等。

此外，中国大陆地区对信用卡的定义范围与国际有所不同。中国大陆的信用卡广义指贷记卡和准贷记卡；狭义指贷记卡，即中国大陆狭义上的信用卡与国际上所指的信用卡一致。国际上所称的信用卡只是指中国内地所称的贷记卡。

贷记卡、准贷记卡与借记卡三者之间的区别是：贷记卡持有人不必在账户上预先存款就可以透支消费，之后按银行规定还款就行了，可以享受一定时间的免息期。借记卡是一种储蓄卡，需要先存款后消费，不能透支。准贷记卡是在社会诚信体系不完善的环境下，通过某种担保或预存保证金才可以有条件、有限度透支消费的信用卡，这种具有"中国特色"的信用卡正在退出金融领域。不同类型信用卡的使用特点见表 5-1。

表5-1 不同类型信用卡的使用特点比较

分类	类型	使用特点
结算方式	贷记卡	发卡行允许持卡人"先消费、后付款",提供给持卡人短期消费信贷,到期依据有关规定完成清偿
	准贷记卡	有小额透支功能
	借记卡	持卡人在开立信用卡账户时按规定向发卡行缴纳一定的备用金,消费后银行会自动从其账户上扣除相应的消费款项,急需时可提供小额的善意透支
发卡对象	个人卡	持卡人是有稳定收入来源的社会各界人士,其信用卡账户上的资金属持卡人个人存款
	公司卡	又称作单位卡,是各企事业单位、部门中指定人员使用的卡,其信用卡账户资金属公款
持卡人信用等级	金卡	允许透支限额相对较大
	普通卡	透支限额低
使用范围	国际卡	可以在全球许多国家和地区通行使用,如著名的VISA卡和Master卡等
	国内卡	只局限在某地区内使用,如我国各大商业银行发行的人民币长城卡、牡丹卡、太平洋卡等都属于国内卡
发卡机构的性质	银行卡	由银行(含邮政金融机构)发行的银行卡
	非银行卡	其他财务机构发行的非银行卡(如美国运通卡等)
发卡机构与联合发卡的合作性质	认同卡	与非营利性机构合作发行的认同卡
	联名卡	与营利性机构合作发行的联名卡
持卡人的主次	主卡	主卡就是申请人本人的卡
	附属卡	附属卡就是申请人本人的配偶或成年子女的卡

(二) 信用卡网络支付流程

信用卡交易的流程大致如下:

持卡人到信用卡特约商家处消费,持卡付账→特约商家向收单行要求支付授权,收单行通过信用卡组织向发卡行要求支付授权→特约商家向持卡人确认支付及金额→特约商家向收单行请款→收单行付款给特约商家→收单行与发卡行通过信用卡组织的清算网络进行清算→发卡行给持卡人账单→持卡人付款,如图5-5所示。

信用卡网上支付方式的这种结构和业务流程十分适合B2C模式,小额的B2B模式也比较适用。信用卡信息中心的建立可提高整个系统的处理效率,而且国际性的信用卡信息中心还可进行国际的认证业务,从而使信用卡能跨国使用,十分符合电子商务跨国界交易的特点。信用卡支付系统使用记名消费的模式,使透支成为可能,也加强了系统的安全性,但同时也丧失了匿名性这一特征,使之不能很好地保护消费者的隐私,不太适合 C2C 模式的支付。

信用卡信息中心在系统中的地位举足轻重,但同时也带来了安全以及系统性能方面的问题,可以考虑建立多级的分中心以分散业务,并加强中心的安全防护工作。

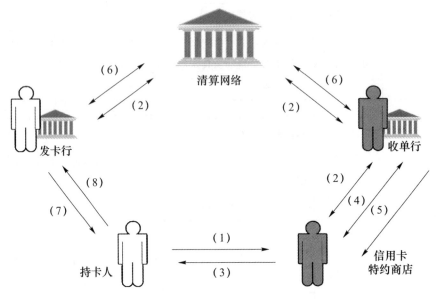

图 5-5 信用卡网络支付流程

二、电子支票支付方式

(一)电子支票简介

电子支票是一个经付款人私钥加密的写有相关信息的电子文件。它由客户计算机内的专用软件生成,一般应包括支付数据(支付人、支付金额、支付起因等)、支票数据(出票人、收款人、付款人、到期日等)、客户的数字签名、CA 证书、开户行证明文件等内容。由于支票是银行见票即付的票据,因此开出支票的事先授权十分重要,在电子支票系统中,客户开户行的授权证明文件就是电子支票的重要内容。电子支票样本如图 5-6 所示。

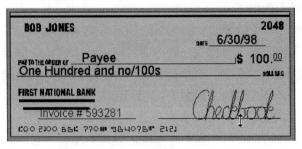

图 5-6 电子支票样本

(二) 电子支票网络支付流程

电子支票支付方式的基本业务流程如图 5-7 所示。

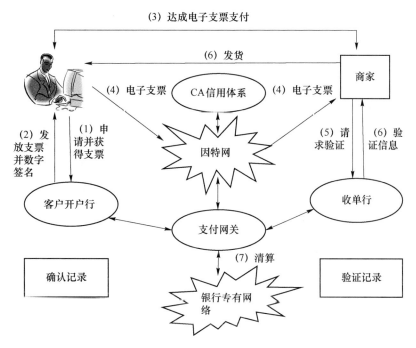

图 5-7 电子支票支付方式的基本业务流程

① 首先在提供电子支票服务的银行注册，申请电子支票的使用权。注册时可能需要输入信用卡和银行账户信息以支持开设支票。银行支票账户要有足够的资金。

② 用户开户行审核申请人资信状况（如存款是否充足、有无欺诈记录等）；开户行发放电子支票生成软件赋予客户使用电子支票的权利。电子支票上有银行的数字签名。

③ 用户网上购物，填写订单完毕。客户与商家达成购销协议，选择用电子支票支付。

④ 用电子支票生成软件和开户行发放的授权证明文件生成此笔支付的电子支票。客户用自己的私钥进行数字签名，用商家的公钥加密电子支票，然后使用 E-mail 或其他方式将电子支票发往商家。同时向开户行发出付款通知单。

⑤ 商家用客户的公钥确认客户的数字签名；将电子支票通过支付网关发往收单行请求验证；收单行将通过验证中心验证后的信息传回商家。收单行做验证记录以便此为商家入账，客户开户行作出确认记录以便据此转账。

⑥ 确认支票有效，商家确认客户的购货行为，并组织给客户发货。

⑦ 支票到期日之前，商家将电子支票向收单行背书提示，请求兑付（商家可以积累一定数量的电子支票进行批量处理）；收单行根据上一步的验证信息确定是否接受背书，背书成功则发送完成消息返回商家。

有多张不同开户行的电子支票的收单行与开户行之间选择固定的时间完成票据交换所进行支票的清算。

电子支票支付系统适合 B2B 模式中的货款支付。由于电子支票的即时认证能加快交易的速度，并在一定程度上保障交易的安全性，减少了处理纸基支票时的时间成本与财务成本，对支票丢失或被盗的挂失处理也方便有效得多。票据交换所的加入在很大程度上提高了整个支票系统的运行效率，轧差处理使无论多大或多小的交易额都能得到低成本的处理，这些特点促进了 B2B 商务模式运作的高效与低成本，因此具有很大的市场应用性。

三、电子现金支付方式

（一）电子现金简介

电子现金（Electronic Cash）是纸币现金的数字化，是电子货币的一种。它以金融电子化网络为基础，以商用电子化机具和各类交易卡为媒介，以计算机技术和通信技术为手段，以电子数据（二进制数据）形式存储在银行的计算机系统中，并通过计算机网络系统以电子信息传递形式实现流通和支付功能的货币。电子现金具有以下特点。

1. 安全性

随着高性能彩色复印技术和伪造技术的发展，纸币的伪造变得更容易了，而电子现金是高科技发展的产物，它融合了现代密码技术，提供了加密、认证、授权等机制，只限于合法人使用，能够避免重复使用，因此具有较强的防伪能力。由于电子现金无须随身携带，因此减少了遗失和被偷窃的风险。

2. 匿名性

现金交易具有一定的匿名性和不可跟踪性。而电子现金由于运用了数字签名、认证等技术，确保了它实现支付交易时的匿名性和不可跟踪性，维护了交易双方的隐私权。

3. 方便性

纸币支付必须定时、定点，而电子现金的数字化流转形态使得用户在支付过程中不受时间、地点的限制，使用更加方便。

4. 成本低

纸币的交易费用与交易金额成正比，随着交易量的不断增加，纸币的发行成本、运输成本、交易成本越来越高，而电子现金的发行成本、交易成本都比较低，而且不需要运输成本。

（二）电子现金的分类

到目前为止，已开发的电子现金支付系统大致可分为两类，分别采取了两种不同的手段。

1. 硬盘数据文件形式的电子现金

实现电子现金的第一种手段，是将按一定规则排列的一定长度的数字串即一种电子化的数字信息块或数据文件，作为代表纸币或辅币所有信息的电子化手段。例如，可用"990006099"这个数字串表示 60 元现钞。当电子现金用于支付时，只需将相当于支付金额的若干信息块综合之后，用电子化方法传递给债权人一方，即可完成支付。这是一种对实体货币的纯粹的电子化模拟。

但是，保存于硬盘中的数字化的电子信息块作为一种数据文件，具有可被完整复制的特点，要想保持电子现金的稀缺性和防伪性，就必须采用加强的密码技术或其他安全措施，使得合法的发行主体之外的任何个人或组织不可能制造（或复制）出这种数字信息文件。但这些加强手段往往又将银行牵涉进来进行电子现金的真伪识别以及重复使用识别，从而削弱了其分散处理和离线处理的特性。

2. IC 卡形式的电子现金

实现电子现金的第二种手段，是将货币价值的汇总余额存储在智能卡 IC 卡中，即将智能卡作为货币价值的计数器，甚至可将 IC 卡看作记录货币余额的账户（只是这个账户由持卡人自己持有并管理），当从卡内支出货币金额或向卡内存入货币金额时，改写智能卡内的记录余额，这也相当于改写持卡人的 IC 卡存款账户。从卡内支出货币金额的去向和向卡内写入货币金额的来源可以是另一张电子现金智能卡、持卡人在银行的存款账户或商户的读卡器，并且在转移的过程中，必然是一方增加另一方减少，增加的金额恰好是减少的金额，这一点与现金支付十分相似，从而保证了支付工具的稀缺性。智能卡形式的电子现金除与银行账户之间的转移外，其余的转移操作均可独立完成，不用与银行发生任何联系，从而保证了其分散匿名性和离线操作性。

3. 两种类型的电子现金对比

（1）流通性不同

数据文件型的电子现金由于其本身就存在硬盘中，因此在网络中的流通和传递就显得相对方便；而智能卡电子现金本身就保管在 IC 卡中，读取与写入必须采用专用设备，在网络化过程中相对复杂一些。

数据文件型电子现金由于是保存在计算机硬盘中的，所以携带十分不便；而智能卡电子现金利用一张薄薄的塑料卡为载体，携带十分方便，从这个角度来看，智能卡电子现金的普及化要高一些。但同时，由于计算机的普及程度远远超过电子现金的专用读卡器，从这方面来看，又不利于智能卡电子现金的普及。目前，中国国内许多高校推行的校园"一卡通"就属于电子现金的智能卡范畴。

（2）安全性不同

就安全水平而言，一方面，智能卡因其耐篡改的特征（IC 卡内存储的内容无论是读取还是改写在物理上都极难实现），比之可以简单地读写的硬盘文件有更高的安全特性；另一方面，智能卡内嵌入的微处理器比计算机的计算能力差，难以进行高强度的密码处理，因此难以达到高度的逻辑安全性。从这个角度上看，数据文件型的现金有较高的安全性。IC 卡构造如图 5-8 所示，智能卡和读卡器示例如图 5-9 所示。

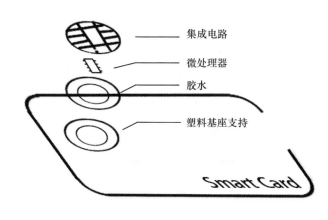

图 5-8 IC 卡构造

图 5-9 智能卡和读写器示例

从以上的分析可以看出，两种形式的电子现金各有利弊，在性能上可说是平分秋色的。因此，在实践上，许多数据文件型电子现金系统在向 IC 卡方向发展，智能卡现金系统在向网络化方向发展。

（三）电子现金的应用过程

电子现金的发行机构根据客户的存款额（用现金缴存或转账缴存均可）向客户发放等值的电子现金，并保证电子现金的防伪性。客户可以持电子现金进行日常支付、网上购物以及网上个人间的其他支付等活动。以银行客户李明为例，电子现金的运作机制基本如图 5-10 所示。

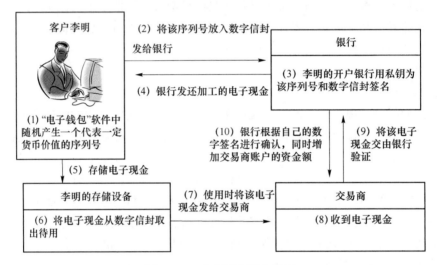

图 5-10 电子现金运作过程

第一步：银行的客户李明拨号进入因特网网上银行，先用一个口令（Password）和个人识别码（PIN，Personal Identification Number）来验明身份，在他的客户端"电子钱包"软件中随机产生一个代表一定货币价值的序列号（类似于造币时先要生产一个"坯饼"）。

第二步：李明将该序列号套上数字信封（这样就没有人可以搞清是谁提取或使用了这些电子现金，这种方式对于保护个人隐私作用很大），发送到他的开户银行，要求制作电子现金。

第三步：银行接收到李明的信息后，从他的账户中扣除所需价值的货币额，并且用银行的数字签证为他的序列号和数字信封进行加工（类似于造币时要印刷中央银行的发行标记作防伪标记等）。在这个过程中，银行不记录任何与李明的特定货币或李明的数字信封有关的信息，确保客户用电子现金交易时的匿名性。

第四步：银行将加工完毕的电子现金发给李明。

第五步：李明接收并将电子现金存储在硬盘或其他存储介质中。

第六步：将电子现金从数字信封中取出待用。

第七步：当李明使用该电子现金时，可将其发送给交易商。

第八步：交易商接收电子现金。

第九步：交易商将接收到的电子现金发往李明的开户银行请求授权、认证。

第十步：银行根据自己的数字签名进行确认，同时在交易商账户上增加本次交易金额。在这个过程中，交易商只能看到银行的签字，而无法看到消费者本人的签名。

(四) 电子现金系统

20 世纪 90 年代初是电子现金的繁荣时代，各种电子现金系统百花齐放。继电子现金的先驱 David Chum（戴维·昌姆）开发的 eCash 系统之后，Micropayments、Netcash、Clickshare、eCoin、PayPal 等电子现金系统也相继出现。不同类型的电子现金系统都有其自己的协议，用于消费者、销售商和发行者之间交换支付信息。每个协议由后端服务器软件——电子现金支付系统和客户端的"电子钱包"软件执行。电子钱包是在小额购物时常用的支付工具，它把有关方便网上购物的信用卡信息、钱包所有者的身份证明、地址、电子现金等信息集成在一个数据结构中，以备整体调用并辅助客户取出其中的电子货币进行网络支付。它既有可能是软件形式，如中银电子钱包；又有可能是硬件形式，如 IC 卡形式的电子钱包。

eCash 是由 Digicash 公司开发的、在线交易用的无条件匿名电子货币系统。它通过数字形式记录现金，集中控制和管理现金，是一种安全性较强的电子交易系统。

Micropayments 是由 IBM 公司研制开发的一个专门用于因特网处理任意小额支付的软件系统。Micropayments 适合用于在因特网上购买一本书、一首歌、一段文字、一个笑话等的微小支付。由于这种支付的特殊性，以至在传统的支付形式下较难实现，在因特网上通过微支付传输协议（Micro Payment Transport Protocol，MPTP），解决了每个商品交易的发送速度与低成本问题。

Netcash 是一种可记录的匿名电子现金支付系统。它利用设置分级货币服务器来验证和管理电子现金，以确保电子交易的安全性，并以其方便、灵活的特点用于因特网上的小额消费结算。

第三节 网络银行

一、网络银行概述

网络银行是依托信息技术、因特网的发展而兴起的一种新型银行服务手段。有学者认为它是电子银行的一种，也有学者认为它是在电子银行的基础上发展起来的，因此，在给网络银行下定义之前，首先要考察一下电子银行的概念。

在英文文献中，网络银行与电子银行这两个概念经常具有同样的含义。电子银行（Electronic Bank 或 e-Bank）并不是一个新概念，但是个人电脑的普及和因特网给了它快速发展的可能。国内有学者认为电子银行是由公司银行（Firm Bank，FB）和家庭银行（Home Bank，HB）构成的，前者是金融机构与各公司、政府或事业单位的计算机联机，后者是金融机构与各个家庭的计算机或终端联机。从这两个意义上说，电子银行与网络银行之间存在差别。

由于网络银行的发展速度如此之快，且其标准、发展模式还处于演变之中，使人们目前很难给网络银行一个规范的理论定义。一般而言，网络银行就是基于因特网或其他电子通信手段提供各种金融服务的银行机构或虚拟网站。它通常包括三个要素：一是需要具备因特网或其他电子通信网络，如计算机网络、传真机、电话机或其他电子通信手段；二是基于（无论是模拟形式的还是数据形式的）电子通信的金融服务提供者，如提供电子金融服务的银行或证券服务机构；三是基于电子通信的金融服务消费者，如以电子通信形式消费的各类终端或用户，或者基于虚拟网站的各种金融服务代理商等。

另外，从欧美现有的一些定义和实际运作模式来看，网络银行按其服务内容可分为广义和狭义两种。广义的网络银行是指在网络中拥有独立的网站，并为客户提供一定服务的银行，这种服务包括一般的信息和通信服务或者所有银行业务。广义的网络银行几乎涵盖了所有的在网上拥有网页的银行，尽管这种网页有可能仅仅是一种信息介绍，而不涉及具体的银行业务。

英美、亚太一些国家的金融当局普遍接受这种定义，如美联储对网络银行的定义是：网络银行是指利用因特网作为其产品、服务和信息的业务渠道，向其零售和公司客户提供服务的银行（FRS，2000）。美国货币监理署（OCC）对网络银行的定义是：网络银行是指一些系统，利用这些系统，银行客户通过个人电脑或其他的智能化装置进入银行账户，获得一般银行产品和服务信息。英国金融服务局对网络银行的定义是：网络银行是指通过网络设备和其他电子手段为客户提供产品和服务的银行。

狭义的网络银行是指在因特网上开展一类或几类银行实质性业务的银行，这些业务包括上述的简单的银行交易和所有银行业务，但不包括一般的信息和通信服务。

国际金融机构、欧洲央行倾向于采用这种定义。如根据巴塞尔银行监管委员会对网络银行的定义是：网络银行是指那些通过电子渠道，提供零售与小额产品和服务的银行。这些产品和服务包括存贷业务、账户管理、金融顾问、电子账务支付，以及其他一些诸如电子货币等电子支付的产品与服务。欧洲银行标准委员会对网络银行的定义是：网络银行是指那些利用网络为通过使用计算机、网络电视、机顶盒及其他一些个人数字设备连接上网的消费者和中小企业提供银行产品和服务的银行。

形成网络银行不同的定义并不仅仅是因为不同国家、机构和个人对网络银行问题的看法存在一定的差异，而且是与一国的网络银行的发展和监管策略密不可分的。

由于网络银行严格的法律定义还未出现，而网络银行的发展很快，需要加以适当的管理。在这种情况下，一般的做法是将网络银行划分为两类——分支型网络银行和纯网络银行，分别加以界定和管理。

分支型网络银行是指现有的传统银行设立的网络银行，这里的网络银行使用的是广义定义，它类似于该银行的其他物理分支机构或柜台，对其的监管一般沿用了与物理分支机构相类似的政策。

纯网络银行本身就是一家银行，是为专门提供在线银行服务而成立的。纯网络银行也可以称为"只有一个站点的银行"，这类银行一般只有一个办公地址，既无分支机构，也没有营业网点，几乎所有业务都通过网上进行。对它的界定一般使用狭义的网络银行定义，监管方式与传统银行有一定的差异，大部分国家和地区都制定了一些专门的监管措施。

网络银行的发展与网络经济和电子商务的发展紧密相连，在电子商务中，网络银行充当着资金的流动和管理的角色。

二、网络银行的产生和发展

(一) 网络银行的产生

自 1995 年 10 月世界上第一家网络银行——安全第一网络银行(SFNB)在美国诞生以来,网络银行业务在世界各国已获得了迅速发展,其产生与发展有多方面的原因,总结如下。

1. 计算机网络与通信技术的飞速发展

因特网的普及应用为网络银行的出现及其发展提供了技术基础和市场,也为网络高速接入发展、网络安全技术应用、网民数量快速增长提供了必要条件。

2. 电子商务的发展

电子商务是伴随着因特网的普及而产生的新型贸易方式,是当代信息技术和网络技术在商务领域广泛应用的结果。电子商务的最终目的是实现网上物流、信息流和货币流的三位一体,从而形成低成本、高效率的商品及服务交易活动。电子商务的发展既要求银行为之提供相互配套的网络支付系统,也要求网络银行提供与之相互适应的网上金融服务。网上交易一般都由两个环节组成:一是交易环节;二是支付环节。前者在客户与销售商之间完成,后者需要通过银行网络来完成。显然,没有银行网络的支持,没有安全、平稳、高效的网上支付系统,就不可能实现真正意义上的电子商务。

3. 金融行业竞争的需要

网络银行发展的最根本的原因,既来自对服务成本的考虑,也是金融行业竞争的需要。因特网为传统银行业通过网络开展业务提供了新型服务方式。网络银行本来就是银行开展电子商务的一种方式,它通过对商业银行管理经营成本的转移,提高了商业银行在同行业竞争中的地位。

(二) 网络银行的发展阶段

其实,从根本上说,网络银行也不完全是新生事物,其运行模式早在 20 世纪 50 年代就有类似雏形,只是那时并没有因特网,而是在专用网络上进行,也不叫网络银行,而是叫电子银行而已。网络银行的发展伴随着银行的电子化与信息化进程,可以分为三个发展阶段。

1. 计算机辅助银行管理阶段

这个阶段始于 20 世纪 50 年代至 20 世纪 80 年代中后期。20 世纪 50 年代末,计算机逐渐在美国和日本等国家的银行业务中得到应用,进行简单的计算机银行数据处理和事务处理,主要用于银行分支机构及各营业点的记账和结算。

20 世纪 60 年代末兴起的电子资金转账(Electronic Funds Transfer, EFT)技术及网络为网络银行的发展奠定了技术基础,以美国为例,联邦储备银行支付系统和环球银行金融电信协会(SWIFT)是美国的两大银行网络系统。

电话银行兴起于 20 世纪 70 年代末的北欧国家,到 80 年代中后期得到迅速发展。

2. 银行电子化或金融信息化阶段

随着计算机普及率的提高,商业银行逐渐将发展的重点从电话银行调整为个人电脑(PC)银行,即以个人电脑(PC)为基础的电子银行业务。20 世纪 80 年代中后期,在国内各银行之间的网络化金融服务系统基础上形成了不同国家银行之间的电子信息网络，进而形成了全球金融通信网络。在此基础上出现了各种新型的电子网络服务，如以自助方式为主的在线银行服务（PC 银行）、自动柜员机系统（ATM）、销售终端系统（POS）、家庭银行系统和企业电子银行系统等。随着银行电子化的发展，电子货币转账逐渐成为银行服务中的主要业务形式。电子货币以分布在金融机构和服务网点的终端机（如 POS 或 ATM）及计算机网络为物质条件，以提款卡、信用卡、IC 卡和电子支票等形式为媒介，使货币以电子数据的形式在银行网络间进行传递，从而形成电子货币流通系统。

3. 网络银行阶段

20 世纪 90 年代中期以来，伴随因特网在各行各业中的广泛应用，银行为满足电子商务发展和金融行业竞争的需要，纷纷借助因特网及其他网络开展各种金融业务，以达到拓展业务触角、降低运营成本、满足顾客个性化需要的目的。

网络银行的出现使银行服务完成了从传统银行到现代电子银行的一次重大变革。网络银行不需要固定场所，在任何一台上网电脑上都能进行金融业务。

网络银行的基本功能就是实现了电子商务交易活动中的网络支付，这使网上消费真正变为现实，如用于旅游、订票、购物、商务、办公等业务活动。

21 世纪银行业的目标是在任何时候（Anytime）、任何地方（Anywhere）、以任何方式（Anyhow）为客户提供服务。所以，网络银行也称 AAA 银行或 3A 银行。

总之，网络银行是网络时代的产物。目前，网络银行正处在迅速发展变化的进程中，其流行的发展模式和未来的总体变化方向仍然有待研究。

三、网络银行的类型

（一）按网络银行的组成架构分类

1. 广义网络银行

这类银行是在现有的商业银行的基础上发展起来的，是传统银行业务的网上实现，传统银行开设新的电子服务窗口，即所谓传统业务的外挂电子银行系统。

到目前为止，我国开办的网上银行业务都属于这一种类型。由于整个网上银行系统是依靠传统银行系统的基础，利用互联网开展银行的相关业务，所以也称为网络银行服务。传统银行开展网络银行一般可以采用以下两类模式：

一类模式是传统银行建立的一个网上分支机构，该机构并不独立，但却配备了最强的人力和财力资源，往往拥有特别的突破原有体制框架的授权去开展业务。

另一类模式是建立一个独立的机构经营网上业务，称作纯网络银行，这个机构可以有独立的品牌、独立的经营目标，甚至可以与传统银行自身展开竞争。

2. 纯网络银行

纯网络银行是完全依赖因特网发展起来的全新的电子银行，此类银行所有的交易和业务都要依赖因特网进行，比如世界第一家安全交易型网络银行——美国安全第一网络银行（SFNB），如图 5-11 所示。

这种网络银行是一种虚拟银行，它没有分支机构，借助于因特网就可将业务拓展到世界各地，极大地减少了银行的管理费用，只占通常情况下的 1/3。

图 5-11　美国安全第一网络银行示意图

纯网络银行的优势很明显：它可以树立自己的品牌，以极低廉的交易费用实时处理各种交易，提供一系列的投资、抵押和保险综合业务。由于客户服务成本很低，银行还可向客户提供更优惠的存贷款利率。

但与传统银行相比，纯网络银行也存在一些难以克服的缺点。例如，无法收付现金，加重了对第三方发展的依赖性；改变了以往银行保存交易记录的方式，需要法律和客户方面的不断确认；缺乏客户基础，需要培养新的银行客户的信任度和忠诚度；银行技术的前期投入非常大等。

（二）按网络银行的主要服务对象分类

1. 企业网络银行

主要适用于企事业单位。企事业单位可以通过企业网络银行实时了解财务运作情况，及时调度资金，轻松处理大批量的网络支付和工资发放业务，并可处理信用证相关业务。

2. 个人网络银行

主要适用于个人与家庭。个人可以通过个人网络银行实时查询、转账、网络支付和汇款功能。

四、网络银行的系统构成

（一）网络银行系统构成背景

网络银行是现代信息技术在银行管理及其金融服务中的扩展，是金融机构与服务形式创新的重要成果之一。网络银行通过互联网及其相关技术实现了银行与客户之间安全、方便的友好连接，为客户提供全方位的多种金融服务。网络银行不仅能向客户提供信息咨询和账务划转等基本的银行金融服务，还能向商户、客户提供网上购物实时结算等新型金融服务。与银行传统服务方式相比，网络银行具有方便客户操作、减少银行投入、改善服务质量、快速响应用户需求等一系列优势。21世纪是网络化、数字化的世纪，网络银行就是网络化和数字化在金融领域的表现形式之一，发展网络银行业务对我国金融业务的开拓创新起着十分重要的作用。

（二）网络银行系统建设的目标

建立具有集中财务结算处理的全面、完整的电子银行综合应用系统，为银行现代化、电子化和信息化的持续发展提供强有力的保证。

体系结构的适应性要强,保证银行要不断拓展新业务,使银行能长期处于电子商务和各种服务新领域的前沿,提高银行在数字经济下的竞争力。

在银行电子化的基础上,实现银行信息化,全面改善银行的经营环境。银行信息化包括实现业务运行管理智能化,全面监控和管理银行的各类绩效指标,对银行的运营进行科学分析,为银行的发展提供及时、准确、科学的决策支持。

随着电子银行建设的不断完善与发展,在时机和条件成熟时,将电子银行建设成为全面的金融服务中心。

(三)网上银行系统建设的原则

1. 系统的可扩展性

随着业务的发展,系统应具有调整和扩充系统功能的能力,同时保持应用和数据的一致性,适应不同应用环境和不同应用水平的需要。

2. 系统的可管理性

金融服务体系的建设要能对结构复杂、分布广泛、计算机应用水平各异的所有用户和所有系统进行统一、安全的管理,确保业务的正常运行和系统的安全稳定。

3. 系统的安全性

系统的安全性主要涉及加密和解密、安全和认证,防止非法侵入和病毒干扰。网上银行的系统安全主要包括:业务数据的安全管理,结算处理的安全控制,数据传输的加密解密和数据完整性控制,交易过程中的安全认证等。

4. 集成性原则

确保网络银行系统与现有电子银行业务信息系统实现有机的集成,以便为客户提供全天候、全方位和个性化的银行综合服务。集成性原则还应体现在业务服务、经营管理和客户服务三者的集成。

五、我国网络银行的发展与策略

(一)我国网络银行发展现状

1996年2月,中国银行在互联网上建立了主页,首先在互联网上发布信息。

1997年,招商银行率先推出网上银行"一网通",成为中国网上银行业务的市场导引者。

1998年3月,中国银行在国内开通了网上银行服务。1999年4月,建设银行启动了网上银行,并在我国的北京、广州、深圳、重庆、宁波和青岛等地进行试点,这标志着我国网上银行建设迈出了实质性的一步。

中国银行、建设银行、工商银行等陆续推出网上银行,开通了网上支付、网上自助转账和网上缴费等业务,初步实现了真正的在线金融服务。

1999年9月,针对企业的网上银行业务开通,这部分业务在2000年正式步入轨道。招商银行又悄悄开始了其"一卡通"炒股的个人银行业务,为电子银行的发展又添上了一笔。现在几乎所有银行都不同程度地开通了网上银行业务。

2010年，我国推出新一代的网银系统——"超级网银"。"超级网银"是2009年央行研发的标准化跨银行网上金融服务产品。通过构建"一点接入、多点对接"的系统架构，实现企业"一站式"网上跨银行财务管理。"超级网银"的央行第二代支付系统于2010年8月30日正式上线，开通了实时跨行转账以及跨行账户查询等功能。

2016年，标点财经研究院联合《投资时报》对5家国有银行、11家股份制银行、41家城商行、13家农商行、10家外资行共计80家商业银行各业务条线经营数据进行了统计，完成了一份《2016中国银行业全样本报告》，结果显示，在已披露的数据中，可以跟踪到的最多的项目为企业及个人网银用户数量，披露最少的项目则是年交易额数据。而能够完整跟踪到企业及个人网银注册用户数、交易量、交易金额以及同比增长几项数据的银行只有四家，分别为国有行中的建设银行和全国性股份制银行中的兴业银行，其他银行对网络银行业务仅选择性地作了部分披露。从数据中可以看到，各家银行的相关业务都呈增长态势，如表5-2所示。一方面，国有商业银行掌握国内大量核心企业用户资源，我国"一带一路"（"丝绸之路经济带"和"21世纪海上丝绸之路"）战略的展开对银行业而言更是一个转型的契机，将带动银行多种业务的快速拓展，包括项目融资、境外投资等，而成熟的网银交易系统也将为上述业务的开展提供更加方便快捷的交易、结算方式，在一定程度上会提高企业网银的交易规模，成为未来商业银行网银交易规模增长的主要动力。另一方面，尽管商业银行在个人网银业务上不断尝试增加新的服务，但第三方支付等互联网企业的不断侵蚀也使个人网银的业务增速有所减缓。

表5-2 2016年我国部分银行网上银行业务部分数据

银行	企业网银注册/万户	同比增幅/%	企业网银年交易额/万亿元	同比增幅/%	个人网银用户/万户	同比增幅/%	个人网银年交易额/万亿元	同比增幅/%
中国建设银行	402	21.56	177.62	43.26	20 900	16.84	44.97	13.57
中国农业银行	377.5	—	100.1	29.9	15 000	—	84.4	—
中国银行	285.05	9.68	129.32	13.02	12 200	8.86	19.79	12.99
招商银行	82.54	52.09	83.49	72.25	—	—	30.53	17.29
民生银行	58.10	20.5	—	—	1 500	24.0	12.99	18.63
交通银行	55	—	—	—	—	26.39	—	—
光大银行	32.9	—	—	—	2 100	—	—	—
兴业银行	21.77	8.7	69.33	40.02	900	12.20	10.76	44.85
华夏银行	18.89	17.4	—	—	400	23.52	—	—
中国工商银行	—	12.5	—	—	—	11.60	—	—
中信银行	—	—	—	—	1 800	29.66	11.48	28.06
浦发银行	—	—	—	—	1 700	—	10.6	—
平安银行	—	—	—	—	1 000	39.0	—	—

（二）我国网络银行发展中的问题

1. 网络银行的业务品种匮乏

网络银行的业务品种匮乏，没有发挥对银行业务的重组和再造功能，没有摆脱传统业务功能的限制。

目前，网上银行提供的产品，无论是账务查询、转账服务、代理交费、银证转账，还是为企业销售网络办理结算、为集团客户进行内部资金调拨，业务品种少。另外这些产品只是传统业务在网上银行的实现，也就是说网上银行只起到了一个传统银行业务服务渠道的作用；在产品上没有完全摆脱传统业务功能的限制，没有利用网络银行直接面对客户的特性推出新产品和新应用；在操作界面上没有体现个性化服务的特点，只是传统业务处理系统界面的简单模仿，没有体现因特网的根本属性——靠变化和新颖吸引客户。

2. 立法与规范问题

这些问题主要包括：由谁来发行电子货币，如何控制电子货币的发行量，如何确定设立网络银行的资格，怎样监管网络银行提供的虚拟金融服务，如何评价网络银行的服务质量，以及对利用网络银行进行金融犯罪的行为如何惩罚和制裁等。网络银行的发展要求有先进的信息技术与一系列法律法规与之配套。

3. 网上交易的安全问题

资金安全对于客户、商家和银行都是至关重要的，因此安全问题是网上银行的核心问题。网上交易的安全性主要涉及以下三个方面。

（1）客户端的安全性

如果客户端只是普通的浏览器用户，则存在着客户端被模仿的可能性。

（2）信息传输过程中的安全性

传统的支付方式，支付信息是在银行的内部网络上传输的，安全性比较高；网上支付时，支付信息是在因特网上公开传递的，因此存在着支付信息被篡改和窃取的可能性。

（3）银行网站和电子商务网站的安全性

尽管目前各家网站均采取了防火墙和网络检测等安全措施，但面对超级黑客，仍存在着防不胜防的问题。

4. 信息技术与银行业务融合问题

在网络银行服务中，虽然可以通过对通用信息技术的改造，形成一系列面对网络银行的专业应用技术，但是，网络银行管理中依然存在如何使信息技术特别是因特网与金融服务业务相互融合的问题。随着网络银行技术的进步，信息技术与金融服务品种之间更加趋于一致和协调，导致银行与客户进行面对面接触的时间越来越少，在这种情况下，银行如何加强与客户的联系、通过怎样的措施吸引客户，这些问题都属于网络银行服务中技术与服务如何融合的问题。

（三）我国网络银行发展的策略

1. 拓展银行业务，科学选择发展模式

网络银行具有巨大的发展潜力，将是未来银行发展的主要趋势之一，但成功的前提是银行必须根据自身的条件科学选择发展模式，从而为银行盈利能力和市场价值的稳步提升创造条件。

对于国内主流大型商业银行而言，可以将网络银行作为一个独立的事业部或者是银行控股的子公司，成为其发展新客户和稳定老客户的手段。实践中，这些虚拟机构几乎总是比大银行中其他部门发展得更快。

大银行在开发网络银行业务时有两种发展战略：一是收购现有的纯网络银行；二是组建自己的网络银行分支机构。相对于上述大型银行而言，目前众多的城市商业银行和其他小型社区性银行的优势在于与本地区相关行业的联系密切，同客户更加贴近。为了保持这种优势，上述银行通常应采用防御性跟进战略，将网络银行服务看作吸引客户的工具。由于规模和资源的限制，中小型银行进入网络银行领域时采取跟进战略是无可厚非的。但是，如果仅仅依靠跟进战略，中小型银行将很难在与大银行的竞争中维持生存空间，如何在网络银行的业务中保持竞争优势，对于它们来说非常重要。因为网络银行进入壁垒低，业务差异化小，所以金融服务的特色就显得尤为重要。特色化战略将是它们发展战略中关键的组成部分。

2. 建立健全网络支付中的法律制度

网络支付是 IT 技术与现代金融相结合的产物，信息技术是其产生的物质基础，金融的发展是其产生的经济基础。因此网络支付具有极大的复合型的特点，其立法和监管都应该综合考虑传统法律，信息技术和金融法律的统一与协调。在网络支付中第三方支付会引发资金沉淀、利息归属以及虚拟货币发行的合法性和对现实货币的冲击等问题，应具体结合目前已有的法律体制进行规制。目前，各国的网络支付立法状况不容乐观，存在法律依据滞后、信用体系不完善、技术标准不统一、支付安全风险以及认证机构的重复化等问题，都对整个网络支付的发展起到了阻碍作用。随着电子商务的应用与发展，网络支付的相关法律制度将日益丰富。

3. 采取安全防范措施以提高网络银行交易的安全性

为了保证银行方网络银行的安全和用户的合法利益，应该采取严密的安全保护措施。一般用于保护网银账户安全的措施主要有：静态密码＋验证码、文件数字证书、电子银行口令卡、手机动态密码、移动数字证书等。从技术上讲，数字证书是目前最好的安全工具，因为它采用了先进的密码技术，实现网上身份认证、信息加密、数字签名等功能，能够确保网上信息传递双方身份的真实性，信息的完整性、私密性以及网上交易的不可否认性等功能，是被国内外普遍采用的，最根本、最有效的网上信息安全保障机制。2005 年开始实施的《中华人民共和国电子签名法》《电子认证服务管理办法》等相关法律法规明确了电子签名的合法性，规定了类似网上银行这种向社会公众提供的服务中必须由依法设立的第三方电子认证服务机构发放数字证书，提供安全认证服务。解决网银安全问题的最佳措施就是运用第三方的数字证书机制保证交易的安全，在这种机制下，银行与上网用户通过数字证书确认相互身份，交易信息则在证书机制实现的加密通道内传输，电子签名保障交易的真实。中国金融认证中心（China Financial Certification Authority，简称 CFCA），是经人民银行和国家信息安全管理机构审批成立的能够全面支持电子商务安全支付业务的专业信任服务机构，作为数字证书的签发机构，CFCA 承担第三方安全责任，对因数字证书出现问题造成的损失负责并进行相应的赔偿。因此，从技术和法律的角度来看，由合法的第三方电子认证服务机构颁发的数字证书是网上信息安全的根本保障。

4. 加强信息技术建设

网络支付是通过开放的网络来实现的，支付信息很容易受到来自各种途径的攻击和破坏，信息的泄露和受损直接威胁到企业和用户的切身利益，因此信息技术的强度是树立和维护客户对电子交易信心的关键。银行在物理上保证电子支付业务处理系统的设计和运行能够避免电子支付交易数据在传送、处理、存储、使用和修改过程中被泄露和篡改。银行应采取有效的内部控制措施为交易数据保密。

第四节　第三方支付的概况介绍

一、第三方支付简介

（一）第三方支付的概念

第三方支付就是一些和产品所在国家以及国外各大银行签约、并具备一定实力和信誉保障的第三方独立机构提供的交易支持平台。在通过第三方支付平台的交易中，买方选购商品后，使用第三方平台提供的账户进行货款支付，由第三方通知卖家货款到达、进行发货；买方检验物品后就可以通知付款给卖家，第三方再将款项转至卖家账户。中国人民银行制定的《非金融机构支付服务管理办法》（以下简称《管理办法》）于 2010 年 9 月 1 日起施行。《管理办法》中规定非金融机构提供支付服务，应当依据本办法规定取得《支付业务许可证》（业内通称"支付牌照"），成为支付机构。2011 年，央行发放首批支付牌照，第三方支付自此获得合法地位。

（二）第三方支付的特点

1. 统一应用接口

第三方支付平台提供一系列的应用接口程序，将多种银行卡支付方式整合到一个界面上，负责交易结算中与银行的对接，使网上购物更加快捷、便利。消费者和商家不需要在不同的银行开设不同的账户，可以帮助消费者降低网上购物的成本，帮助商家降低运营成本；同时，还可以帮助银行节省网关开发费用，并为银行带来一定的潜在利润。

2. 操作简单，易于接受

较之 SSL、SET 等支付协议，利用第三方支付平台进行支付操作更加简单而易于接受。SSL 是现在应用比较广泛的安全协议，在 SSL 中只需要验证商家的身份。SET 协议是目前发展的基于信用卡支付系统的比较成熟的技术。但在 SET 中，各方的身份都需要通过 CA 进行认证，程序复杂，手续繁多，速度慢且实现成本高。有了第三方支付平台，商家和客户之间的交涉由第三方来完成，使网上交易变得更加简单。

3. 突破网上交易的信用问题

第三方支付平台本身依附于大型的门户网站，且以与其合作的银行的信用作为信用依托，因此第三方支付平台能够较好地突破网上交易中的信用问题，有利于推动电子商务的快速发展。

（三）第三方支付的流程

在第三方支付交易流程中，支付模式使商家看不到客户的信用卡信息，同时又避免了信用卡信息在网络上多次公开传输而导致信用卡信息被窃。第三方支付的交易流程如图 5-12 所示。

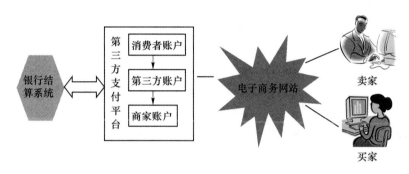

图 5-12 第三方支付的交易流程

第一步：客户在电子商务网站上选购商品，决定购买，买卖双方在网上达成交易意向。
第二步：客户选择利用第三方作为交易中介，客户用信用卡将货款划到第三方账户。
第三步：第三方支付平台将客户付款的消息通知商家，并要求商家在规定时间内发货。
第四步：商家收到通知后按照订单发货。
第五步：客户收到货物并验证后通知第三方。
第六步：第三方将其账户上的货款划入商家账户中，交易完成。

（四）第三方支付交易市场的发展阶段

1. 第一阶段：萌芽期

1997 年，招商银行率先推出一网通业务，成为我国第一家开通网络业务的商业银行。以此为起点，中国建设银行、中信银行等相继推出网络银行业务。

2000 年以前，由于系统安全建设和硬件设施等技术原因，银行网上业务都比较单一，仅提供账户查询等简单信息类服务，网络银行更多地被作为银行的一个宣传窗口。随后，信息技术不断发展，网络迅速普及，为了缩减人力成本，各大商业银行纷纷将传统的柜面业务迁移到网上银行，增加了转账支付、缴费、网上支付、金融产品购买等网络交易功能。

这一阶段的网络银行服务还是各大商业银行各自为政的局面，互联网在其中仅扮演提供便捷业务通道的角色。由于各大银行业务系统的兼容性、数据共享性程度不高，跨行业务存在一定困难。因此，这也使第三方支付在这一时期内缺乏发展的土壤。

2. 第二阶段：培育期

2002年，经国务院许可，中国人民银行正式批准建立中国银行卡联合组织，同年3月，中国银联有限公司在上海正式诞生。这标志着我国网络支付进入培育期。当时，国内已有41家商业银行开通网站，其中31家是中资银行；有31家银行正式开展网络交易性业务，其中21家是中资银行。具有在线支付功能的网络银行数量已达到一定规模，这为中国银联的发起成立准备了基础条件。

2003年8月，中国银联正式推出了具有自主知识产权，符合统一业务规范和技术标准的高品质、国际化的自主品牌银行卡——银联卡，实现银行卡跨行通用及业务联合发展。作为中国银行卡联合组织，中国银联处于核心和枢纽地位，各银行通过银联跨行交易清算系统，实现了系统的互联互通。从这个层面而言，中国银联的成立提供了各银行间业务网络的技术解决方案，提供了统一接口的银行卡支付通道，但其本身并不承担金融机构的相关功能，银联已经具有一定的第三方支付色彩。

在培育阶段，以网络银行为代表的网络支付形态迅速发展。艾瑞咨询2007年市场调查结果显示，2005年中国个人网银用户规模为3 460万户，较2004年增长103.5%；2006年我国个人网银的用户规模增长到7 000万户，2007年增长率达到102%。这一时期，大型国有商业银行与股份制商业银行、外资银行之间展开了发展网络银行的激烈竞争，各家银行的网络银行业务以及客户拓展都呈现出快速增长态势。

3. 第三阶段：启动期

2005年以后，互联网支付进入市场启动期。网银支付业态已经成熟，用户规模稳步扩大，银联业务已基本实现大中型银行的全面覆盖。支付宝于2004年注册成立公司，以淘宝网为代表的电子商务发展迅速，第三方支付正处于蓄势待发阶段。手机钱包、短信支付等支付方式随着互联网游戏的火热、电信增值服务的成熟而变得常见。

在这一阶段，主流支付机构的优势地位和品牌印象开始凸显，商业模式逐渐成熟。如拉卡拉通过在便利店、社区商超安装刷卡终端，提供水电煤气等生活缴费服务，积极拓展线下市场；支付宝、财付通等企业拥有丰富的商业资源、垂直用户渠道和灵活的商务模式，通过开放平台、快捷支付等战略积极进行业务拓展，已具备一定的领先优势。第三方支付得到长足发展，伴随着监管制度的出台以及垂直市场、新兴市场的快速发展，行业经历了洗牌与整合，在行业内出现了一定程度上的有序竞争、错位发展的初期态势。

4. 第四阶段：快速成长期

自从2010年开始，互联网支付进入快速发展期。这一时期的主要表现为市场用户已经普遍认可支付企业的支付特色，有一定的用户黏度，市场准入门槛提高，相关份额增长比较稳定，大型支付机构更能够实现规模效应。同时，科技以及产品驱动的影响正在减弱，用户因素已成为本阶段影响与促进支付机构未来发展的关键因素，同质化的支付服务很难在市场竞争中立足，在市场细分的情况下，围绕用户需求进行业务创新和拓展成为生存之本，提升支付的便捷性、友好性、安全性成为网络支付成败的关键因素。在这一阶段，移动支付得到了迅速的发展。

自2010年以后，智能手机开始迅速普及，为移动支付准备了必要的硬件条件。围绕支付业务所开发的手机应用软件品类丰富，原有的互联网支付巨头如支付宝、腾讯等也纷纷抢占这一新兴支付市场。同时，相关政策法规日趋完善，网络支付的管理日趋规范化，支付牌照发放制度有效抑制了行业的无序竞争。

二、第三方支付的分类方式

第三方支付的分类方式主要有三种：一是央行的分类；二是根据支付机构主体进行分类；三是根据业务属性进行分类。

（一）《非金融机构支付服务管理办法》中的分类

根据中国人民银行发布的《非金融机构支付服务管理办法》（以下简称《办法》），非金融机构支付服务是指非金融机构在收付款人之间作为中介机构提供下列部分或全部货币资金转移服务。

1. 网络支付

即依托公共网络或专用网络在收付款人之间转移货币资金的行为，包括货币汇兑、互联网支付、移动电话支付、固定电话支付、数字电视支付等。

2. 预付卡的发行与受理

指以营利为目的发行的、在发行机构之外购买商品或服务的预付价值，包括采取磁条、芯片等技术以卡片、密码等形式发行的预付卡。

3. 银行卡收单

指通过销售点（POS）终端等为银行卡特约商户代收货币资金的行为。

（二）根据第三方支付机构主体分类

根据支付机构的主体是否独立，可分为独立的第三方支付机构和非独立的第三方支付机构。独立的第三方支付机构本身没有电子商务交易平台，也不参与商品销售环节，不负有担保功能，仅仅为用户提供支付服务和支付系统解决方案；非独立的第三方支付机构依托于某些大型购物网站，为其提供购物后的支付与结算以及转账的支付服务。

根据注册资本分类，有国有控股第三方支付机构、国有参股第三方支付机构、民营第三方支付机构、外商独资第三方支付机构、中外合资第三方支付机构。

根据业务范围，可分为单一业务支付机构和综合业务支付机构。

（三）按第三方支付业务属性分类

1. 根据支付指令发起方式（支付终端）分类

主要包括：POS 支付、PC 支付、移动电话支付、固定电话支付、机顶盒支付、ATM 机支付。

2. 根据支付距离分类

（1）近场支付

消费者在购买商品或服务时即时向商家支付，支付的处理在现场进行，使用 NFC、红外、蓝牙等通道，实现与自动售货机以及 POS 机的本地通信。

（2）远程支付

通过发送支付指令（如网银、电话银行、手机支付等）或借助支付工具（如通过邮寄、汇款）进行支付。

3. 根据交易主体分类

（1）B2B 支付

指第三方支付机构为企业与企业间资金转移活动提供服务。

（2）B2C 支付

指第三方支付机构为企业和个人间资金转移活动提供服务。

（3）C2C 支付

指第三方支付机构为个人与个人间资金转移活动提供服务。

4. 按付款人实际转移货币资金的时间与交易完成时间的先后关系分类

（1）预付支付

付款方在交易尚未完成前，需提前支付款项并由第三方支付机构给到收款方。

（2）即时支付

指付款方在交易完成时已同步完成款项支付，并由第三方支付机构付给收款方。

（3）信用支付

在交易过程中，由第三方支付机构独立或者会同商业银行为付款方提供垫资服务的支付行为。

5. 根据交易背景分类

（1）有交易背景的支付

即第三方支付机构服务的收付款人之间存在交易背景，如 B2C 支付、POS 机收单等。

（2）无交易背景的支付

即第三方支付机构服务的收付款人之间没有交易背景，如货币汇兑等。

三、第三方支付现状

（一）第三方支付产品介绍

目前，我国国内的第三方支付产品主要有 PayPal（易趣公司产品）、支付宝（阿里巴巴旗下）、财付通（腾讯公司、腾讯拍拍）、盛付通（盛大旗下）、易宝支付（Yeepay）、快钱（99bill）、百付宝（百度 C2C）、物流宝（网达网旗下）、网易宝（网易旗下）、网银在线（china bank）、环迅支付、汇付天下、汇聚支付（join pay）等。按照企业类型主要可以分为以下两类：

一类是以支付宝、财付通、盛付通为首的互联网型支付企业，它们以在线支付为主，捆绑大型电子商务网站，迅速做大、做强。

一类是以银联电子支付、快钱、汇付天下为首的金融型支付企业，侧重行业需求和开拓行业应用。

（二）第三方支付交易规模

根据央行统计数据显示，2016 年我国第三方支付累计交易 81 639.02 亿笔，金额 99.27 万亿元，同比增长 99.53% 和 100.65%。结合我国 2016 全年 GDP 初步核算数据（约为 74.4 万亿元），2016 年我国第三方支付的支付总额已经超过全国 GDP。从 2016 年的整体趋势可以看出，移动消费呈稳定上升的状态，这说明移动消费逐渐向着移动支付规模扩大的方向发展，如图5-13所示。

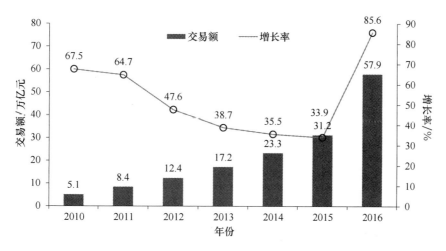

图5-13 2010—2016年中国第三方支付市场规模递增

（三）第三方网上支付企业发展状况

目前，央行发放了267张支付牌照，形成了三个梯队。按照市场份额算，支付宝以52.3%居首，财付通以33.7%位列第二，两家支付巨头共占86%份额，组成第一梯队。8家知名支付企业：拉卡拉、易宝支付、联动优势、连连支付、平安付、百度钱包、京东支付和快钱瓜分剩下12.6%，组成第二梯队。其他的257张支付牌照的市场交易额仅占1.4%，大多有牌照支付企业都处于无业务状态，如图5-14所示。

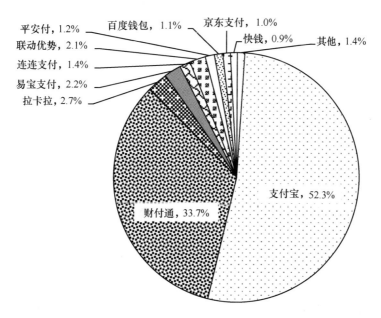

图5-14 2016年中国第三方支付市场份额

四、第三方支付的优缺点

(一) 优点

1. 比较安全

信用卡信息或账户信息仅需要告知支付中介,而无须告诉每一个收款人,大大减少了信用卡信息和账户信息失密的风险。

2. 支付成本较低

支付中介集中了大量的电子小额交易,形成规模效应,因而支付成本较低。

3. 使用方便

支付者所面对的是友好的界面,不必考虑背后复杂的技术操作过程。

(二) 缺点

1. 无法独立完成

第三方支付是一种虚拟支付层的支付模式,需要其他的"实际支付方式"完成实际支付层的操作。

2. 信息保密程度受第三方限制

付款人的银行卡信息将暴露给第三方支付平台,如果这个第三方支付平台的信用度或者保密手段欠佳,将带给付款人相关风险。

3. 缺乏相关法律保障

第三方结算支付中介的法律地位缺乏规定,一旦该中介破产,消费者所购买的"电子货币"就可能成了破产债权,资金安全无法得到保障。

4. 资金沉淀风险

由于有大量资金寄存在支付平台账户内,而第三方平台并非金融机构,所以客户有资金寄存的风险。

五、部分第三方支付跨境支付业务介绍

(一) 银联

1. 银联跨境支付业务发展沿革(图 5-15)

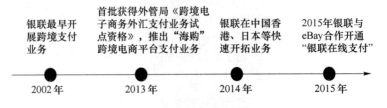

图 5-15 银联跨境支付业务发展沿革

2. 情况简介

中国银联是中国银行卡联合组织,2002 年 3 月 26 日成立,通过银联跨行交易清算系统,实现商业银行系统间的互通和资源共享,保证银行卡跨行、跨地区和跨境的使用。银联

在境外40个国家和地区已累计发行近500万张银联卡,涵盖零售、在线旅游预订、学费缴纳、航空预订等众多行业,如表5-3所示。

表5-3 中国银联跨境支付业务概况

准入行业	货物贸易、留学支付、航空机票、酒店住宿
业务介绍	通过银联互联网认证支付系统(CUP Secure),联合境外主流银行卡收单服务机构,推出互联网跨境购物支付业务
	特点是使用银联卡进行跨境网上支付,将直接扣除相应的人民币金额,持卡人无须支付任何货币转换费
业务覆盖	150多个国家和地区,超过百万家网上商户

3. 跨境电商解决方案

为境外商户提供面向境内持卡人的跨境B2C支付解决方案;为境内外电商提供人民币或外币的跨境收款结算的海关电子支付通关解决方案;持卡人通过实体店里的手持终端或手机App直接下单完成购物的跨境O2O解决方案。

4. 跨境支付的业务优势

开展业务较早,用户基数庞大;签约国家最多,线下应用场景更为丰富;海外提现方便。

(二)支付宝跨境支付业务分析

1. 发展沿革(图5-16)

图5-16 支付宝发展沿革

2. 情况简介

支付宝已经跟国内外180多家银行以及VISA和MasterCard国际组织等机构建立了深入的战略合作关系。2007年8月,支付宝作为第三方在线支付平台首家实现了跨境在线支付业务,此后又获得跨境人民币支付试点业务。支付宝于2014年开始布局海外线下场景,用户可以在海外众多实体店使用支付宝支付,如表5-4所示。

表5-4 支付宝跨境支付业务概况

准入行业	国际贸易、留学支付、航空机票、酒店住宿
业务介绍	出口业务依托淘宝与速卖通量大平台,力求覆盖更多境外本地化支付方式
	进口业务主要是境外收单服务,满足中国用户实现购买海外商品时的支付需求
	开展出口退税、国际航空支付等业务
业务覆盖	100多个国家和地区,14种外币,5万家海外商户

3. 支付宝线上线下布局全球业务（图 5-17）

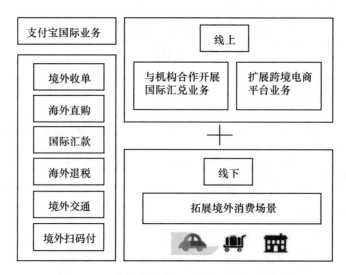

图 5-17 支付宝线上线下国际支付业务范围

4. 跨境支付的业务优势

（1）业务品种丰富

支付宝较早探索跨境支付业务，已推出种类丰富且优惠实用的跨境支付业务。

（2）自有跨境电商平台

支付宝支持阿里巴巴、全球购等跨境电商平台，跨境支付业务综合能力强。

（3）线下覆盖商户多

支付宝跨境电商业务已覆盖一百多个国家、五万家海外商户，主要分布在新加坡、日本、韩国等亚洲地区。

（三）财付通跨境支付业务分析

1. 发展沿革（图 5-18）

图 5-18 财付通发展沿革

2. 情况简介

财付通是腾讯集团旗下中国领先的第三方支付平台，致力于为互联网用户和企业提供安全、便捷、专业的在线支付服务。经过多年的发展，财付通服务的个人用户已经超过 2 亿，服务的企业客户也超过了 40 万，覆盖的行业包括游戏、航旅、电商、保险、电信、基金、物流等，如表 5-5 所示。

表 5-5 财付通跨境支付业务概况表

准入行业	国际贸易、航空机票、酒店住宿
业务介绍	通过和美国运通合作,用户开通运通国际账号,用户可以使用财付通购物实现跨境支付
	用户需要先为财付通充值再使用,美国运通合作的很多网站梅西百货、亚马逊等就可以实现海淘
合作商户	20 多个国家和地区,莎莎网、UGG、Benefit、Vitacost 等

3. 财付通借手机用户优势发力出国游市场

财付通目前重点通过借助手机用户优势,在出国游市场不断拓展线下购物场景,为出国游用户提供跨境支付业务,构建基于微信支付生态圈的跨境支付业务,如图 5-19 所示。

图 5-19 微信海外支付业务

4. 微信跨境支付的优势

境外商户开放,跨境业务更加便捷;微信终端用户近 6 亿;中国人保全面承保支付安全。

六、第三方支付未来的趋势

2010 年,《非金融机构支付服务管理办法》出台,第三方支付机构正式被纳入监管范围。2011 年 5 月 26 日,央行公布了首批获得《支付业务许可证》的企业名单,有支付宝、财付通、快钱、银联等共 27 家企业。2015 年开始,管理层监管力度逐渐加强,非银支付机构网络支付业务管理办法、完善银行卡刷卡手续费定价机制、二维码支付业务规范征求意见稿等政策相继出台。2016 年,中国人民银行出台了《非银行支付机构网络支付业务管理办法》。众多政策的落地大大降低了之前第三方支付行业发展所面临的不确定因素的影响,第三方支付行业的发展环境将大大改善。而监管的更加细化和完善也将促进支付行业实现健康、稳定和快速的发展。表 5-6 是管理机构对第三方支付出台政策时间表。

表 5-6 管理机构对第三方支付历年出台政策一览表

年度	出台政策	年度	出台政策
2010 年	非金融机构支付管理办法	2016 年 3 月	完善银行卡手续费定价机制的通知
2012 年	预付卡业务管理办法	2016 年 4 月	非银行支付机构分类评级管理办法
2013 年	客户备付金存管办法	2016 年 8 月	二维码支付业务规范征求意见稿
2013 年	银行卡收单业务管理办法	2016 年 8 月	银行卡受理终端业务准入规则
2015 年	网络支付业务管理办法		

（一）监管收紧背景下市场回归良性发展

从第三方支付行业整体发展来看，2016 年行业监管政策频繁落地，监管层对第三方支付的发展空间和业务模式有了清晰的规划，第三方支付被定位为小额、快捷、便民服务、小微支付中介。第三方支付市场变得更加规范。但与此同时，第三方支付企业的业务范围和收益都变得可以预见，市场可见的变量正逐渐减少；技术实力强和市场占有率更高的企业将拥有更多话语权；业务范围单一、市场占有率低的公司利用现有渠道进行差异化服务成必然趋势，如图 5-20 所示。

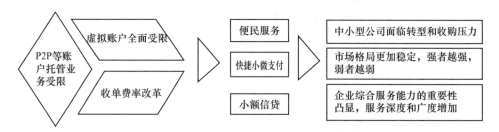

图 5-20 我国第三方互联网支付整体发展趋势

（二）市场面临优胜劣汰，支付行业加速洗牌

牌照增发受限将导致行业并购增多。央行支付管理办法的落实对支付服务运营企业资格进行了明确要求，在全国数百个规模参差不齐的第三方支付服务企业中，将有一大批不符合相关资质的企业被迫退出市场，支付行业将面临优胜劣汰。牌照的发放促使具备一定实力的潜在竞争者进入第三方支付市场（其中包括外资背景的相关企业），支付行业将面临新的市场竞争格局，支付行业加速洗牌。在监管力度上，央行虽然为避免对市场有较大冲击，表现出了一定的宽容度，但会更加谨慎。监管思路从以前的简单吊销牌照转向对申请企业相关业务的范围进行逐项审核放行，同时，进一步控制牌照的增加使得第三方支付公司牌照价值得到巨大提升，开展业务较少、历史"清白"的第三方支付公司更受资本市场青睐。根据市场行情预计，第三方支付公司价格增至 4 亿~6 亿元，未来行业并购事件将进一步增加。

（三）更多新型商业模式将浮出水面

2011 年支付牌照发放之后，结合开放平台、手机支付、线下网点和预付费卡等支付手段和应用场景，第三方支付企业将与行业企业（包括金融服务企业和开发者）探索更多的新型商业模式，各种与应用场景和应用行业紧密结合的第三方支付服务和产品将不断涌现。

支付企业通过对用户和商户的覆盖，积累起海量交易数据。未来第三方支付企业对其所拥有数据的挖掘和应用变得更加重要，由此衍生出的如互联网营销、征信等增值服务将成盈利突破口，如图 5 – 21 所示。

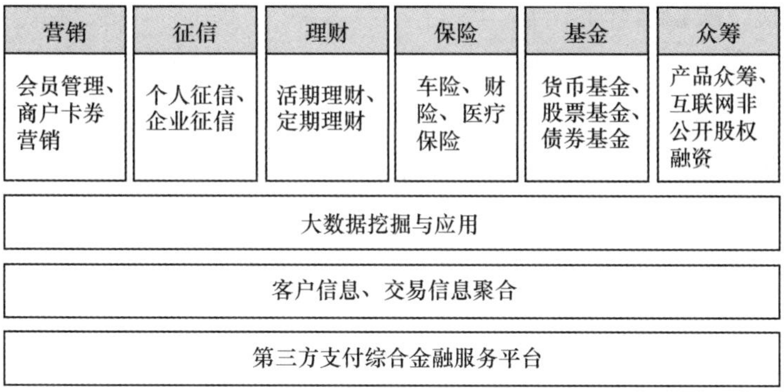

营销	征信	理财	保险	基金	众筹
会员管理、商户卡券营销	个人征信、企业征信	活期理财、定期理财	车险、财险、医疗保险	货币基金、股票基金、债券基金	产品众筹、互联网非公开股权融资
大数据挖掘与应用					
客户信息、交易信息聚合					
第三方支付综合金融服务平台					

图 5 – 21　我国第三方互联网支付企业盈利突破口架构

未来基于支付数据的增值服务将完整地融入各类交易分成中去，并最终重塑整个行业。具体增值服务包括大数据监测、精准营销、流水贷、消费金融、用户忠诚度、征信等增值服务等。而且，支付数据由多方共同经手（例如，收单业务中，收单方、银联、发卡方、商户均可获得收单数据），因此就数据体量和真实性而言，相关服务方具备向互联网金融（P2P、数据征信）和精准营销等增值服务延伸的广阔空间。

（四）手机支付发展实现新跨越

移动电子商务和手机支付是互联网未来发展的重要趋势。在中国，随着智能终端的普及、4G 用户规模的提升和三网融合的推进，手机支付将与包括移动电子商务在内的更多应用场景进行结合，手机的远程和近程支付将更加贴合用户的实际需求，手机支付发展也将实现新的跨越。

综上所述，在政策监管层面日趋明朗的条件下，第三方支付行业将以线上线下、PC 端和手机端等多种应用形式，向更多应用服务领域渗透，整个行业将呈现多元化发展的格局。在这一发展格局之下，传统的金融运营和服务模式将受到新型服务模式的冲击，第三方支付服务将在局部领域对传统金融服务体系进行补充、取代甚至是超越。艾瑞咨询分析认为，多元化发展的格局将有效促进支付产业的不断升级，未来中国的第三方支付行业将迎来新一波的快速增长。

第五节　网络金融与发展趋势

一、网络金融现状

（一）网络金融概述

网络金融也称"电子金融"，从狭义上讲是在国际互联网上开展的金融业务，包括网络银行、网络证券、网络保险、网络信托等金融服务及相关内容。从广义上讲，它是以网络技术为支撑在全球范围内的所有金融活动的总称。它不仅包括狭义的内容，还包括网络金融安全、网络金融监管等方面，它不同于传统的以物理形态存在的金融活动，它是存在于电子空间中的金融活动，具有形态虚拟化、运行方式网络化的特征，它是信息技术特别是互联网技术飞速发展与现代金融相结合的产物。

网络经济的个性特点决定了网络金融这种基于网络经济而不断发展的新兴产业也在不断依靠因特网的迅速发展而不断发展。由马太效应可以看出，在国内金融业市场放开的同时，小型的区域的金融业有可能不能够及时进行产业改革、顺应市场趋势而逐渐淘汰，而那些资金、设备、人力比较充足的国有大中型金融业则能在保证原有业务的同时产生新的业务增长点，即电子商务事业部，并且从大环境来看，金融电子商务事业部将构成网络金融的主体。

（二）网络金融对当代社会发展的意义

1. 网络金融服务更全面、直接、广泛，提高了工作效率

随着网络金融的发展，客户对原有的传统金融分支机构的依赖性越来越小，取而代之的则是网络交易。网络交易无须面对面进行交易，这样在客户服务方面，金融机构所需的不再是原有的柜台人员，而是一套套功能完善、使用方便快速的软硬件设施，如 Web 站点、POS 机、ATM 机、网上银行以及客户终端等。这样，不仅可以从客户的角度出发，满足他们随时随地的需求，标准化和规范化所提供的服务，提高银行的服务质量，还提高了客户的金融交易需求。

2. 网络金融极大地降低了交易成本

网络金融机构无须构建庞大的办公场所、雇用众多的营业员工、在各地开设分支机构，这些都大大降低了投资成本、营业费用和管理费用。根据美国的金融业务运行数据显示，网络银行的开办费只有传统银行的 1/20、业务成本的 1/10。联系到我国的实际情况，金融业务的开展受到的限制相对于国外较多，能够进行网络金融业务的也只是原有的大中型银行，但这样也能更加方便地开展新网络金融业务，整合原有的优势，如资金优势、人力优势、技术优势、客户资源优势，发展潜力不容小觑。

3. 网络金融服务打破了传统金融业的地域限制

在全球化的背景下，高科技软件的应用可以突破语言的限制，这就为网络银行拓展跨国业务提供了条件，使其服务能够接触的客户群更大，打破传统金融业的分支机构的地域限制，在更大范围内实现规模经济。信息技术的充分投资，就能够以相当低的成本大批量地迅速处理金融业务，从而降低运营的成本，实现更大范围的规模经济。

4. 网络金融将使不同金融机构之间、金融机构和非金融机构之间的界限趋于模糊，金融中介化加剧

网络经济的发展使金融机构能够快速地处理和传递大规模的信息，原来体制下严格的专业分工将经受强烈的冲击，各种金融机构提供的服务日趋类似，同时，非金融机构同样也有实力提供高效、便捷的金融服务。

（三） 我国网络金融的发展现状及发展目标

我国自从20世纪70年代开始进行金融电子化的进程，就为网络金融的开展打下了良好的基础。通过近三十年的发展，已经初步形成了网络金融所需要的基本技术及运营框架。

1. 建成了初具规模的金融数据通信网的基本框架

金融数据通信网如同网络金融的骨架。网络金融的最大特点就是EDI（电子数据交换）技术的广泛应用。从1989年中国人民银行筹建金融卫星通信网、1991年投入运行至今，已形成了覆盖全国所有地市和大部分经济发达县，成为我国最大的卫星数据通信网。从1996年开始，由金融机构和中国电信共同组建中元金融数据通信网络有限责任公司，负责建设中国金融数据地面通信骨干网。这两个骨干网的建成为中国网络金融的发展建设打下了坚实的基础。

2. 传统业务处理的电子化改造

我国的金融机构基于金融骨干网，开发了一系列的应用软件和应用系统，已初步实现了金融传统业务处理电子化。在金融卫星通信网上运行的主要系统包括全国电子联行系统、金融信息系统、金税信息系统和中国证券交易系统等。这些金融通信网和应用系统的开发和应用不断扩大和加强了各金融机构之间的电子支付系统和金融数据传输，实现了城市范围乃至全国范围的金融业务处理，方便了客户，提高了金融机构的工作效率和服务质量，减轻了劳动强度，增加了金融交易的安全可靠性，使我国传统的金融业务处理方式发生了根本性的变化，取得了显著的社会经济效益。

3. 新型金融服务项目的开展

从1993年提出的三金计划，即"金桥"工程（国家公用经济信息通信网工程）、"金卡"工程（电子货币工程）和"金关"工程（国家对外经济贸易信息网工程）。随后又提出"金税"工程（增值税专用发票计算机稽核系统工程）到后来推出的一些其他的"金"字工程，包括现在大家已经熟知的网络银行、网络支付、网络证券、网络保险业务等新型金融服务项目，通过遍布全国各地的金融信息传输系统，如ATM系统、EFT/POS系统、家庭银行系统、企业银行系统、自动清算系统和各种汇款系统、网络证券交易系统、网络保险交易系统，极大地方便了客户的使用。

在进入21世纪后，全球经济一体化和金融一体化的进程加快，伴随着中国加入WTO后国内金融市场逐步放开，一个充满机遇和挑战的时代正在来临。在已经过去的"十五"期间，我国的网络金融已经有了突破性的发展，电子商务、网络银行、网络证券交易、网络保险等网络金融业务发展迅猛。如电子商务业务连续保持40%以上的高速发展。网络证券交易在国内依托上海、深圳两个证券交易所辐射全国。进入"十一五"后，网络金融新的发展目标又让人翘首期盼。首先是各大金融机构继续全面推动上述网络金融业务，其次各商业银行依托因特网等网络，推动银行业务流程、功能和经营管理模式的再造，健全银行的综合业务处理系统，为网络金融的发展扫清了壁垒。监管部门要逐步建立现代化的综合金融监管系统，完善网络金融管理信息系统建设，提高我国防范金融风险能力，保障网络金融应用系统的安全进行。

总体上讲，我国的网络金融发展目标就是继续加大金融业的数字化、信息化建设，为网络金融业务的开展铺平道路，赶超发达国家水平。

二、网络金融发展趋势

（一）全球网络金融发展趋势

从网络金融发展的具体形态来看，目前在全球范围内，网络金融呈现了三个重要趋势。

1. 第三方支付、移动支付替代传统支付业务

随着移动通信设备的渗透率超过正规金融机构的网点或自助设备，以及移动通信、互联网和金融的结合，全球移动支付交易总金额2011年为1 059亿美元，五年内以年均42%的速度增长，2016年达到6 169亿美元。在肯尼亚，手机支付系统 M－Pesa 的汇款业务已超过其国内所有金融机构的总和，且已延伸到存贷款等基本金融服务。中国第三方支付的发展速度同样惊人，据互联网研究机构艾瑞咨询统计，2012年中国第三方支付市场整体交易规模达12.9万亿元，同比增长54.2%，其中第三方移动支付市场交易规模达1 511.4亿元。

2. 人人贷替代传统存贷款业务

人人贷实质是一种"自金融"的借贷模式。正规金融机构长期以来始终未能有效解决中小企业融资难的问题，而互联网的用户聚合和高速传播的特点大幅降低了信息不对称和交易成本，促使资金供需双方都是个人的投融资模式成为可能。例如，截至2012年10月，2007年成立的美国最大的P2P信贷公司Lending Club公司完成了8.3万次交易，涉及金额近10亿美元。紧随其后的美国首家P2P信贷公司Prosper也完成了超过6.4万次的网络金融交易，涉及金额4.2亿美元，并且每年的增长超出100%，利息的浮动空间大致为5.6%~35.8%，违约率为1.5%~10%。我国P2P信贷公司的诞生和发展几乎与世界同步，2007年8月中国第一家P2P信贷公司——拍拍贷成立。截至2016年年底，全国P2P信贷公司总共超过2 400家，P2P信贷业务增长迅速。

3. 以众筹融资替代传统证券业务

所谓众筹，就是集中大家的资金、能力和渠道，为小企业或个人进行某项活动等提供必要的资金援助，是近年来国外最热门的创业方向之一。众筹网站 Kick starter 曾被时代周刊评为最佳发明和最佳网站，进而成为"众筹"模式的代名词。2012年4月，美国通过JOBS法案（Jumpstart Our Business Startups Act），允许小企业通过众筹融资获得股权资本，这使众筹融资替代部分传统证券业务成为可能。根据《福布斯》杂志的数据，截至2013年第二季度，全球范围内的众筹融资网站已经达到1 500多家。我国以"51资金项目网"为例，虽然它不是最早以众筹概念出现的网站，但却是最先以信息匹配为特征搭建成功的一个平台。

（二）网络金融变革方向

在互联网技术的推动下，近年来互联网业、金融业和电子商务业之间的界限日渐模糊，行业融合日渐深入，已经形成新的"网络金融"蓝海，具有巨大的潜在市场。以阿里金融为代表的新兴互联网，在支付、结算和融资领域内的种种"举措"给银行的传统经营管理带来巨大挑战。面对网络金融演进中的一个又一个挑战，传统商业银行必须制定出一系列谋变措施巩固自身地位，以在新的竞争格局中拔得头筹。

1. 要从经营理念上谋变，实现由"产品中心主义"向"客户中心主义"的转变

网络金融之所以得以迅速发展，追根溯源还是得益于用户的满意度。新金融模式凭借互联网平台的优势，针对客户快速变化的需求，有针对性地进行创新，使其比较有效地占有客户信息。故传统银行应加快转变服务意识，摒弃原有的推销式经营模式。根据客户细分，提供金融产品在互联网尤其是移动互联网的客户端定制化部署，使客户可以自主决定在诸多移动金融服务中的个性选择和灵活下载，从而最大化用户体验。

2. 要从经营方式上谋变，实现传统物理营销渠道和互联网营销渠道的有机结合

商业银行可以利用网络金融模式，深度整合互联网技术与银行核心业务，拓展服务渠道，从以往前后台分离、集约化管理模式中跳脱出来，逐步转向一体化运营，将客户营销、产品定制、风险管控、财务处理等集中到 IT 层面统一设计。但也应看到，传统商业银行模式在互联网时代仍具备不可替代的优势。实体银行具有的包括资金实力雄厚、认知和诚信度高、基础设施完善、物理网点分布广泛等优势，仍可建立看得见、摸得着的信任。倘若物理银行与互联网银行得以并行，必将收获 1+1 远大于 2 的巨额利润。

3. 要从业务体系上谋变，实现聚集各类商业品种的"金融超市"式的服务模式

网络金融的创新能力促使它能较快切入某一具体金融领域，然而由于经验上的匮乏，短时间内仅凭金融"门外汉"的互联网公司还不能做到各类金融产品的交错组合。这恰恰也是银行业长久以来积累的业务优势，所以为了完善服务方式，商业银行必须积极创新，将现有业务条线与在线金融中心、移动金融、电子商务、电子支付平台等新兴技术模式加以整合，以最终满足客户日益多元化的需求，实现"一站式综合金融服务"。

4. 要从战略导向上谋变，实现商业银行与其他金融机构以有益合作代替恶性竞争的关系

商业银行要正确认识网络金融公司与其自身的关系，阿里小贷的成功得益于其拥有的海量客户数据信息，在大数据时代，商业银行应与网络金融紧密结合，一方面推进银行本身的数据驱动发展方式，另一方面加强对网络金融的风险把控，从而二者实现互利共存的"竞合关系"。

本章小结

电子商务结算是在金融电子支付的基础上发展起来的。它主要依托因特网，是一种以实时和零距离为典型特征的结算方式，是电子商务中极为关键的组成部分。而随着越来越多的企业进入电子商务新时代，电子商务结算方式已成为配套世界范围内的电子商务活动的最主要方式之一。

电子商务结算是电子商务活动的基础，人们只有在建立可行的电子商务结算系统的基础上才能开展真正的电子商务活动。电子商务结算的概念有广义和狭义之分。狭义的电子商务结算是指进行电子商务交易的当事人，包括消费者、厂商和金融机构使用安全电子支付手段通过网络进行的货币资金或资金流转活动。电子商务结算克服了传统结算实时性差、覆盖面窄、便捷性不强等缺点，利用先进的通信技术网络，可以有效提供方便、快捷、高效、经济的结算系统。只要客户有一台联网的计算机，就可以足不出户，在很短的时间内完成整个交易过程。

电子货币作为电子商务结算的载体，是指用一定金额的现金或存款从发卡处兑换并获得兑换成相同金额的数据，通过使用某些电子化方法将该数据直接转移给支付对象，从而能够清偿债务的结算载体。电子货币主要有"储值卡型"电子货币、"信用卡型"电子货币、"支票账单型"电子货币以及"数字现金型"电子货币。本章对信用卡、电子支票、电子现金、电子钱包等的基本概念和特征、运行原理、运作流程以及在我国的发展现状进行了分析和总结。

网络银行所提供的电子支付服务是电子商务中最关键的因素，直接关系到电子商务的发展前景。网络银行又可称为网上银行、电子银行或者虚拟银行等，它实际上是银行业务在网络上的延伸，几乎囊括了现有银行金融业的全部业务。它具有依托迅猛发展的计算机和计算机网络与通信技术提供多种多样的银行业务以及较高的安全保证体系等特点。在电子商务过程中，要实现完全意义上的网络交易，从技术角度说至少需要四个环节：商户系统、电子钱包、支付网关和安全认证。其中后三者是网络支付的必要条件，也是网络银行运行的技术要求。最后，需要对我国网络银行业务的发展现状、存在的问题以及应对措施有所了解。

复习题

一、选择题

1. 因特网上常用的网上支付方式是（　　）。
   A. 电子现金　　　　B. 电子支票　　　　C. 信用卡　　　　D. 其他
2. 中国第一家网上银行是（　　）。
   A. 招商银行　　　　B. 中国银行　　　　C. 中国工商银行　　　　D. 中国建设银行
3. 电子支付是采用先进的技术，通过（　　）来完成资金流动的。
   A. 现金流转　　　　B. 数字流转　　　　C. 票据转让　　　　D. 银行汇兑
4. 世界上最早的电子钱包系统出现在（　　）。
   A. 美国　　　　B. 法国　　　　C. 德国　　　　D. 英国
5. 在电子钱包内可以装入各种（　　）。
   A. 认证资料　　　　B. 用户资料　　　　C. 数字证书　　　　D. 电子货币
6. 嵌入了一个预处理芯片的塑料卡，并在芯片中存储了大量关于使用者信息的电子支付工具是（　　）。
   A. 智能卡　　　　B. IC卡　　　　C. 信用卡　　　　D. 借记卡

二、简答题

1. 阐述传统结算方式的不足和电子商务结算的典型特点。
2. 电子货币按照支付方式的不同可以划分为哪些类型？
3. 电子货币可能会对现代社会带来哪些机遇和挑战？
4. 按照信用卡结算方式可以将信用卡分为哪些类型？每种类型的代表是什么？相应的信用卡结算流程是怎样的？
5. 简要阐述我国网上银行存在的问题以及应该采取怎样的解决措施。
6. 介绍电子现金的基本工作原理和基本安全机制。

三、论述题

如何理解众筹？

四、实践题

1. 登录招商银行 www.cmbchina.com、中国银行 www.boc.cn、中国工商银行 www.icbc.com.cn、中国建设银行 www.ccb.com 等网址，了解其开展的网上个人业务和企业业务，并通过列表形式比较各银行网上业务的特点。

2. 浏览招商银行、中国建设银行网站，了解以下三点：
（1）手机银行服务的开通。
（2）手机银行服务的注销。
（3）手机银行的登录以及手机银行的功能和操作流程。

第六章

网 络 营 销

导　读

网络营销在企业的经营活动中发挥着越来越重要的作用。它的价值也得到了人们的普遍认可。本章从网络营销的概念入手，分析了网络营销的特点；阐述了网络营销的理论基础；介绍了网络营销运用的主要手段和方法；并在以上分析的基础上，较为完整地介绍了网络营销的策略组合。

学习目标

1. 网络营销的基本概念。
2. 网络营销的发展和理论基础。
3. 网络营销的手段和方法。
4. 网络营销的策略。

第一节　网络营销的基本理论

一、网络营销的基本概念

营销是企业为了与客户建立关系，并促使其购买自己的产品和服务所采取的策略和行动。网络营销的主要目的是利用网络及传统渠道与客户（无论是网上还是网下）建立积极的、长期的关系，由此使企业可以对自己的产品和服务收取比竞争对手更高的价格，为企业创造竞争优势。网络营销在国外有许多翻译，如 cyber marketing、internet marketing、network marketing、E – marketing、Web marketing、on – line marketing 等。不同的单词词组有着不同的含义，如 cyber marketing 强调网络营销是在虚拟的计算机空间

（cyber，计算机虚拟空间）上运行；internet marketing 是指在互联网上开展的营销活动；network marketing 是指在网络上开展的营销活动，这里的网络不仅仅是因特网，还可以是一些其他类型的网络，如增值网 VAN。目前，比较习惯采用的翻译方法是 E-marketing，E 表示电子化、信息化、网络化，且与电子商务（E-business）、电子虚拟市场（E-market）等相对应。如此可以总结得出：

广义的网络营销概念是指企业利用一切计算机网络进行的营销活动；狭义的网络营销概念则专指以互联网为主要手段开展的营销活动。

二、网络营销的产生与发展

网络营销的产生是科学技术的发展、消费者价值观的变革和商业竞争等综合因素所促成的。

（一）网络营销产生的科技基础

20 世纪 90 年代初，飞速发展的国际互联网使网络技术应用呈指数增长，全球范围内掀起了应用互联网热，网络技术的应用改变了信息的分配和接收方式，改变了人们的生活、工作和学习、合作和交流的环境。企业也利用网络新技术的快速便车，促进自身的飞速发展。世界各大企业纷纷卜网，提供信息服务和拓展业务范围，积极改组企业内部结构和发展新的营销管理方法。互联网的发展和应用是网络营销产生的科技基础。

（二）网络营销产生的消费观念基础

满足消费者的需求是企业经营的核心。随着科技的发展、社会的进步、文明程度的提高，消费者的观念在不断地发生变化。

1. 个性化消费的回归

消费者以个人心理愿望为基础挑选和购买商品或服务，心理的认可感是消费者做出购买决策的先决条件。消费者选择的不单是商品的使用价值，建立在商品供应千姿百态基础上的单独享有成为社会消费时尚。

2. 消费主动性的增强

由于商品生产的日益细化和专业化，消费者的风险意识随着选择的增多而增强，他们对单向的"填鸭式"营销沟通感到不信任，进而会主动通过各种渠道获取与商品有关的信息，并进行分析比较，增加对产品的信任和争取心理上的满足感，以减少购买失误的可能。

3. 对购买方便性的追求

由于现代人工作负荷较重，消费者希望购物方便，尽量节省时间和精力支出，特别是对某些品牌的消费品已经形成固定偏好的消费者而言，这一需要尤为重要。

4. 对购物乐趣的追求

现代人的生活丰富多彩，购物活动不仅是消费需要，也是心理需要，很多消费者以购物为生活内容，从中获得享受。

5. 价格仍然是影响购买的重要因素

虽然营销工作者倾向于以各种差别化来减轻消费者对价格的敏感度，避免恶性削价竞争，但价格始终对消费者心理有重要影响。这说明即使在当代发达的营销技术面前，价格作用仍不可忽视。只要价格降低幅度超过消费者的心理界限，消费者就难免会改变既定的购物原则。

（三）网络营销产生的现实基础

随着市场竞争的日益激烈，为了在竞争中占有优势，各企业都使出了浑身解数想方设法地吸引客户，很难说还有什么新颖独特的方法出奇制胜。一些营销手段即使能在一段时间内吸引客户也不一定能使企业的利润增加。市场竞争已不再依靠表层营销手段的竞争，更深层次的竞争已经开始。面对这样的现实环境，网络营销展现了多种竞争优势。

1. 控制成本费用

开展网络营销给企业带来的最直接的竞争优势是企业成本费用的控制。网络营销采取的是新的营销管理模式，它通过互联网改造传统的营销管理组织结构与运行模式，并通过整合生产、采购等部门，实现企业成本费用最大限度的控制。开展网络营销，企业可以降低经营过程中的交通、通信、人工、财务和办公室租金等成本费用，可最大限度地提高经济效益。

2. 发现新的市场机会

互联网上没有时间和空间限制。它的触角可以延伸到世界每一个地方。因此，利用互联网从事市场营销活动可以覆盖过去靠人工进行销售或者传统销售方式所不能达到的市场，从而为企业创造更多新的市场机会。

3. 增加客户的满意度

在激烈的市场竞争中，增加客户满意度、提高客户忠诚度是企业营销的目标。由于市场中消费者千差万别，要想采取有效的营销策略来满足每一个消费者的需求十分困难，而互联网的出现改变了这种情况。利用互联网，企业可以将产品介绍、技术支持和订货情况等信息放在网上，消除时间和空间的限制，使消费者可以随时随地地、主动地根据自己的需求有选择地了解感兴趣的信息，最终达到能够高效地为客户提供满意的产品和服务的目的。

4. 价格优势

网络营销能为企业节约巨额的促销和流通费用，使产品成本和价格的降低成为可能，可以帮助产品以更低的价格实现销售。

三、网络营销功能

网络营销是企业整体营销战略的一个组成部分，是为实现企业总体经营目标所进行的、以互联网为基本手段营造网上经营环境的各种活动。网络营销的核心思想就是"营造网上经营环境"。所谓网上经营环境，是指企业内部和外部与开展网上经营活动的相关的环境，包括网站本身、客户、网络营销服务商、合作伙伴、供应商、销售商相关行业的网络环境等。网络营销的开展就是与这些环境建立关系以达到提升企业竞争力的过程。因此，网络营销应该具有以下几项主要功能。

（一）品牌价值扩展和延伸

美国广告专家莱利·莱特预言：未来的营销是品牌的战争。拥有市场比拥有工厂更重要。拥有市场的唯一方法就是拥有占市场主导地位的品牌。互联网的出现不仅给品牌带来了新的生机和活力，而且推动和促进了品牌的拓展和延伸。网络营销的重要任务之一就是通过一系列的措施，在互联网上建立并推广企业的品牌。知名企业的网下品牌可以在网上得以延伸；一般企业则可以通过互联网快速树立品牌形象，达到客户和公众对企业的认知和认可，并提升企业整体形象。在一定程度上说，网络品牌的价值甚至高于通过网络获得的直接收益。实践证明，互联网不仅拥有品牌、承认品牌，而且在重塑品牌形象、提升品牌的核心竞争力、打造品牌资产等方面具有其他媒体不可替代的效果和作用。

对于电子商务企业，其网络品牌建设是以企业网站建设为基础的。网络所有功能的发挥都要以一定的访问量为基础，所以，网址推广是电子商务企业网络营销的核心工作。

（二）信息搜索与信息发布

信息搜索是网络营销进击能力的一种反映。在网络营销中，企业可利用多种搜索方法，主动、积极地获取有用信息和商机，如价格比较信息、对手的竞争态势、商业情报，以帮助企业经营决策。随着信息搜索功能向集群化、智能化方向的发展，以及向定向邮件搜索技术的延伸，网络搜索的商业价值得到了进一步的扩展和发挥。寻找网上营销目标将成为一件易事。

发布信息既是网络营销的主要方法之一，也是网络营销的又一种基本职能。无论哪种营销方式，都是将一定的信息传递给目标人群，包括客户/潜在客户、媒体、合作伙伴、竞争者等。网络营销以其特有的信息发布环境可以在任何时间将信息以最佳的表现形式发布到全球的任何一个地点，同时满足覆盖性和丰富性。更重要的是，在网络营销中的信息发布可以是双向互动的。

（三）销售渠道的开拓

一个具备网上交易功能的企业网站本身就是一个网上交易场所。网上销售是企业销售渠道在网上的延伸。网上销售渠道建设也不限于网站本身，还包括建立在综合电子商务平台上的网上商店，以及与其他电子商务网站不同形式的合作等。同时网络所具有的传播、扩散能力打破了传统经济时代的经济壁垒、地区封锁、人为屏障、交通阻隔、信息封闭等，对销售渠道的开拓有重要的促进作用。

（四）网上市场调研

在激烈的市场竞争条件下，主动地了解商情、研究趋势、分析客户心理、窥探竞争对手动态是企业确定竞争战略的基础和前提。通过在线调查表或者电子邮件等方式，可以完成网上市场调研，获得充分的市场信息。相对传统市场调研，网上调研具有高效率、低成本的特点，因此，网上调研成为网络营销的主要职能之一。

（五）客户关系管理

客户关系管理源于以客户为中心的管理思想，是一种旨在改善企业与客户之间关系的新型管理模式，是网络营销取得成效的必要条件，是企业重要的战略资源。在传统的经济模式下，由于认识不足或自身的条件的局限，企业在管理客户资源方面存在着较为严重的缺陷。针对上述情况，在网络营销中，通过客户关系管理，将客户资源管理、销售管理、市场管理、服务管理、决策管理集于一体，将原本疏于管理、各自为战的销售、市场、售前和售后服务与业务统筹协调起来，既可跟踪订单，帮助企业有序地监控订单的执行过程，规范销售行为，了解新、老客户的需求，提高客户资源的整体价值；又可以避免销售隔阂，帮助企业调整营销策略。利用互联网提供的方便快捷的在线客户服务，如从形式最简单的 FAQ（常见问题解答）到邮件列表，以及 BBS、聊天室、信息跟踪与订制等各种即时信息服务，提高服务质量，增加客户的满意度，提高客户的忠诚度，并通过收集、整理、分析客户反馈信息，全面提升企业的核心竞争能力。

总之，开展网络营销的意义就在于充分发挥各种功能促进销售，提升企业的竞争力，使企业经营的整体效益最大化。

四、网络营销的理论基础

消费者的消费观念、客观市场环境以及科学技术是现有市场营销理论赖以形成和发展的基础。网络强大的通信能力及其交互性和电子商务系统便利的商品交易环境，改变了原有市场营销理论的根基。在网络环境和电子商务中，信息的传播由单向的传播模式发展为一种双向的交互式的信息需求和传播模式，即在信息源积极地向消费者展现自己的商品或服务等信息的同时，消费者也在积极地向信息源索要自己所需要的信息。市场的性质也发生了深刻的变化，生产者和消费者可以通过网络直接进行商品交易，在网络的支持下直接构成商品流通循环，从而避开了某些传统的商业流通环节。原有的以商业作为主要运作模式的市场机制将部分地被基于网络的网络营销模式所取代，市场将趋于多样化、个性化，并实现彻底的市场细分，其结果使商业的部分作用逐步淡化。消费者可以直接参与企业营销的过程，市场的不确定因素减少，生产者更容易掌握市场对产品的实际需求。由于巨大的信息处理能力，消费者有了更大的挑选商品的余地。由于这些变化，使传统营销理论不能完全胜任对网络营销的指导，但是网络营销仍然属于市场营销理论的范畴。它在强化了传统市场营销理论的同时，也具有一些不同于传统市场营销的新理论。

（一）整合营销理论

在传统市场营销策略中，由于技术手段和物质基础的限制，产品的价格、宣传和销售的渠道、商家或厂家所处的地理位置以及企业促销策略等就成了企业经营、市场分析和营销策略的关键性内容。美国密歇根州立大学的迈卡锡将这些内容归纳为市场营销策略中的 4P 组合，即产品（product）、价格（price）、地点（place）和促销（promotion）。

以 4P 理论为典型代表的传统营销理论的经济学基础是厂商理论及利润最大化，所以 4P 理论的基本出发点是企业的利润，而没有把消费者的需求放在与企业的利润同等重要的位置上。它指导的营销决策是一条单向的链。而网络互动的特性使得消费者能够真正参与到整个营销过程中来，消费者不仅参与的主动性增强，而且选择的主动性也得到加强。在满足个性化消费需求的驱动下，企业必须严格地执行以消费者需求为出发点、以满意消费者需求为归宿点的现代市场营销思想，否则消费者就会选择其他企业的产品。所以，网络营销首先要求把消费者整合到整个营销过程中来，从他们的需求出发开始整个营销过程。这就要求企业同时考虑消费者需求和企业利润。据此，以舒尔兹（Don E Schultz）教授为首的一批营销学者从消费者需求的角度出发研究市场营销理论，提出了 4C 组合，即整合营销（integrated marketing）理论。其要点是：

Product——Consumer's want and need（产品——客户需求）

Price——Cost to satisfy consumer's wants and needs（价格——满足客户需求成本）

Place – Convenience to buy（渠道——方便购买）

Promotion – Communication（促销——沟通）

1. 从单纯的"产品"转向关注"客户的需求"

不急于制定产品策略（product），先研究客户的利益（customer benefit），以消费者的需求和欲望（consumer's wants and needs）为中心，卖消费者想购买的产品。如美国 Dell 公司，客户可以通过互联网在公司设计的主页上进行选择和组合计算机，公司的生产部门则根据用户需要再组织生产，因此公司可以实现零库存生产。特别是在计算机部门价格急剧下降的年代，零库存不但可以降低库存成本，还可以避免因高价选货带来的损失。Dell 公司在 1995 年还是亏损的，但在 1996 年，它们通过互联网来销售计算机，业绩大幅增长。

2. 研究客户为满足其需求所愿付出的成本

暂时把定价策略（price）放在一边，而研究客户为满足其需求所愿付出的成本（customer cost），并依据该成本来组织生产和销售。例如，美国的通用汽车公司允许用户在互联网上通过公司的有关导引系统自己设计和组装满足自己需要的汽车，用户首先确定接受的价格标准，然后系统根据价格的限定从中显示满足要求式样的汽车，用户还可以进行适当的修改，公司最终生产的产品恰好能满足客户对价格和性能的要求。

3. 忘掉渠道策略（place），着重考虑怎样使消费者方便（convenience）购买到商品

例如，法国钢铁制造商犹齐诺—洛林公司采用了电子邮件和世界范围的订货系统，从而把加工时间从 15 天缩短到 24 小时。该公司通过内部网与汽车制造商建立联系，从而能在对方提出需求后及时把钢材送到对方的生产线上。

4. 抛开促销策略（promotion），着重加强与消费者的沟通和交流（communication）

例如，美国雅虎（Yahoo）公司开发了能在互联网上对信息分类检索的工具，且具有很强交互性，用户可以将自己认为重要的分类信息提供给雅虎公司，雅虎公司马上将该分类信息加入产品中供其他用户使用。

4P 反映的是销售者用以影响消费者的营销工具的观点；而从消费者角度看，企业关于 4P 的每一个决策都应该给消费者带来价值（即所谓的 4C），否则这个决策即使能达到利润最大化的目的也没有任何用处，因为消费者在有很多商品选择余地的情况下，不会选择对自己没有价值或价值很小的商品。但企业如果不是从利润最大化出发而是从 4P 对应的 4C 出发，在此前提下寻求能实现企业效益最大化的营销决策，则可能同时达到利润最大化和满足消费者需求两个目标，因此，网络营销的理论模式应该是：营销过程的起点是消费者的需求；营销决策（4P）是在满足 4C 要求的前提下的企业效益最大化；最终目标是消费者需求的满足和企业效益最大化。由于个性化需求的良好满足，消费者对公司的产品、服务产生偏好，并逐步建立起对公司产品的忠诚意识，同时，由于这种满足是差异性很强的个性化需求，就使得其他企业的进入壁垒变得很高，也就是说，其他生产者即使生产类似产品，也不能同样程度地满足该消费者的个性消费需求。这样，企业和客户之间的关系就变得非常紧密，甚至牢不可破，这就形成了"一对一"的营销关系。上述这个理论框架被称为网络整合营销理论，体现了以消费者为出发点及企业和消费者不断交互的特点。它的决策过程是一条双向的链，如图 6-1 所示。

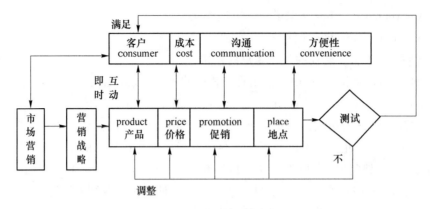

图 6-1 整合营销流程

（二）网络"软营销"理论

软营销（soft marketing）是网络营销中有关消费者心理学的另一个理论基础，它是针对工业经济时代的以大规模生产为主要特征的"强式营销"提出的新理论。软营销强调企业在进行市场营销活动的同时必须尊重消费者的感受和体验，让消费者能舒服地主动接收企业的营销活动。这个理论产生的根本原因仍然是网络本身的特点和消费者个性化需求的回归。

传统营销中最能体现强势营销特征的是两种促销手段：传统广告和人员推销。这两种营销模式企图以一种信息灌输的方式在消费者心中留下深刻印象，而不管消费者是否需要和喜欢（或憎恶）它的产品和服务。

在互联网上，由于信息交流是自由、平等、开放和交互的，强调的是相互尊重和沟通，网络用户比较注重个人体验和隐私保护。在网络上，这种以企业为主动方的强势营销，无论是有直接商业利润目的的推销行为还是没有直接商业目标的主动服务，都可能遭到唾弃甚至遭到报复。如美国著名 AOL 公司曾经对其用户强行发送 E-mail 广告，结果招致用户的一致反对，许多用户约定同时给 AOL 公司服务器发送 E-mail 进行报复，结果使 AOL 的 E-mail 邮件服务器处于瘫痪状态，最后不得不向用户道歉以平息众怒。因此网络营销必须遵循一定的规则——"网络礼仪"，这也是网上一切行为都必须遵守的规则。

网络"软"营销的特征主要体现在它从消费者的体验和需求出发，在遵守网络礼仪的同时通过对网络礼仪的巧妙运用，采取拉式策略吸引消费者关注企业，从而获得一种微妙的营销效果，个性化消费者需求的回归使消费者在心理上要求自己成为主动方，而网络的互动特性又使他们有可能真正成为主动方。他们不欢迎不请自到的广告，但他们会在某种个性化需求的驱动下自己到网上寻求相关的信息、广告。一旦企业发现了这种特定需求的用户就应该应用各种技术"跟踪"此用户，使其成为企业的真正客户。因此，软营销和强势营销的根本区别就在于：软营销的主动方是消费者，而强势营销的主动方是企业。

（三）网络直复营销理论

直复营销（direct marketing）是为了在任何地方产生可度量的反应或达成交易而使用一种或多种广告媒体相互作用的市场营销体系。直复营销中的"直"（direct）是指不通过中间分销渠道而直接通过媒体连接企业和消费者；直复营销中的"复"（response）是指企业与消费者之间的交互。消费者对这种营销努力有一个明确的回复（买还是不买）。网络营销的最大特点就是企业和消费者的交互。网络作为一种交互式的、可以双向沟通的渠道和媒体，可以很方便地在企业与消费者之间架起桥梁，消费者可以直接通过网络订货和付款；企业可以通过网络接收订单、安排生产，直接将产品送给消费者，同时还可获得客户的其他数据甚至建议，所以，网络营销是一类典型的直复营销。

目前，网络直复营销的常见做法有两种：一种做法是企业在因特网上建立自己独立的站点，申请域名，制作主页和销售网页，由网络管理员专门处理有关产品的销售事务；另一种做法是企业委托信息服务商在其网站上发布信息，企业利用相关信息与客户服务直接销售产品，虽然在这一过程中有信息服务商参加，但主要的销售活动仍然是在买卖双方之间完成的。

网络直复营销更加吻合直复营销的理念，这表现在以下四个方面。

第一，直复营销作为一种相互作用的体系，特别强调营销者与目标客户之间的"双向信息交流"。互联网作为开放、自由的双向信息沟通网络，企业与客户之间可以实现直接的、一对一的沟通和信息交流，企业可以根据目标客户的需求进行生产和营销决策，在最大限度地满足客户需求的同时，提高营销决策的效率和效用。

第二，直复营销活动的关键是为每个目标客户提供直接向营销人员反馈信息的渠道。企业可以凭借客户反馈找出不足。互联网的方便、快捷性使客户可以方便地通过互联网直接向企业提出建议和购买需求，也可以直接通过互联网获得售后服务。企业也可以从客户的建议、需求和要求的服务中找出企业的不足，按照客户的需求进行经营管理，减少营销费用。

第三，直复营销强调在任何时间、任何地点都可以实现企业与客户的"信息双向交流"。互联网的全球性和持续性使客户可以在任何时间、任何地点直接向企业提出要求和反映问题；企业也可利用互联网跨越空间和时间限制，低成本地与客户实现双向交流。

第四，直复营销活动最重要的特性是直复营销活动的效果是可测定的。利用互联网提供的企业与客户的沟通与交易平台，企业可以直接地获悉并处理每一客户的订单和需求。因此，通过互联网可以实现在以最低成本最大限度地满足客户需求，同时了解客户需求、细分目标市场。

（四）网络关系营销理论

关系营销（relationship marketing）是 1990 年以来受到重视的营销理论。它主要包括两个基本点：在宏观上，认识到市场营销会对范围很广的一系列领域产生影响，包括消费者市场、劳动力市场、供应市场、内部市场相关者市场以及影响者市场（政府、金融市场）；在微观上，认识到企业与消费者的关系不断变化，市场营销的核心应从过去简单的一次性交易关系转变到注重保持长期的关系上来。企业是社会经济大系统的一个子系统，企业的营销目标要受到众多外在因素的影响，企业的营销活动是一个与消费者、竞争者、供应商、分销商、政府机构和社会组织发生相互作用的过程，正确理解这些个人与组织的关系是企业营销的核心，也是企业营销成败的关键。

关系营销的核心是保护客户。企业通过加强与客户的联系，提供高度满意的产品或服务，达到与客户保持长期关系，并在此基础上开展营销活动、实现企业营销目标的目的。实施关系营销并不是以损害企业利益为代价的，而是一种双赢策略。根据研究，争取一个新客户的营销费用是留住老客户的费用的五倍，因此加强与客户关系并建立客户的忠诚度，可为企业带来长远的利益。

互联网作为一种超越时空的、低成本的双向沟通渠道，能为企业与客户建立长期关系提供有效的保障。利用互联网，企业可以随时直接接收全球各地客户的满足个性化需求的订单，并利用柔性化生产技术在最短时间内最大限度地满足客户需求，为客户在消费产品和服务时创造更多的价值。与此同时，企业可通过互联网实现对生产过程、交易过程及售后服务的全程质量控制；企业也可从客户的需求中了解市场、细分市场和锁定市场，最大限度地降低营销费用，提高对市场的反应速度。

第二节　网络市场调研

有效的营销来自可靠的市场调研，它使营销信息定位在盈利希望最大的市场，利用这些营销信息鼓励人们购买商品。但调研并不是一劳永逸的，只有持续不断的调研才能够帮助企业改进产品、改善服务、提高品牌形象、改进营销策略，使企业收入持续增长。

网络市场调研是指在互联网上针对特定营销环境所展开的一种市场调研，目的是获取手机消费者、潜在客户、竞争对手、市场环境等信息。企业借助互联网，一方面可通过问卷调查等方式收集第一手资料（网上直接调查）；另一方面，可利用互联网的搜索引擎搜集第二手资料（网上间接调查）。另外，企业还可以借助相关网络营销技术，如面向营销数据库的数据挖掘技术、面向点击流的 Web 挖掘技术以及其他跟踪技术发现潜在客户。

一、网上直接调研

（一）网上直接调查方法

1. 按照调查方式分类

根据调查方式不同，网上直接调查分为问卷调查法、网上实验法和网上观察法，常用的是网上问卷调查法。网上问卷法是将问卷在网上发布，被调查对象通过因特网完成问卷调查。发布问卷的方法一般分为两种：一种是将问卷放置在万维网站点上，等待访问者访问时填写问卷。该方法的好处是填写者一般是自愿性的；缺点是无法核对问卷填写者的真实情况。同时，为达到一定问卷数量，站点还必须进行适当宣传，以吸引大量访问者。另一种是通过 E-mail 返回。这种方式的好处是可以有选择性控制被调查者；缺点是容易遭受到被访问者的反感，有侵犯个人隐私之嫌，需要向被访问者提供一定补偿，如有奖回答或赠送小件礼品，以降低被访问者的敌意。

2. 按照调查者获取样品的行为分类

根据调查者获取样本的行为不同，网上直接调查被分为主动调查法和被动调查法。其中，主动调查法是指调查者主动选取调查样本，完成统计调查。

3. 根据使用技术分类

根据使用技术不同，网上直接调查被分为站点法、电子邮件法、随机 IP 法等。

站点法是将调查问卷的 HTML 文件链接在一个或几个网络站点的页面上，由浏览这些站点的网上用户回答调查问题，站点法属于被动调查法。

电子邮件法是通过给被调查者发送电子邮件的形式将调查问卷发给一些特定的网上用户，用户填写以后以电子邮件的形式再反馈给调查者的调查方法。电子邮件法属于主动调查法。

随机 IP 法是以产生一批随机 IP 地址作为抽样样本的调查方法。随机 IP 法属于主动调查法，利用该方法可以进行纯随机抽样，也可以依据一定的标志排队进行分层抽样和分段抽样。

除前述以问卷调查为核心的方法之外，网上直接调查还有 BBS、新闻组等方法。由于 BBS、新闻组方法获取的调查数据往往是非结构化的，因此数据加工、分析比较困难。

（二）网上直接调查途径

1. 利用自己的网站

如果企业拥有自己的网站并有一定数量的固定访问者，则可以利用自己的网站开展网上调查。这种方式要求企业的网站必须有调查分析功能，对企业的技术要求比较高，但可以充分发挥网站的综合效益。

2. 借用别人的网站

如果企业没有自己的网站，则可以用一些著名的专业网站或公共网站进行调查。

3. 混合型

如果企业拥有自己的网站但是没有足够数量的固定访问者，则可以在自己的网站进行调查，同时与其他一些著名的网站建立广告链接，以吸引访问者参与调查。这种方式是目前常用的方式。调查表明，传统的优势品牌并不一定是网上的优势品牌，因此需要在网上重新发布广告以吸引客户访问网站。

4. E－mail 型

直接向企业的潜在客户发送调查问卷，这种方式比较简单、直接，且费用非常低廉。但要求企业必须积累足够数量的、有效的客户 E－mail 地址。采取该方式的问题是客户反馈率一般不会非常高，且容易引起被调查对象的反感。最好能提供一些奖品作为对被调查对象的补偿，如图 6－2 所示。

图 6－2　凡客诚品的 E－mail 调查

5. 讨论组型

在相应的讨论组中发布问卷信息，或者发布调查题目，这种方式与 E–mail 型一样，成本费用比较低廉而且是主动型的调查法。但在新闻组和 BBS 上发布问卷时要注意网上行为规范，调查的内容应与讨论组主题相关，否则可能会导致被调查对象的反感甚至抗议。

（三）网上直接调查步骤

网上直接调查是企业主动利用互联网获取信息的重要手段。与传统调查类似，网上直接调查也有其步骤。

1. 确定网上直接调查目标

互联网作为企业与客户有效的沟通渠道，企业可以充分利用该渠道直接与客户进沟通，了解企业的产品和服务是否满足客户的需求，同时了解客户对企业潜在的期望和改进的建议。在确定网上直接调查目标时，需要考虑的是：被调查对象是否上网、网民中是否存在被调查群体、规模有多大。只有网民中的有效调查对象足够多时，网上调查才可能得出有效结论。

2. 确定调查方法和设计问卷

网上直接调查主要是问卷调查法，因此设计网上调查问卷是关键。目前有多个专注于网络调研服务的网站，如问卷星（https://www.wjx.cn）、问卷网（https://www.wenjuan.com）等，可以借助这些服务网站设计调查问卷。基于因特网交互机制的特点，网上调查可以采用调查问卷分层设计的方式。这种方式适合过滤性的调查活动，因为有些特定问题只限于一部分调查者，所以可以借助层层的过滤寻找适合的回答者。

3. 选择调查方式

网上直接调查采用较多的是被动调查法，即将调查问卷放到网站，等待被调查对象自行访问和接受调查。因此，吸引访问者参与调查是关键。为提高用户参与的积极性，可提供一些鼓励措施，如赠送小礼品等。另外，必须向被调查者承诺并且做到有关个人隐私的任何信息不会被泄露和传播。

4. 分析调查结果

这一步骤是市场调查能否发挥作用的关键，它与传统调查的结果分析类似。

5. 撰写调查报告

撰写调查报告是网上调查的最后一步，也是调查成果的体现。撰写调查报告主要是在分析调查结果的基础上对调查的数据和结论进行系统的说明，并对有关问题进行探讨。

二、网上间接调研

（一）网上间接信息来源

间接信息的来源包括企业内部信息源和企业外部信息源。与市场有关的企业内部信息源主要是企业自己收集、整理的市场信息，企业产品在市场销售的各种记录、档案材料和历史资料，如客户名称表、购货销售记录、推销员报告、客户和中间商的通信信件等。企业外部信息源范围极广，主要是国内外各类相关的组织或结构，如国内外政府机构网站、公共图书馆、国际组织、银行、商情调研机构、相关企业等。调研人员通过互联网访问相关企业或者组织机构的网站,可以很容易获取市场中的许多信息和资料。因此,在网络信息时代,信息的获取不再是难事,困难的是如何在信息海洋中找出企业需要的、有用的信息。

(二) 网上间接调查方法

网上间接调查主要是利用互联网收集与企业营销相关的市场、竞争者、消费者以及宏观环境等方面的信息。对于一般的管理决策所需要的信息,企业均可利用网上间接调查方法获得,而网上间接调查主要是针对特定问题而进行的专项调查。

1. 利用搜索引擎收集资料

网上间接调查最主要的手段是通过搜索引擎有关站点的网址,然后访问所想查找信息的网站或主页,常用的 WWW 搜索引擎有 Google(google.com)、百度(baidu.com)、新浪(search.sina.com.cn)、搜狐(sohu.com)、网易(search.163.com)、雅虎(yahoo.com)、AltaVista(altavista.com)、Excite(excite.com)、InfoSec(infoseek.com)、Lycos(lycos.com)、AOL(search.aol.com)。

FTP 搜索引擎是搜索匿名 FTP 服务器提供的目录列表以及向用户提供文件信息的查询服务。由于 FTP 搜索引擎专门针对各种文件,因而相对 WWW 搜索引擎,寻找软件、图像、电影和音乐等文件时使用 FTP 搜索引擎更加便捷。Philes.com、ftpsearching.net、alltheweb.com、ftpfind.com、clilac.fmmu.edu.cn、sEarch.xjtu.edu.cn、bingle.pku.edu.cn、search.uste.edu.cn 都是一些比较有用的 FTP 搜索引擎。

2. 利用公告栏收集资料

公告栏(BBS)是在网上提供一个开放的场所,任何人都可以在此发布问题、问答问题或发表意见。目前许多 ICP(互联网内容提供商)都提供有免费的公告栏,用户只需要申请使用即可。利用 BBS 收集资料主要是到与调查主题相关的 BBS 网站上去了解情况。

3. 利用新闻组收集资料

新闻组就是一个基于网络的计算机组合。这些计算机可以交换一个或多个可识别标签识的文章(或消息),一般称作 Usenet 或 Newsgroup。新闻组使用方便,内容广泛,并且可以精确地对使用者按兴趣爱好等进行分类,可涵盖各种不同类别的主题,如科学技术、人文地理、人文社会、地理历史、休闲娱乐等。使用新闻组主要是为了获取免费信息或相互交换免费信息。

4. 利用 E-mail 收集资料

要想收集某个方面的资料,调研人员还可以到相关网站进行注册与定制,然后等着接收 E-mail 就可以了。

三、商务信息的收集策略

(一) 竞争对手的信息收集

首先识别竞争者,选择收集信息的途径,建立有效的信息分析处理体系。

(二) 市场行情信息的收集

企业收集市场行情资料,主要是收集产品价格变动、供求变化方面的信息。收集信息时，首先通过搜索引擎找出所需要的商情信息网站地址；然后访问该站点，登记注册，可以根据需要信息的重要性和可靠性选择是否访问收费信息网；在商情信息网站获取需要信息时，一般要用站点提供的搜索工具进行查找，查找方法与搜索引擎基本类似。一般来说，不同商情信息网的侧重点不一样，最好是能同时访问若干家相关但不完全相同的站点，以找出最新、最全面的市场行情。

（三）消费者信息的收集

通过互联网了解消费者的偏好，主要采用网上直接调查法来实现。了解消费者偏好也就是收集消费者的个性特征，为企业细分市场和寻求市场机会提供基础。利用互联网了解消费者偏好，首先是要识别消费者的个人特征，如地址、年龄、E-mail、职业等。为避免重复统计，一般对已经统计过的访问者信息放置一个Cookie，它能记录下访问者的编号和个性特征，这样既可以让消费者下次接受调查时不用填写重复信息，也可以减少对同一访问者的重复调查；另外一种办法是，采用奖励或赠送的办法吸引访问者登记和填写个人情况表，以获取消费者个性特征。在对消费者调查一些敏感信息时应注意一些技巧。

网站也可通过网页统计方法了解消费者对企业站点感兴趣的内容。消费者访问网站的过程所产生的点击流或浏览路径、浏览主题、购物等用户访问和交互信息既体现了客户的某种偏好，也反映了企业的网站性能、产品导航模式、服务模式、网络营销策略等。利用Web使用挖掘（Web usage mining, WUM）技术对消费者访问信息的挖掘，可准确理解消费者的访问行为模式和兴趣，有利于企业改进网站的内容和设计、定制网站，加强与客户交流，识别潜在客户，建立牢固的客户关系而改善客户服务，提高企业效益。

（四）市场环境信息的收集

企业仅仅了解一些与其紧密关联的信息是不够的，特别是做出重大决策时，还必须了解一些政治、法律、文化、地理环境等方面的信息。这有助于企业从全局高度综合考虑市场变化因素，寻求市场商机。互联网是信息海洋，企业利用搜索引擎可在网上找到全部所需信息，关键是如何快速、准确地寻找到有用的信息。

四、网络市场调查存在的问题

传统市场调查对被调查对象，如区域、职业、民族、年龄等都有不同程度的针对性，对被调查对象的大体分类有一定的预期。而网络市场调研却没有空间和地域的限制，一切都是随机的，调研人员既无法预期谁是企业站点的访问者，也无法确定调研对象样本，即使是对于在网上购买企业产品的消费者，确认其身份、职业、性别、年龄等也是一个很复杂的问题，因此网络市场调查存在很多问题。

（一）样本代表性问题

受各种环境限制，上网人群是一个特殊的群体，如年龄呈偏态分布，地域、行业分布不均匀，收入两极化，上网目的更是千差万别，选择具有广泛代表性的样本是非常困难的。因此，网络市场调研的关键之一是如何鉴别并吸引更多的访问者，使他们有兴趣参与调查，使样本具有广泛的代表性。比如企业市场调研人员在企业站点上不只仅仅展示产品的图片、文字等，而且要有针对性地提供公众感兴趣的时装、音乐、电影、家庭乃至幽默等有关话题，以大量有价值的、与企业产品相辅相成的信息和免费软件吸引访问者。

（二）样本低回复率问题

网络调查无论采取什么方式，调查者都处于等待状态。被调查者是否愿意回答问题、能否保证回复的及时性等均无法保障，因而在有效的时间范围内，样本回收往往不尽如人意。因此，采用某些激励机制鼓励用户及时返回或提交问卷结果是一项重要的任务。

（三）数据的可靠性

如前文所述，传统抽样调查的对象往往是一个较明确的实体，调查具有一定的针对性，因此所获取的问卷结果有一定的可靠性保证。但在网络环境下，无法明确调查对象的身份，因此其回答数据的可靠性往往难以保障。一些消费者的基本特征数据如年龄、职业、受教育程度、性别等都很难准确获得，这对调查结果的分析会产生严重影响。这就要求我们在确定网络抽样调查目标时要注意，哪些可以使用网络抽样，哪些不适合使用；在问卷设计上尽可能不涉及个人隐私方面的信息；在样本选择上选择一些可靠度高的调查对象或者按传统抽样调查方式确定样本，而网络仅作为一种手段；在调查方式上可采用传统随机抽样、专家访谈与 Web 挖掘相结合的综合方式，以利于在数据处理时剔除一些缺乏可靠性的数据。

第三节 网络营销策略

一、网上产品和服务策略

营销的目的是要为企业创造一个高于平均值的投资回报率。企业应尝试着生产或供应独特的、差异度较高的产品或服务，而市场几乎不存在或很少存在有效的替代品或替代服务；新的进入者很难在短期内生产或提供具有相似特征（包括功能、价格、性能等）的产品或服务。营销的中心任务就是要确定产品或服务所具有的独特的、与众不同的特征。

（一）网上产品

1. 网络营销中产品的整体概念分层

在网络营销中，产品的整体概念可分为五个层次，包括：

① 核心利益层次，是指产品能够满足消费者购买的基本效用或益处。

② 有形产品层次，是产品在市场上出现时的具体物质形态，是为传递产品核心利益而设计的一系列与众不同的特征。通过这些特征，可将企业的产品与其他制造商所提供的产品区别开来。

③ 期望产品层次。在网络营销中，客户处于主导地位，消费呈现出个性化得特征，不同的消费者可能对产品的要求不一样，因此产品的设计和开发必须满足这种个性化的消费需求。这种客户在购买产品前对所购产品的质量、使用方便程度、特点等方面的期望值就是期

望产品。为满足这种需求，要求企业的设计生产和供应等环节能根据客户的需要实行柔性化的生产和管理。

④ 延伸产品层次，是指由产品的生产者或经营者提供的、能更好地提升企业核心利益的服务，如售后服务、送货、质量保证等。

⑤ 潜在产品层次，是指在延伸产品层次之外，由企业提供的、能满足客户潜在需求的产品或服务。它主要是产品的一种增值服务，例如汽车销售提供贷款服务业务。

2. 网络环境下的新产品开发

在网络环境下，新产品开发的首要前提是新产品构思和概念形成。新产品的构思可以有多种来源，如客户、科学家、竞争者、企业销售人员、中间商和高层管理者，但最主要来源还是客户。网络营销的一个最重要特性是与客户的交互性，它通过信息技术和网络技术来记录、评价和控制营销活动，掌握市场需求情况。网络营销通过对客户数据库的挖掘发现客户的现实需求和潜在需求，从而形成产品构思，并用来指导企业营销计划的制订和营销活动的开展。

与传统新产品研制与试销不一样，客户、供应商、经销商可以主动地全程参与网络环境下的新产品研制与开发。值得关注的是，许多产品并不能直接提供给客户使用，需要许多企业协作才能满足最终需要，因此，在新产品开发过程中，加强与以产品为纽带的伙伴的合作是新产品成功的关键。

3. 品牌策略

在消费者心目中，能将产品变得真正独特和区分开来的是产品的品牌。品牌是指当消费或将要消费某一企业的产品或服务是所持有的期望集，这些期望建立在以前消费者消费这种产品时所获得的经验（体验），对其他使用过这种产品的消费者的经验的依赖（口碑）以及商家通过各种渠道和媒体对这种产品独特性能的赞赏和许诺的基础上（广告宣传）。消费者对品牌所持有的期望包括质量、可靠性、耐用性、信任、好感、忠诚以及声誉。

网上品牌与传统品牌有着很多不同，传统优势品牌不一定是网上优势品牌，网上优势品牌的创立需要重新进行规划和投资。美国著名咨询公司 Forrester Research 公司发表的调查报告指出，知名品牌与网站访问量之间没有必然的联系。尽管可口可乐、耐克等品牌仍然受到广大青少年的青睐，但是这些公司网站的访问量却并不高。因此拥有知名品牌的公司要在网上营销中取得成功，绝不能指望依赖传统的品牌优势。

企业在互联网上进行商业活动同样存在被识别和选择的问题，由于域名是企业站点的访问地址，是企业被识别和选择的对象，也是企业在互联网上的形象化身和虚拟商标，因此提高域名的知名度就是提高企业站点的知名度，也就是提高企业被识别和选择的概率。所以，企业必须将域名作为一种商业资源来管理和使用。

在互联网上日益深化的商业化过程中，域名作为企业组织的标识作用日显突出。但互联网域名管理机构没有赋予域名法律上的意义，域名与任何公司名、商标名没有直接关系，由于域名的唯一性，任何一家企业注册在先，其他企业就无法在注册同样的域名，因此域名已具有与商标、名称类似的意义。由于世界上著名公司大部分直接以其商标命名域名，如海尔

(hair.com)、福特（ford.com）、奇瑞（chery.cn）、万科（vanke.com）等，因此域名在网络营销中同样具有商标特性，加之大多数使用者对专业知识知之甚少，很容易被一些有名的域名所吸引，因此一些显眼的域名比较容易博得用户的青睐。正因域名具有潜在的商业价值，与许多著名企业商标同义的域名往往被抢先注册，甚至有人用一些著名公司的商标或名称作为自己的域名注册，并向这些公司索取高额转让费。

如何让品牌商标在互联网上受到应有的重视、表达、标识与保护，对全球互联网健康发展至关重要。互联网需要一个标示品牌商标的标识，让品牌商标在互联网上获得应有的保护，彰显品牌商标的价值与权益，引导消费者与用户在互联网上通过品牌商标辨认商品与服务，阻止网上品牌商标遇侵权、仿冒、诈骗等不正当竞争者推销低劣或不同的商品与服务，保护消费者、用户和生产、经营者的利益。

随着国际互联网名称与数字地址分配机构（ICANN）唯一认定用".商标"作为后缀的全球通用顶级域名推出，用于识别某商品、服务或与其相关具体个人、企业或组织的显著标志。一个商标与域名有效结合，具有明显的、强烈的知识产权品牌商标标识的全球通用顶级域名".商标"正式纳入全球互联网域名体系，面向全球开放申请、注册与使用。

（二）网络服务

1. 网络服务的概念

服务是一方能够向另一方提供的基本上是无形的功效或礼仪，并且不导致任何所有权的产生。它的产生可能与某种有形产品密切联系在一起，也可能毫无联系，其本质就是让客户满意。网络营销服务具有相同的内涵，只是网络服务是通过互联网来实现服务，它能够更好地满足客户不同层次的需求。

2. 产品服务

市场营销从原来的交易营销演变为关系营销，营销目标转变为在达成交易的同时还要维系与客户的关系，更好地为客户提供全方位的服务。根据客户与企业发生关系的阶段，产品服务可以分为销售前、销售中和销售后三个阶段。网络营销产品服务相应也划分为网上售前服务、网上售中服务和网上售后服务。

从交易双方的需求可以看出，企业网上售前服务主要是提供信息服务。企业可通过自己已有一定知名度的网站宣传和介绍产品信息，或者通过网上虚拟市场提供商品信息。

网上售中服务主要是指产品的买卖关系已经确定，等待产品送到指定特点的过程中的服务，如下单、订单履行与跟踪等。在传统营销部门中，有30%～40%的资源用于应对客户对销售执行情况的查询和询问，特别是一些跨地区的销售，客户要求服务的比例更高。而网上销售的一个特点就是突破传统市场对地理位置的依赖和分割，因此网上销售的售中服务就更为重要。因此，在设计网上销售网站时，在提供网上订货功能的同时还要提供订单执行查询功能，方便客户及时了解订单执行情况。这也有利于减少因特网直销带来的客户对售中服务人员的需求。如美国的联邦快递通过其高效的邮件快递系统将邮件在递送的中间环节信息都输送到计算机的数据库，客户可以直接通过互联网从网上查找邮件的最新动态。客户可以在两天内去网上查看其包裹到了哪一站、在什么时间采取什么步骤、投递变更的原因、在什么时间会采取下一步措施，直至收件人安全地收到包裹为止。客户不用打电话去问任何人，上述服务信息都可以在网上获得，既让客户免于为查邮件而奔波查询，同时公司又能大大减少邮件查询方面的开支，实现企业与客户的共同增值。联邦快递的这种状态跟踪模式已成为其他同类公司纷纷效仿的目标。

网上销售服务就是借助互联网的直接沟通的优势，满足客户对产品帮助、技术支持和使用维护等需求，它具有便捷、灵活、直接、成本低等特点。网上售后服务有两类：一类是基本的网上产品支持和技术服务，如安装、调试、操作指南等；另一类是企业为满足客户的附加需求提供的增值服务。如美国的波音公司通过其网站公布其零件供应商的联系方式，同时将有关技术资料放到回收站，方便各地飞机维修人员及时索取最新资料和寻求技术帮助。

在企业的网络营销站点中，网上产品服务是网站的重要组成部分，一般包括产品信息和相关知识、网上虚拟社区、客户邮件列表等。

3. 定制服务

定制服务就是为消费者提供满足其个性化要求的服务。网上定制服务的内容有页面定制、电子邮件定制、客户端软件支持的定制服务方案等。

定制服务的个性化体现在三个方面：

① 服务时空的个性化，在人们希望的时间和希望的地点提供服务。

② 服务方式的个性化，能根据个人爱好或特色来进行服务。

③ 服务内容的个性化，不再是千篇一律、千人一面，而是各取所需、各得其所。

二、网络营销价格策略

企业的定价目标一般有生存、获取当前最高利润、获取当前最高收入、使销售额增长最大量、获取最大市场占有率和最优异的产品质量。企业的定价目标一般与企业的战略目标、市场定位和产品特性相关。企业在制定供给价格时，从企业内部考虑，主要是依据产品的生产成本；从市场全局考虑，取决于需求方的需求强弱程度和价值接受程度，以及来自其他同类产品或替代性产品的竞争压力程度。需求方接受价格的依据则是商品的使用价值和商品的稀缺程度，以及可替代品的机会成本。

从企业内部说，互联网的应用有利于降低采购成本费用、降低库存、控制生产成本，从而有效控制企业的成本和费用支出，有利于产品在价格上取得竞争优势。这里着重介绍企业可能采用的价格策略。

（一）低价定价策略

直接低价定价策略就是定价时采用成本加一定利润的方法，有的甚至是零利润，因此这种定价在公开价格时就比同类产品要低，它一般是制造业企业在网上进行直销时采用的定价方式。采用低价策略的基础就是通过互联网企业可以节省大量的成本费用。

另一种低价定价策略是折扣策略，它是在原价基础上进行打折来定价的。这种定价方式可以让客户直接了解产品的降价幅度以促进客户的购买。这类价格策略主要用于一些网上商店，一般按照市面上的流行价格进行折扣定价。

如果企业要拓展网上市场，但产品价格又不具有竞争优势时，则可以采用网上促销定价策略。促销定价除了前面提到的折扣策略外，比较常用的方法还有有奖销售和附带赠品销售。

在采用低价定价策略时需注意：

首先，由于互联网是从免费共享资源发展而来的，用户一般认为网上商品比从一般渠道购买的商品便宜，因此在网上不宜销售那些客户对价格敏感而企业又难以降价的产品，如黄金首饰。

其次，在网上公布价格时要针对一般消费者、零售商、批发商、合作伙伴等不同的客户对象，分别提供不同的价格信息发布渠道，以免因低价策略混乱导致营销渠道混乱。

最后，由于消费者通过搜索功能很容易在网上找到最便宜的商品，因此在网上发布价格时要注意比较同类站点公布的价格，否则价格信息公布将起到反作用。

（二）定制生产定价策略

作为个性化服务的重要组成部分，按照客户需求进行定制生产是网络时代满足客户个性化需求的基本形式。由于消费者的个性化需求差异性大，加上消费者的需求量又少，因此企业实行定制生产，在管理、供应、生产和配送各个环节上都必须适应这种小批量、多式样、多规格和多品种的生产和销售变化。为适应这种变化，企业应该采用企业资源计划（Enterprise Resource Planning，ERP）系统提高管理的自动化水平，采用生产控制系统如计算机集成制造系统（Computer Integrated Manufacturing Systems，CIMS）提高生产的自动化水平，采用供应链管理（Supply Chain Management，SCM）系统提高供应和配送的自动化水平。定制定价策略是在企业能实行定制生产的基础上，利用网络技术和辅助设计软件，帮助消费者选择配置或者自行设计能满足自己需求的个性化产品，同时承担自己愿意付出的价格成本。Dell公司的用户可以通过其网页了解本型号产品的基本配置和基本功能，根据其实际需要和在能承担的价格内配置出自己最满意的产品，使消费者能够一次性地买到自己中意的产品。

（三）许可使用定价策略

所谓许可使用定价，就是客户通过互联网注册后可以直接使用某公司的产品，客户根据使用次数付费，而不需要将产品完全购买，即仅购买产品的使用许可权。企业方面减少了为完全出售产品而进行的不必要的大量生产及包装，同时还可以吸引那些只想使用而不想拥有该产品的客户，扩大了市场份额；客户方面则节省了购买产品、拆包、处置产品的麻烦，且节省了不必要的开销。

采用许可使用定价策略，一般要考虑产品是否适合通过互联网传输，以及是否可以实现远程调控。图书、软件、音乐、电影等易数字化的产品比较适合采用该策略。

（四）拍卖竞价策略

经济学认为市场要想形成最合理价格，拍卖竞价是最合理的方式。网上拍卖由消费者通过互联网轮流公开竞价，在规定时间内出价高者赢得。根据供需关系，网上拍卖竞价方式有竞价拍卖、竞价拍买（逆拍卖）、集体议价。

在拍卖交易关系中，根据交易双方的关系，可以将交易关系形式转化为交易模式 $X:Y$。

在交易模式中，$X{:}Y$ 的含义为达成交易时供需者数量的对比。根据数量对比关系，分为 1:1 交易模式、$1{:}n$ 交易模式、$m{:}1$ 交易模式以及 $m{:}n$ 交易模式。

（五）免费价格策略

免费价格策略是市场营销中常用的营销策略，主要用于促销和推广产品。这种策略一般是短期和临时性的。但在网络营销中，免费价格不仅仅是一种促销策略，还是一种非常有效的产品和服务定价策略。其目标是迅速占领市场，以期获取或发掘后续的商业价值。

免费价格策略就是将企业的产品和服务以零价格形式提供给客户使用，满足客户的需求。免费价格策略有几类表现形式。

1. 产品（服务）完全免费

即产品（服务）从购买、使用和售后服务所有环节都实行免费服务。

2. 产品（服务）限制免费

即产品（服务）可以被有限地使用，超过一定期限或者次数后将取消这种免费服务。

3. 产品（服务）部分免费

如一些著名研究公司的网站会公布部分研究成果，但用户如果要获取全部成果必须付款成为该公司的客户。

4. 产品（服务）捆绑式免费

即购买某产品或者服务时赠送其他产品和服务。

网络营销中并不是所有产品都适合于免费策略。互联网作为全球性开放网络，可以快速实现全球信息交换，但只有那些适合互联网这一特性的产品才适合采用免费价格策略。一般来说，适用免费价格策略的产品具有易数字化、无形化、"零"制造成本、成长性、冲击性、存在间接收益等特点。

三、网络营销渠道策略

与传统营销渠道一样，以互联网作为支撑的网络营销渠道也应具备传统营销渠道的功能。营销渠道是指与提供产品或服务以供使用或消费这一过程有关的一整套相互依存的机构。它涉及信息沟通、资金转移和事物转移等。一个完善的网上营销渠道应有三大功能——订货功能、结算功能和配送功能，但互联网的交互性和普遍存在性使得渠道中相关角色的作用发生变化。

（一）去中介与中介重构

在传统营销渠道中，中介是其中重要的组成部分。中介是联系生产商和消费者的第三方，如批发、分销、零售等。中介层越多，从生产商到消费者间的价差就会越大。中介之所以在营销渠道中占有重要地位，是因为利用中介能够在广泛提供产品和进入目标市场方面发挥较高的效率。但互联网使得传统营销中的中介凭借地缘获取的优势被互联网的虚拟性所取代，同时由于互联网高效的信息交换改变着过去传统营销渠道的诸多环节，将错综复杂的关系简化为单一关系，改变了营销渠道的结构。

去中介化就是要在给定的供应链中移除某些起到中介作用的组织或业务处理层，一方面降低渠道成本，另一方面提高渠道效率。因此就出现了所谓的中介重构。中介重构是指重新确定供应链中的中介角色，使其提供增值服务，如帮助客户选择卖主，帮助卖主将货物配送给客户，图6-3①描述了中介、去中介和中介重构，去中介和中介重构引起了不同的网络营销渠道策略。

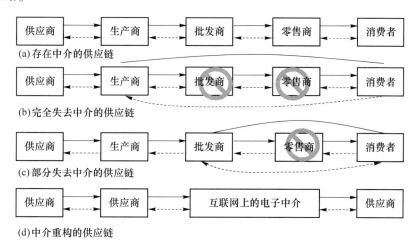

图6-3 中介、去中介和中介重构

1. 网上直销

网上直销就是利用互联网而不借助任何传统中介作用将产品或服务直接从生产商销售给最终用户，如图6-3中的（b）。完全的去中介化迫使传统中介改变其职能，由过去的中间力量变成为直销渠道提供服务的中介机构，如提供货物运输配送服务的专业配送公司，提供货款网上结算服务的网上银行，以及提供产品信息发布和网站建设的ISP和电子商务服务商。网上直销渠道的建立使生产者和最终消费者直接连接和沟通。

美国有很多发展成熟的直销企业，比如为国人所熟悉的DELL电脑、Amway安利、Avon雅芳等品牌。它们采取的都是直销模式，也就是公司雇用销售代表直接为顾客上门服务的销售方式。这种销售方式在英文中称作"direct-sales"，翻译过来为"传销、直销"之意。在国内，这些外来直销企业之前采取的主要是"店铺雇用推销员"的形式，现在更多的是利用自己的网店进行直接销售。

非法传销与直销的几个区别：

◇ 区别一：有无入门费

直销企业的推销员无须缴付任何高额入门费，也不会被强制认购货品。而在非法传销中，参加者通过缴纳高额入门费或被要求先认购一定数量的产品以变相缴纳高额入门费作为参与的条件，鼓励不择手段地拉人加入以赚取利润。其公司的利润也是以入门费为主，实际上是一种变相融资行为。

◇ 区别二：有无依托优质产品

这也是非法传销公司和直销企业的一个根本区别，规范直销企业的直销以销售产品作为

---

① E-fraim Turban. Electronic Commerce - A Managerial Perspective. Pearson Prentice Hall, 2004. 118.

公司收益的来源。而非法传销则以拉人头牟利或借销售伪劣或质次价高的产品变相拉人牟利，例如一套只值几十块钱的化妆品可以标价几百甚至上千元，甚至根本无产品销售。

◇ 区别之三：是否设立店铺经营

直销企业设立开架式或柜台式店铺，推销人员都直接与公司签订合同，其从业行为直接接受公司的规范与管理。而非法传销的经营者通过发展人员、组织网络从事无店铺或"地下"经营活动。

◇ 区别之四：是否有退出、退货保障

直销企业的推销人员可根据个人意愿自由选择继续经营或退出，企业为顾客提供完善的退货保障。而非法传销通常强制约定不可退货或退货条件非常苛刻，消费者已购的产品难以退货。

◇ 区别五：产品是否流通

非法传销企业不过是个"聚众融资"游戏，销售方式是采取让入门的所有销售代表都要认购产品，但这些产品不在市场上流通，只作为拉进下一个销售人员的样本或者宣传品。最后的局面是所有销售人员人手一份产品，产品根本没有在市场中流通或者销售。并且这些非法传销公司的组织者的收益主要也来自参加者缴纳的入门费或认购商品等方式变相缴纳的费用，因为产品不流通，组织者多半利用后参加者所缴付的部分费用支付先参加者的报酬维持运作。直销企业则完全相反，一方面企业产品要求质量好；另一方面，产品在市场上的销售也比较好。对于直销企业而言，产品优良与否是决定产品销量的根本原因，因为产品的流通渠道是由生产厂家通过营销代表到顾客手中的，中间没有其他环节，并且少有广告。

◇ 区别六：销售人员结构有无超越性

以拉人头来实现获取收益的非法传销公司，在销售人员的结构上往往呈现为"金字塔"式（图6-4），这样的销售结构导致谁先进来谁在上，同时先参加者从发展下线成员所缴纳的入门费中获取收益，且收益数额由其加入的先后顺序决定，其后果是先加入者永远领先于后来者。而这种不可超越性在直销公司就不存在，在直销企业中无论参与者加入先后，在收益上都表现为多劳多得、按劳分配。直销企业为愿意勤奋工作的人提供务实创收的机会，而非一夜暴富。每位推销人员只能按其个人销售额计算报酬，由公司从营运经费中拨出，在公司统一扣税后直接发放至其指定账户，不存在上下线关系。

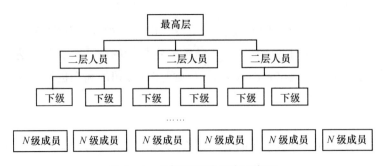

图6-4 传销组织的结构示意图

案例 6-1 "云在指尖"微信传销案

2016年9月,湖北省咸宁市工商局查处了"云在指尖"特大微信传销案。经查,当事人广州市云在指尖电子商务有限公司通过微信公众服务号"云在指尖"开发了一个在线购物、支付、返佣金功能的"云在指尖"微信商城,参与人员在购买一定金额的商品后成为会员,再继续发展其他人员购买商品加入则可获得"云在指尖"微信商城给付的佣金。

"云在指尖"微信商城设置了佣金制度规则:一是确定上下线层级关系。"云在指尖"微信商城设定通过关注微信公众号的先后次序,确定上下线层级关系。二是设置入门费。"云在指尖"微信商城规定必须购物满128元,才能够获得下线八层的返佣,必须购物满880元才能获得下线无限层的返佣。三是设置会员制度。"云在指尖"微信商城设置消费满128元和880元的两种以缴纳费用数额而获得的会员级别,还设置了三种通过继续增加下线数量而获得的会员级别。四是设置团队计酬规则。"云在指尖"微信商城根据上下线关系和会员级别确定返佣,128元级别的会员可以分配下线八层内的业绩,880元以上的高级会员还可以用以级差制分配下线无限层的业绩。截至案发时,"云在指尖"涉案金额达6.2亿元,关注"云在指尖"公众号的人数达2 400余万人,会员人数280万余人,会员遍及全国34个省级行政区域。

"云在指尖"微信商城以销售商品形式收取入门费,用下线缴纳的费用支付上线报酬,设置层级、会员级别、团队计酬规则,要求人员继续发展人员,牟取非法利益,构成了《禁止传销条例》规定的传销行为。

2016年9月9日,依据《中华人民共和国行政处罚法》第二十三条、《禁止传销条例》第二十四条、《工商行政管理机关行政案件违法所得认定办法》第二条和第八条的规定,咸宁市工商局对"云在指尖"微信商城做出了没收违法所得3 950万元、罚款150万元的处罚决定。

2. 网上间接营销

间接营销是通过融入互联网技术后的中间商业机构提供网络间接营销渠道,如图6-3 (d) 所示。传统中间商由于融合了互联网技术,大大提高了中间商的交易效率、专门化程度和规模经济效益。同时,新兴的中间商也对传统中间商产生了冲击,如美国零售业巨头沃尔玛为抵抗互联网对其零售市场的侵蚀,在2000年元月份开始在互联网上开设网上商店。基于互联网的新型网络间接营销渠道与传统间接分销渠道有着很大不同,传统间接分销渠道可能有多个中间环节如一级批发商、二级批发商、零售商,而网络间接营销渠道只需要一个中间环节。网络间接营销的主要模式有综合门户、电子卖场、网上店铺、卖方电子集市、电子交易所等。

(二) 网络渠道优势

首先,利用互联网的交互特性,网上营销渠道从过去单向信息沟通变成双向直接信息沟通,增强了生产者与消费者的直接联系。

其次,网上营销渠道可以提供更加便捷的相关服务:一是生产者可以通过互联网提供支付服务,客户可以直接在网上订货和付款,然后就等着送货上门,这一切大大方便了客户的需要;二是生产者可以通过网上营销渠道为客户提供售后服务和技术支持,特别是对于一些技术性比较强的行业如IT业,提供网上远程技术支持和培训服务既方便客户,又节约成本。

最后，网上营销渠道的高效性可以大大减少过去传统分渠道中的流通环节，有效降低成本。对于网上直接营销渠道，生产者可以根据客户的订单按需生产，实现零库存管理，同时网上直接销售还可以减少过去依靠推销员上门推销的昂贵的销售费用，最大限度地控制营销成本。对于网上间接营销渠道，通过信息化的网络营销中间商可以进一步扩大规模实现更大的规模经济，提高专业化水平；通过与生产者的网络连接可以提高信息透明度，最大限度地控制库存，实现高效物流运转，降低物流运转成本。

（三）渠道建设与选择

由于网上销售对象不同，网上销售渠道存在很大区别。B2B 交易模式由于每次交易量很大、交易次数很少，并且购买方案比较集中，所以网上销售渠道的建设关键是建设好订货系统，方便购买企业进行选择。由于企业一般信用较好，通过网上结算实现付款比较简单；配送时一般进行专门运送，既可以保证速度也可以保证质量，减少中间环节造成的损耗。B2C 交易模式由于单次交易量小、交易次数多，而且购买者非常分散，因此网上渠道建设的关键是结算系统和配送系统，这也是目前网上购物必须面对的门槛。由于国内的消费者信用机制还没有建立起来，加之缺少专业配送系统，因此开展网上购物活动时特别是面对大众购物时，企业必须解决好这两个环节才有可能获得成功。

不同的企业有不同的渠道选择策略，一般而言，规模型企业可采用网上直销渠道；规模较小且品牌知名度不大的企业一般适合选择电子中间商；处于两者之间的企业可采用网上直销与电子中间商并存的模式，使企业发展逐渐向一个方向调整（图 6-5）。网上渠道只是一类渠道，不可能完全替代传统的营销渠道。

图 6-5 网上渠道的选择示意图

（四）渠道冲突

传统企业选择网络作为新的营销渠道可能面临渠道冲突的风险，即在线营销渠道对传统营销渠道所造成的竞争压力，如批发商直销与原有的零售渠道可能会产生冲突，生产商直销与传统的批发商、生产商会产生冲突等。另外，企业内部部门之间也可能因各自业务对象（在线业务与离线业务）不同产生冲突，如资源分配问题、产品定价问题等。可以制定一些策略解决渠道冲突问题，如直接让现有的分销商实施电子商务；建立企业门户，鼓励中介承担企业实施电子商务时所产生的新型服务；仅在线销售没有冲突的产品，如新产品、传统渠道不愿经营的产品等，而其他易引起冲突的产品只在线做广告仍由传统渠道分销；只利用互联网做推广、客户服务等，而不承担销售任务；成立独立的在线子公司等。另外，为避免渠道冲突，企业还要有协调管理措施，如明确责任、统一定价等。

四、网络促销策略

网络促销是指利用现代通信网络特别是互联网向市场传递有关产品和服务的信息，以启发需求，引起消费者的购买欲望和购买行为的各种活动，其目标与传统促销是一致的。但由于网络的普遍存在性和交互性，网络促销与传统促销相比，在时间和空间观念上，在信息传播模式上以及在客户参与程度上都发生了较大的变化。因此一方面要从技术、方式及手段等角度去认识这种依赖现代网络技术、与客户不见面、完全通过电子化手段交流思想和意愿的产品促销形式；另一方面应当通过与传统促销的比较去体会两者之间的异同，吸收传统促销方式的整体设计思想和行之有效的促销技巧，加速和提高网络促销的成效。网络促销的主要方式有网上折价促销、网上赠品促销、网上抽奖促销、积分促销。

（一）网上折价促销

折价亦称打折、折扣，是目前网上最常用的一种促销方式。因为目前网民在网上购物的热情远低于商场超市等传统购物场所，因此网上商品的价格一般都要比传统方式销售时要低，以吸引人们购买。由于网上销售商品不能给人全面、直观的印象也不可试用、触摸等原因，再加上配送成本和付款方式的复杂性，造成网上购物和订货的积极性下降。而幅度比较大的折扣可以促使消费者进行网上购物的尝试并做出购买决定，因此目前大部分网上销售商品都有不同程度的价格折扣。

（二）网上赠品促销

赠品促销目前在网上促销的应用不算太多。一般情况下，在新产品推出、产品更新、对抗竞争品牌、开辟新市场情况下利用赠品促销可以达到比较好的促销效果。赠品促销的优点是：可以提升品牌和网站的知名度；鼓励人们经常访问网站以获得更多的优惠信息；能根据消费者索取赠品的热情程度总结分析营销效果和产品本身的反应情况等。

（三）网上抽奖促销

抽奖促销是网上应用较广泛的促销形式之一，也是大部分网站乐意采用的促销方式。抽奖促销是以一个人或数人获得超出参加活动成本的奖品为手段进行商品或服务的促销，网上抽奖活动主要附加于调查、产品销售、扩大用户群、庆典、推广某项活动等。消费者或访问者通过填写问卷、注册、购买产品或参加网上活动等方式获得抽奖机会。

（四）积分促销

积分促销在网络上的应用比起传统营销方式要简单和易操作。网上积分活动很容易通过编程和数据库等来实现，并且结果可信度很高，操作起来相对较为简便。积分促销一般设置价值较高的奖品，消费者通过多次购买或多次参加某项活动来增加积分以获得奖品。积分促销的优点是：可以增加上网者访问网站和参加某项活动的次数；可以增加上网者对网站的忠诚度；可以提高活动的知名度等。

第四节　网络营销方法

网络营销的职能是通过各种网络营销方法来实现的，网络营销的各个职能之间并非相互独立的。同一个职能可能需要多种网络营销方法的共同作用,而同一种网络营销方法也可能适用于多个网络营销职能。常用的网络营销方法主要有搜索引擎注册与排名、交换链接、病毒性营销、网络广告、许可 E-mail 营销与邮件列表、联属网络营销等。

一、搜索引擎和搜索引擎营销

搜索引擎是网民在互联网中获取所需信息的重要工具,是互联网中的基础应用。2010年,搜索引擎成为中国网民上网的主要入口,而互联网门户的地位也由传统的新闻门户网站转向搜索引擎网站。根据中国互联网络信息中心 2017 年 7 月发布的《第 40 次中国互联网络发展状况调查统计报告》的统计数据,截至 2017 年 6 月,我国搜索引擎用户规模达 6.09亿,使用率为 81.1%,用户规模较 2016 年年底增加 707 万,增长率为 1.2%;手机搜索用户数达 5.93 亿,使用率为 81.9%,用户规模较 2016 年年底增加 1 760 万,增长率为 3.1%(图 6-6)。

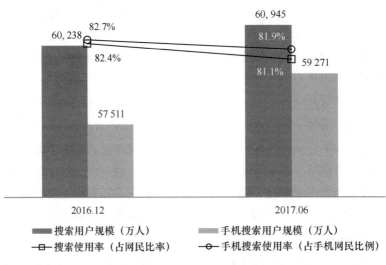

图 6-6 2016.12—2017.06 搜索/手机搜索用户规模及使用率

(数据来源:CNNIC 中国互联网络发展状况统计调查)

(一)搜索引擎介绍

搜索引擎按其工作方式主要可分为三种,分别是全文搜索引擎(Full Text Search Engine)、分类目录索引搜索引擎(Search Index/Directory)和元搜索引擎(Meta Search Engine)。

1. 全文搜索引擎

全文搜索引擎是名副其实的"搜索"引擎,国外具代表性的有 Google、Fast/AllTheWeb、AltaVist、Inktomi、TeomA、WiseNut 等,国内著名的有百度(Baidu)。它们通过从互联网上提取的各个网站的信息(以网页文字为主)而建立的数据库中检索与用户查询条件匹配的相关记录,然后按一定的排列顺序将结果返回给用户,因此它们是真正的搜索引擎。根据搜索结果来源,全文搜索引擎又可细分为两种,一种拥有自己的检索程序(Indexer),俗称"蜘蛛"(Spider)程序或"机器人"(Robot)程序,并自建网页数据库,搜索结果直接从自身的数据库中调用,如上面提到的几家引擎;另一种则是租用其他引擎的数据库，并按自定的格式排列搜索结果，如 Lycos 引擎。图 6-7 为全文搜索引擎的部分商标截图。

图 6-7 全文搜索引擎的代表

2. 分类目录索引

分类目录索引虽然有搜索功能，但在严格意义上算不上是真正的搜索引擎，仅仅是按目录分类的网站链接列表而已。用户完全可以不用进行关键词（Keywords）查询，仅靠分类目录也可找到需要的信息。目录索引中最具代表性的有 Yahoo 雅虎、Open Directory Project（DMOZ）、Look Smart、About 等。国内的搜狐、新浪、网易搜索也都属于这一类。图 6-8 为分类目录搜索引擎的部分商标截图。

图 6-8 分类目录搜索引擎的代表

3. 元搜索引擎（META Search Engine）

元搜索引擎在接受用户查询请求时，同时在其他多个引擎上进行搜索，并将结果返回给用户。著名的元搜索引擎有 Info Space、Dogpile、Vivisimo 等，中文元搜索引擎中具代表性的有"搜星"搜索引擎。在搜索结果排列方面，有的直接按来源引擎排列搜索结果，如 Dogpile，有的则按自定的规则将结果重新排列组合，如 Vivisimo。

4. 非主流形式的搜索引擎

（1）集合式搜索引擎

如 HotBot 在 2002 年年底推出的引擎，类似 META 搜索引擎，但区别在于不是同时调用多个引擎进行搜索，而是由用户从提供的四个引擎当中选择，因此叫它"集合式"搜索引擎更确切些。

（2）门户搜索引擎

如 AOL Search、MSN Search 等虽然提供搜索服务，但自身既没有分类目录也没有网页数据库，其搜索结果完全来自其他引擎。

（3）免费链接列表（Free For All Links，FFA）

这类网站一般只简单地滚动排列链接条目，少部分有简单的分类目录，不过比起 Yahoo 等目录索引规模小得多。

（二）搜索引擎营销

搜索引擎营销是英文 Search Engine Marketing 的翻译，简称为 SEM，就是根据用户使用搜索引擎的方式，利用用户检索信息的机会尽可能将营销信息传递给目标用户。简单来说，搜索引擎营销就是基于搜索引擎平台的网络营销，利用人们对搜索引擎的依赖和使用习惯，在人们检索信息的时候尽可能将营销信息传递给目标客户。

1. 搜索引擎注册与排名

在主要的搜索引擎上注册并获得最理想的排名，是网站设计过程中就要考虑的问题之一。网站正式发布后尽快提交到主要的搜索引擎，这是网络营销的基本任务。搜索引擎结果注册包括普通型注册、推广型注册以及竞价型注册。普通型注册费用较低，但仅保证收录，不保证排名；推广型注册能保证排在搜索结果的第一页，但若推广型注册用户过多，一般搜索引擎服务商会采用"滚动排名"策略；竞价型注册是一种按照为客户网站带去的实际访问量收费的模式。

由于有众多搜索引擎，因此公司选择哪些搜索引擎注册是一门学问。主要策略有选择著名的综合搜索引擎公司，如百度、谷歌；或者根据所属行业选择专业搜索引擎。

2. 搜索引擎推广可能存在以下的不足

◇ 搜索结果太多，排不到前面可能没有任何意义。

◇ 不同时间查询结果不同。

◇ 不同的搜索引擎查询结果不同。

◇ 要求准确的关键词选择，否则太冷僻了没人查，太通俗了结果又太多。

◇ 由于搜索引擎对语义的理解有限，因而会产生歧义，如查"光学数据库"却出现了"光学数据库是不行的"等。

3. 改善排名的途径

（1）选择恰当的关键词

第一，通过联想尽可能给出更多的关键词。比如在卖鲜花的网站中，可以考虑的关键词有"鲜花""花""玫瑰""康乃馨"等，还可以联想到鲜花应用的场合来选择关键词，如"生日鲜花""情人节鲜花"等。第二，站在用户的角度给出符合大众习惯称谓的词。比如在研究生考试咨询网站中，是用"研考"还是"考研"来做关键词更合适？中考、高考，接下来按照道理应该是"研考"才对，我们可以到搜索引擎上测试一下，看看哪个词的反馈结果多，用百度搜索"研考"和"考研"，结果如图6-9和6-10所示。从结果中可以发现，用"研考"作为关键词搜索，有大约939 332篇相关网页，而用"考研"作为关键词搜索，有大约100 000 002篇相关网页，说明大众的用语习惯是"考研"而不是"研考"；第三，要给出一定的专业术语的关键词，减少意义太泛的关键词，用户为了能够准确找到信息，比较倾向于使用具体词汇以及组合词汇，而不是使用大而泛的概念，另外，网站如果使用意义过于广泛的关键词，也意味着要与更多的网站竞争排名，难以胜出。

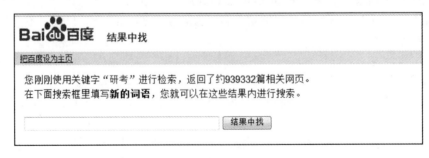

图6-9 百度搜索引擎反馈的"研考"结果

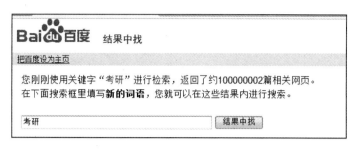

图6-10　百度搜索引擎反馈的"考研"结果

（2）交纳更高的费用

目前很多搜索引擎公司是按照费用高低排名的。从搜索引擎角度，可在技术上采用一些策略，比如优先推荐有此域名的网址，如在谷歌上搜索"fox"这样的常用词也能准确定位到福克斯（fex.com）公司，在百度上搜索"163"也能直接定位到163.com。为避免按费用高低排名引起的用户不满，还可将搜索结果与广告分开，如图6-11所示。

图6-11　搜索引擎将广告与搜索结果分离显示

二、交换链接

交换链接或称互惠链接，是具有一定优势的网站之间的简单合作形式，即分别在自己的网站上放置对方网站的logo或网站名称或设置对方网站的超级链接，使得用户可以从合作网站中发现自己的网站，达到互相推广的目的。

（一）主要作用

1. 吸引点击量

通过和其他站点的交换链接，可以吸引更多的用户点击访问自己的网站。

2. 为搜索引擎的收录提供参考

搜索引擎会根据交换链接的数量以及交换链接网站质量等对一个网站做出综合评价，这也将是影响网站在搜索引擎排名的因数之一。

交换链接在吸引更多用户访问的同时起到SEO（搜索引擎优化）的作用。但交换链接面临双方网站的知名度、点击率等可能不相同的困难，因此需要加入广告交换组织。广告交换组织通过不同站点的加盟，提高了链接交换的机会，起到相互促进的作用。图6-12显示了166Map.com网站的友情链接。

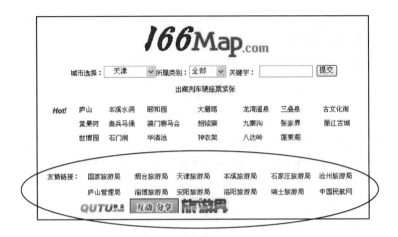

图 6-12 某网站的交换链接

（二）交换链接的方式

1. 双线链接

对方的 A 站链接你的 A 站，你的 A 站同样也链接对方的 A 站（这是链接中最常见的形式）。

2. 交叉链接

对方的 A 站链接你的 B 站，而你的 B 站连接对方的 A 站（A 站不仅仅限于某一个站）。

3. 单线链接

单方面链接某个站点的 URL，而对方却并无你的链接。

三、病毒式营销

（一）概念

所谓"病毒式营销"，并非真的以传播病毒的方式开展营销，而是通过利用公众的积极性和人际网络，使营销信息像病毒一样被快速复制，传向数以万计、数以百万计的受众。这是一种口碑营销。在网络环境下可以使用电子邮件、新闻组、聊天室、社区、论坛、电子书、电子贺卡、电子优惠券等传递信息。人们在获得利益的同时不知不觉地、不断缠绕式地宣传了商家的营销信息。因此，病毒性营销是由商家发动、用户自愿参加、结果双赢的方式。

（二）交换链接的方式

病毒性营销的特点是快速传播，用户是传播链中的中继者，因此，病毒性营销的效果取决于"病毒"是否容易传播和用户是否乐于传播该"病毒"。美国著名的电子商务顾问 Ralph Wilson 博士提出了病毒式营销具有的六项基本要素：

◇ 提供有价值的产品或服务。

◇ 提供无须努力向他人传递信息的方式。

◇ 信息传递范围很容易从小向大规模扩散。

◇ 利用公众的积极性和行为。

◇ 利用现在的通信网络。

◇ 利用别人的资源。

案例 6-2   **Hotmail.com 的病毒性营销**

1996 年，Saber Bhatia 和 Jack Smith 创建了一个基于 Web 的免费邮件服务器，就是现在为微软公司所拥有的 Hotmail.com。在创建之后一年半的时间里就吸引了 1 200 万注册用户，而且以每天超过 15 万新用户的速度发展。令人不可思议的是，在网站创建的 12 个月内，Hotmail 在营销上的花费不到 50 万美元，还不到其直接竞争者 Juno 的 3%。Juno 的广告和品牌推广费用是 2 000 万美元。当时，为了给自己的免费邮件做推广，Hotmail 在邮件的结尾处附上："P.S. Get your private、free email at http://www.hotmail.com"；接收邮件的人看到邮件底部的信息会继续利用免费 E-mail 向朋友或同事发送信息，就会有更多的人使用 Hotmail 的免费邮件服务，于是 Hotmail 提供的免费邮件的信息不断地在更大的范围扩散。因为这种自动附加的信息也许会影响用户的个人邮件信息，后来 Hotmail 将"P.S."去掉，将强行插入的具有广告含义的文字去掉，不过邮件接收者仍然可以看出发件人是 Hotmail 的用户，这样每一个用户都成为 Hotmail 的推广者，信息可以在网络用户中迅速扩散。现在几乎所有的免费的电子邮件提供商都采取类似的推广方法，这就是病毒式营销的经典案例。

四、网络广告

与传统的四大传播媒体（报纸、杂志、电视、广播）广告及近年来备受垂青的户外广告相比，网络广告具有得天独厚的优势，是实施现代营销媒体战略的重要一部分。网络广告是主要的网络营销方法之一，在网络营销方法体系中具有举足轻重的地位，事实上多种网络营销方法也都可以理解为网络广告的具体表现形式，并不仅仅限于放置在网页上的各种规格的广告，电子邮件广告、搜索引擎关键词广告、搜索固定排名等都可以理解为网络广告的表现形式。无论以什么形式出现，网络广告的本质特征是相同的：它是向互联网用户传递营销信息的一种手段，是对用户注意力资源的合理利用。

从技术层面来说，网络广告是指以数字代码为载体，采用先进的电子多媒体技术设计制作，通过互联网广泛传播，具有良好交互功能的广告形式。中国的第一个商业性网络广告出现在 1997 年，传播网站是 China byte，广告表现形式为 468 像素×60 像素的动画旗帜广告。近年来，互联网已经成为继传统三大媒体（电视、广播、报刊）之后的第四大媒体。中国网络广告发展迅速，发挥的作用也越来越大。表 6-1 为纸介广告、电视广告和网络广告的对比。

表 6-1   纸介广告、电视广告和网络广告的对比

类别	纸介广告	电视广告	网络广告
时间效果	播放、保留时间中等	播放、保留时间短	播放无时间限制
空间效果	版面限制大	画面限制大	无限制，自由度大
反馈能力	弱	弱	强
检索能力	弱	无	强
宣传方式	文字、画面	画面、声音	影像 声音、动画、三维空间等
读者投入	一般	一般	集中
可统计性	一般	差	强
费用支出	中	高	低

和传统广告比较起来，网络广告具有以下优势：
◇ 传播技术先进，方式多样。
◇ 不受时空限制，信息容量大。
◇ 实现互动性，便于双向沟通。
◇ 成本低廉，计费灵活。
◇ 便于检索，反馈直接。

（一）网络广告的形式

1. 网幅广告（包含 Banner、Button、通栏、竖边、巨幅等）

网幅广告是以 GIF、JPG、Flash 等格式建立的图像文件，定位在网页中大多用来表现广告内容，同时还可使用 Java 等语言使其产生交互性，用 Shockwave 等插件工具增强表现力。网幅广告最常用的是旗帜（Banner）广告（图 6-13），按 IAB（Internet Advertising Bureau，美国网络广告署）规定，它有四种规格：468 像素×60 像素的标准格式，也称为全幅标志广告；234 像素×60 像素，也称为半幅标志广告；120 像素×240 像素的直幅标志广告；728 像素×90 像素的宽型标志广告。网幅广告还有一种略小一点的广告，称为按钮广告（Button），常用的按钮式广告尺寸也有四种：125 像素×125 像素、120 像素×90 像素、120 像素×60 像素、88 像素×31 像素。

另外，IAB 也在不断颁布新的网幅广告的标准，如 336 像素×280 像素的大长方形广告、300 像素×250 像素的中长方形广告、120 像素×600 像素的摩天大楼广告、250 像素×250 像素的弹出式广告等。

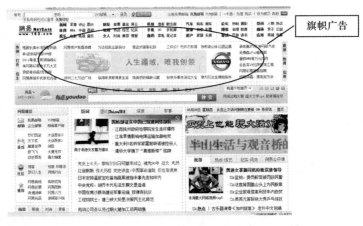

图 6-13 网易上的旗帜广告

2. 文本链接广告

文本链接广告是以一排文字作为一个广告，点击可以进入相应的广告页面。这是一种对浏览者干扰最少但却较为有效果的网络广告形式。有时候，最简单的广告形式效果却最好。

3. 电子邮件广告

电子邮件广告具有针对性强、费用低廉的特点，且其广告内容不受限制。电子邮件广告针对性强，它可以针对具体某一个人发送特定的广告，为其他网上广告方式所不及。

4. 赞助式广告

赞助式广告确切地说是一种广告投放传播的方式，而不仅仅是一种网络广告的形式。它可能是通栏式广告、弹出式广告等形式中的一种，也可能是包含很多广告形式的打包式设计，甚至是以冠名等方式出现的一种广告形式。它的表现形式多种多样，相比传统的网络广告能给予广告主更多的选择。

5. 与内容相结合的广告

广告与内容的结合可以说是赞助式广告的一种，从表面上看起来它们更像网页上的内容而并非广告。在传统的印刷媒体上这类广告会有明显的标示，指出这是广告，而在网页上通常没有清楚的界限。

6. 插播式广告（弹出式广告）

访客在请求登录网页时强制插入一个广告页面或弹出广告窗口。它们有点类似电视广告，打断正常节目的播放，强迫访客观看。插播式广告有各种尺寸，有全屏的也有小窗口的，而且互动的程度也不同，从静态的到全部动态的都有。浏览者可以通过关闭窗口不看广告（电视广告是无法做到的），但是它们的出现没有任何征兆，除非浏览者事先设定网页拦截弹出窗口，否则它们肯定会被浏览者看到。

7. Rich Media

一般指使用浏览器插件或其他脚本语言、Java 语言等编写的具有复杂视觉效果和交互功能的网络广告。这些效果的使用是否有效，一方面取决于站点的服务器端设置，另一方面取决于访问者浏览器是否能查看。一般来说，Rich Media 能表现更多、更精彩的广告内容。

8. 其他新型广告

视频广告、路演广告、巨幅连播广告、翻页广告、祝贺广告、论坛板块广告等。

（二）网络广告的定价模式

1. CPM（Cost Per Mille 或 Cost Per Thousand Impressions），每千人成本

它是以每产生 1 000 个广告印象的费用作为计价的标准，通常是根据网络广告所处页面的访问量来计算。在传统媒体的广告业中，通常是以每千人成本作为确定该媒体广告价格的基础。由于因特网上的网站可以精确地统计其页面的访问次数，因此网络广告按访问人次收费是一种科学的方法，所以网络广告沿用了传统媒体广告的做法，一般以广告网页被 1 000 次浏览为基准计价单位的收费模式，即 CPM。例如，一个旗帜广告的单价是 $1/CPM，意味着每一千人次看到这个广告就收 1 美元，依次类推，若有 1 万人次浏览了该广告就是 10 美元。如果一个广告主购买了 30 个 CPM，其所投放在广告商网页上的广告就可以被浏览 3 万人次。

2. CPC（Cost Per Click），每点击成本

它是以网页上的广告被点击并链接到相关网站或详细内容页面 1 000 次为基准的网络广告收费模式，例如，广告主购买了 10 个 CPC，意味着其投放的广告可被点击 10 000 次。虽然 CPC 的费用比 CPM 的费用高得多，但广告主往往更倾向选择 CPC 这种付费方式，因为这种付费真实反映了受众确实看到了广告，并且进入了广告主的网站或页面。CPC 也是目前国际上流行的广告收费模式。

3. CPR（Cost Per Response），每回应成本

以浏览者的每一个回应计费，这种广告计费充分体现了网络广告"及时反应、直接互动、准确记录"的特点。

4. CPA（Cost Per Action），每行动成本

按照回应的有效问卷或订单来计费，而不限广告投放量。

5. CPP（Cost Per Purchase），每购买成本

用户点击广告并进行在线购买后才按照销售笔数付给广告站点费用。

五、许可 E-mail 营销与邮件列表

（一）E-mail 营销的定义

E-mail 营销是在用户事先许可的前提下，通过电子邮件的方式向目标用户传递有价值信息的一种网络营销手段。

E-mail 营销强调三个基本因素：基于用户许可、通过电子邮件传递信息、信息对用户是有价值的。

基于用户许可的 E-mail 营销比传统的推广方式或未经许可的 E-mail 营销具有明显的优势，比如可以减少广告对用户的滋扰、增加潜在客户定位的准确度、增加与客户的关系、提高品牌忠诚度等。开展 E-mail 营销的前提是拥有潜在用户的 E-mail 地址。这些地址可以是企业从用户资料中自行收集整理，也可以利用第三方获得潜在用户资源。

（二）许可 E-mail 营销的基本形式

① 内部列表 E-mail 营销：利用用户自愿注册的资料。

② 外部列表 E-mail 营销：利用专业服务商的用户资源。

图 6-14 所示为屈臣氏网站上的会员注册页面，屈臣氏通过会员注册，收集用户的注册信息，针对数据库中存储的会员 E-mail 定期或不定期发送相关的广告邮件来进行许可 E-mail 营销。

图 6-14 屈臣氏网站上的会员注册页面

六、联属网络营销

(一) 概念

联属网络营销,又称会员制营销,已经被证实为电子商务网站的有效营销手段。国外许多零售型网站都实施了联属计划,几乎已经覆盖了所有行业。联属网络销售就是一个网站的所有人在自己的网站(称为联属网,affiliate)上推广另一个商务网站(称为主力网站,merchant)的服务和商品,并依据实现的销售额取得一定比例佣金的网络销售方式。

联属网络销售理论发端于亚马逊书店在 1996 年夏推出的一种联属方案。根据这一方案,任何网站都可以申请成为亚马逊书店的联属网站,在自己的网站上推介亚马逊书店经营的图书,并依据实际售出书籍的种类和已享折扣的高低获得 5%～15% 的佣金。该方案一经推出就在业界引起了轰动。当年加入联属营销计划的网站超过了 4 000 家,次年夏天突破了一万家,1998 年夏天达到了 10 万家。正是这些联属网站使得亚马逊书店名声大振,成为网上零售的第一品牌。在亚马逊书店的带动下,网上零售业纷纷仿效。如今联属网络营销的观念已经普及在网络上发展的各个行业的各种规模的公司。

(二) 优势

1. 树立品牌,促进销售

主力网站可以通过发展联属网络以较小的花费在较短的时间内树立自己的网上品牌,实现网上销售额的快速增长。

2. 实现营收

联属网站可以通过加入联属营销计划从起点较低的内容网站迅速转变为电子商务网站,实现营业收入。

七、Web 2.0 的营销工具和方法

相对于搜索引擎、网络广告、电子邮件等网络营销工具,Web 2.0 时代的博客(Blog)、微博(Micro Blog)、RSS、SNS、IM 等是近年来比较受到关注的网络营销应用,本书对一些常用的 Web 2.0 网络营销工具如博客、微博、RSS 给予概要的介绍。

(一) 博客营销

1. 定义

博客的名称是 Weblog,由 web 和 blog 两个单词组成,按字面意思就是网络日记,后来喜欢新名词的人把这个词的发音故意改了一下,读成 we blog,由此,blog 这个词被创造出来。博客营销是通过博客网站或博客论坛接触博客作者和浏览者,利用博客作者个人的知识、兴趣和生活体验等传播商品信息的营销活动。

博客营销的本质在于通过原创专业化内容进行知识分享,争夺话语权,建立起信任权威,形成个人品牌,进而影响读者的思维和购买。博客营销的本质是公关行为,简单可以概括为:

◇ 以网络信息传递形式表现个人思想。
◇ 以网络信息传递形式表现个人体验。
◇ 以网络信息传递分享个人知识资源。

2. 博客的网络营销价值

首先,博客可以直接带来潜在用户;其次,博客营销可以降低网站推广费用。

3. 博客营销的特点

◇ 博客营销的目标更为精确。
◇ 博客营销与传统营销方式相比营销成本较低。
◇ 博客广告具有交互性。
◇ 博客是一个信息发布和传递的工具。
◇ 博客与企业网站相比,博客文章的内容题材和发布方式更为灵活。
◇ 与门户网站发布广告和新闻相比,博客传播具有更大的自主性。
◇ 与供求信息平台的信息发布方式相比,博客的信息量更大。
◇ 与论坛营销的信息发布方式相比,博客文章显得更正式,可信度更高。

(二) 微博营销

微博,即微博客(Micro Blog)的简称,是一个基于用户关系的信息分享、传播以及获取的平台,以140左右的字符更新信息,并实现即时分享。微博最大的特点就是集成化和开放化,用户可以通过手机、IM 软件和外部 API 接口等途径向自己的微博客发布消息。相比较博客的"被动"关注,微博的关注则更为主动,听众可以自愿选择接收某位用户的即时更新信息,从这个角度来看,对于商业推广更具有研究价值。图 6-15 显示的是微博的特性。

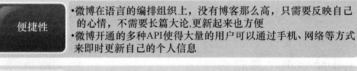

图 6-15 微博的特性

 美国新奥尔良比萨店 Naked Pizza 的微博营销

Naked Pizza 是美国新奥尔良一家比萨店,它在美国著名的微博网站 Twitter 上开通自己的微博时,在店面口竖立起一块新的广告牌,广告牌上是偌大的 Twitter 字样,并链接企业网站:"twitter.com/naked pizza"。客户们通过 Twitter 向 Naked Pizza 下订单、询问价格、告知地址;而 Naked Pizza 通过 Twitter 向客户们播送打折信息、新产品信息,以及报告 Pizza 是否已经送出。以前 Naked Pizza 每年要花费 60 000 美元在直投广告、25 000 美元在电子邮件广告上,如今只需三分之一的费用。

案例 6-4　　蒙牛特仑苏的微博营销

特仑苏于 2010 年 2 月开始在新浪微博开设官方账号,特仑苏官方微博的运营,由公关公司 Bossepr 来代理,而具体的日常工作则只要少量人负责就可以了。

运营微博的目的是与特仑苏的直接消费群体和非直接消费群体建立面对面的沟通平台,收集最真实的消费者的民调。通过"爱猜特仑苏"等一系列的活动的展开,进一步提升特仑苏的品牌体验,微博活动页面如图 6-16、图 6-17 所示。

图 6-16　特仑苏的微博活动截图

特仑苏:发布微博的内容分类

内容一	转发或评论与品牌相关话题:与品牌直接相关的,通常是包含品牌关键字的微博信息
内容二	转发或评论与品牌无关话题:与品牌并不直接相关,多为当前社会热点
内容三	有奖互动活动:特点是有一定趣味性,可参与,有奖品
内容四	发布相关线下活动:与品牌直接相关的线下活动信息,通常包含品牌关键字
内容五	对话:到目前为止,主要是通过转发或回复,主动接触提及特仑苏的微博用户,并产生进一步对话的可能
内容六	无关主题:与品牌不直接相关的信息,不排除某些看似无关的内容,其实是有意针对目标受众喜好而设计的

特仑苏:发布微博的内容效果分析,有奖活动是效果最好的渠道

类别	数量	转发总量	平均每条转发	评论总量	平均每条评论
转发或评论与品牌相关话题	22	313	14	220	10
转发或评论与品牌无关话题	8	15	2	7	1
有奖活动	9	1 812	201	1 659	184
发布相关线下活动	7	17	2	10	1
对话	24	55	2	29	1
无关主题	5	118	24	110	22
综合	75	2 330	31	2 035	27

其中"有奖活动(爱猜特仑苏)"数量不多,只占全部微博数的 12%,所获得的转发和评论数却分别占 78% 和 82%,同时虽然没有直接的数据能够证明,但完全可以假设,因为得到大量的转发,粉丝数一定也会因此而增加,从数值上看,举办有奖活动显然是效果最好的渠道,但要考虑如下因素:
　-需要花更多钱。相对于其他几乎免费的类型而言,有奖活动通常意味着需要立刻掏出真金白银。
　-需要花更多时间。制定规则,统计并发放奖品,都需要花比发布两条微博多得多的时间,而这部分工作暂时还没有专用的工具,只能依靠手工劳动,更加降低了效率。
　-奖品的激励可能导致带来类似虚假流量的"虚假关注"和"虚假评论/转发"。

图 6-17　蒙牛微博营销的流程

(三) RSS

1. RSS 概念

RSS（Really Simple Syndication）至今还没有一个非常贴切的中文译名，RSS 是站点用来和其他站点之间共享内容的（也叫聚合内容）一种技术，它是一种描述其同步网站内容的格式，是目前最广泛的 XML 应用之一。RSS 是基于文本格式的一种 XML（可扩展标识语言）文件，常被称为 RSS Feed 或者 Channels。RSS 搭建了一个信息迅速传播的技术平台，发布一个 RSS 文件后，这个 RSS Feed 中包含的信息就能直接被其他站点调用，而且这些数据都是标准的 XML 格式，能在其他的终端和服务中使用。

网络用户可以在客户端借助于支持 RSS 的新闻聚合工具软件，在不打开网站页面的情况下阅读支持 RSS 输出的网站内容。图 6-18 为看天下的 RSS 阅读器截图。

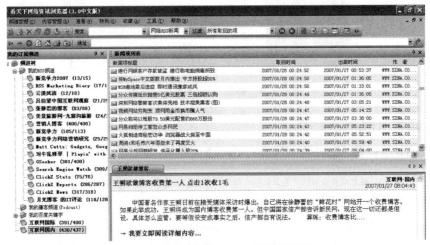

图 6-18　看天下的 RSS 阅读器截图

2. RSS 网络营销

RSS 网络营销是指利用 RSS 这一互联网工具传递营销信息的网络营销模式。RSS 营销的特点决定了其比其他邮件列表营销具有更多的优势，是对邮件列表的替代和补充。目前，RSS 营销的应用还处于初级阶段，因此对于 RSS 营销方法和一般规律的研究也有待深入。RSS 营销是一种相对不成熟的营销方式，即使在美国这样的发达国家仍然有大量用户对此一无所知。使用 RSS 的用户以互联网业内人士居多，以订阅日志及资讯为主，而能够让用户来订阅广告信息的可能性更微乎其微。RSS 营销与邮件营销类似，比如 RSS 订阅与邮件订阅、outlook 的界面和很多 RSS 客户端等，但是其效果相差甚远。RSS 阅读器里独立于文章之外的广告点击量比显示在文章中的广告点击量高出很多。

RSS 网络营销的基本形式有以下两种：

（1）内部 RSS 营销

就是利用自己网站的 RSS 订阅用户资源，通过 RSS 向受众直接发送网络营销信息的方式。这与 E-mail 营销的邮件列表有点类似。

（2）通过 RSS 阅读器服务商投放广告

RSS 阅读器一般是免费提供的，企业可以通过这些服务商将广告投放到 RSS 阅读器的使用者桌面上。通常，这些广告会嵌入到阅读器界面的某一个位置，或者放在 RSS 信息摘要的后面。这种广告的效果取决于 RSS 订阅用户的规模或者某一个具体的 RSS 频道用户的数量，以及用户使用的频率和偏好因素。

（四）IM

IM（Instant Messaging，即时信息），指可以在线实时交流的工具。大部分的即时通信服务提供了状态信息的特性——显示联络人名单、联络人是否在线及能否与联络人交谈。目前在互联网上受欢迎的即时通信软件包括 QQ、MSN Messenger（Windows Live Messenger）、百度 hi、ICQ、飞信、Skype、新浪 UC、Google Talk、阿里旺旺、天翼 Live 等。

即时信息在网络营销中的作用主要表现在以下几个方面。

1. 客户服务功能

企业建立了网店或是企业网站时可以利用即时通信工具在线提供客户服务。潜在的客户如果对产品或服务感兴趣的时候可以主动和在线的商家联系。图 6－19 为淘宝网上的卖家客服通过即时聊天工具和客户进行沟通。

2. 网络广告媒体

由于拥有庞大的用户群体，即时信息软件已经成为主要的在线媒体之一。企业可以通过 IM 营销通信工具，发布一些产品信息、促销信息，或者可以通过图片发布一些网友喜闻乐见的表情，同时加上企业要宣传的标志。例如，中国国内用户最多的即时信息软件——腾讯 QQ 就有多种广告形式，其嵌入式广告、系统广播广告等形式比一般的网幅式广告、文本广告更能吸引用户的注意。另外，这种广告还具有容易定位，便于同时向大量在线用户发送信息的独特优势。图 6－20 为腾讯 QQ 的弹窗广告截图。

当然，即时信息也有其局限性，如不同的即时通信工具难以互联互通、一对多发送信息群发困难、以 IM 直接传递商业推广信息不够正规、使用 IM 交流信息难以保证法律效应等，企业在应用 IM 进行营销推广时应注意以上问题。

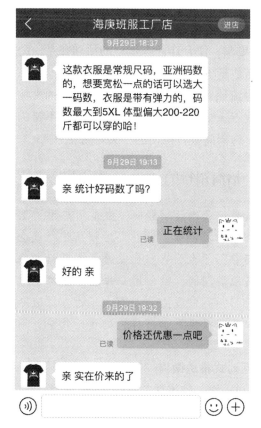

图 6－19　淘宝上的即时聊天工具的对话界面

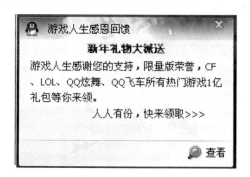

图 6－20　腾讯 QQ 的弹窗广告截图

（五）微信营销

微信营销是网络经济时代企业营销模式的一种创新，是伴随着微信①的火热而兴起的一种网络营销方式。微信不存在距离的限制，用户注册微信后，可与周围同样注册的"朋友"形成一种联系，用户订阅自己所需的信息，商家通过提供用户需要的信息，推广自己的产品，从而实现点对点的营销。

微信营销主要体现在以安卓系统、苹果系统的手机或者平板电脑中的移动客户端进行的区域定位营销，商家通过微信公众平台，结合微信会员卡管理系统展示商家微官网、微会员、微推送、微支付、微活动，已经形成了一种主流的线上线下微信互动营销方式。微信一对一的互动交流方式具有良好的互动性，精准推送信息的同时更能形成一种朋友关系。基于微信的种种优势，借助微信平台开展客户服务营销成为继微博之后的又一新兴营销渠道。如果把微博试想成一个人下面有几万人听众的演讲场合，那么微信更像是两个好友冬日下午在茶楼泡上一壶普洱茶席地而坐地进行面对面交流。

2012年8月，微信公众平台上线，允许媒体、品牌商及名人进行账户认证，并给认证用户更多的手段向粉丝们推送信息。于是，众品牌纷纷"抢滩登陆"，微博上代理公司也正式挂起了"微信营销"这块招牌，一时间，微信成了品牌除官方微博以外的另一大互联网营销热门之地。下面介绍几种比较常见的微信营销模式。

1. 模式一：活动式微信——"漂流瓶"

营销方式：微信官方可以对漂流瓶的参数进行更改，使合作商家推广的活动在某一时间段内抛出的漂流瓶数量大增，普通用户"捞"到的频率也会增加。加上"漂流瓶"模式本身可以发送不同的文字内容甚至语音小游戏等，如果营销得当，也能产生不错的营销效果。图6-21为招商银行推出的"爱心漂流瓶"。

案例6-5 招商银行的"爱心漂流瓶"

招商银行开展微信营销活动期间，微信用户用"漂流瓶"功能捡到招商银行漂流瓶，回复之后招商银行便会通过"小积分，微慈善"平台为自闭症儿童提供帮助。根据观察，在招行开展活动期间，微信用户每捡十次漂流瓶便基本上有一次会捡到招行的爱心漂流瓶。不过，漂流瓶的内容存在重复，如果可提供更加多样化的灵活信息，用户的参与度会更高。

图6-21 招商银行"爱心漂流瓶"微信营销的截图

2. 模式二：互动式推送微信

营销方式：通过一对一的推送，品牌可以与"粉丝"开展个性化的互动活动，提供更加直接的互动体验。

---

① 微信是腾讯公司2011年推出的一款即时通信应用工具。

案例 6-6　　　　　　　　　　**星巴克《自然醒》**

当用户添加"星巴克"微信官方账号为好友后，用微信表情表达心情，星巴克后台就会根据用户发送的心情，用《自然醒》专辑中的音乐回应用户。如图 6-22 所示：

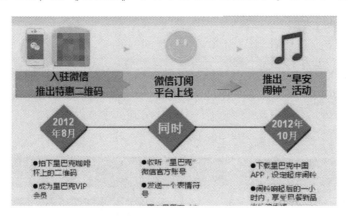

图 6-22　星巴克微信营销"自然醒"的截图

3. 模式三：O2O 模式——二维码

营销方式：在微信中，用户只需用手机扫描商家的独有二维码，就能获得一张存储于微信中的电子会员卡，可享受商家提供的会员折扣和服务。企业可以设定自己品牌的二维码，用折扣和优惠来吸引用户关注，开拓 O2O 营销模式。

4. 模式四：社交分享——第三方应用

营销方式：微信开放平台是微信 4.0 版本推出的新功能，应用开发者可通过微信开放接口接入第三方应用。还可以将应用的 Logo 放入微信附件栏中，让微信用户方便地在会话中调用第三方应用进行内容选择与分享。

案例 6-7　　　　　　　　　　**"美丽说"×微信**

用户可以将"美丽说"中的内容分享到微信中，由于微信用户彼此间具有某种更加亲密的关系，所以当"美丽说"中的商品被某个用户分享给其他好友后，相当于完成了一个有效到达的口碑营销，如图 6-23 所示。

图 6-23　"美丽说"的用户微信分享截图

（六）微信公众号

微信公众号是腾讯公司开发的一个面向政府、企业或有需求的使用者的合作推广业务平台。使用者在微信公众平台上申请应用账号，该账号与 QQ 账号互通，通过公众号，可以在微信平台上实现和特定群体的文字、图片、语音、视频的全方位沟通、互动。

1. 微信公众号的类型

（1）订阅号

任何组织和个人都可以申请微信公众号，每天群发一条信息，认证后有自定义菜单。没有高级接口，不能用开发模式。主要偏向于为用户传达资讯，功能类似报刊，为用户提供新闻信息或娱乐趣事，每天可群发一条消息。适用人群：个人、媒体、企业、政府或其他组织。图 6-24 为微信公众订阅号"共产党员"。

图 6-24　微信公众订阅号"共产党员"

（2）服务号

主要偏向于服务交互（功能类似 12315、114、银行，提供绑定信息、服务交互），每月可群发四条消息。适用人群：媒体、企业、政府或其他组织。图 6-25 为微信服务号"滴滴出行"的截图。

图 6-25 滴滴出行的微信服务号截图

2. 微信公众号的基本注册步骤

通过电脑登录微信公众平台官网：http://mp.weixin.qq.com，点击右上角的"立即注册"，如图 6-26 所示。

图 6-26 微信公众平台注册页面

填写注册邮箱和设置公众号登录密码。注意事项：使用未绑定微信的邮箱进行注册；登录邮箱查看邮件，并激活公众平台账号。若没有收到邮件，请检查邮箱地址是否正确，若不正确，请返回重新填写或检查邮箱设置是否设置了邮件过滤或查看邮件的垃圾箱，如果都没有，可以尝试重新发送。点击收到邮件中的链接地址，完成激活。微信公众平号注册时，可根据公众号的用途具体选择对应的类型，如果企业、媒体、政府、其他组织类型中的信息登记部分资料无法提供，建议可以选择注册个人类型的公众账号。

本章小结

网络的出现改变了现在和将来的信息获取、处理和传播方式，其强大的交互功能和低成本的使用特性深刻地影响着人们对时间和空间等概念的认识，改变了人们交流沟通和交易的方式，已经对商业、工业、政府、教育、娱乐等领域产生了巨大的影响，也使市场的性质和内涵、交易方式和消费者购买行为方式发生着变化，改变了原有的市场营销理论的环境和基础。网络营销是当代信息技术革命，尤其是互联网为核心的网络技术发展的产物。网络营销主要研究网络环境下市场营销的性质、特点和方法，是技术、经济和管理相结合的产物，具有极强的实践性。本章主要介绍了网络营销的概念和发展过程、网络营销的功能和网络市场调研的方法，最后重点阐述了网络营销的策略和常用的方法。

复习题

一、选择题

1. 网络营销产生的观念基础是（　　）。
   A. 消费者价值观的变革　　　　　　　　B. 网络的普及
   C. 把产品和营销组合整合到网络营销活动中　D. 充分考虑企业的利益
2. 以下属于分类目录搜索引擎的是（　　）。
   A. Google　　　　B. Yahoo　　　　C. Alta Vista　　　　D. Inktomi
3. 以下哪项不是网络营销理论中的4Cs的某一"C"（　　）。
   A. Consumer wants and needs　　　　B. Confidence
   C. Cost　　　　　　　　　　　　　　D. Communication
4. 以下关于网络品牌的说法不正确的是（　　）。
   A. 网络品牌与传统品牌一样具有自身的竞争优势
   B. 企业要在网络市场取得成功，不能一味依赖传统的品牌优势
   C. 网络品牌的成功对网上销售量影响巨大
   D. 网站访问量是衡量网络品牌的最重要标志
5. CPC属于网络广告的（　　）计价模式。
   A. 每千人印象成本　B. 每点击成本　　C. 每行动成本　　D. 每回应成本

二、简答题

1. 什么是网络营销？网络营销具有哪些特征和功能？
2. 网络营销对传统市场营销（营销理论）有哪些影响和冲击？

3. 什么是网上直接调研？有哪些方法？
4. 简述网络营销产品的概念。适合网络营销的产品应具备哪些特点？
5. 网络广告有哪些形式？

三、论述题

请谈谈你如何看待微信公众号的营销功能。

四、实践题

1. 利用问卷星网站（www.sojump.com）设计一份调查问卷，调查某个网络游戏的客户分布、爱好，并给出调查问卷的投放策略。

2. 登录百度和谷歌，了解这两个搜索引擎为企业推广提供哪些专业服务。

第七章

电子商务物流管理

导 读

电子商务的迅速发展引发了交易方式和流通模式的创新。在电子商务的发展过程中,作为支持有形商品网上交易实物交割的物流已经成为有形商品网上交易能否顺利进行的关键。试想,如果消费者通过轻松点击完成网上购物后,但所购货物却迟迟不能送达,甚至出现买的是上衣收到的却是裤子的情形,其结果只能是消费者放弃电子商务,选择更为安全的传统购物方式。本章在介绍物流的起源与发展以及物流与电子商务的关系基础上,系统讨论了电子商务物流的组织模式、电子商务物流的过程管理、信息管理以及成本管理,使读者了解如何组织有效的物流管理,以支持电子商务的发展。

学习目标

1. 了解电子商务物流管理的发展历史。
2. 掌握电子商务物流的组织模式。
3. 掌握电子商务物流过程管理。
4. 熟悉电子商务物流信息管理。
5. 熟悉电子商务物流成本管理。

第一节 电子商务物流管理概述

一、物流概述

(一) 物流概念的起源与发展

物流早期是从西方市场学理论中产生的,是指销售过程的物流,即通过对制成品在销售领域的输送、保管活动进行管理，达到降低成本促进销售的目的。1915 年，美国学者阿奇·萧在《市场营销中的若干问题》中首次提出了实物分配（Physical Distribution，PD）的概念，并指出"实物分配是与创造需求不同的一个问题"。1935 年，美国销售协会进一步阐述了 PD 的概念："PD 是包含于销售之中的物资资料和服务在从生产场所到销售场所的流动过程中所伴随的种种经济活动。"

第二次世界大战中，美军为改善战争中的物资供应状况，研究和建立了"后勤"（logistics）理论，并将其用于战争活动中。logistics 的核心是将战时物资的生产、采购、运输、配给等活动作为一个整体来进行统一布置，以求对战略物资的补给达到"费用更低、速度更快、服务更好"的效果。实践证明，这一理论的应用取得了很好的效果。第二次世界大战后 logistics 理论被应用到企业界，其内涵得到了进一步拓展，涵盖了整个生产过程和流通过程，包括生产领域的原材料采购、生产过程中的物料搬运与商品流通过程中的实物分配。因此，logistics 比 PD 的内涵更为广泛，PD 一般仅指销售物流。

20 世纪 50 年代，日本处于经济高速成长期，生产规模的迅速扩大导致流通基础设施严重不足，在这种背景下，日本派团考察美国的流通技术，引入了物流的概念。日本的物流概念是直接从英文 physical distribution 翻译过来的，PD 最初在日本被译为"物的流通"，1965 年将其简化为"物流"。

1979 年 6 月，中国物资经济学会派代表团参加在日本举行的第三届国际物流会议，代表团第一次把"物流"这一概念介绍到了国内。所以，在中国，早期的许多文献都是按 PD 的概念来阐述物流的。

（二）物流的定义

物流概念提出之后，物流问题在西方引起了广泛关注，许多国家加强了对有关物流问题的研究，美国、欧洲、日本等纷纷成立国家或区域性物流协会或学会，一些跨国公司成立物流部，统一协调和管理公司物流活动，在学术研究、物流实践不断深入的过程中，人们认识到，要进行物流学术交流、促进物流行业发展，必须规范物流定义，以统一对物流的认识。因此自 20 世纪 60 年代以来，各种物流定义层出不穷，但世界上对物流的定义远没有统一。其中以美国物流管理协会（The Council of Logistics Management，CLM）[①] 给出的定义在世界上影响最大，最具有代表性。从 1963 年至 2003 年，美国物流管理协会先后五次对物流进行定义，2003 年给出的定义（包括内涵和外延）如下：

内涵：物流管理是供应链管理的一部分，是对货物、服务及相关信息从起源地到消费地的有效率、有效益的正向和反向流动以及储存进行的计划、执行和控制，以满足顾客要求。

外延：物流活动一般包括进向和去向运输管理、车队管理、仓储、物料搬运、订单履行、物流网络设计、库存管理、供应/需求规划、第三方物流服务商管理。在不同程度上，物流的功能也包括采购、生产计算与排程、包装与装配、客户服务。它不涉及战略、战术与

---

① 美国物流管理协会成立于 1963 年，最初英文名称为 National Council of Physical Distribution Management（NCPDM）；1985 年下半年，该协会进行调整，名称改为 The Council of Logistics Management（CLM）；2004 年 8 月，美国物流管理协会决定从 2005 年 1 月 1 日起，协会的名称改为"美国供应链管理专业协会"（CSCMP，Council of Supply Chain Management Professionals）。

运作各个层面的计划与执行。物流管理具有集成功能，它除了要将物流与营销、销售、制造、金融、信息技术整合之外，还要协调和优化所有的物流活动。

我国国家标准《物流术语》GB/T 18354—2006 将物流定义为：物品从供应地向接收地的实体流动过程。根据实际需要，将运输、储存、装卸、搬运、包装、流通加工、配送、信息处理等基本功能实施有机结合。

二、物流与电子商务的关系

（一）物流在电子商务中的地位与作用

1. 物流是电子商务的重要组成部分

正如本书前文所述，不同的人们对于电子商务的概念有不同的理解和定义。由于业务范围的限制，美国的一些IT厂商将电子商务定位于"无纸贸易"。在这类定义中，电子化工具主要是指计算机和网络通信技术；电子化对象主要是信息流和资金流，并没有提及物流。其原因主要在于美国在电子商务概念推出之初，就拥有强大的现代化物流作为支撑，只需将电子商务与其进行对接即可，而并非电子商务过程不需要物流的电子化。而中国作为一个发展中国家，物流业起步晚、水平低，在引进电子商务时，并不具备能够支持电子商务活动的现代化物流水平，所以，在引入电子商务后，一定要注意建立与之相配套的现代化物流，否则电子商务将难以推广。

中国一些专家在定义电子商务时，已经注意到将国外的定义与中国的实际相结合，扩大了美国IT企业对电子商务定义的范围，提出了包括物流过程电子化的电子商务定义。在这类电子商务定义中，电子化的对象是整个交易过程，不仅包括信息流、商流和资金流，而且包括物流；电子化的工具也不仅仅指计算机和网络通信技术，还包括叉车、自动导向车、机械手臂等自动化设备。从根本上说，物流电子化应是电子商务的组成部分，缺少了现代化的物流过程，电子商务过程就不完整。

2. 物流是电子商务流程的重要环节

无论哪一种模式的电子商务交易流程都可以归纳为以下六个步骤：

① 在网上寻找产品或服务信息，发现需要的信息。
② 对找到的各种信息进行比较。
③ 交易双方就交易商品的价格、交货方式和交货时间进行磋商。
④ 买方下订单、付款并得到卖方的确认信息。
⑤ 买卖双方完成商品的发货、仓储、运输、加工、配送、收货等活动。
⑥ 卖方为客户提供售后服务和技术支持。

在上述步骤中，"商品的发货、仓储、运输、加工、配送、收货"实际上是电子商务中的物流过程，这一过程是电子商务交易流程中的重要环节，其为电子商务交易的成功提供了基本保证。

综上所述，物流对电子商务的发展起着十分重要的作用，发展电子商务必须摒弃"重视信息流、商流和资金流的电子化，而忽视物流电子化"的观念，大力发展现代物流，通过重新构筑和再造电子商务的物流体系来推广电子商务。

(二) 电子商务对物流的影响

1. 电子商务促进物流业地位的提高

电子商务颠覆了传统商业模式，它使商业交易中的广告、订货、洽谈、支付、认证等事务变成脱离实体而能在计算机网络上处理的信息，强化了信息处理，弱化了实体处理。这必然导致产业大重组，原有的一些行业、企业将逐渐压缩乃至消亡，同时另一些行业、企业将扩大和新增。产业大重组的结果，可能会使社会上只剩下两类行业：一类是实业，包括制造业和物流业；一类是信息业，包括服务、金融、信息处理业等。在实业中，物流企业会逐渐强化，因为在电子商务环境里，物流必须承担更多的任务——既要把虚拟商店的货物送到用户手中，又要为生产企业提供原材料、零部件及产成品的运输和仓储服务。物流公司既是生产企业的仓库，又是用户的实物供应者。物流业成为社会生产链条的领导者和协调者，为社会提供全方位的物流服务。可见电子商务把物流业提升到了一个前所未有的高度，为其提供了空前发展的机遇。

2. 电子商务改变了物流业的组织方式

电子商务将改变传统商务模式下企业普遍自营物流的做法，第三方物流将成为电子商务企业物流业务的主要组织形式。第三方物流是指由物流劳务的供方、需方之外的第三方去完成物流服务的物流运作方式。第三方物流将在电子商务环境下得到极大发展，是因为电子商务的跨时域性与跨区域性，要求其物流活动也具有跨区域或国际化特征。当前电子商务的主要交易模式有B2C、B2B和C2C，无论是B2C、C2C交易模式下的小件包裹递送还是B2B交易模式下的大宗商品远距离运输，大多数企业都难以靠其自身的力量单独完成，而且借助于第三方物流公司遍布全国甚至全球的配送网络和其专业化的服务可大大简化物流过程，减少货物周转环节，降低物流费用。

3. 电子商务将改善物流资源配置、促进物流技术进步和物流管理水平提高

电子商务高效率和全球性的特点，要求物流也具备同样的特点。而发展高效率、全球性的物流首先需要有良好的交通运输网络、通信网络等基础设施作为最基本的保证。因此，为支持电子商务的发展，交通运输网络、通信网络等基础设施将会越来越完善。

发展高效率、全球性的物流还需要有相关物流技术的支持。物流技术包括硬技术和软技术。物流硬技术是指在组织物流活动过程中所需的各种材料、机械和设施等，如叉车、自动导向车、机械手臂等。物流软技术是指组织高效率的物流活动所需要的计划、管理、评价等方面的技术和管理方法，如物流管理信息系统、条码技术、射频技术（RFID）、EDI、地理信息系统（GIS）和全球定位系统（GPS）等。物流技术水平是决定物流效率的一个重要因素，因此，建立一个适应电子商务运作的高效率物流系统必然会促进物流技术水平的提高。

物流管理水平的高低直接影响物流效率的高低，而物流效率高低则直接影响电子商务优势能否真正发挥。因此，为配合电子商务的高效率，提高物流管理水平势在必行。建立合理的管理制度，将科学的管理手段和方法应用于物流管理中，是提高物流管理水平的重要途径。

4. 电子商务对物流人才提出了更高要求

电子商务不仅要求物流管理人员具有较高的物流管理水平，而且要求其具备丰富的电子商务知识，并能在实际的运作中将二者有机地结合起来，以适应电子商务对物流的要求。

三、电子商务物流的含义与特点

(一) 电子商务物流的含义

关于什么是电子商务物流，多数学者给出的解释是：电子商务物流是在电子商务条件下，依靠计算机技术、互联网技术、电子商务技术等信息技术所进行的物流（活动）。我们认为电子商务物流应该包括两个层面的含义，即服务于电子商务的物流和电子商务时代的物流。服务于电子商务的物流主要从物流对电子商务的支撑作用的角度，探讨电子商务的物流需求，寻求如何让物流更好地服务于电子商务，消除物流对电子商务的制约，以促进电子商务的发展。电子商务时代的物流则从物流自身发展及物流对社会经济活动的支持作用的角度，探讨网络经济、知识经济时代的社会物流需求特点，寻求如何让物流管理更好地服务于整个社会再生产，通过发展现代物流来推动社会经济的快速、健康发展。本书取其第一层含义，重点阐述如何让物流更好地服务于电子商务。

(二) 电子商务物流的特点

为适应电子商务高效率、全球性的特点，需要发展高效率、全球性的物流，其应该具有以下特点。

1. 信息化

先进发达的信息技术是电子商务的核心，物流信息化是电子商务的必然要求。物流信息化表现为物流信息的商品化、物流信息收集的数据库化和代码化、物流信息处理的电子化和网络化、物流信息传递的标准化和实时化、物流信息存储的数字化等。条码技术（Bar Code）、射频技术（RFID）、数据库技术（Database）、电子订货系统（Electronic ordering System，EOS）、电子数据交换（Electronic Data Interchange，EDI）、全球定位系统（GPS）、企业资源计划（Enterprise Resource Planning，ERP）、快速反应（Quick Response，QR）及有效的客户反映（Effective Customer Response，ECR）等技术与理念在物流运营中得到普遍的应用。

2. 自动化

自动化的基础是信息化；自动化的核心是机电一体化；自动化的外在表现是无人化，自动化的效果是省力化，另外还可以扩大物流作业能力、提高劳动生产率、减少物流作业的差错等。物流自动化的设施非常多，如条码/语音/射频自动识别系统、自动分拣系统、自动存取系统、自动导向车、货物自动跟踪系统等。这些设施在发达国家已普遍用于物流作业流程中，而在我国由于物流业起步晚，发展水平低，自动化技术的普及还需要相当长的时间。

3. 网络化

电子商务物流网络化包括两层含义：一是物流配送系统实现计算机通信网络连接，包括物流配送中心与上游供应商或制造商的联系要通过计算机网络通信，与下游顾客之间的联系也要通过计算机网络通信，比如物流配送中心向供应商提出订单这个过程，就可以使用计算机通信方式，借助电子订货系统（EOS）和电子数据交换技术（EDI）来自动实现，物流配送中心通过计算机网络收集下游客户的订货的过程也可以自动完成。二是组织的网络化，即所谓的企业内部网。比如，台湾电脑业在20世纪90年代创造出了"全球运筹式产销模式",这种模式的基本特点是按照客户订单组织生产,生产采取分散形式,即将全世界的电脑资源都利用起来,采取外包的形式将一台电脑的所有零部件、元器件、芯片外包给世界各地的制造商去生产,然后通过全球的物流网络将这些零部件、元器件和芯片发往同一个物流配送中心进行组装,由该物流配送中心将组装的电脑迅速发给订户。这一过程需要有高效的物流网络支持,当然物流网络的基础是信息、电脑网络。物流的网络化是物流信息化的必然,是电子商务下物流活动的主要特征之一。当今的因特网等全球网络资源的可用性及网络技术的普及为物流的网络化提供了良好的外部环境,物流网络化不可阻挡。

4. 智能化

这是物流自动化、信息化的一种高层次应用,物流作业过程大量的运筹和决策,如库存水平的确定、运输(搬运)路径的选择、自动导向车的运行轨迹和作业控制、自动分拣机的运行、物流配送中心经营管理的决策支持等问题都需要借助于大量的知识才能解决。在物流自动化的进程中,物流智能化是不可回避的技术难题。目前,专家系统、机器人等相关技术在国际上已经有了比较成熟的研究成果,有力促进了物流的智能化发展。物流的智能化已成为电子商务下物流发展的一个新趋势。

5. 柔性化

随着市场竞争的加剧,在以买方为主导的市场环境下,少批量、多品种、个性化需求越来越普遍,要求企业能顺应客户需求,及时改变生产策略,满足客户需求。柔性化生产就是为实现"以顾客为中心"的理念而在生产领域提出的,但要真正做到柔性化,即真正地能根据消费者需求的变化来灵活调节生产工艺,没有配套的柔性化的物流系统是不可能实现的。20世纪90年代,国际生产领域纷纷推出弹性制造系统(FMS)、计算机集成制造系统(CIMS)、制造资源系统(MRP)、企业资源计划(ERP)以及供应链管理的概念和技术,这些概念和技术的实质是将生产、流通进行集成,根据需求端的需求组织生产,安排物流活动。因此,柔性化的物流正是适应生产、流通与消费的需求而发展起来的一种新型物流模式。它要求物流配送中心要根据消费需求"多品种、小批量、多批次、短周期"的特色,灵活组织和实施物流作业。此外,物流设施、商品包装的标准化,物流的社会化、共同化也都是电子商务下物流模式的新特点,其目的都是提高物流效率,更好满足市场需求。

第二节 电子商务物流的组织模式

一、电子商务物流的组织模式

电子商务根据发生对象的不同可分为企业与企业之间的电子商务(B2B)、企业与消费者之间的电子商务(B2C)、消费者对消费者的电子商务(C2C)、企业与政府之间的电子商务(B2G)、消费者对行政机构的电子商务(C2G)等多种类型。虽然上述五种模式在交易对象、交易内容、交易范围和交易数量上各有差异,但就电子商务物流模式的选择来说原理相同。研究国内外的电子商务企业目前的电子商务物流模式主要有四种:自营物流模式、第三方物流模式、物流联盟模式和第四方物流模式。

(一) 自营物流模式

所谓自营物流模式，是指电子商务企业自行组建物流配送系统，经营管理企业的整个物流运作过程。采取自营物流模式的电子商务企业主要有两类：一类是资金实力雄厚、业务规模较大的电子商务公司。由于电子商务在我国兴起的时候国内第三方物流的服务水平远不能满足当时电子商务公司的要求，而这些电子商务公司手中持有大量的外国风险投资，为了抢占市场的制高点不惜动用大量资金，在一定区域甚至全国范围内建立自己的物流配送系统。另一类是传统的大型制造企业或批发企业经营的电子商务网站。由于其自身在长期的传统商务中已经建立起初具规模的营销网络物流配送体系，在开展电子商务时只需将其加以改进、完善，就可满足电子商务条件下对物流配送的要求。

自营物流模式对于企业来说，有两个比较明显的优势：一是容易协调。在企业自营物流模式下，物流运作部门作为企业的一个职能部门，在与采购、生产、销售等其他职能部门的沟通协作和信息共享方面比物流外包模式具有更多的便利和优势。二是高稳定性。由于在自营物流模式中，电子商务企业的控制能力比较强，问题都在公司内部解决，在一定程度上避免了整个供应链的波动且具有高保密性，因此具有较高的稳定性。

但是电子商务公司自营物流所需的投入非常大，而且建成后对规模的要求很高。这种高投入、大规模使企业缺乏柔性，与电子商务的灵活性有一定的矛盾。另外，这样一个庞大的物流体系建成之后需要工作人员具有专业化的物流管理能力。但是目前我国的物流理论与物流教育严重滞后，导致了我国物流人才严重短缺，企业内部从事物流管理的人员的综合素质也不高，不能够解决电子商务中各种复杂多样的物流问题。

(二) 第三方物流模式

与自营物流模式对应的是第三方物流模式，又称外包物流或合同物流。第三方物流（Third Party Logistics，3PL）是指由物流劳务的供方、需方之外的第三方去完成物流服务的物流运作方式。第三方是指提供物流交易双方的部分或全部物流功能的外部服务提供者。第三方物流随着物流业的发展而发展，是物流专业化的重要形式，物流业发展到一定阶段必然会出现第三方物流。任何一笔电子商务的交易都包括"四流"——商流、信息流、资金流和物流。由核心竞争理论和供应链理论，在电子商务这条供应链中，链上各企业都应该有一定的分工，各自专注于企业自身的核心业务。通常电子商务企业的核心竞争力不是在资金流和物流方面，而在于其能够充分利用网络技术、汇集各种资源设计和生产特定产品及时满足客户的特定需求，因此，电子商务企业应将其核心业务放在商流和信息流上。资金流交给银行完成，物流业务则应该外包给专业的第三方物流公司去做。

电子商务企业选择第三方物流，明显的优点有：利于企业集中精力干好核心业务，培育核心竞争力；大幅降低物流成本；提高客户服务水平，从而提升企业形象。电子商务企业在决定把物流外包给第三方物流公司时也应该注意避免第三方物流可能存在的负面效应：一是客户关系管理的风险。其主要表现在以下两个方面：一方面，企业与客户的关系被削弱风险。由于通过第三方物流公司来完成产品的配送与售后服务，电子商务企业同客户的直接接触少了，这对建立稳定密切的客户管理非常不利。另一方面，客户信息被泄露风险。客户信息对企业而言是非常重要的资源，但第三方物流公司并不止面对一个客户，在为企业竞争对手提供服务的时候，企业的商业机密被泄露的可能性增大。二是企业对物流控制力降低的风险。由于第三方的介入，使企业自身对物流的控制能力下降，在双方协调出现问题的情况下，可能会出现物流失控的风险，从而使企业的客户服务水平降低。另外，由于外部物流服务商的存在，企业内部更容易出现相互推诿的局面，从而影响效率。

（三）物流联盟模式

采取纯粹的自营或者是纯粹的外包物流的策略是要非常慎重的，而物流联盟是一种介于两者之间的物流组建模式，可以降低前两种模式的风险，且企业更易操作。物流联盟是指两个或两个以上的经济组织为实现特定的物流目标而采取的长期联合与合作。其目的是实现联盟参与方的"共赢"，具有相互依赖、分工明晰、强调合作的特点。企业间相互信任、共担风险、共享收益，不完全采取导致自身利益最大化的行为，也不完全采取导致共同利益最大化的行为，只是在物流方面通过契约形成优势互补、要素双向或多向流动的中间组织。联盟是动态的，只要合同结束，双方又变成追求自身利益最大化的单独个体。

在现代物流中，是否组建物流联盟作为企业物流战略的决策之一，其重要性是不言而喻的。物流联盟的建立有助于物流合作伙伴之间在交易过程中减少相关交易费用；将促使伙伴之间的"组织学习"，从而提高双方对不确定性环境的认知能力，减少因交易主体的"有限理性"而产生的交易费用；联盟企业之间的长期合作将在很大程度上抑制交易双方的机会主义行为；将促使企业进行战略性的合作，建立联盟伙伴关系，可以通过对专用性资产的"共同占有"解决资产专用性这一矛盾。

（四）第四方物流

第四方物流（Fourth Party Logistics，4PL）是由安达信咨询公司（2001年更名为埃森哲公司）在1996年提出的概念，其定义为：4PL是集中和管理本组织以及其他组织的资源、能力和技术，并设计和运行综合的供应链解决方案的集成商。他们认为企业由20世纪70年代的自营物流到八九十年代把物流功能外包给第三方物流供应商的趋势，会逐渐演变为企业专注于其核心业务，而把企业在全球供应链上有关物流、资金流、商流、信息流的管理和技术服务统一外包给一个一站式集成服务提供者。这种多元整合服务不是单独一个第三方物流提供商所能胜任，必须整合一个或多个第三方物流提供商以及其他相关的咨询、金融、信息技术等服务提供商，而整合这个服务联盟的主导者就是所谓的第四方物流。因此，第四方物流是一个供应链的集成商，是供需双方及第三方物流的领导力量，其自身并不实际承担具体的物流运作活动，而是通过拥有的信息技术、整合能力以及其他资源提供一套完整的供应链解决方案，以此获取一定的利润。它能够帮助企业有效整合资源和降低成本，并且依靠优秀的第三方物流供应商、技术供应商、管理咨询以及其他增值服务商，为客户提供独特的和广泛的供应链解决方案。

1. 第四方物流存在三种可能的模式

（1）协助提高者

第四方物流为第三方物流工作，并提供第三方物流缺少的技术和战略技能。

（2）方案集成商

第四方物流为货主服务，是和所有第三方物流提供商及其他服务提供商联系的中心。

（3）产业革新者

第四方物流通过对同步与协作的关注，为众多的产业成员运作供应链。无论采取哪一种模式，第四方物流都突破了单纯发展第三方物流的局限性，能真正地低成本运作，实现最大范围的资源整合。

2. 第四方物流的优势

与第三方物流相比，第四方物流的优势在于以下几点。

（1）具有对整个供应链及物流系统进行整合规划的优势

第三方物流的优势在于运输、储存、包装、装卸、配送、流通加工等实际的物流业务操作能力，在综合技能、集成技术、战略规划、区域及全球拓展能力等方面存在明显的局限性，特别是缺乏对整个供应链及物流系统进行整合规划的能力。第四方物流的核心竞争力就在于具有对整个供应链及物流系统进行整合规划的能力，这也是降低客户企业物流成本的根本所在。

（2）具有对供应链服务商进行资源整合的优势

第四方物流作为有领导力量的物流服务提供商，可以通过其影响整个供应链的能力，整合最优秀的第三方物流服务商、管理咨询服务商、信息技术服务商和电子商务服务商等，为客户企业提供个性化、多样化的供应链解决方案，为其创造超额价值。

（3）具有信息及服务网络优势

第四方物流公司的运作主要依靠信息与网络，其强大的信息技术支持能力和广泛的服务网络覆盖支持能力是客户企业开拓国内外市场、降低物流成本所极为看重的，也是取得客户的信赖、获得大额长期订单的优势所在。

（4）具有成本优势和服务质量优势

由于第四方物流不是物流的"利益方"，它不会成为客户企业的竞争对手，而是构成了利益共享的合作伙伴。因而，第四方物流可以利用其专业化的供应链物流管理运作能力和高素质的物流人才制定出以顾客为导向的"更快、更好、更廉"的物流服务方案，从而大幅降低企业物流成本，改善物流服务质量。

二、电子商务企业选择物流组织模式应遵循的原则

不同的物流组织模式有各自不同的优缺点，企业应该根据自身的物流状况和所处的物流环境来选择合适的物流模式。电子商务企业在选择物流模式时应该遵循以下基本原则。

（一）专注核心竞争力

专注于自己的核心竞争力是企业获取竞争优势的保证。当今时代市场竞争日趋激烈，企业单靠自身的力量很难获得长久的成功，因此，企业转而寻求与本企业产品相关的上下游企业进行合作，这促使各个企业不得不将主要精力放在核心业务上，而将非核心业务外包出去，以节约资源和提高效率。对许多电子商务企业来说，物流不是它们的核心业务，其经营管理也日益复杂，因此尽量不要采取自营物流的模式，而是应该根据企业自身的物流状况和所处的物流环境选择第三方物流、与其他合作企业建立物流联盟或第四方物流。

（二）考虑企业物流资源

对于开展电子商务业务的企业，如果拥有完善流通渠道包括物流渠道，那么就可以利用

原有的物流资源承担电子商务的物流业务。不具备上述条件的电子商务公司自建物流配送体系或寻找可利用的物流资源进行结盟、兼并都需要付出更多的人、财、物力。

（三）注意电子商务发展的阶段

企业在电子商务业务发展的初期和物流、配送体系还不完善的情况下，不要把电子商务的物流服务水平定得太高。可以多花些精力来寻找、培养和扶植物流服务供应商，让专业物流服务商为电子商务提供物流服务。

（四）权衡物流成本与物流服务

物流成本平均占生产与交付过程的 10%~40%。在电子商务环境下物流模式的选择过程中，既要考虑易于成本控制的物流结构模式，又要能满足对物流服务，乃至增值服务提出的更高要求。

（五）注重物流信息管理

信息流是物流正常运行的保证。国外物流发展的经验表明，现代化的物流是建立在整个社会信息化高水平的基础上的。目前，随着物流作业机械化程度的提高，物流运作效率的瓶颈就是物流信息的传播速度了。因此，不管是自营物流还是物流外包，进行物流信息的整合都至关重要。

第三节　电子商务物流过程管理

同传统商务物流一样，电子商务物流的目的也是要将用户的货物送到用户的手中，因此，电子商务物流具有与一般物流相似的作业环节，包括商品包装、运输、仓储、装卸搬运、流通加工、配送等。

一、包装

（一）概念

包装（Packaging）是指为了在流通过程中保护产品、方便储运、促进销售，按一定技术方法而采用的容器、材料及辅助物等的总体名称，也指为了达到上述目的而采用容器、材料和辅助物的过程中施加一定技术方法等的操作活动。

（二）作用和分类

1. 作用

包装的作用可以归纳为三个方面：保护货物、方便运输、促进销售。

2. 分类

（1）商业包装

商业包装也被称为消费者包装或内包装，其目的是吸引消费者的注意力。成功的销售包装能够方便顾客，引起消费者的购买欲，并能提高商品的价格。但是，理想的销售包装从物流的角度看往往是不合适的。例如，重量只有 24 克的洋参胶囊为了引起消费者的注意，设计的包装体积有 3 100 立方毫米，这会占据过多的运输工具和仓库空间，从节约物流资源的角度看显然不合理。因此，销售包装不是物流的重点。

（2）工业包装

工业包装是为了方便装卸、存储、保管、运输而进行的包装，因此又被称为运输包装或外包装。工业包装还可细分为工业内包装和工业外包装，如卷烟的条包装为内包装，大箱包装为外包装。运用包装手段将单个的商品或零部件用盒、包、袋、箱、桶等方式集中成组，可提高物流管理的效率。

包装管理的重点在于根据包装的流通环境选择适宜的包装材料、采用可靠的包装技术、进行必要的包装设计，以实现包装的保护货物、方便运输和促进销售功能。

二、运输

（一）概念

社会产品的生产量和需求量之间不可避免地存在着空间上的差异，这就要依靠运输来加以调节，运输能把空间上相隔的供应商和需求者联系起来。运输（Transportation）是用设备和工具将物品从一个地点向另一个地点运送的物流活动，包括集货、分配、搬运、中转、装入、卸下、分散等一系列操作。

（二）职能

运输实现了以下两种职能：产品移动和短时产品存储。

（三）分类

1. 根据所用交通工具的不同进行分类

根据所用交通工具的不同，运输方式可分为铁路运输、公路运输、水路运输、管道运输和航空运输。

2. 根据所用运输服务提供者的不同进行分类

可将运输分为：单一方式承运人、小件承运人和多式联运经营人。单一方式承运人仅利用一种运输方式提供服务，这种集中程度使承运人高度专门化，有足够的能力和高效率；但托运人需要与每个单一方式承运人进行洽谈和交易，这需要更多的时间和精力，并增加了管理与协调的难度。小件承运人提供专门的小批量装运服务或包裹递送服务，这种服务可能综合多种运输方式，并提供送货上门服务，大大地方便了托运人。其缺点在于：对物品尺寸和重量限制较大，单位运送成本较高。多式联运经营人使用多种运输方式，以期望能在最低的成本条件下提供综合性服务。多式联运的优势在于：货主只需与多式联运经营人一方联系，多式联运经营人对托运人的货物全程负责，有利改进运输服务质量，降低运输成本；国际多式联运采用一张单证、单一费率，大大简化了运输与结算手续；多式联运以集装箱为运输单元，可以实现"门到门"的运输，货损、货差事故、货物被盗的可能性大大减少。另外，由于全程运输由专业人员组织，可做到各环节与各种运输工具之间衔接紧凑、中转及时、停留时间短，从而使货物的运达速度大大加快，有效地提高了运输质量，保证了货物安全、迅速、准确、及时地运抵目的地。再者，通过对运输路线的合理选择和运输方式的合理使用，可以降低全程运输成本，提高利润。

(四) 运输管理的原则

运输管理应该遵循两条基本原则：规模经济和距离经济。

1. 规模经济

规模经济是指随着运输规模的扩大，单位货物的运输成本下降，例如，整车装运的单位成本低于零担装运的单位成本，铁路和水路等运输能力较大的运输工具单位重量的费用低于汽车和飞机等运输能力较小的运输工具的费用。运输规模经济存在的原因在于相关的固定费用（包括处理运输订单的行政管理费用、运输设备投资、装卸费用等）可以按整批的货物量进行分摊，运输量越大，单位产品分摊的运输成本就越低。

2. 距离经济

距离经济是指单位距离的运输成本随运输距离的增加而减少。距离经济的合理性类似于规模经济，尤其体现在运输装卸费用的分摊上。距离越长，可使固定费用分摊后的值越小，从而使单位距离支付的总费用越小。运输管理的重点在于：首先确定到底是委托运输还是自行运输；其次是选择运输服务质量和运输成本的最佳结合点；再次是选择合适的运输方式和承运人；最后是运输线路规划及日程安排。

三、仓储

仓储（Warehouses）是仓库储藏和保管的简称，一般是指从接收储存物品开始，经过储存保管作业，直至把物品完好地发放出去的全部活动过程，包括存货管理和各项作业活动。仓储的各项作业活动可以区分为两大类：一类是基本生产活动，是指劳动者直接作用于储存物品的活动，诸如装卸搬运、验收、保养等；另一类是辅助生产活动，是指为保证基本生产活动正常进行所必需的各种活动，诸如保管设施、工具的维修，储存设施的维护、物品维护所使用技术的研究等。从通常意义上讲，仓储的功能是对物品的储藏和保管，但这并不是物流仓储系统功能的全部内容。物流仓储系统除了具备储藏和保管物品的基本功能之外，还有调节供需、调节运输能力和流通加工等其他功能。

仓库是实施仓储活动的硬件设施，是保管、储存物品的建筑物和场所的总称。仓库的形式多种多样，规模各异，从仓库保管的产品种类来看，仓库可以划分为原材料仓库、半成品仓库和产成品仓库；从仓库所有权的角度来看，仓库可以划分为自有仓库、公共仓库和合同仓库。企业进行仓储管理决策时，首先要确定是自建仓库还是使用公共仓库或合同仓库。

自有仓库是指由企业自己拥有并管理的仓库。其优点是企业能够对仓库进行直接的控制和管理、充分利用企业的人力资源优势对物品进行细致的管理；其缺点是需要投入大量的资金，因此会增加企业的财务压力，同时自有仓库具有固定的大小规模和技术水平，从而缺乏一定的柔性。

公共仓库与自有仓库的概念刚好相反，它专门向客户提供相对标准的仓库服务，如保管、搬运和运输等，因而又被称为"第三方仓库"。其优点是可以节省资金投入，减小企业财务方面的压力，并且具有较高的柔性；其缺点是沟通困难，缺少个性化服务。

合同仓库是指在一定时期内，按照一定的合同约束，使用仓库内一定的设备、空间和服务。这种协定可以给仓库所有者和使用者以更多的稳定性，从而提高仓库投资回报率，减少仓库投资的风险。合同仓库将自有仓库和公共仓库两方面的优势有机地结合在一起，尽管仓库设施仍然需要一定限度的固定资产来维持，但双方存在长期的合同关系，并共担经营风险，因此，使用合同仓库的成本低于租赁公共仓库的成本；同时，合同仓库的经营能够加强双方的沟通和协调，提供较大的灵活性和仓库信息资源共享。

无论是自建仓库，还是租赁公共仓库或签订合同仓库，仓储管理的日常业务都包括：入库管理、在库管理和出库管理。入库管理就是验货收货、物品入库，是仓库作业过程的第一个步骤，具体包括核对入库凭证、入库验收和登记账目。在库管理是仓库作业过程的第二个步骤，具体包括堆垛、养护和盘点。出库管理仓库作业过程的最后一个步骤，具体包括核对出库凭证、配货出库和记账清点等操作。

四、装卸搬运

装卸和搬运是两个不同的概念。装卸（Loading and Unloading）是指物品在指定地点以人力或机械装入运输设备或卸下，主要是使物品在空间上发生以垂直方向为主的位移。搬运（Handling/Carrying）是在同一场所内，对物品进行水平移动为主的物流作业。二者既有区别又有联系，因为在实际操作中，物品在空间上发生绝对的垂直位移或水平位移的情况很少，通常是两者一起相互伴生，因此，将二者合并在一起，统称为装卸搬运。

装卸搬运活动的基本动作包括装车（船）、卸车（船）、堆垛、入库、出库以及连接上述各项动作的短程输送，是随运输和保管等活动而产生的必要活动。在物流过程中，装卸搬运活动是不断出现和反复进行的，它出现的频率高于其他各项物流活动，每次装卸活动都要花费很长时间，所以往往成为决定物流速度的关键。装卸活动所消耗的人力也很多，所以装卸费用在物流成本中所占的比重也较高。以我国为例，铁路运输的始发和到达的装卸作业费大致占运费的20%，船舶运输占40%左右。因此，装卸搬运在物流成本中占有重要地位。此外，装卸搬运活动直接影响物流质量。因为在装卸搬运过程中，货物会受到各种外力的作用，如振动、撞击、挤压等，容易使货物包装和货物本身受损，如损坏、变形、破碎、散失和流溢等，因此，装卸搬运环节损失的多少直接影响着物流质量的高低。

装卸搬运是指在同一地域范围内进行的、以改变货物存放状态和空间位置为主要内容和目的的物流活动。其只能改变劳动对象的空间位置，而不能改变劳动对象的性质和形态，既不能提高也不能增加劳动对象的使用价值。但装卸搬运必然有劳动消耗，包括活劳动消耗和物化劳动消耗。这种劳动消耗要以价值形态追加到装卸搬运对象的价值中去，从而增加了产品的成本。因此，企业应该科学、合理地组织装卸搬运活动，尽量减少用于装卸搬运的劳动消耗。实现装卸搬运合理化的措施包括：①防止和消除无效作业。所谓无效作业，是指在装卸作业活动中超出必要的装卸、搬运量的作业。②提高装卸搬运的灵活性。所谓装卸搬运的灵活性，是指从物的静止状态转变为装卸搬运运动状态的难易程度。如果很容易转变为下一步的装卸搬运而不需要做装卸搬运前的准备工作，则表示灵活性高；如果装卸搬运前需要做很多的准备工作才能转变为下一步的装卸搬运，则灵活性低。③实现装卸作业的省力化。装卸搬运是使劳动对象产生垂直或水平位移，这需要通过做功才能实现。随着生产力的发展和科学技术的进步，装卸搬运机械化程度有了很大的提高，少数工厂和仓库向着装卸搬运自动化迈进，但仍在装卸搬运环节仍有相当多的工作需要靠人工完成。因此，实现装卸搬运作业的省力化不容忽视。④合理地规划装卸搬运作业过程和装卸搬运方式，推广组合化装卸搬运。

五、流通加工

流通加工（Distribution Processing）是物品在从生产地到使用地的过程中，根据需要施加包装、分割、计量、分拣、刷标志、拴标签、组装等简单作业的总称。生产加工的目的是创造价值，而流通加工的目的是促进销售、维护产品质量和提高物流效率，即在生产加工的基础上增加商品的附加值。

流通加工在实现时间和场所这两个方面不能与运输和仓储相比，因而流通加工不是物流的主要功能要素；流通加工的普遍性也不能与运输、仓储相比，流通加工不是所有物流中必然出现的。但这并不是说流通加工不重要，实际上它具有提高原材料利用率、方便用户、提高加工效率及设备利用率等作用。随着经济增长，国民收入增多，消费者的需求出现多样化，促使在流通领域开展流通加工变得越来越普遍。现代生产发展趋势之一就是专业化和规模化，依靠单品种、大批量的生产方法降低生产成本获取规模经济效益，这样就出现了生产相对集中的趋势。这种生产的专业化和规模化程度越高，生产相对集中的程度也就越高。

生产的集中化进一步引发产需之间的分离，产需分离的表现首先是为人们所知空间、时间及人的分离，即生产与消费不在同一个地点，而是有一定的空间距离；生产与消费在时间上不能同步，而是存在着一定的时间差；生产者与消费者不是处于一个封闭的圈内，某些人生产的产品供给成千上万人消费，而某些人消费的产品又来自其他许多生产者。弥补上述分离的手段则是运输、储存及交换。近年来，人们进一步认识到，现代生产引起的产需分离并不局限于上述三个方面，这种分离是深刻而广泛的。第四种重大的分离就是生产与需求在产品功能上的分离。尽管"用户第一"等口号成了许多生产者的主导思想，但是生产毕竟有生产的规律，尤其在强调大生产的工业化社会，大生产的特点之一就是"少品种、大批量、专业化"，产品的功能（规格、品种、性能）往往不能和消费需要密切衔接。弥补这一分离的方法，就是流通加工。所以，流通加工的诞生实际是现代生产发展的一种必然结果。

流通加工是在流通领域中对生产的辅助性加工，从某种意义上来讲，它不仅是生产过程的延续，实际也是生产本身或生产工艺在流通领域的延续。这个延续可能有正、反两方面的作用，即一方面可能对生产活动起到有效补充完善的作用，另一方面不合理的流通加工会产生抵消效益的负效应。不合理的流通加工主要有流通加工地点设置不合理、流通加工方式选择不当、流通加工成为多余环节、流通加工成本过高等等。因此，流通加工管理的主要任务就是使流通加工合理化。流通加工合理化的含义是：实现流通加工的最优配置，不仅要避免各种不合理，而且要做到最优。实现流通加工合理化可以从加工和配送结合、加工和配套结合、加工和运输结合、加工和商流结合、加工和节约相结合等这几个方面入手改善。

六、配送

（一）配送的定义与功能

1. 定义

配送（Distribution）是在经济合理区域范围内，根据用户要求，对物品进行拣选、加工、包装、分割、组配等作业,并按时送达指定地点的物流活动。配送是物流中一种特殊的综合的活动形式,它包含了物流中若干功能要素。一般的配送集装卸、包装、保管、运输于一身,通过这一系列活动将货物送达目的地,因此,从某种意义上讲,配送是物流的一个缩影,是物流的全部活动在某一小范围中的体现。特殊的配送还要以加工活动为支撑,所以包括的范围更广。但是,配送与物流还是存在不同的:首先是二者的活动范围不同,物流的活动范围远大于配送的活动范围;其次是二者的主体活动不同,物流的主体活动是运输和仓储,而配送的主体活动是运输和分拣配货。

2. 功能

在电子商务领域中,配送有其特殊功能:

(1) 推行配送制有利于电子商务物流运动合理化,优化物流资源配置,降低物流成本

电子商务扩展了商业交易的范围,配送以其特有的运动形态和优势调整流通结构,促使电子商务物流活动向"规模经济"发展。从组织形态上看,它是以集中的、完善的送货取代分散性、单一性的取货。从资源配置上看,则是以专业组织的集中库存代替社会上的零散库存,衔接了产需关系,打破了流通分割和封锁的格局,很好地满足社会化大生产的需要,有利于实现物流社会化和合理化。

(2) 准时制配送促进了生产方式的变革

准时制配送促进了生产方式的变革——由传统备货型的推式生产(Push Production)向准时制(Just In Time,JIT)等拉式生产(Pull Production)转变。

传统的备货型生产是建立在对市场需求预测的基础上,即通过对市场需求进行预测,再制订生产计划和采购计划。由于市场需求是随机的,在这种生产方式下,生产系统不能适应需求的变化,因此,需要用大量的库存来保证市场需求。准时制是一种由订单驱动的生产方式。企业根据接收到的订单下达生产计划,迅速组织原材料的供应和产品组装工作,然后将产品送达客户。这种生产方式实现了多品种、小批量生产,其目的主要是减少过量生产所造成的库存浪费。实现准时制生产的重要条件之一是高效率、低成本的运输和配送。因为多品种、小批量的准时制生产,要求原材料和零部件的供应必须准确及时,且必须是小批量、多批次。而小批量、多批次的运输通常成本较高,需要通过合理组配和寻找集运机会来降低成本。

(3) 推行配送能够充分发挥专业流通组织的综合优势,减少交通拥堵问题

在流通实践中,配送活动通常是由流通企业组织的,而不同的流通企业,在业务、职能和规模等方面各不相同,其中,有的企业专门从事商流活动,有的则专门从事仓储、运输、流通加工等活动。显然,推行配送制有利于不同的流通企业进行合作,从而构建多功能、一体化的物流运动。从经济效益的角度来看,这种以配送为媒介而形成的一体化运作较之各个专业企业独立运作,更能发挥流通组织的整体优势和综合优势,提高货物送达客户的效率和效益。另外,推行配送制能够使社会上某些分散的经营活动协调运作,可以减少社会范围内的迂回运输、交叉运输、重复运输和车辆空驶,因此,有助于缓解城市交通拥堵。

(二) 配送的分类

在不同的市场环境下,为适应不同的生产需要和消费需要,配送表现出不同的形态,可以从不同的维度对其进行分类,但就电子商务物流而言,最重要的分类维度有以下两个:一

是根据时间和数量差别进行分类；二是根据配送组织形式进行分类。

根据配送的时间和配送货物的数量不同，配送可分为：

① 定时配送。

② 定量配送。

③ 定时定量配送。

④ 定时定线路配送。

⑤ 即时配送。

根据配送的组织形式不同，配送可分为：

① 集中配送。

② 共同配送。

③ 分散配送。

配送管理的主要任务就是以最合理的方式将货物送达用户。

第四节 电子商务物流信息管理

一、电子商务物流信息

（一）电子商务物流信息的含义

国家标准《物流术语》对物流信息（Logistics Information）的表述是：反映物流各种活动内容（如包装、运输、仓储、装卸、搬运、流通加工和配送）的知识、资料、图像、数据和文件的总称。物流信息的产生与物流活动的开展密不可分。由于物流系统是涉及社会经济生活各个方面的错综复杂的大系统，关系到商品从原材料供应商、生产制造商、批发商、零售商到最终消费者的市场流通全过程，因此物流信息量巨大，类型繁多。物流信息的内容可以从狭义和广义两方面来考察。

1. 狭义

物流信息是指与物流活动（如运输、保管、包装、装卸、流通加工等）有关的信息。在物流活动的管理中，如运输工具的选择、运输线路的规划、运送批量的确定、在途货物的跟踪、仓库的有效利用、最佳库存数量的确定等都需要详细和准确的物流信息。

2. 广义

物流信息不仅指导与物流活动有关的信息，而且包含其他与流通活动有关的信息，如商品交易信息、市场信息、政策信息，以及来自企业内部其他部门（如生产部门和财务部门）的与物流有关的信息。

（二）电子商务物流信息的特征

1. 来源广泛，信息量大

电子商务物流信息的来源十分广泛，不仅有来自企业内部的信息，而且有来自企业外部的信息，如与企业有业务往来的客户信息、与物流活动有关的基础设施信息；这些信息随着物流活动及商品交易活动的展开而随时产生，特别当前伴随多品种、小批量生产而发展起来的多品种小批量配送使库存、运输、分拣、包装、流通加工、配送等物流活动的信息大增，且各种信息的来源、发生地点、扩散范围都不同，这使电子商务物流信息的收集、分类、统计分析等工作量较大。因此，为提高效率，条码技术、射频技术、地理信息系统技术、全球定位系统技术等均被广泛用于电子商务物流信息的收集和传输。同时，在电子商务物流企业内部，来源广泛的物流信息要求物流企业建立有效的信息管理系统，实现企业内部的信息统一和信息共享。

2. 种类繁多，相互关联

物流活动涉及的环节多，每个环节的信息各不相同，因此，物流信息的种类繁多。但无论物流信息种类多么繁杂，其目的都是保证产品从产地到消费地的顺利转移，因此，物流活动中所产生的各种信息必然存在十分密切的联系，如生产信息、运输信息、储存信息、流通加工信息、装卸信息都是相互关联、相互影响的。这种相互联系保证了物流的各子系统、供应链的各个环节以及企业的内部物流系统与外部物流系统相互协调，共同完成产品从产地到消费地的转移任务。

3. 更新速度快，时间性强

由于市场状况和用户需求变化多端，各项物流作业活动频繁发生，物流信息时时刻刻都在发生变化，更新速度非常快，使信息的价值随时间变化迅速衰减，因此，要求企业从大量的物流信息中准确捕捉、及时筛选出有价值的信息，用以帮助企业迅速做出正确的决策。

（三）电子商务物流信息的分类

依据不同的划分方法，物流信息可以进行如下分类。

1. 按照所涉及的功能领域不同

物流信息可分为仓储信息、运输信息、流通加工信息、包装信息、装卸信息等。

2. 按照作用的层次不同

物流信息可分为基础信息、作业信息、协调控制信息、决策支持信息。

3. 按照信息来源不同

物流信息可分为外部信息、内部信息。

（四）电子商务物流信息的作用

电子商务物流信息产生于电子商务物流活动，反映了商流和物流的运动过程，是开展物流活动的决策依据，对整个物流活动起着指挥、协调、支持和保障作用；物流信息可以帮助企业对物流活动各环节进行有效的计划、协调与控制，以达到优化整个物流系统，提高企业经济效益的目的。

二、电子商务物流信息管理系统

电子商务物流信息管理系统是利用计算机硬件、软件、网络通信设备及其他设备，进行物流信息的收集、传输、加工、储存、更新和维护，支持物流管理人员和基层操作人员进行物流管理和运作的人机系统。信息流是物流作业的关键要素，各项物流作业都是依靠信息来进行调配的。过去，信息流主要建立在书面基础上，导致信息传输缓慢，信息的时效性差，既增加了作业成本,又降低了顾客的满意度。建立物流信息管理系统,能够实现客户需求信息、配送信息和供应商供货信息的集成,可以大大提高物流效率,减少物流费用,并向顾客提供即时的信息服务。物流信息系统是整个物流系统的神经中枢,是物流企业的灵魂,对于物流企业来说,拥有物流信息系统在某种意义上比拥有车队、仓库更为重要。

(一) 物流信息系统的功能

对一个电子商务企业来说,为协调和控制物流活动的各个环节,其物流信息管理系统应该具备以下功能:

◇ 集中控制功能;
◇ 运输管理功能;
◇ 仓储管理功能;
◇ 统计报表功能;
◇ 客户查询功能。

(二) 物流信息系统架构

为实现上述物流信息系统的功能,物流信息管理系统应该包括以下架构:

◇ 电子订货系统;
◇ 收货信息管理系统;
◇ 库存信息管理系统;
◇ 发货信息管理系统;
◇ 运输信息管理系统;
◇ 包装信息管理系统;
◇ 流通加工信息管理系统;
◇ 成本管理信息系统;
◇ 配送信息管理系统。

三、电子商务物流信息技术

电子商务突破了时间和空间的限制,使人们可以在世界上不同的角落完成交易,从运营模式上看,其将传统交易模式中交易前的准备、贸易磋商、合同与执行、支付与清算等环节全部通过因特网上的交易管理系统来实现;货物交割则通过物流系统来实现,而要想实现物流与商流、信息流和资金流同步高效率传输,必须借助于物流信息技术的支持。所谓物流信息技术(Logistics Information Technology)是现代信息技术在物流各个环节中的综合应用,包括信息分类与编码技术、自动识别与数据采集技术、电子数据交换技术和物流追踪技术等。

(一) 信息分类与编码技术

所谓信息分类与编码就是对大量的信息进行合理分类后用代码加以表示,将具有某种共同特征的信息归并在一起,与不具有上述共性的信息区分开来,然后设定某种符号体系进行编码。物流信息的代码化需要运用物流信息分类编码技术。

1. 信息分类的基本方法

信息分类的基本方法主要有线分类法和面分类法两种。线分类法也称层级分类法,它是将初始的分类对象（即被划分的事物或概念）按所选定的若干个属性或特征（作为分类的划分基础）逐渐地分成相应的若干个层级类目，并排列成一个有层次的、逐级展开的分类体系。面分类法是将所选定的分类对象的若干个属性或特征视为若干个"面"，每个"面"中又可以划分成彼此独立的若干个类目，使用时，根据需要将这些"面"中的类目组合在一起，形成一个复合类目。线分类法与面分类法是两种最基本的分类方法，并有其各自的优、缺点，在实际使用中，企业应根据管理上要解决的问题进行选用。

2. 信息编码

信息编码（Information Coding）是为了方便信息的存储、检索和使用，在进行信息处理时赋予信息元素以代码的过程，即用不同的代码与各种信息中的基本组成单位建立一一对应的关系。信息编码的目的是为计算机中的数据与实际处理的信息之间建立联系，提高信息处理的效率。

信息编码的基本原则是既要在逻辑上满足使用者的要求，又要适合于处理的需要；结构易于理解和掌握；要有广泛的适用性，易于扩充。代码分两类：一类是有意义的代码，即赋予代码一定的实际意义，便于分类处理；一类是无意义的代码，仅仅是赋予信息元素唯一的代号，便于对信息的操作。常用的代码类型有：①顺序码，即按信息元素的顺序依次编码；②区间码，即用一个代码区间代表某一信息组；③记忆码，即能帮助联想记忆的代码。信息的表现形式多种多样，因而编码的方案也非常多。目前，国际公认的物品编码系统是EAN·UCC系统。EAN·UCC系统是由国际物品编码协会和美国统一代码委员会共同开发、管理和维护的全球统一和通用的商业语言，为贸易产品与服务、物流单元、资产、位置以及特殊应用领域等提供全球唯一的标识。

（二）自动识别与数据采集技术

自动识别与数据采集（Automatic Identify and Data Collection，AIDC）技术是使信息数据被自动识读、自动实时输入计算机的重要手段和方法。代码化的物流信息只有经自动识别与数据采集技术才能进入物流信息系统。基于不同的原理，自动识别技术可以划分为条码扫描技术、RFID技术、卡识别技术、生物识别技术和光学字符识别技术等。各种识别技术具有各自的特点，可以根据自身需要选择适合的识别技术。目前，在物流管理领域使用较多的是条码技术、RFID技术。

1. 条码技术

条码技术（Bar Code）是在计算机的应用实践中产生和发展起来的一种自动识别技术。它是为实现信息的自动扫描而设计的，是实现快速、准确、可靠采集数据的有效手段。条码是由一组按一定编码规则排列的条、空及字符组成，用以表示一定信息的条状代码。条码系统是由条码符号技术、制作及扫描阅读组成的一类自动信息识别系统。条码技术具有输入速度快、信息量大、准确性高、成本低及可靠性强等优点，是商品的产、供、销各环节信息传递的通用语言。条码技术的应用解决了数据录入和数据采集的瓶颈问题，为供应链管理提供了有力的技术支持。

2. RFID技术

射频识别（Radio Frequency Identification，RFID）技术又称电子标签、无线射频识别，是一种通信技术，可通过无线电信号识别特定目标并读写相关数据，而无须在识别系统与物流目标之间建立机械或光学接触。RFID 技术具有环境适应性强、免接触、感应距离远且抗干扰能力强、可以穿透物体进行识别处理等特点，适用于物料跟踪、运载工具和货架识别等要求非接触数据采集和交换的场合，尤其适用于要求频繁改变数据内容的场合。

（三）电子数据交换技术

1. 定义

电子数据交换（Electronic Data Interchange，EDI）是指通过电子方式，采用标准化的格式，利用计算机网络进行结构化数据的传输和交换。它是 20 世纪 80 年代发展起来的一种新颖的电子化贸易工具，是计算机、通信和现代管理技术相结合的产物。国际标准化组织（ISO）将 EDI 描述成"将贸易（商业）或行政事务处理按照一个公认的标准变成结构化的事务处理或信息数据格式，从计算机到计算机的电子传输"。由于使用 EDI 可以减少甚至消除贸易过程中的纸面文件，因此 EDI 又被人们通俗地称为"无纸贸易"。

2. 特点

EDI 具有以下特点：
① 取代印刷型单证，实现无纸贸易。
② 变革交易方式，协调贸易伙伴关系。
③ 节约时间，提高工作效率。
④ 提高企业竞争能力。

3. 三要素

构成 EDI 系统的三个要素是：EDI 软硬件、通信网络以及数据标准化。

其工作方式大体如下：用户在计算机上进行原始数据的编辑处理，通过 EDI 转换软件（Mapper）将原始数据格式转换为平面文件（Flat File），平面文件是用户原始资料格式与 EDI 标准格式之间的对照性文件；通过翻译软件（Translator）将平面文件变成 EDI 标准格式文件，然后在文件外层加上通信信封（Envelope），通过通信软件（EDI 系统交换中心邮箱，Mailbox）发送到增值服务网络（VAN）或直接传送给对方用户；对方用户进行相反的处理过程，最后成为用户应用系统能够接收的文件格式。

（四）物流追踪技术

物流过程可视化既是物流企业对自身业务进行有效控制的要求，同时也被越来越多的物流企业作为一种增值服务提供客户。物流追踪技术（Logistics Tracking Technology）是实现物流过程可视化的重要手段。GIS 和 GPS 属于信息追踪技术类的应用系统，它们有助于实现物流活动各个环节中信息的实时追踪和处理。

1. GIS 技术

GIS（Geographical Information System，地理信息系统）是多种学科交叉的产物，它以地理空间数据为基础，采用地理模型分析方法，适时地提供多种空间的和动态的地理信息，是一种为地理研究和地理决策服务的计算机技术系统。其基本功能是将表格型数据（无论它来自数据库、电子表格文件或直接在程序中输入）转换为地理图形显示，然后对显示结果浏览、操作和分析。其显示范围可以从洲际地图到非常详细的街区地图，显示对象包括人口、销售情况、运输线路和其他内容。

在物流配送体系中应用 GIS 技术，主要是利用 GIS 强大的地理信息处理功能来完善物流分析技术。完整的 GIS 物流分析软件集成了车辆路线模型、最短路径模型、网络物流模型、分配集合模型和设施定位模型等，可以对物流配送过程中涉及的运输路线的选择、仓库位置的选择、运输车辆的优化调度和投递路线的选择等进行空间网络分析和配送跟踪，以便于物流企业有效利用现有资源，降低消耗，提高效率。

2. GPS 技术

GPS（Global Positioning System，全球定位系统）是美国从 20 世纪 70 年代开始研制，历时 20 余年，耗资 200 亿美元，于 1994 年全面建成，具有在海陆空全方位实时三维导航与定位能力的新一代卫星导航与定位系统。它由空间卫星系统、地面监控系统和用户接收系统三部分组成。用户只需购买 GPS 接收机，便可享受免费的导航、授时和定位服务。GPS 导航系统的基本原理是测量出已知位置的卫星到用户接收机之间的距离，然后综合多颗卫星的数据就可知道接收机的具体位置。GPS 具有全球地面连续覆盖、定位速度快、精度高、可提供三维坐标、功能多、操作简便、抗干扰性能好、保密性强等特点，可广泛用于勘探测绘、导航、定位、测时和测速等。GPS 在物流领域可用于车辆监控、智能导航、货物实时跟踪等。

目前，正在运行的全球定位系统除了美国的 GPS 系统之外，还有俄罗斯的全球卫星定位系统（Global Navigation Satellite System，GLONASS "格洛纳斯"）和欧洲 "伽利略" 卫星导航定位系统以及中国的北斗卫星导航系统。美国 GPS、俄罗斯 "格洛纳斯" 已建成投入使用。

中国的北斗卫星导航系统是中国自行研制开发的区域性有源三维卫星定位与通信系统（CNSS），北斗卫星导航系统致力于向全球用户提供高质量的定位、导航和授时服务，其建设与发展遵循开放性、自主性、兼容性、渐进性四项原则。北斗卫星导航系统由空间段、地面段和用户段三部分组成，可在全球范围内全天候、全天时为各类用户提供高精度、高可靠定位、导航、授时服务，并具短报文通信能力，已经初步具备区域导航、定位和授时能力，定位精度 10 米，测速精度 0.2 米/秒，授时精度 10 纳秒。

2016 年 6 月 12 日，我国成功将第二十三颗北斗导航卫星送入太空预定转移轨道。目前 "北斗" 系统已经覆盖亚太地区，预计 2020 年左右覆盖全球。

第五节 电子商务物流成本管理

电子商务企业要想在激烈的市场竞争中立于不败之地，除了运用传统成本管理方法控制内部成本外，还应从战略的高度积极实施物流成本控制。

一、物流成本概述

（一）物流成本（Logistics Cost）的含义

物流成本属管理成本的范畴，是企业基于物流管理的需要而产生的成本概念。物流管理的核心是物流成本管理，物流成本既是物流管理的手段，又是衡量物流运作绩效的工具。我国 2006 年发布实施的国家标准《企业物流成本构成与计算》（GB/T 20523—2006）将物流成本定义为"企业物流活动中所消耗的物化劳动和活劳动的货币表现,包括货物在运输、储存、包装、装卸搬运、流通加工、物流信息、物流管理等过程中所耗费的人力、物力和财力的总和以及与存货有关的流动资金占用成本、存货风险成本和存货保险成本"。

物流成本具有隐含性、交替损益性、不完全性等特征。隐含性是指物流成本隐含在其他费用项目中,使企业难以准确把握物流成本的实际支出,具体表现为:一是不同企业将物流成本列入不同的费用科目;二是企业内的物流成本混入其他费用科目。交替损益性是指改变物流系统中任何一个要素都会影响到其他要素,或者系统中任何一个要素的增益都将对其他要素产生减损作用。不完全性是指企业在计算物流成本时,因物流过程的复杂性及现有会计制度的缺陷,使物流成本不能完全反映企业真实的物流耗费。

(二) 物流成本相关理论学说

1. "黑大陆"学说

1962年,世界著名管理学家彼得·德鲁克在《财富》杂志上发表《经济的黑色大陆》一文,将物流比作"一块未开垦的处女地",强调应高度重视流通以及流通过程中的物流管理。他指出"流通是经济领域里的黑暗大陆"。这里,彼得·德鲁克虽然泛指的是流通,但是由于流通领域中物流活动的模糊性特别突出,是流通领域中人们认识不清的地方,所以"黑大陆"学说主要是针对物流而言的。"黑大陆"学说主要是指尚未认识、尚未了解。在"黑大陆"学说中,如果理论研究和实践探索照亮了这块"黑大陆",那么摆在人们面前的可能是一片不毛之地,也可能是一片宝藏之地。"黑大陆"学说是对20世纪经济学界存在的愚昧认识的一种批驳和反对,指出在市场经济繁荣和发达的情况下,无论是科学技术还是经济发展,都没有止境。"黑大陆"学说也是对物流本身的正确评价,即这个领域未知的东西还很多,理论与实践皆不成熟。该学说对于物流成本领域研究起到了启迪和动员作用。

2. "物流冰山"学说

"物流冰山"学说是日本早稻田大学西泽修教授最早提出来的,是对物流成本的一种形象比喻。他在研究物流成本时发现当时的财务会计制度和会计核算方法都不能掌握物流费用的实际情况,人们并没有完全掌握物流成本的总体内容。因而,人们对物流费用的了解几乎是一片空白,甚至有很大的虚假性,很像沉在海面下的冰山,西泽修教授将这种情况比喻为"物流冰山"。他在《主要社会的物流战》一书中阐述:"现在的物流费用犹如冰山,大部分潜在海底,可见费用只是露在海面的小部分。""物流冰山"学说之所以成立,主要有以下三个方面的原因:一是物流活动范围太大,包括供应物流、企业内物流、销售物流、回收物流和废弃物物流,从而使物流成本的计算贯穿于企业经营活动始终;二是物流运作环节太多,包括运输、储存、包装、装卸搬运、流通加工、物流信息、物流管理等;三是物流成本支付形态太杂,除了对外支付的费用,内部支付形态包括材料费、人工费、设施设备的折旧费、维护修理费、燃料费、水电费、办公费等,几乎涵盖了会计核算中的所有支付形态。由于上述三个方面的原因,物流成本难以计算,计算时难免挂一漏万。因此,我们所掌握的物流成本确实如冰山一角。

3. "第三利润源"学说

"第三利润源"是日本早稻田大学西泽修教授在1970年提出的。西泽修教授在他的著作《物流——降低成本的关键》中谈到,企业的利润源泉随着时代的发展和企业经营重点的转移而变化。日本1950年因朝鲜战争受到美国的经济援助和技术支持，很快实现了企业机械化、自动化生产。当时日本正处于工业化大生产时期，企业的经营重点放在了降低制造成本上，这便是日本第二次世界大战后企业经营的第一利润源。然而，依靠自动化生产手段制造出来的大量产品，引起了市场泛滥，产生了对大量销售的需求。于是，1955年从美国引进了市场营销技术，日本迎来了市场营销时代。这一时期，企业顺应日本政府经济高速增长政策，把增加销售额作为企业的经营重点。这便是日本第二次世界大战后企业经营的第二个利润源。1965年起，日本政府开始重视物流，1970年开始，产业界大举向物流进军，日本又进入了物流发展时代。这一时期，降低制造成本已经有限，增加销售额也已经走到尽头，迫切希望寻求新的利润源，物流成本的降低使"第三利润源"的提法恰恰符合当时企业经营的需要，因而"第三利润源"说一提出就备受关注，广为流传。第三利润源的理论最初认识是基于以下四个方面：

◇ 物流可以完全从流通中分化出来，自成体系，有目标、有管理，因而能进行独立的总体判断。

◇ 物流和其他独立的经济活动一样，不是总体的成本构成因素，而是单独盈利因素，物流可以成为"利润中心"。

◇ 从物流服务角度看，通过有效的物流服务，可以给接受物流服务的生产企业创造更好的盈利机会，成为生产企业的"第三个利润源泉"。

◇ 通过有效的物流服务，可以优化社会经济系统和整个国民经济的运行，降低整个社会的运行成本，提高国民经济总效益。

"第三利润源"学说是对物流的潜力及效益的描述。经过半个世纪的探索，人们已肯定这"黑大陆"虽不清楚，但绝不是不毛之地，而是一片富饶之源。特别是两次石油危机之后，物流管理已正式确立了其在现代企业管理中的战略地位，它已与生产管理和营销管理并列为企业管理的"三驾马车"。

4. 效益背反理论

效益背反指的是物流的若干功能要素之间存在着损益的矛盾，即某一个功能要素的优化和产生利润的同时，往往会导致另一个或另几个功能要素的利益损失，反之也如此。效益背反是物流领域中很普遍的现象，是这一领域中内部矛盾的反映和表现。效益背反理论有许多有力的实证予以支持，例如包装问题，在产品销售市场和销售价格皆不变的前提下，假定其他成本因素也不变，那么包装方面每少花一分钱，这一分钱就必然转到收益上来，包装越省，利润则越高。但是，一旦商品进入流通之后，如果节省的包装降低了产品的防护效果，则会造成储存、装卸、运输功能要素的工作劣化和效益大减，从而造成了大量损失。显然，包装活动的效益是以其他活动的损失为代价的。我国流通领域每年因包装不善出现的上百亿的商品损失，就是这种效益背反的实证。

物流领域的效益背反还包括物流成本与服务水平的效益背反。物流成本与服务水平的效益背反指的是物流服务的高水平在带来企业业务量和收入增加的同时，也带来了企业物流成本的增加，即高水平的物流服务必然伴随高水平的物流成本，而且物流服务水平与物流成本之间并非呈线性关系，投入相同的物流成本并非可以得到相同的物流服务增长。此理论强调，在物流成本管理中应该有整体观念，不能一味地追求某个功能要素的最优化，而是将各功能要素有机地结合起来，协调它们之间的矛盾，实现物流活动的整体优化，从而使总的物流成本降至最低。

（三）影响企业物流成本的因素

加强物流成本管理，持续降低物流成本，首先要了解有哪些因素影响企业物流成本。影响物流成本的因素很多，按照重要性原则，影响企业物流成本的主要因素来自四个方面：企业物流合理化程度、物流管理信息化程度、物流活动组织模式以及物流成本计算方式。

1. 企业物流合理化程度

所谓物流合理化就是通过流程再造以及对物流活动的巧妙安排，实现物流成本最低或物流效益最大的目标。由于物流服务与物流成本之间存在效益背反现象，各物流活动所产生的物流成本往往也存在此消彼长问题，因此，物流活动的合理化程度直接影响企业物流成本的高低。对企业而言，物流合理化是降低物流成本的关键因素，也是物流管理追求的根本目标。

2. 物流管理信息化程度

近年来，很多企业的物流管理实践证明，信息化水平的高低是企业在激烈的市场竞争中能否立于不败之地的关键因素。物流管理信息化建设的前期投入较大，但建成后的效果往往超乎我们的意料。很多知名企业通过信息化建设，不仅实现了企业内运输、仓储、包装、装卸搬运、流通加工、物流信息和物流管理等物流活动的整合与信息共享，建立了物流活动的快速响应机制，实现了传统物流管理方式的突破，而且通过信息化建设的延伸，实现了供应链上各节点企业的信息共享，促进了供应链物流流程的再造，实现了多方共赢。所以，物流管理信息化程度与物流成本高低密切相关。但需要指出的是，全面推行物流管理信息化是一项复杂而艰巨的任务，时间跨度长，短期效果不明显，建设初期甚至会导致物流成本大幅上升，但从长远看，要持续提升物流管理水平，挖掘"第三利润源"，实施物流管理信息化是企业的必然选择。

3. 物流活动组织模式

随着现代经营理念的引入，很多企业更加专注于提高核心竞争力，把不具备竞争优势的物流业务全部或部分外包出去。就现行物流业务运作实践来看，企业物流活动的组织模式大致有三种：全部自营、部分自营部分外包和全部外包。物流活动的组织模式不同产生的物流成本也不尽相同，因此，企业应该在充分考虑企业战略目标的基础上，选择并适时调整物流活动的组织模式，以满足企业经营管理的需要和对降低成本的追求。

4. 物流成本计算方式

物流合理化程度、物流管理信息化程度以及物流活动组织模式三个影响物流成本的因素，其程度和实施方式的不同会真实地影响企业物流成本的高低。无论采取何种方式计算物流成本，物流成本都真实、客观地存在，计算方式的不同只是使最终呈现给决策者的物流成本计算结果存在差异而已。通常，采取粗放的成本计算方式会使计算出来的物流成本偏低，随着物流成本计算精细化程度的提高，物流成本的计算范围会扩大，最终计算出来的物流成本会增加。事实上，不同国家计算物流成本的方式各不相同，即使在同一国家，不同企业计算物流成本的方式也不尽相同。

二、物流成本构成与计算

（一）企业物流成本构成

按照国家标准《企业物流成本构成与计算》，企业物流成本构成包括企业物流成本项目构成、企业物流成本范围构成和企业物流成本支付形态构成三种类型，如图 7-1 所示。企业物流成本包括运输成本、仓储成本、包装成本、装卸搬运成本、流通加工成本、物流信息成本、物流管理成本等物流功能成本和与存货有关的流动资金占用成本、存货风险成本以及存货保险成本，不同成本由不同的支付形态构成，存在于不同的物流范围阶段。

（二）企业物流成本计算

借鉴日本企业物流成本计算思路，我国企业在计算物流成本时，通常以物流功能、物流范围和物流成本支付形态三个维度作为计算对象。具体的计算方式主要有三种：会计方式、统计方式以及会计和统计结合的方式。

1. 会计方式计算物流成本

会计方式计算物流成本就是通过凭证、账户、报表对物流耗费予以连续、系统、全面地记录、计算和报告。具体包括两种形式：一是将物流成本计算与正常的会计核算截然分开，建立独立的物流成本计算体系，会计核算与物流成本计算同步进行，物流成本的内容在物流成本计算体系和会计核算体系中得到双重反映。二是将物流成本计算与会计核算体系相结合，增设"物流成本"科目。对于发生的各项成本费用，若与物流成本无关，直接记入会计核算中相关的成本费用科目。若与物流成本相关，则先记入"物流成本"科目，会计期末，再将各物流成本账户归集的物流成本余额按一定的标准分摊到相关的成本费用账户，以保证成本费用账户的完整性和真实性。上述两种方式，有学者分别将其命名为物流成本计算的双轨制和单轨制。

2. 统计方式计算物流成本

统计方式计算物流成本，不需要设置完整的凭证、账户和报表体系，主要是通过对企业现行成本核算资料的解剖分析分离出物流成本的部分，按不同的物流成本计算对象进行重新归类、分配和汇总，加工成所需的物流成本信息。

3. 会计和统计结合的方式计算物流成本

会计和统计结合的方式计算物流成本，其要点是将物流耗费的一部分内容通过会计方式予以计算，另一部分内容通过统计方式计算。由于企业物流成本包括显性成本和隐性成本两部分内容，显性成本主要取自会计核算数据，隐性成本主要通过统计方式进行计算，因此，实践中，计算企业物流成本通常要采用会计和统计结合的方式。

（1）显性物流成本计算

显性物流成本主要指现行会计核算中已经反映，可以从会计信息中分离和计算的物流成本。对于显性物流成本的计算，可根据企业实际情况，选择期中或期末两种方式进行。

（2）隐性物流成本计算

隐性物流成本指现行会计核算中没有反映，需要在企业会计核算体系之外单独计算的那部分物流成本，主要指导存货占用自有流动资金所发生的机会成本。这部分物流成本可在期末根据有关存货统计资料按一定的公式进行计算。

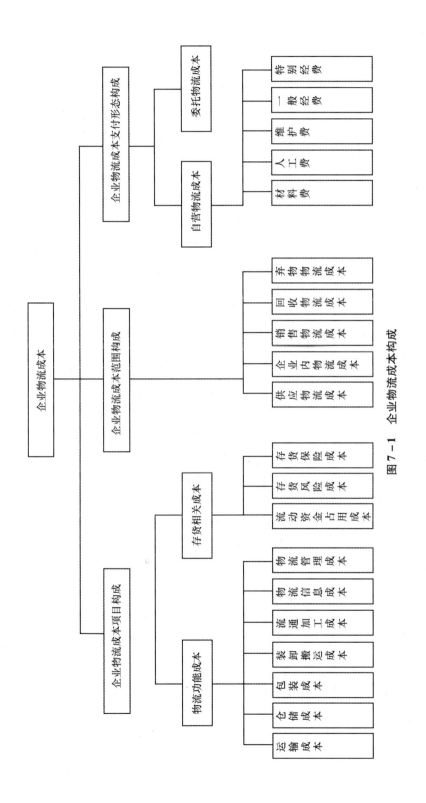

图 7-1 企业物流成本构成

三、物流成本控制

(一) 物流成本控制的含义

物流成本控制是根据预定的物流成本目标，对企业物流活动过程中形成的各种耗费进行约束和调节，发现偏差，纠正偏差，实现乃至超过预定的物流成本目标，促使物流成本不断降低。物流成本控制应该直接控制物流成本发生的原因，而不是物流成本本身，也就是说，物流成本控制是通过控制引起物流成本发生的驱动因素来进行的，通过控制物流成本动因可以使物流成本得到长期管理。

物流成本控制有广义和狭义之分。广义的物流成本控制贯穿于企业经营活动全过程，包括事前控制、事中控制和事后控制；狭义的物流成本控制仅指事中控制，是对物流活动过程的控制。从实践来看，现代物流成本控制是广义的物流成本控制，是与企业的战略目标和财务管理目标等密切结合的物流成本控制。

(二) 物流成本控制的原则与程序

物流成本控制应该遵循以下的原则：①经济原则。经济原则也叫成本效益原则，是指因推行物流成本控制而发生的成本，不应超过因缺少控制而丧失的收益。其要求物流成本控制能真正起到降低物流成本、纠正偏差的作用。②全面原则。物流成本控制的全面原则包括三层含义：一是全过程控制，指物流成本控制不限于企业的物流活动过程，而是包括企业经营活动的全程；二是全方位控制，指物流成本控制不仅对成本发生的数额进行控制，还对物流成本发生的原因、时间等进行控制，确保物流成本支出的合理性；三是全员控制，指导物流成本控制不仅要有专门的物流成本管理人员参与，而且要发动全体员工积极参与物流成本控制。③重点原则。重点原则实际上是贯彻管理学上的二八原则，即80%的物流成本支出是由其中20%的成本项目造成的，所以管理者应把物流成本控制的关注点聚焦在20%的关键成本项目上，对其进行重点控制，而对其他数额较小或无关大局的成本项目从略。重点控制原则还要求管理者对正常物流成本支出实行从简控制，但要格外关注各种例外情况。④领导推动原则。由于物流成本控制涉及企业生产经营全程，同时要求全员参与，所以必须由企业最高领导层予以推动。企业领导层首先要重视并全力支持物流成本控制，为物流成本控制提供制度和文化方面的支持；其次，在要求各部门完成物流成本控制的同时，赋予其相应权利，确保物流成本控制部门的责、权、利一致。

物流成本控制的基本程序主要包括：①制定物流成本标准。物流成本标准是物流成本控制的依据，是对各项物流成本开支和资源耗费所规定的数量限度。确定物流成本标准的方法很多，在实践中，企业可采用预算法或定额法来确定物流成本标准。②监督物流成本的形成。对物流成本标准的执行情况进行检查和监督。对于按预算法确定物流成本标准的，要着重监督、检查各部门、各环节物流成本预算的执行情况。对于按定额法确定物流成本的，要着重检查材料、人工等各项定额或限额的执行情况物流成本指标本身的执行情况。③及时纠正偏差。对于物流成本实际支出超过标准的应及时分析原因，分清轻重缓急，针对不同情况分别采取措施，将差异控制在允许的范围内。

(三) 物流成本的综合控制方法

物流成本控制是提升电子商务企业竞争力的重要因素之一，同时也是一项复杂的系统工程。一方面，物流成本与物流服务之间存在效益背反现象，单纯追求物流成本的降低有时会降低物流服务水平，造成客户流失，影响企业追求利润最大化目标的实现；另一方面，物流成本系统内各物流成本之间存在效益背反规律，一项物流成本的降低可能会使另一项物流成本大幅上升，这在运输成本和仓储成本之间表现最为明显，最终影响企业所追求的总物流成本最小化管理目标的实现。所以，物流成本控制要具有系统性和全局性眼光，在具体实施成本控制时，不仅要遵循总物流成本最低的原则，而且要充分考虑物流成本与物流服务之间的关系，在确保满足客户需求的前提下，努力降低物流成本，这是实施物流成本综合控制的基本要求。物流成本综合控制的方法多种多样，企业可结合各自实际，选择适合的控制方法。

1. 合理选择物流组织模式控制物流成本

电子商务企业的物流组织模式主要有以下四种：一是自营物流模式，即企业内部设立物流运作部门或物流子公司，专门承担企业的物流管理和运作职能。在该种模式下，企业物流运作部门可以引入专业化的物流技术，合理安排企业的物流活动，同时，物流部门或子公司作为企业的内设部门之一，在与采购、生产、销售等部门的沟通协作和信息共享方面，比物流外包模式有更多的便利和优势，对物流运作的控制力相对较强，可以更好地满足客户的个性化需求，但企业设立专门的物流运作部门，需要配备人员和设施，购置运输工具，建设独立的仓库等，成本相对较高。二是物流外包模式，即企业将物流业务全部委托给第三方物流公司。该种模式下，企业可以专心致力于核心竞争力的提升，简化物流管理，但企业对物流运作的控制力较弱，非常规情况下响应机制不够畅通，难以及时满足客户的个性化需求。三是物流联盟模式，即两个或两个以上的经济组织为实现特定的物流目标而采取的长期联合与合作。物流联盟是一种介于自营物流与外包物流之间的物流组织模式，具有相互依赖、核心专业化、强调合作的特点，可以降低前两种模式的风险，且企业更易操作。但该种模式要求结成联盟的企业之间相互信任、共担风险、共享收益，在行动中，彼此考虑对方的福利，不完全采取导致自身利益最大化的行为，这需要较长时间的磨合才能实现。四是第四方物流运作模式，即企业专注于其核心业务，而把企业在全球供应链上有关物流、资金流、商流、信息流的管理和技术服务，统一外包给一个一站式集成服务提供者。理论上讲，与第三方物流相比，第四方物流具有整合各种优势物流资源，对整个供应链及物流系统进行整合规划，为客户企业提供个性化、多样化的供应链解决方案，为其创造超额价值的优势；但在实践中，尚缺乏能发挥上述优势的成功运作实例，从而限制了企业使用第四方物流。企业应根据自身的战略目标，结合业务运作实际，选择适合自身的物流组织模式，在满足客户需求的前提下，最大限度地降低物流成本。

2. 借助于信息技术来控制物流成本

信息技术对企业降低物流成本具有重要作用。借助于信息分类与编码技术、自动识别与数据采集技术、电子数据交换技术、物流追踪技术和物流信息管理系统可以实现物流过程的信息化、自动化和智能化。物流过程的信息化使跨部门的信息共享更加容易，可以快速地将涉及物流活动的各个环节联系起来，有利于提高整个物流系统的效率，最大限度地降低物流成本；物流过程的自动化则可以实现无人操作，扩大物流作业能力、提高作业效率、减少差错等；物流过程的智能化则可以为库存水平的确定、运输车辆的优化调度、运输路径的选择和作业控制、自动分拣机的运行等物流管理决策提供支持。因此，企业应该充分利用现代信息技术来帮助提高物流管理水平和降低物流成本。

3. 构建高效率的物流系统控制物流成本

系统化是现代物流的重要特征之一。可以说，现代物流包含了产品从"生"到"死"的整个生命过程——从原材料采购开始，经过生产过程再进入销售领域。这一过程要经过运输、仓储、包装、装卸搬运、流通加工、配送等活动，通过统筹规划、合理协调，确保所有活动的有序开展和无缝衔接，对于降低物流成本具有重要意义。同时，企业应随时对物流系统的运行状况做出评价，并根据客户需求和企业内外部环境条件的变化对原有规划进行调整，以不断提高系统运行的效率。

4. 实施物流管理创新控制物流成本

物流管理领域可以和需要创新的地方很多，企业应从实现战略目标、降低物流成本的要求出发，进行合理的物流管理创新。例如，企业可以积极推行作业成本法，拓展物流成本核算的范围，全面掌握企业物流成本开支情况，为物流成本管理和控制提供可靠的依据；积极推行物流标准化，包括按照国际惯例和国家通行标准推行物流信息的标准化、物流设施的标准化和物流成本计算的标准化，以方便企业的对外交流与合作；积极应用"看板系统"，推行以"零浪费"为终极目标的JIT管理，将供产销等环节紧密结合起来，提高效率，以降低总物流成本；从供应链的视角实施物流成本管理，将供应链上的所有节点企业看作一个整体，通过彼此的协调与合作，提高客户服务水平，同时降低整条供应链的物流成本。

案例7-1 H&M公司全球供应链管理模式

H&M是一家全球连锁服装集团，于1947年由在瑞典创立。如今，H&M在全世界拥有1 500多个专卖店销售服装、配饰与化妆品。H&M通过对供应链管理的创新，H&M成功实现了企业三合一的战略——在价格、时间、品质之间找到最佳平衡点。作为一个流行服装品牌，H&M建立了对时尚的快速反应机制，把注意力主要放在信息系统的整合上，无论在各程序本身或各程序之间的连接，H&M都十分倚重所建立的信息沟通技术系统，简称ICT（Information and Communication Technologies）。它是指应用各种通信软件和装备来提供各类应用及服务，比如远程学习、远程作业、视像会议、管理信息系统及存货控制等。它能贯连整个供应链，以达到压缩各个程序所需要的时间，令程序间的衔接更为顺畅。

ICT的英文全称很好地诠释了这个系统的两大优势——使组织内部达到信息共通和沟通顺畅。在信息方面，借助ICT，总店以及各分店都能清楚了解各自销售情况，设计部由此获悉了顾客的喜好，采购部可以及早制订针对性的增产计划，物流部根据存货信息及时补充热卖产品……信息的及时获得以及对此做出的快速反应，时刻为时尚"保鲜"。在沟通方面，供应链的每一环都是紧紧相扣的，ICT贯连着各个部门的信息沟通，令沟通更加顺畅。H&M的供应链是一条龙式的设计，各个环节包括了设计部、采购部、生产部、生产商、中央货仓、地方分流中心及分店。设计部通过顾客喜好信息进行产品开发，新研发的时装设计会传至采购部，采购部将这些设计和要生产的数量交给生产部，并根据各分店的销售记录下达其他增产订单，完成品会通过物流中心进行分类。此外，由于全部分店都是自营的关系，店与店、店与总部及各部门的资料分享更加有效快速，这进一步提升了ICT的功用，令H&M的供应链系统得到充分的整合与优化。H&M的一份内部报告指出，"ICT为H&M建立了一个环形的信息反馈机制，销售、库存、采购计划和生产能力的信息变得完全透明。"H&M 没有自己的工厂，出于对效率和成本的考虑，它很早便放弃了自己生产的经营模式。在物流方面，H&M 采用了物流外包的模式。公司整个物流系统外包给 DHL 和 Green Cargo 等的专业公司，一般的货物运输则转包给各个专业运输公司。不过，尽管物流外包出去，但 H&M 对整个物流过程进行全程管理，其中央物流体系通过一个基于网络基础的供应商管理平台跟踪所有货物从发货、出关、通关到总部的全过程，甚至能跟踪物流公司的动态。这个管理平台为 H&M 节省了宝贵的时间，大大提高了物流效率，共有 2 300 多名员工进行该系统的全程操作，该系统每天能处理的货品达到 160 多万件。H&M 的物流管理系统还能对货品的运送线路做出最佳规划，通常 H&M 供应商生产的产品会被运送到德国汉堡的中央仓库，进行整理后运送到各地销售，但是如果这款产品是针对某个区域市场的，H&M 会通过物流信息系统做出快速反应，将产品直接送达该国分部，甚至直接运送到店面，确保产品的及时供应。

思考：
1. H&M 公司的全球供应链采取了什么物流模式？
2. 你认为该公司的成功经验是什么？

本章小结

物流是指物品从供应地向接收地的实体流动中，根据实际需要，将运输、储存、装卸、搬运、包装、流通加工、配送、信息处理等基本功能实施有机结合来实现用户要求的过程。任何一笔电子商务交易都涉及信息流、商流、资金流和物流。信息流、商流、资金流借助于现代信息技术和计算机网络比较容易实现快速、安全、高效的传输；而负责货物交割的物流系统要达到与像信息流、商流、资金流同样的效率则较为困难。电子商务物流管理的目的就是使运输、储存、装卸、搬运、包装、流通加工、配送等物流活动实现最佳的协调与配合，提高物流效率，以满足电子商务高效率和全球性的特点，并降低物流成本，提高经济效益。

复习题

一、选择题

1. 电子商务的组成要素必须包括两个，分别是（　　）。
   A. 计算机技术　　　B. 电子方式　　　C. 商务活动　　　D. 交易
2. 电子商务的框架结构由三个层次构成，分别是（　　）。
   A. 网络层　　　B. 消息和信息发布层　C. 应用层　　　D. 操作层
3. 以下哪种电子商务的交易模式利润来源于相对低廉的信息成本带来的各种费用的下降，以及供应链和价值链整合的收益？（　　）
   A. B2C 模式　　　B. B2B 模式　　　C. B2G 模式　　　D. C2G 模式
4. 以下哪种电子商务的交易模式属于消费者对消费者的交易模式？（　　）
   A. B2C 模式　　　B. B2B 模式　　　C. B2G 模式　　　D. C2C 模式
5. 物流的对象包括（　　）。
   A. 物品　　　B. 信息　　　C. 人　　　D. 服务

6. 按照物流活动的空间范围分类，可以分成（　　）。
   A. 地区物流　　　　B. 国际物流　　　　C. 国外物流　　　　D. 国内物流
7. 按照物流活动的承担主体分类，可以分成（　　）。
   A. 企业自营物流　　B. 专业子公司物流　C. 一般物流　　　　D. 第三方物流
8. （　　）是生产的终点，又是物流的起点。
   A. 配送　　　　　　B. 运输　　　　　　C. 包装　　　　　　D. 加工
9. 商品包装的功能包括（　　）。
   A. 方便物流过程　　B. 保护商品功能　　C. 促进销售功能　　D. 方便消费功能
10. 按照包装的目的划分，可以分为（　　）。
    A. 运输包装　　　　B. 销售包装　　　　C. 商业包装　　　　D. 物流包装

二、简答题

1. 简述物流的起源。
2. 简述电子商务与物流关系。
3. 简述物流成本综合控制方法。
4. 电子商务物流包括哪些作业环节？
5. 物流信息技术包括哪几类？并各列举实例。
6. 什么是物流成本？与物流成本相关的理论学说有哪些？

三、论述题

电子商务物流的不同组织模式各有什么优劣？

四、实践题

分别从成本项目、成本范围和成本支付形态三个维度描述企业物流成本的构成。

第八章

电子商务网站建设

导 读

电子商务站点是指在企业内部网上建设的具有销售功能的，能连接到因特网上的WWW站点。电子商务站点起着承上启下的作用，一方面它可以直接连接到因特网，企业的顾客或者供应商可以直接通过网站了解企业信息，并直接通过网站与企业进行交易；另一方面，它将市场信息同企业内部管理信息系统连接在一起，将市场需求信息传送到企业管理信息系统，然后，企业根据市场的变化组织经营管理活动；它还可以将企业有关经营管理信息在网站上进行公布，使企业业务相关者和消费者可以通过网上直接了解企业经营管理情况。

企业电子商务系统是由上述三个部分有机组成的，企业内部网络系统是信息传输的媒介，企业管理信息系统是信息加工、处理的工具，电子商务站点是企业拓展网上市场的窗口。因此，企业的信息化和上网是一项复杂的系统工程，它直接影响着整个电子商务的发展。

学习目标

1. 了解电子商务网站的概念和作用。
2. 了解常用的电子商务站点建设工具。
3. 掌握电子商务网站的策划、设计以及建设电子商务站点的基本知识。

第一节 电子商务站点的策划

一、电子商务站点的规划

互联网上有无数的电子商务站点。如何在这些站点中脱颖而出呢？公司着手建立电子商务站点之前，需要定义站点的目标。

（一）确定电子商务站点的服务对象

公司需要明确站点的服务对象，从中确定关键人物。这些关键人物既包括公司内部主要机构人员，也包括供应商和大客户，甚至在某些情况下还包括政府部门。设立站点是为了更好地通过互联网将价值链上下游更紧密地联合在一起，因此必须考虑他们的意见，保证站点目标和各有关方面需求之间的无摩擦连接。

确定电子商务站点的服务对象，必须对访问者有清晰的定义，详尽的访问者定义包括用户个人信息以及他们的访问目的。确定电子商务站点的访问者需要采取下两个步骤。

1. 确定访问者的范围

参与站点目标制定的关键人物显然包含在访问者之中。公司商务站点的访问者可以分为公司外部访问者和内部访问者。外部访问者的存在是显而易见的，为他们服务本来就是建立网站目标所在，主要包括现实或潜在客户、供应商、政府、其他组织和个人。在竞争激烈的市场环境中，竞争者也会访问公司的商务网站了解公司的竞争战略，虽然这种情况可能有违公司设立网站的初衷。股东作为特殊的群体，也是不可忽视的访问者。

内部访问者要么被忽略，要么仅仅反映参与站点建设的部门的需求。很长时间以来，信息系统部门负责建公司的网站，以至于这样的网站是仅仅反映他们的意志，却忽略了其他重要的部门，例如市场部。事实上，公司组织结构图上的每个部分的需求都要得到反映，而不仅仅是最靠近总裁办公室或者市场的部门。

在确定访问者范围时，设计人员要着眼于公司整个大的经营环境，同时又不能仅仅向外看而忽略了内部访问者，比较好的方法仍然是选择关键人物，充分倾听各方需求，以价值链和组织机构图为起点，将每一个节点具体化为一类访问者。

2. 确定访问者的访问目的

通常来说，不同访问者具有不同的访问目的。公司的主顾可能通过访问网站，了解产品和服务的种类和价格情况，进行在线采购，也可能因为偶然购买了劣质产品而在网站上大吐苦水，提出刻薄意见。供应商可以通过定期访问网站以了解公司产品生产计划，并推测库存情况，调整相应的产品生产计划。竞争者肯定会通过网络试图了解公司战略。其他外部访问者也许碰巧从其他厂商提供的链接冲浪过来，如果公司的站点确实有值得一看的信息，那么他们还会再来的。如果商务站点可以做出相应对策，提供与公司战略相匹配的信息，很显然，公司可以从外部竞争中获益。

内部访问者同样可通过站点获取所需信息。比如，制造部员工可以得知客户对产品的评价；研发部可以了解客户的技术偏好；市场部将利用反馈信息制订特别的促销方案；各个部门可以通过站点了解其他部门的处境，以更好进行协调。

在确定了访问者后，相对来说，分析他们的访问目的是比较容易的。召开由各类型访问者组成的讨论会，或者采用类似市场调查中经常采用的电话访问、邮寄问卷等方法，设计人员可以获得大致印象，再根据需要对个别类型作进一步了解。有时，如果同行业中有竞争者建立较为成熟的站点，设计人员也可以借鉴，再按照公司实际情况加以调整和改善。

显然满足所有访问者的所有访问目的，不仅无效率，同时也是不可行的。但关键一点是要在倾听各方声音后，根据重要性程度的不同，加以协调，而不是在站点设计之初就武断地将一部分访问者拒之门外，不论是有意的还是无意的。

（二）确定站点的目标

完成以上步骤之后，公司确定电子商务站点实施计划。在此过程中，必须明确以下要点。

1. 公司的任务或目标

这是公司存在的根本原因。在公司决定改变经营模式之前，公司的任务和目标一直是明确的；那么，在运用流行的高效率的电子商务模式时，它们也许可以改变，但不应该模糊。如果无法明确公司的任务和目标，那么公司商务站点同样不能给访问者以清晰的结构，妨碍他们获得正确信息。这样的商务站点注定是要失败的。

当然，在转向电子商务模式时，很多公司不得不重新设计公司的任务和目标，以适应网络时代的特征，并因此对公司传统业务进行重组。

2. 网站的近期目标和远期目标

公司当然愿意一步到位，但这不可能。因此，公司必须区分网站的近期目标和远期目标。一个简单的例子可能是：初期提供公司产品和服务的种类与价格的在线查询和订购；以后根据市场供求状况提供实时定价。任何事先定义的远期目标在更长时期内看来也不过是近期目标，但它提供了未来发展的方向，并易于实现从近期目标到远期目标的平稳过渡。

3. 网站的访问者

很明显，正如无法提供市场上所有的产品那样，公司不能指望在互联网上获得任何冲浪者的欢心。公司所能做的就是如同它在传统业务领域里对市场进行细分那样，对冲浪者分类，寻找符合公司战略发展的访问者即网站营销对象，优先满足他们的信息和服务需求。

正如前面按照性质进行分类那样，电子商务有 B2B 和 B2C 两类不同的模式。公司营销对象可以由此分为组织和个人。这种初步分类是远远不够的。针对前者，可以按地域、经济、文化等进行细分；针对后者，可以按年龄、性别、收入等进行细分。公司营销对象不同，商务站点所要达到的目标和呈现的风格就不同。公司对营销对象进行识别和归类，并以此为根据设立商务站点，可以更好地为目标受众服务，提供更相关的产品和服务，从而更易取得电子商务的竞争优势。当然，公司应该从擅长的产品和服务出发来界定访问者，而不能为增加访问者而改变在传统市场上的制胜法宝。

4. 确定为访问者提供的信息

商务站点的设立，在很大程度上就是让现实和潜在的消费者在线获得公司产品和服务的相关信息，以便为其消费决策提供依据。相关信息越丰富、越详细，访问者在线购物的体验越接近真实状态，访问者会对公司在线销售的产品和服务更加了解，也更愿意购买。因此，公司在建设商务站点时，必须根据提供的产品和服务为访问者提供尽可能详细的资料，并在成本与效益的平衡中做出决定。现在，我国的大部分快运公司甚至允许客户通过互联网对货物进行全程监查，以随时了解货物到达的时间和所经路线。显然，这些快运公司在设立站点时充分考虑了访问者的要求，为他们提供传统快运方式下所无法提供的信息。相比之下，国内大多数公司的商务网站所提供的信息无非就是公司简介加产品服务价目单，根本无法发挥互联网所具有的多媒体和超媒体特性，与之相应的当然是商务站点的无效率。

(三) 确定站点评价体系

竞争不仅发生在传统市场中，也将在电子商务模式下的市场中进行。体现在商务站点的设计上，就是要求使用方便，信息丰富，具有比较流行的操作界面。如服装类商务站点通常采用在线试衣技术，如果公司不采用，那么带来的后果就不仅仅只是技术落后的坏印象，将直接影响在线销售。如何分析公司站点在同类站点中的竞争性呢？

1. 明确竞争者的站点

通过搜索引擎，可以不费力地找到主要竞争者的站点。由这些站点提供的链接，可以迅速跳跃到其他相关站点。如果还不放心，甚至可以使用 BBS 和新闻组，搜寻不甚出名但可能领导未来潮流的站点。

2. 建立评价每个网站的一系列特征和规则

以公司站点的目标作为开端，把它们作为竞争性分析的特征的基础。评价网站时，加入其他的特征和功能。规则包括下载时间、页面大小、布局和感受。有必要建一个表格：网站名作为行，特征和规则作为列。这个表格提供了一个对其他网站进行比较的粗略的、客观的度量。

3. 评价和分析

结合上面确定的特征和规则，加上访问者的评价及访问量，可以轻易判断出哪些站点处于竞争优势、哪些站点又是处于劣势。公司以这两类不同站点为两端，可以描绘出竞争地位的高低变化，确定公司站点的位置，明确努力方向。

这样的分析绝不是静止的，要求公司不断地对互联网进行连续追踪。从一开始，这场竞争就只有永远的竞争，没有永远的成功。

二、电子商务站点的设计

(一) 确定站点的内容和功能

弄清了网站的目标、访问者及其访问目的，进行了竞争性分析之后，电子商务站点的设计人员基本上可以描绘出未来站点的框架，现在需要做的就是确定内容和功能。

电子商务站点的内容可以划分为静态和动态两类。静态内容是一些一般性的、常规的信息，比如公司的历史、文化、所属行业、交易规则等，通常只在站点建立初期编制，而在比较长的时期内不需修改。提供这样的信息，主要是在访问者心目中形成认同感、亲切感，使他们在站点上得心应手。试想一下，如果有一天某个原本代表美国文化的公司在它的站点上宣称代表源远流长的东方文化，访问者也许可以猜测该站点被黑客入侵。

动态内容则是经常变动，以提供诸如公司最新产品和服务的种类与价格等方面信息的部分。比如，各大软件公司在推出正式版本之前，通常会在站点上提供试用版本。动态内容通常用作促销手段，以不断变化的内容在互联网上营造进取姿态，吸引访问者。如果商务站点没有动态内容，原有的访问者也会慢慢厌倦。

站点的功能可以分为主要和辅助两类。主要功能是电子商务网站的关键所在，提供诸如信息发布、在线交易等设立商务站点本意的功能。辅助功能是为实现主要功能而设置的。例如，网上拍卖站点通常要求访问者在线竞价前，进行用户注册，以保证交易的严肃性和真实性，这样的功能虽然不是建立站点的初衷，却是必不可少的。

对照进行访问者分析和竞争性分析得出的框架，设计人员可以通过满足相应需求确定站点所要提供的内容和功能。同样的，想要提供完善的内容和功能是不大现实的。并且内容和功能之间也会存在冲突。比如，站点允许访问者在发出订单后反悔，若非在技术上可以实现这样的功能，否则在内容上就要实现将交易规则交代清楚。因此，必须在内容和功能的完善与技术可行之间按照重要性协调，放弃复杂而华而不实的内容和功能。

确定内容和功能还意味着对它们进行分类和整理，即确定众多内容之间的逻辑联系，并按照这种联系对内容分组和标记。根据标记，可以在草图上搭起站点的具体框架，然后在相应内容的页面记录需要的功能。

（二）确定网站的装饰风格

将内容和功能确定好，并不意味着大功告成。如何将内容和功能更好地表现出来，这依赖于网站的装饰风格。如同超级市场有了众多产品，但结果并不必然是顾客盈门；只有将产品分门别类排放，在合适的位置贴上标签，顾客才可以方便地找到所需产品。对于电子商务站点的设计，道理是一样的。

一般来说，网站有三种装饰风格：组织性装饰风格、功能性装饰风格和可视性装饰风格。组织性装饰风格按小组、系统或组织的结构安排站点的内容和功能。功能性装饰风格涉及的任务与在其他环境实现的任务相似。可视性装饰风格基于多数人熟悉的常用图形元素。

（三）确定网站的导航系统

互联网极其方便的一点就是超文本链接，访问者借助网站提供的导航系统能很容易地在不同页面间切换。但是，这有赖于设计者对导航系统的定义。定义网站的导航系统解决的问题是：访问者如何访问网站？他们如何从一个页面跳转到到另一个页面？怎样防止他们在波澜壮阔的网络世界中迷失？

网站的导航系统可以分为全局导航系统和局部导航系统。全局导航系统出现在网站的每个页面，通过全局导航将网站的各大主要部分联系起来，可以使访问者清楚网站的内容结构，方便他们在不同部分之间跳转。局部导航使访问者可以在相关页面间跳转，也可以在同一页面内跳转。它具有不同的形式，如主题列表、选项菜单、相关条目的列表等。

确定网站的导航系统，就是在对网站内容和功能的确立和分类的基础上，将内容、功能之间的逻辑联系使用导航工具连接起来。导航系统设计时常用的术语是连接和书签。全局导航就是在网站的每页中保持一致。应尽量减少全局导航标志，以便于访问者进行选择。同时使用网站图标作为访问者返回网站首页的链接，使他们无论在哪个页面上都可以迅速返回首页。

第二节 电子商务站点的建设

一、电子商务站点的实施方式

电子商务站点的实施主要有三种方式：外包、租借和自建。

（一）外包

许多专业化的公司可以帮助企业迅速建立电子商务站点体系。在互联网上，速度就是胜利，企业如果可以先于竞争对手建立自己的电子商务站点，就可以取得在互联网上的优势。比较而言，将电子商务站点的实施工作外包出去有以下优点。

1. 迅速建立电子商务站点

速度也意味着减少花费。专业公司有专业人员负责站点的策划、设计、开发、维护和推广。并且他们有着丰富的经验，使用专业化工具，与同业有着密切的工作联系和技术交流，可以及时解决开发过程中意想不到的问题。在很多情况下，企业自行建立电子商务站点，可能要花上六个月还不止，而专业公司可以在几天之内完成主页的设计制作。

2. 获得定制的电子商务方案

与单纯购买电子商务软件包不同，将任务外包出去，可以要求专业公司根据企业的实际需要定制专用的电子商务解决方案，如在方案中集成自动付费、税收和运输跟踪等功能。如果企业的运作方式与软件包提供的功能很匹配，购买软件包固然可以实现电子商务，但是这样的系统不能为企业提供所要求的一些特征；而且即使方案现在可能很适用，但是将来也可能过时。为现有系统增加新特征意味着对软件进行定制的工作和训练。而承担建设网站的专业公司则不同，它们会根据企业不同时期的需要对电子商务站点进行调整甚至重新设计，这在提倡增值服务的今天是一种流行趋势。

3. 可以节省开发费用

专业公司有许多完善的通用的模块，可以很方便地根据客户需要调整，因而减少了开发设计的工作量。同时，他们有一套比较成熟的开发程序、方法，避免了自行设计时的弯路。在需要其他同行协助的情况下，他们可以凭借自身对行业的了解，以比较合理的价格获取服务，因此有助于整体费用的节约。仍以上面的 Red Net 公司为例，工作外包使花费只有机构内部完成的公司预算的三分之一。

4. 可以获得专业化的服务

或许这才是企业将电子商务站点的实施外包出去的真正原因。

企业的电子商务站点建设是一个系统，不仅仅是主页、电子邮件和在线订购而已。将电子商务站点的实施外包出去，一方面是委托专业公司设计站点，另一更为重要的方面是可以获得专业公司提供的网上支付和物流配送服务。对于很多打算进行电子商务的公司来说，最大的问题不是建立站点并接受订单，运输和生意的完满结束才是企业面临的最大困难。通过将工作外包出去，公司可以不需用自己的卡车，只需要将客户订购的货物委托专业运输公司去做。例如，联合包裹运输公司（UPS）和联邦快递（Fed Ex）能够帮助电子商务伙伴建立运输系统，而且它们将数据库开放，使客户可以在网上查询包裹的去向。类似的，通过专业公司，企业可以获得在电子邮件处理、建立虚拟销售网点等方面获得专业服务，大大提高工作效率。

许多公司，从 IBM 到新成立的 Scient 公司都可以提供这样的服务。IBM 公司目前提供网上银行、网上订票、网上邮政超市等一系列成套电子商务解决方案。IBM 针对中国企业的实际情况推出的电子商务解决方案如下：

硬件：RS/6000 服务器（43P150），这是 UNIX 首选的运行平台，具有优异的稳定性与可扩展性。

软件：Web Sphere Application Server 2.02 标准版，可以帮助客户建立由点到线成面的大型销售渠道。

这方面的成功案例，如中国东方航空公司，在 IBM 及其义务合作伙伴的共同开发下，于 1998 年 9 月开通了中国第一个完整的网上订票与支付系统。该系统包括基于 SET 标准的支付网关、认证中心及电子钱包等项目，同时使用工商银行牡丹卡可以实现在线支付和购票功能。

（二）租借

企业也可以租用甚至免费获得由所谓的门户站点提供的电子商务方案。这是一种最简单的电子商务建设方案，企业只需要提供企业及产品的资料，其余如网站的维护等技术性事务，甚至促销、收款以及物流配送均可由门户站点提供。

比如，阿里巴巴站点（china.alibaba.com）提供给注册的会员 3M 的免费空间建立样品房。一旦有了自己的样品房，企业可以展示产品并提供企业信息，满足最基本的电子商务需要。当然企业需要先申请成为阿里巴巴的会员，企业通过注册成为会员，可以获得诸如免费《商情特快》、公司链接等其他服务。

这种方案通常成本较低，风格简洁，而且包括很多常用的特征。整个商店通过 Web 进行管理。企业不必安装任何软件，只需看一看、配置一些设置、输入产品信息，然后就可以进行在线商务了。这种方式很适合小型企业甚至由个人经营的虚拟企业。企业选择电子商务门户站点时，考虑的因素主要是租金和站点的访问量。

这种方案的缺点是这样的服务可能不支持企业想要的视觉效果。它可以使企业避免安装和配置的复杂性，但是那只是因为它只提供了做这些事的几种方式。如果企业需要的和门户站点提供的不能很好匹配，则选择这种方式无疑将会失败。此外，通过这种方式开设电子商务网站，企业没有独立的 IP 地址和域名，进一步发展将受制约。

（三）自建

规模较大的企业都有自己的信息部门，它们可以自行建立站点。自行开发就是使用企业自身的技术力量，按照电子商务站点的计划书，一步步设计、开发、维护和推广站点。

这种方法可以实现企业想要的确切的方案，但是需要经验、时间和相当大的预算。优点是企业可以建立独特的和有竞争力的特征和功能的站点。

有很多应用程序引擎可以帮企业实现这些特征，几乎可以用任何程序语言建立商业程序。很多早期的基于 Web 的商业界面是用 Perl 或 C++ 编制的。最近，很多工作是用微软的 Active Server Pages 和 Allaire 的 ColdFusion 开发环境开发的。还有，Pandesic 发布了一个基于可以通过 Active Server Page 技术访问的一套电子商务对象的新平台。

以这种方式，企业只需要设计数据库，然后把配套的税收、付费的处理软件模块与主程序集成到一起。ASP 和 ColdFusion 可以与最流行的第三方方案合作来帮助理顺事务处理需求，但是要保证能顺利地开发应用程序。

针对企业自行建设电子商务站点的需求，电子商务服务平台解决方案提供商怡申科技公司最近在国内推出"网站便利包"，将虚拟社区的基本功能集中在一个软件包内，企业通过它可以非常方便地架设一个具备所有虚拟社区功能的网站。目前，"网站便利包"提供的功能包括：个人电子信箱、在线聊天室、在线实时通信、分类讨论区、自动转信功能、访客留言板、精华区等。这个软件通过建立共同的平台，串联所有的运用模块，整合会员数据库系统，并运用具有虚拟货币概念的"网络点数"进行数据挖掘，便于企业开展网络营销。该软件包的操作简单，对硬件要求也不高。当然，配备了足够的主机硬件及带宽，豪华版可以容纳100万人以上的注册人数、开设4 000个以上的分类讨论区。

而香港 I-Engine.com 公司也向打算为自行建设电子商务站点的企业提供免费的拍卖引擎。企业只需填写表格，下载相应的拍卖引擎，就能为企业的站点增加拍卖和直销功能，实现在线拍卖和销售企业产品。目前，该公司免费提供的产品有 q-Auction、q-Trading 和 q-Ordering，分别是双向、单向拍卖引擎和直销引擎。

上述三种方案对于使企业建立电子商务站点都是可行的。评价这些不同的方案时，企业不应该只考虑方案的货币价格，而要考虑到把它定制到满足企业需求的代价。通常在开始时很便宜的方案，往往当在其中增加新功能时代价却很大。因此必须在实施方案前斟酌各种因素，最终确定站点的实施方案。

二、电子商务站点的域名申请

建立电子商务网站，要为站点确定名称，也就是申请域名。CNNIC 和 InterNIC 分别提供了检索国内和国外域名的免费服务。如果有人已经使用了某域名，这些系统可以提供该域名使用者的信息。免费查询国内域名可进入 http://www.cnnic.net.cn/cgi-bin/domain-inqe，或者 http://www.cnnic.net.cn/cgi-bin/mailqu；要获得查询国际域名的免费服务，可进入 http://www.chinadns.com。

这里以通过中国互联网络信息中心申请域名为例加以说明。通过在 IE 浏览器的地址栏输入 http://www.cnnic.net.cn/就可以。

由于英文在中国普及率并不高，中国人对于通常的域名很不习惯。为了解决这个问题，CNNIC 于 2000 年 1 月 18 日开通了中文域名系统，并同时提供中文域名注册服务。该中文域名系统的顶级域名默认为"中国"，使用时可以键入"中国"，也可以不键入"中国"。比如，联想公司的中文域名注册为"中国·联想公司"，使用时可以直接用"联想公司"，默认为"中国·联想公司"。在中文域名系统开通的第一天就有 36 000 个域名请求注册。为防止恶意抢注，CNNIC 规定：个人不能申请中文域名，而且申请中文域名时必须已经拥有属于自己的英文域名。一个企业最多注册 50 个域名，一天最多能申请注册 5 个。另外，对政府、驰名商标、驰名企业和县级以上的地名，CNNIC 采取了保护措施。

还有些公司专门提供以服务商域名形式出现的子域名，如我们常常可以看见诸如 maplewood.sohu.com 等子域名。采用服务商提供的子域名虽然成本较低，但有很多缺点：首先不能树立独立形象；其次，不方便访问者记忆域名；再次，更换服务商时会遇到很多麻烦，需要对宣传资料、广告上的域名进行更改。因特网上蕴含着巨大市场，域名被喻为"网上商标"，是企业进入互联网、用户访问和联络企业的唯一途径。它一方面可有效保护企业的公众形象和无形资产，另一方面是企业迈入信息化社会、融入国际大市场、进行电子商务应用的标志，有巨大的商业价值，是通向成功的一条高速公路。反之，因域名被抢注而带来的后果与损失也是巨大的。因此，申请域名是电子商务实施过程中的重要一环。

近年来，我国国内出现大量知名企业名称、驰名商标和其他特定称谓被他人抢注成网络域名的现象。关于抢注其他企业的名称和商标名称作为域名的禁止性限制在《中国互联网络域名注册暂行管理办法》已经进行了规定：当某个三级域名与在我国境内注册的商标或者企业名称相同，并且注册域名不为注册商标或者企业名称持有方拥有时，注册商标或者企业名称持有方若未提出异议，则域名持有方可以继续使用其域名；若注册商标或者企业名称持有方提出异议，在确认其拥有注册商标权或者企业名称权之日起，各级域名管理单位为域名持有方保留 30 日域名服务，30 日后域名服务自动停止，其间一切法律责任和经济纠纷均与各级域名管理单位无关。《中国互联网络域名注册暂行管理办法》还规定，注册域名可以变更或者注销，不许转让或者买卖。

三、电子商务站点的准备

（一）Web 服务器建设

企业建设自己的 Web 服务器时需要投入很大资金，包括架设网络、安装服务器，运转时需要投入很大资金租用通信网络。因此，一般企业建设 Web 服务器时都是采取服务器托管、虚拟主机、租用网页空间、委托网络服务公司代理等方式进行的。对于一些目前没有条件或暂时没有建立网站的企业也可以马上开展网络营销。这里主要介绍目前常用的费用低廉的几种形式。

1. 整机托管

这种方式是企业建设自己的网站，拥有自己独立的与国际互联网实时相连的服务器，只不过服务器放在 ISP 公司，由 ISP 代为日常运转管理。服务器可以租用 ISP 公司提供的服务器，也可以自行购买服务器。企业维护服务器时，可以通过远程管理软件进行远程服务。采取这种方式建好的服务器，企业可以拥有自己独立的域名，可以节省企业架设网络费用和租用昂贵的网络通信费用。

2. 虚拟主机托管

这种方式是指将一台 UNIX 或 NT 系统整机硬盘划分为若干硬盘空间，每个空间可以配置成具有独立域名和 IP 地址的 WWW、E－mail、FTP 服务器。这样的服务器在访问者进行浏览时与独立服务器并无不同。用户同样可以通过远程管理软件控制属于他的硬盘空间。采用这种方式，公司的网页将具有独立的域名，如 http：//www.company.com.cn 或 http：//www.company.com。ISP 服务商站点负责域名服务器的建立和域名的解析。域名可以由 ISP 代理申请，也可由用户自己向 CNNIC 申请国内域名或 INTERNIC 申请国际域名。虚拟主机的数据上载、更新等日常维护工作由用户来完成，用户可以通过 FTP 的方式来自主维护网页。

目前，国内有很多的 ISP 提供虚拟主机托管服务。如何在众多的 ISP 中进行选择呢？一般来说，要考虑如下因素：

（1）速度

ISP 服务器的速度决定了企业站点的访问速度。虚拟主机的速度取决于两个因素：一是虚拟主机放置的位置。按虚拟主机放置位置的不同，可以分为国内和国外。虚拟主机放在国外,国外用户访问速度较快而国内用户访问速度较慢;反之,国内访问速度较快而国外访问速度较慢。企业要结合自己客户的地域分布来选择。当然,现在有的 ISP 提供国内国外多个镜像虚拟主机,可以同时使国内国外用户访问速度提高。如创联公司提供的"双响炮"虚拟主机,同时为企业在国内和美国提供虚拟主机。二是 ISP 的网络连接速度。ISP 的网络连接速度当然是越快越好。如果虚拟主机放在国外如美国,并与美国的互联网骨干网相连,网络连接速度可以达到 155 Mbps;如果放在国内,速度可达 10 Mbps。

(2) 服务

这是最值得企业关心的问题,一般来说,ISP 应提供的服务主要包括:一定数量的免费 E-mail 邮箱;具备数据库开发能力;支持 CGI 程序;支持在线加密传输;支持使用流行的站点管理软件;提供页面访问统计等等。当然,这些基本上成为 ISP 的服务标准,企业在选择虚拟主机服务商时要进行比较。此外,一些大型的 ISP 还提供其他的一条龙服务,比如上文提到的创联公司,提供从域名注册到网站寄存、内容策划、网站维护甚至电子商务系列服务。

(3) 价格

这可能是企业选择虚拟主机服务商时首先考虑到的,然而实际上却并没有想象的那么重要。因为比起企业进行整机托管,虚拟主机托管的租金可以忽略不计。

此外,有的虚拟主机服务商采取其他的吸引客户的手段。如世纪互联公司宣布推出国际规范的服务品质协议(Service Level Agreement,SLA)。SLA 是一种服务商与用户之间签署的、承诺用户在支付一定服务费后所应得到的服务品质的法律文件。世纪互联公司承诺:网络联通率一年内不低于 99.9%;电源持续供电率不低于 99.99%;24 小时技术支持和机房 24 小时开放。所有条款以服务品质协议的方式进行签署,若达不到上述承诺,世纪互联公司将予以用户经济赔偿。这样的 SLA 也是企业在选择虚拟主机托管商时应考虑的因素之一。

3. 租用网页空间

和虚拟主机类似而更为简单的方法是租用网页空间,甚至不需要申请正式域名,向网络服务商申请一个虚拟域名,将自己的网页存放在 ISP 的主机上,用户可自行上载、维护网页内容,自行发布网页信息。一般来说,租用网页空间的费用较虚拟主机更为低廉,如金企(http://www.goldenter.com.cn)提供的企业名片服务。

4. 委托网络服务商代理

如果企业缺乏网络营销的专门人才,最简单的方法就是把产品或服务的网上推广委托专业公司代理。在选择代理人的时候要进行慎重选择,类似的网络服务公司有很多,服务内容和收费方法也有很大差别,如中国商品交易市场(http://www.moftec.gov)提供虚拟市场服务。

(二) 准备站点资料

当 Web 服务器选择好后,网络营销站点建设的重点是根据站点规划设计 Web 主页(用 HTML 语言设计的包含多媒体信息页面)。如果建设一个能提供在线销售、网上推广、发布企业最新信息、提供客户技术支持等功能的网络营销站点,需要准备以下资料:首先,要策划网站的整体形象,要统筹安排网页的风格和内容;其次,公司的简介、产品的资料、图片、价格等需要反映在网上的信息;最后,准备一些公司提供增值服务的信息资料,如相关产品技术资料、市场行情信息等。准备资料时,要注意到网站上的网页是多媒体,它可以包含文字、图像、动画、声音、影视等信息。

(三) 选择站点开发技术方法

自己开发建设网站主要有以下三种方法。

1. 用网页制作工具开发

通过 FRONTPAGE、FLASH、DREAMWAVER 等当前流行的网页制作工具,能帮助我们轻松进行网站开发。通过这些工具,我们不是专业的程序开发人员,我们不懂程序代码,也能做出精美的网站。对于要求不高的网站建设者来说是一种较好的选择。

2. 用程序设计语言开发

如果我们要开发功能复杂的网站,就要用专门的程序开发语言和数据库来开发,常用的网站开发程序设计语言有 Asp、Jsp、Php、Java 等,与之相连的数据库有 Access、SQL 等。这种方式要求有较高的计算机编程能力,适合于计算机专业人员使用。

3. 用自助网站系统开发

为了使网站制作和使用方法不断普及,国内有些公司开发了自助网站系统,帮助没有任何计算机专业知识的普通大众制作网站。它们的口号是"会打字就会做网站",采用傻瓜型操作方式,满足了市场低端需求。

自助网站系统提供了大量的模板供用户选择,并有多种功能可备选。它们一般提供以下功能:

◇ 上千个网页模板和上百个封面模板,还可上传自己设计的网站封面。
◇ 功能强大的在线网页编辑器,支持图文、表格混排。
◇ 客户网站具有简、繁、英三种语言版本;简繁自动转换。
◇ 自由增加、修改、删除栏目,也可以隐藏或加密栏目。
◇ 网站功能丰富,具有单页图文、新闻文章、图文展示、在线表单、访客留言、自定链接、文件下载、网上购物等功能模块。

现在市面上流行的网站系统有自助建站系统、自助建店系统、多用户商城系统、商贸信息系统、新闻文章系统等通用系统,但专用系统一般要定向开发。

值得说明的是,在互联网上搜索"自助建站",能找到成百上千个自助建站服务提供商,他们大都是原创软件公司的代理,而国内专注于自助建站系统开发的厂商不到 20 家。

四、电子商务站点的开发

(一) 电子商务站点开发的组织机构

企业进行电子商务站点的建设,其内部组织结构也要相应有所调整。根据上面描述的建设模式,相应的有以下几种类型。

如果将站点建设和维护的工作外包出去,企业并不需要在组织结构上进行改变,只需指定专门人员负责与专业公司的协调工作。

如果企业自行建设商务站点,同时企业的规模不大,维护站点的工作量不大也不复杂,那么企业可以设置网络管理员(Web Master)一职。根据加拿大酿酒业龙头企业 Molson 网络项目负责人的观点，网络管理员的工作权限与杂志编辑类似，网络管理员应具备以下基本素质：

◇ 同时处理多项任务/品牌/创新的能力。
◇ 财务预算管理和规划能力。
◇ 对各种 Web 设计语言和工具较为熟练。
◇ 能与企业的信息系统相协调。
◇ 较强的设计能力。
◇ 较强的沟通能力。
◇ 良好的人际关系。
◇ 大型企业可以设立网络资源管理部门（Web/Internet Resource Executive，WIRE），实现公司整体协调。

美国 Maloff 营销战略咨询公司主席 Joel Maloff 认为设立 WIRE 作为管理公司网络资源并协调其他部门是一个有创意的观点。他认为只要一开始就明确其目的、地位和职能，它可以起到协调公司发展、提高公司整体效率的作用。当然，WIRE 的合格人选要具备优秀的处理人际关系的能力、较广的网络和电子商务知识、一定的商业知识以及经得起考验的项目管理和协调能力，能够有效配合高层管理阶层的工作，并且能同时担任领导者和促进者两种角色以及具备优秀的倾听意见、吸取有用信息的能力。

（二）电子商务站点的组成

企业电子商务站点一般分为主页、新闻页面、产品和/或服务页面、企业信息页面、帮助页面、相关的虚拟社区等等。下面进行介绍并简单讨论相应的开发要点。

1. 主页

主页也称为首页，是访问者访问企业站点时浏览的第一个页面。访问者对于企业站点的第一印象就是由主页造成的，因此主页是企业的形象页面，企业必须对主页的设计给以重视。

目前，主页的设计有两种风格：导航型和内容展示型。导航型主要是为访问者提供企业站点结构信息，按信息类型和内容的不同，将站点分为若干较大部分，如新闻页面、产品页面、参考页面等，在主页上为它们做链接。如海尔的主页上（www.haier.com）提供了海尔网上商城、海尔办公大楼、海尔销售服务系统、海尔新闻中心、海尔科技馆、海尔网上乐园六大部分的导航，其网站结构比较清晰。而 8848 的主页（www.8848.net）则属于内容展示型，以比较大的页面空间展示 8848 在线销售的产品目录，并为访问者提供直接到达目的信息的链接。这两种主页设计风格各有优点。导航型有助于为访问者提供较为简洁清晰的站点结构，同时由于页面空间较为简洁，企业可以借助图像树立企业的网上形象。传统的大企业拓展网上业务时常常选择这种风格，以便与企业以往的 CIS 风格紧密结合。而内容展示型显然为访问者接触所需信息提供了直接、快捷的链接方式，可以一步到位，无须层层点击，节省了访问时间，因此具有大量分散商业信息的网上拍卖、商店基本采用这种风格。

不论两种风格有多大的不同，一般来说，主页应包括以下内容：

◇ 企业名称、标志、网站图标等要素。

◇ 企业站点的网址。
◇ 企业站点的导航系统。
◇ 企业产品和/或服务最新的信息、有关新闻。
◇ 企业的联系方式如 E-mail、电话、传真等。
◇ 相关站点的链接。

就主页设计的视觉效果来看，主页又可以分为文本型与图像型两种。文本型主要是指主要使用 HTML 语言编制的、通过 HTML 语言的标准元素达到预定效果的方式。文本型的最主要优点是形成的页面空间不大，下载速度较快。许多访问量比较大的商务站点采用这种方式编制主页。图像型是指整个主页页面由一张或多张图片形成，通过在图片上设置热区建立链接，达到与文本型类似的效果。其优点是可以显示企业站点与众不同的形象，给访问者深刻印象，缺点是占用的空间一般较文本型大，下载速度慢，要达到相同的访问速度，需要熟练的图形制作、压缩技巧。前面的例子中，8848 属于文本型，而海尔属于图片型。当然，这样分类的界限并不明显，文本型主页中为了达到形象生动的效果，常常插入比较小的图片；而图片型页面设计方式也主要运用在主页上，其他页面绝大多数使用文本型，毕竟，在互联网上，速度是决定一切的因素！

2. 新闻页面

（1）在新闻页面中，企业可以给予访问者有关企业的最新信息包括：
◇ 产品或服务的最新信息，如品种、价格、实现方式等。
◇ 新项目的进行情况。
◇ 企业的内部变动情况。
◇ 行业的最新动态。
◇ 相关行业情况。

新闻页面可以作为企业的自有媒体，为企业的发展树立有利的公共形象。新闻页面也是企业站点的重要页面，同时也是站点维护和更新的关键页面。原因很简单，站点要保持吸引力，必须及时更新，作为企业发布最新信息的页面，其维护和更新的必要性更显然。

（2）新闻页面设计的步骤
◇ 收集新闻资料。
◇ 按新闻制作的标准编制新闻稿件。
◇ 将新闻稿件转换成可以用浏览器访问的形式。

3. 产品和/或服务页面

这显然是企业设立电子商务站点进行在线业务的关键所在。根据在线业务的特点，该页面一般包括以下内容：

（1）产品和/或服务目录

产品和/或服务目录所要提供的信息有：规格、尺寸、性能、价格、使用说明。成功的电子商务站点可以通过各种超媒体手段提供图片、音频、视频信息，而不仅仅是产品和/或服务的报价单。

（2）访问者或客户对于产品和/或服务的评价

通过互联网的超级链接特性，可以将企业为客户设立的虚拟社区中同特定产品和/或服务相关的评价链接进来,增进潜在客户对产品和/或服务的了解和购买信心。同时可以将以往的客户信息发布在该页面。

(3) 在线订购和支付

企业设计商务站点,归根到底是为了开展网上商务,因此在产品和/或服务页面提供便利、安全的在线订购、定制、支付功能是最为关键的。各大商务站点均设置了如"购物篮""购物车"等形象的订购系统,方便客户选取、检查打算购买的产品和服务,并提供了货款、运费、手续费等计算功能。

(4) 与产品和/或服务密切相关的信息

比如,海尔就在产品页面提供了"产品小知识"频道,并为其厨房产品专门开辟了"整体厨房展示"区。这样的信息有利于增加网站的吸引力,提高站点的访问量。

企业应当根据产品和服务特性,提供特色信息。互联网时代是开放的时代,及时与客户分享企业有关产品和服务的信息,将能显著改变企业的竞争环境。在实际设计时,企业可以根据产品和服务范围规模的大小,按不同的产品和服务类别提供由粗到细的若干层页面,逐步引导客户到达特定的产品和服务。如果企业提供多品牌产品,那么根据品牌分层设计产品页面也是可行的。

4. 企业信息页面

在电子商务站点的主页上通常可以发现诸如"企业简介""关于我们"之类的链接图标。这些图标链接就是这里所说的企业信息页面。正如一幅著名的互联网漫画所描述的那样,来自世界各个未知角落的访问者可能无法确知企业的状况,对于企业的信任感当然也就无从谈起。在宝贵的互联网空间设立企业信息页面的目的正是改善这种局面。

企业在该页面上发布的信息一般包括:

◇ 发展历程。

◇ 企业大事记。

◇ 业务范围。

◇ 合作伙伴。

◇ 发展计划。

此外,上市公司也许会提供各种财务数据与投资控股关系,方便投资者查询,并吸引潜在的投资者。比如,联想就在其站点上提供了有关该集团的、投资者可能需要了解的信息页面。

设计此类页面时,可能需要寻求数据库支持。页面内容可根据访问者在客户端发出的请求,由服务器从后台数据库中自动生成,界面设计力求与访问者熟悉的电子表格形式一致,提供图文并茂的信息。

5. 帮助页面

即使设计时考虑到访问者的便利,大型的电子商务站点因其内容庞杂,访问者仍然可能迷失于信息沙漠中。因而,提供整个网点的结构图,帮助访问者找到沙漠中的绿洲同样是必要的。但这仅仅是帮助页面的所应提供内容的极少部分。

帮助页面提供的信息包括:

(1) 网站结构图

网站结构图提供关于企业站点的简洁图示,将站点的各大主要部分的关系与链接情况展现于访问者终端上，可以使其迅速到达目的页面。

(2) 在线订购、定制的规则

电子商务是一种全新的商业模式。一方面，从整体上看，电子商务与传统商务的交易过程截然不同；另一方面，不同的企业都在探索电子商务具体模式，因此在各个企业站点上进行在线订购、定制的规则和程序不同，这一点在涉及不同行业时将更为明显。因此，企业有必要为其独有的在线订购、定制的规则和程序进行说明。比如"酷！必得"（www.coolbid.com.cn）网站上提供了依标法、集体砍价、限时抢标、逢低买进四种交易方式。初次访问该站点的访问者，不可能非常熟悉这些交易方式，因此对这些交易方式的规则和程序进行说明显然成了该站点拓展电子商务的第一要素。

(3) 在线支付的方式和具体方法

国内的网上支付正处于摸索阶段。各个电子商务站点提供的在线支付方式同样令客户眼花缭乱。如何使客户找到合适的支付方式显然是企业职责所在。为此，8848 网站提供了有关支付方式的整版帮助页面。

(4) 物流配送方式

(5) 站点内容搜索

此外，一些站点的电子商务只对注册会员进行，因此相应提供了注册的帮助。

6. 虚拟社区

提供虚拟社区主要是为了留住访问者。通过建立访问者之间的直接的群体联系，形成虚拟社区，交流选择产品和服务的经验和网上购物体验，可以增加网站的人性化氛围，聚集人气，为站点自身的推广和电子商务的远期利益奠定基础。虚拟社区应该提供的功能有：

◇ 个人电子信箱。

◇ 电子布告栏。

◇ BBS 自动转信。

◇ 在线聊天室。

◇ 在线实时通信。

虚拟社区的建立包括两方面：

(1) 选择独具特色的话题

话题的选择要与企业的产品、服务、经营方式相关，这样才能与企业设立电子商务的初衷相吻合。比如雅宝（www.yabuy.com）设立了"侃侃电脑""谈谈汽车""我的 YaBuy 经历"等专门的论坛，分别扣住雅宝在电脑、汽车拍卖方面的业务。

(2) 选择合适的论坛主持人

论坛要能长期维持下去，必须有能干的主持人，由他来带动论坛的发展、引领论坛话题，以配合站点拓展业务的需要。

以上简要介绍了企业电子商务站点各种类型页面的设计。不同类型页面包括不同的内容，各有相应的设计开发方法，但仍然具有共同之处，简要列在下面：

◇ 站点页面的设计和开发要与企业 CIS 系统中的 VI 相一致。

◇ 使用模板和风格表来确保网站整体形象的统一，并简化开发和以后的维护工作。

◇ 尽量使用成熟的技术，并使用多种浏览器进行检验，确保使用不同的浏览器浏览时没有太大反差。

◇ 精简页面，提高访问速度。

◇ 尽量为访问者和在线购物者提供方便。如亚马逊投资几百万美元开发新技术，仅仅为了顾客下单时可以节省几秒钟。

（三）电子商务站点的开发管理

电子商务站点需求分析的过程与软件工程类似。传统的软件工程使用瀑布法和快速原型法，但是这两种开发模式的周期比较长。

为了尽量提高网站的建设速度，这里提供一种螺旋式开发模式。螺旋式开发模式第一轮设计从简单的信息结构开始，其次是结构设计，包括物理和逻辑结构，然后开始具体的设计工作，包括后台不可见的部分和前台风格及页面的设计，最后通过测试后使用，同时使用智能统计系统进行用户倾向的追踪统计，供决策部门使用。这些数据包括受众群体及其性别、年龄和地理分布、上网高峰时间、用户喜好倾向、消费能力等，作为下一个版本设计的依据。在第二个版本的设计中仍然以信息结构设计开始，往复循环。

（四）电子商务站点的测试

在发布 Web 站点之前，应该确认所有文本和图形都放在正确的位置，且所有的链接都能操作正确。测试 Web 站点的一种方法是检查内部和外部的链接来确认目标文件是否存在。有时一个目标文件被删除了，链接就被破坏了。检查链接时，一般的站点管理软件如 FrontPage 将检查链接所描述的位置是否存在相应的目标文件。

可以使用浏览器测试站点，例如微软的 Internet Explorer 可以确认链接是否将访问者带到正确的网页。还可以通过浏览器检查网页上图形和文本的格式。这是一种更节省时间的方法，但只有确认站点的文本、声音和图像都正确，且每条链接都能跳跃到正确的链接页才有效。因为不同的浏览器在显示网页时采用不同的方法，用几种常用的浏览器去浏览 Web 站点不失为一个好办法。

（五）电子商务站点的发布

当测试并修改完毕，就可以将站点发布了。站点的发布就是将设计好的网页存放到 Web 服务器，供用户浏览使用。网页的发布一般可以大致分为三种形式，包括 E-mail、Ftp、WWW，分别使用相应的软件，如以 Ftp 上传可使用 CuteFtp3.5 等，在 host：填上你注册的网页所放的主机，填上 user ID 和密码（这些资料在你申请后，提供空间的公司会 E-mail 给你），这样就能把主页上传到指定的目录上。挂上后，首先要自行浏览一下，并检查相应的链接。至此主页就上载完毕了，也就在因特网上拥有了一席之地。

在 FrontPage 上发布企业的站点是很容易的，即使通过 ISP 发布 Web 站点，也只需链接 ISP，然后使用 Publish FrontPage Web 命令将 Web 站点复制到 ISP。FrontPage 检查在 ISP 服务器上是否安装了 FrontPage Sever Extension（FrontPage 服务器扩展）。这些扩展是支持 FrontPage 和个人 Web 服务器的程序和副本。如果 FrontPage 探测到在要发布站点的服务器上并没有安装 FrontPage 服务器扩展，它将启动 Microsoft Web Publish Wizard（发布向导）来帮助发布 Web。一旦将站点发布到服务器上，那么全世界都将看到。

五、电子商务站点的维护

在完成站点的创建工作之后,所要做的就是维护站点,尤其对于较大和较复杂的站点,一定要检查是否存在孤立文件断链,避免被意料不到的错误影响企业的形象。站点维护的主要任务有:

(一) 发现并修改失效链接,维持站点内各种链接的有效性

人们对一个 Web 站点的最大抱怨也许就是它的失效链接了。首先在将每个链接放到主页上之前,应该对其有效性进行验证,但由于 Web 站点经常会发生变化,因此 Web 管理员在将其放到 Web 站点上之后就不能就此不管,还必须定期对其进行检查,以确定它们目前还有没有效。要想完全避免这样的情况可能会有一些困难,但如果每一个 Web 站点都很注意这一点,整个情况可能就会大为改观。在一些站点上,有的内容到了一定的时间将会自动失效,其超链接也会在一定的时间之后自动失效。

(二) 及时更换信息

国内许多站点的一个通病就是站点内容不及时更新,据 CNNIC 在 2000 年 1 月公布的第五次《中国互联网络发展状况统计报告》,仅有 41.05% 的网站至少每周更新。有的站点建成一两年了一次也没有修改过,这样的 Web 站点应该说是一种"信息垃圾"。站点管理员应该定期对站点进行必要的更新和维护,并且注明最后一次修改或更新的时间,这样访问者就可以知道站点内容的及时性和可靠性。

(三) 确保页面内容和拼写的正确,维护企业网上形象

正确书写网页内容也是十分重要的,不仅因为错误将会影响阅读,更重要的是可能导致搜索引擎错误索引企业站点。

在电子商务站点发布之后,企业需要进行定期的维护以保证它是最新的。不管何时更改站点上的信息,都增加了出错的可能性,如在修改过的页面上有错误内容或者存在无效链接,或者存在多余的孤立的文件。在第一次发布新的站点和每次修改站点之前应该检查是否存在这些问题,以免让这些不必要的错误弄乱企业的站点,以确保站点的专业形象。

(四) 维持与访问者的良好关系,及时反馈 E-mail 等

有家旅游公司的站点设计优良,但在线业务不尽如人意。在邮箱发生故障进行检查时才发现,邮箱已经堆满了上百封来自世界各地的电子邮件。

这样的例子不是唯一。这样的工作效率和管理效率不能适应互联网时代"十倍速"的要求,企业的电子商务得不到有效发展。

企业应该如同设立服务热线电话那样,有专人负责访问者的 E-mail,对收到的 E-mail 进行分类,转交相应部门处理。更为专业的方法是,在页面提供相应部门或人员的 E-mail,这样可以缩短传递时间,加速反馈。此外,使用自动回复程序,可以在保持发信人热情的同时,减少工作量。

有许多软件可以协助站点维护人员维护站点,比如前面提到的 FrontPage,可以大大减轻企业工作人员的负担。

第三节 网页设计与制作

一、网页设计语言

(一) 网页设计基础

当前在因特网或内部网上,其中最重要的服务和共享资源的手段即是 WWW,它是 "World Wide Web" 的缩写。而 WWW 服务器的信息都是以网页形式提供的。因此从基础知识入手,了解网页制作技术这个最基本、最实用的知识是制作网页的前提。在此基础上,通过了解目前常用的网页设计工具,为以后的深入学习和应用网页制作软件打下基础。

WWW 又称为 "万维网",它是因特网的一部分,由大量的电子文档组成,是一种建立在因特网上的、全球性的、交互的、多平台的、分布式的信息资源网络。这些电子文档又称为网页 (Web),它们存储在世界各地的计算机中。每个网页可以有多个指针和链接。它是以超文本传输协议 (HTTP) 为基础,提供面向因特网的信息查询服务,WWW 服务可以让用户用统一界面的信息浏览系统查询因特网上的各类信息。WWW 在服务上采用的是客户/服务器模式,信息资源以一种用超文本语言 (Hypertext Language) 编写的 Web 页面形式存储在 Web 服务器中,这些 Web 页面信息既能同时存放在同一台 Web 服务器上,也能分开存放在不同的 Web 服务器上,页面之间通过一种称为超链接的方式相互连接起来。用户在用特定的 Web 客户端程序 (浏览器) 访问 WWW 服务器上的信息页面时,还可以通过 Web 页上的超文本链接方便地访问其他 Web 页面资源,而不用关心该页面与上一页面是否在同一服务器上,其工作原理如图 8-1 所示。

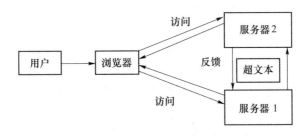

图 8-1 WWW 工作原理

(二) 浏览器

Web 中的信息交流请求是双向的,我们一方面可以通过浏览器浏览所需要的信息,另一方面可以通过 Web 服务器建立网站、发布信息。此外,我们还可以在网上进行交谈、讨论、广告宣传等活动。

目前,浏览 Web 已经成为因特网最主要的服务,它以超文本传输协议在因特网上传送以超文本标识语言 (HTML, Hyper Text Markup Language) 编写的网页内容,从而进行信息交流。

浏览者在访问 Web 时,由浏览者本地的计算机 (客户端) 向存放网页的远程计算机 (Web 服务器) 发出一个请求。远程计算机在收到请求后,将所需要的浏览内容 (即网页)

发送给本地的计算机。

浏览器是阅读 WWW 上信息资源的一个软件，安装在客户端。如果用户在本地机上安装了 WWW 浏览器软件，就可以在包含各种表格、图片的交互式动态网页中阅读其相关信息，也可通过网页查询服务器中的数据。浏览器的作用是在网络上与 Web 服务器打交道。用户只需要通过选择关键字就可以链接到相应的网页，而不必知道对方的物理地址、IP 地址等信息。浏览器有许多种类，目前应用最广泛的是 Microsoft 的 Internet Explorer，另外还有 Mozilla Firefox、Opera 等。它们的友好界面和简单的使用方式为 WWW 的广泛应用奠定了坚实的基础。

（三）URL 与超级链接

在网页设计过程中，我们经常会与 URL（统一资源定位器）与超链接这两个概念打交道。其中，URL 用于描述网络上每个资源的类型与位置，而超链接则为在这些网络资源中畅游提供了方便，是网页制作中使用得比较多的一种技术。超链接是用预先准备好的文本、按钮、图像等对象与其他对象建立一种链接，也就是在源端点和目标端点之间建设一种链接。目标端点是 WWW 的其他资源，如另外一个网页、一个声音文件、网页的另外一个段落或是 WWW 中的任何资源等，而且这些资源可以存放在任意一个服务器上。在浏览网页时，如果用鼠标单击超链接，就会跳转到超链接所指向的资源，就可以从 Web 上下载信息。

网页设计中有两类超链接：一类是超文本链接；一类是超媒体链接。

超文本链接（Hyperlink）是利用超文本在 Web 页面之间进行跳转，所谓超文本（Hypertext）是 WWW 服务的信息组织形式，它与普通的文本是有所区别的，它在普通文本中包含了可以链接到其他文本的特殊文字，平时超文本以文本内容的形式显示在文本中，但为了方便用户辨别，一般在表现形式上又不同于其他文本文件，用户既可以浏览超文本本身所带的信息，也可以用鼠标单击文件中已经定义好的超链接的关键字，显示与该关键字相关的文字资料。许多应用程序的帮助文件就是采用这种超文本的形式，图 8-2 所示的是使用超链接的 Word 帮助系统。

在图 8-2 中，可以通过点击左边带超链接的超文本，在右边窗口中显示具体的帮助信息。

超媒体（Hyper Media）进一步扩展了超文本所链接的信息类型。用户不仅可以从一个文本跳转到另一个文本，而且可以激活一段音乐、显示一个图形、播放一段动画。超链接的工作方式如图 8-3 所示。超媒体文件就是由文字、影像、图片、动画、声音综合在一起的文件形式。

（四）网站与网页

简单地说，网站就是许多相关网页有机结合而形成的一个信息服务中心，是一个存放在网络服务器上的完整信息的集合体。它包含一个或多个网页，这些网页以一定的形式链接在一起，成为一个整体。当然，网站还包含网页中的相关素材，如图片、动画等。网页是网站的组成部分，是一张页面，可以看成是一个单一体，是网站的一个元素。网页里可以有文字、表格、图片、声音、视频、动画等。

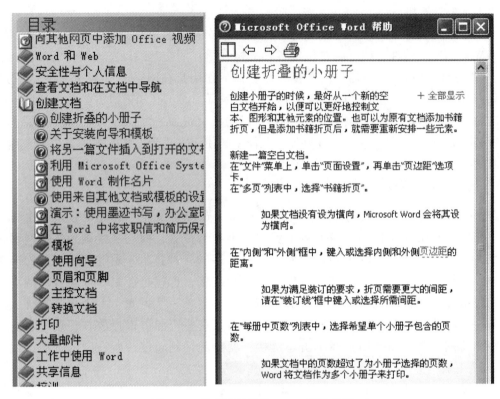

图 8-2 使用超链接的 Word 帮助系统

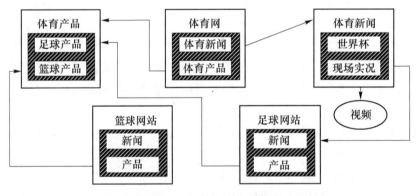

图 8-3 超链接的工作方式

在 WWW 上，信息是通过一个个网页呈现出来的，是用户在浏览器上看到的一个个画面。网站的设计者将要提供的内容和服务制作成许多个网页，并且经过组织规划，让网页互相链接，然后把相关的文件存放在 Web 服务器上。只要用户连入因特网就可以使用浏览器访问到这些信息。这样一个完整的结构就称为"网站"，又常常称为"站点"。现在的网站不仅可以向用户发布信息，而且为用户提供各种各样的网络服务，如电子邮件服务、资源下载、域名服务和主页空间服务等。

网页是 WWW 中的基本文档，是用 HTML 或者其他语言（JavaScript、VBScript、ASP、JSP、PHP 或 XML 等）编写的文档，该文档可以用 WWW 的方式在网上传播，并被浏览器识别、翻译成 Web 页面形式显示出来。

现在的网页一般分为两大类：一类是静态网页（扩展名为 htm、html）；一类是动态网页（扩展名为 asp、php、jsp 等）。

程序是否在服务器端运行是区别静态网页与动态网页的重要标志。在服务器端运行的程序、网页、组件，属于动态网页，它们会随不同客户、不同时间返回不同的网页。运行于客户端的程序、网页、插件、组件属于静态网页，如 html 页、Flash 等，它们是永远不变的。

网页一般包含以下几种基本元素。

1. 文本

文本是网页最基本的元素，网页上大部分的内容都是用文字来表达的，而且由于文字所占的空间非常小，下载速度非常快，所以在网页中应用非常广泛。网页上的文字可以有大小、字体、颜色以及各种不同的格式变化，灵活运用这种变化可以使得网页看起来生动活泼，另外我们还可以编写一些脚本语言，使文字在网页上具有各种各样的动态效果。

2. 图像

图像是网页中必不可少的另一种元素：图像能给人更为强烈的视觉冲击，产生更深的印象；图像不仅可以直接表达信息，而且能起到装饰和美化网页的作用。在网页里经常使用的图像格式一般有 JPEG、GIF 和 PNG。

GIF 采用无损压缩的方式，图像没有细节上的损失，通过减少图像的信息量，因此打开的速度非常快。同时 GIF 图像还支持透明背景，放在网页中能够和网页背景很好地融合，结合得像一个整体，视觉效果非常协调。另外，GIF 还支持动态效果，通过专门的软件（如 GIF Animator、Adobe Image Ready 等）可以制作出动态的 GIF 图像，使网页效果更为生动。但 GIF 最多支持 256 种颜色，不适合照片、风景画等颜色丰富的素材的压缩。

JPEG 使用先进的压缩算法，实现快速下载与显示。JPEG 支持 24 位真彩色，非常适于存储颜色丰富的画面，如风景画、照片等。

3. 多媒体元素

网页中的多媒体元素有许多种，常用的有三种：音频、视频和动画。常用的音频文件格式有声音文件 WAV 和 MIDI 音乐文件；常用的视频格式有 RM、AVI、WMV 等格式；常用的动画文件有 Flash 动画（SWF 格式）和 GIF 格式。一些多媒体元素要在网页上显示、播放需要安装相应插件才行。

4. 超链接

超链接使网页与网页、网站与网站之间相互连接成为一个有机的整体，用户只需点击鼠标就可以轻松转到所需要浏览的网页上。具体内容前面已有介绍，这里就不再提及了。

5. 脚本程序

用于扩充网页功能而能在网页上直接解释的程序语言，常见的有显示访问的时间、让文字在屏幕上滚动等。主页是指网站的首页，是用户在浏览器地址栏里输入网址后网站自动打开的默认页面，而网站的其他页面都会通过超链接与这个主页相连，这些页面我们通常称为子页面。用户要访问感兴趣的子页面，只要单击主页上相应的超链接就可以了。因此主页就像一份报纸的头版，通常用来作为一个站点中的目录或索引。由于主页在一个网站的所有网页里处于中心地位,所以经常有人用主页来代替网站的称呼,如个人网站称为个人主页,网站的欢迎词也经常写着"欢迎访问我们的主页"。

首页的文件名一般定义为 index 或 default,其扩展名如是静态网页,则为.htm 或.html,如是动态网页,根据使用的技术不同而不同。如首页类型是静态网页,那么首页名称一般为 index.htm、Default.htm 或 index.html、Default.html,如果首页是动态网页类型并是用 ASP 语言编写的,那么首页名称为 index.asp 或 Default.asp。

(五) HTML 语言

HTML 语言是网页的基本语言,它是一种纯文本的格式语言,通过各种标记对网页上的文字、图片、动画、声音等页面元素进行描述,如文字的字体、颜色等。HTML 文件运行在 Web 浏览器上,运行该文件时只需在浏览器地址栏中输入文件 URL 地址即可。

用 HIML 编写的超文本文档称为 HTML 文档,它能独立于各种操作平台。我们可以用任何一个文本编辑器进行编写,通过浏览器来解释执行。如可以采用 Windows 自带的文本编辑器记事本进行编辑。当然,我们也可以利用目前较流行的可视化软件来制作网页,以实现"所见即所得"的编辑效果,即它们会根据用户的可视化操作自动生成 HTML 代码,同时也可以直接在软件的代码视图中直接编写代码。我们如果平时想了解某些网页的源代码,可以在用浏览器打开相应网页后执行"查看"菜单下的"源文件"命令,就可以用记事本软件查看到这个网页的源代码文件。

虽然 HTML 语言描述了文档的结构形式,但并不能精确地定义文档信息必须如何显示排列,而只是建议 Web 浏览器应该如何显示和排列这些信息,最终呈现在用户面的显示结果取决于 Web 浏览器本身的显示。

下面我们通过 Widows 操作系统自带的记事本软件来制作一个简单网页,让大家了解 HTML 语言的一些基本使用方法,使大家对组成网页的 HTML 语言代码能有个整体认识。

从 Windows 的"附件"中找到"记事本"程序并运行,将以下代码完整正确地输入到记事本软件中:

```
<html>
<head>
    <title>欢迎大家光临</title>
</head>
<body>
    <p>这是我用记事本编写的第一个网页</p>
</body>
</html>
```

选择菜单"文件"→单击"另存为"命令,出现对话框,如图 8-4 所示,将对话框中的"文件名"改为"1.html",注意必须加上扩展名.htm 或.html,并且保存类型必须选择"所有文件(*.*)"。然后单击"保存"按钮,将文件保存起来。

双击打开刚才保存的文件,如图 8-5 所示。

接下来,通过对这段代码来进行分析,我们来了解学习网页文件的结构:

HTML 语言中所有的标记都要用 < > 括起来。

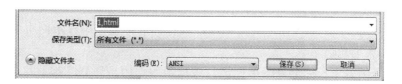

图 8-4 "另存为"对话框

图 8-5 用记事本保存的网页显示结果

HTML 标记的基本格式是：<标记>内容<标记>。

HTML 语言中的标记一般是成对的，其中<标记>表示某种格式或者功能的开始，而后面的</标记>表示这种格式或功能的结束。标记不区分大小写，每个标记必须相互对应、有头有尾；标记可以相互嵌套，但不能交叉嵌套，如：

正确：

<标记>
　<标记1>
　</标记1>
</标记>

错误：

<标记>
　<标记1>
　</标记>
</标记1>

所有 HTML 文件都必须用特定的标记<HTML>开始，以表示这是一个网页文件，内容一直到</HTML>结束。

网页内容包括两大标记，其他标记都包括在两大标记内。第一个标记是<head>，这个标记内包含着和文件有关的一些头信息；第二个标记是<body>，整个网页的内容都写在这个标记内。

<head>标记中的<title>标记的作用是在浏览器的标题栏中显示网页的标题，如这个网页中的"欢迎大家光临"。

<body>标记中<p>标记是段落标记，该标记的作用是划分段落，并在段落与段落中插入一个空白行。

（六）CSS

利用 HTML 标记可以描述网页的结构与显示方式，但有很多缺点，如不够精确，统一网站风格困难，因此出现了一种新技术——CSS（Cascading Style Sheet，层叠式样式表）。它是 W3C（World Wide Web Consortium）组织批准的一种网页元素定义的规则，用于控制网页样式并允许将样式信息与网页内容分离的一种标记性语言。正确使用 CSS 样式，可以方便地格式化页面或者制作动态网页。简单地说，这里的样式是指预先定义好的、格式化文档的工具，是一系列控制文本显示外观的格式化属性的组合。通过设置 CSS，我们可以随意地控制网页中字体的大小、颜色等，便于统一网站的整体风格；可以方便地为网页中的各个元素设置背景颜色和图片并进行精确的定位控制；可以为网页中的元素设置各种滤镜，从而产生诸如阴影、辉光、模糊等只有在图像处理软件中才能实现的效果；可以与脚本语言相结合，在网页中实现很多动态滤镜效果。

下面我们就来简单说明 CSS 的语法和在网页中的编辑。

我们来看一段 CSS 代码：

P {font-family:"宋体"; font-size: 12px; line-height: 12pt; color: #000000}

td {font-family:"宋体"; font-size: 12px}

a: link {color: #0000ff; text-decoration: none}

第一行和第二行的 p、td 标签分别定义了网页中文字和表格中文字的字体、大小和颜色。由于网页中的文字基本上都放置在表格中，所以需要定义表格中的文字属性。

font-family:"宋体"——指定网页中的字体。

font-size: 12px——设置字体的大小，为 12 个像素点。

line-height: 12px——设置行与行之间的距离。

这两种字体大小在 800×600 分辨率下可以较好地显示。

color: #000000——字体的颜色。#000000 表示的是黑色。在网页编辑中，颜色是用十六进制数来表示的。当然也可以用颜色的英文名称来表示，如红色的代码写成#ff0000，也可以写成 red。

第三行指定的是链接文本的变化控制。link 表示超链接的文本在链接未被访问时的颜色，代码中指定颜色为#0000ff（蓝色），text-decoration: none 表示链接文本没有下划线。

怎样把 CSS 添加到页面中，即怎么才能让编辑好的 CSS 对页面元素起作用呢？

一般来说，有两种方法。一种方法是直接把 CSS 代码粘贴到 HTML 中。比如把一段代码粘贴入 HTML 代码之间就可以了，不过这样做只是定义了这个页面的 CSS，如果一个网站有很多页面的话，一个一个页面粘贴代码是不大可能的，所以还是建议大家采用第二种办法，即将 CSS 代码生成一个扩展名为 .css 的文件，然后将这个文件链接到所需的页面上。这样做一个很大的好处就是，可以把网站上所有页面都链接到同一个 css 文件，一旦这个 css 文件修改了，那么所有的页面风格也随之改变。

二、动态网页技术

因特网在技术上的显著进步是动态网页的出现。这里所指的动态网页与网页上的各种动画、滚动字幕等视觉上的"动态效果"没有直接关系，它的最大特征是能够实现人与网站之间的交互。从网站浏览者的角度来看，无论是动态网页还是静态网页都可以展示基本的文字和图片信息，但从网站开发、管理、维护的角度来看就有很大的差别。

（一）动态网站的主要特征

动态网页一般以数据库技术为基础，可以大大降低网站维护的工作量。

采用动态网页技术的网站可以实现更多的功能，如用户注册、用户登录、在线调查、用户管理、订单管理等。

动态网页实际上并不是独立存在于服务器上的网页文件，只有当用户请求时，服务器才返回一个完整的网页。

动态网页中的"？"对搜索引擎检索存在一定的问题。搜索引擎一般不可能从一个网站的数据库中访问全部网页，或者出于技术方面的考虑，搜索引擎不会去抓取网址中"？"后面的内容，因此采用动态网页的网站在进行搜索引擎推广时需要做一定的技术处理，才能适应搜索引擎的要求。

如我们常见的网站访问量计数器就是动态的，当有人点击我们的网站时，计数器的值会自动增加。BBS 论坛也是动态的，当用户在论坛上发布信息时，网页内容会自动更新，显示出新发布的信息及相关回复。如果仔细留心网站的文件扩展名，会发现许多网页文件扩展名不再只是".htm"或".html"，还有".php"".asp"等，这些都是采用动态网页技术制作出来的。

早期的动态网页主要采用 CGI 技术，CGI 即 Common Gateway Interface（公用网关接口）。可以使用不同的程序编写适合的 CGI 程序，如 Visual Basic、Delphi 或 C/C＋＋等。虽然 CGI 技术已经发展成熟而且功能强大，但由于编程困难、效率低下、修改复杂，所以它们有逐渐被新技术取代的趋势。目前最常用的几种动态网页语言有 ASP，JSP，Java，PHP 等，这些技术各有其优缺点和适用环境。

（二）ASP

以 JavaScript 为基础的 ASP 是微软的基于 NT 内核的 Windows 系统自带的脚本语言，利用它可以执行动态的 Web 服务应用程序。ASP 的语法非常类似 Visual BASIC，学过 VB 的人可以很快上手，ASP 也是这几种脚本语言中最简单易学的开发语言。但 ASP 也是这几种语言中唯一的一个不能很好支持跨平台的语言。

那么究竟什么是脚本呢？其实脚本是由一系列的脚本命令所组成的，如同一般的程序，脚本可以将一个值赋给一个变量，可以命令 Web 服务器发送一个值到客户浏览器，还可以将一系列命令定义成一个过程。要编写脚本，必须要熟悉至少一门脚本语言，如 VB Script。

脚本语言是一种介于 HTML 和诸如 Java、Visual BASIC 等编程语言之间的一种特殊的语言,尽管它更接近后者,但它却不具有编程语言复杂、严谨的语法和规则。如后面所述 ASP 所提供的脚本运行环境可支持多种脚本语言,譬如 JavaScript 等。ASP 的出现使 Web 设计者不必再为客户浏览器是否支持而担心,就算在同一个.asp 文件中使用不同的脚本语言,因为所有的一切都将在服务器端进行,客户浏览器得到的只是一个程序执行的结果,只需在.asp 中声明使用不同的脚本语言即可。

与一般的程序不同,ASP 程序无须编译。当然,同其他编程语言一样,ASP 程序的编写也遵循一定的规则,如果想使用脚本语言编写 ASP 程序,那么服务器上必须要有能解释这种脚本语言的脚本解释器。当安装 ASP 时,系统提供了两种脚本语言:VBScript 和 JavaScript,而 VBScript 则被作为系统默认的脚本语言。

从本质上说,ASP 本身并不是一种脚本语言,它只是提供了一种使镶嵌在 HTML 页面中的脚本程序得以运行的环境。但是,要学好 ASP 又必须掌握它的语法和规则。我们只做简单介绍。

ASP 程序其实是以扩展名为.asp 的纯文本形式存在于 Web 服务器上的,可以用任何文本编辑器打开它,ASP 程序中可以包含纯文本、HTML 标记以及脚本命令。只需将 asp 程序放在 Web 服务器的虚拟目录下(该目录必须要有可执行权限),就可以通过 WWW 的方式访问 ASP 程序了。要学好 ASP 程序的设计,必须掌握脚本的编写,接下来,我们通过建立一个 asp 程序来使读者了解该技术,这个程序有自动监测浏览时间并根据不同时段动态显示不同页面内容的功能。读者在操作时,可将以下代码剪贴到文本编辑器中,并存为 test1.asp。

```
<html>
    <head>
        <meta http-equiv="Content-Type" content="text/html; charset=utf-8" />
        <title>练习一</title>
    </head>
<body>
<font color="#00FF00">
    <%
    h=hour(time)
    if h<=12 then%>
    早上好!
    <% elseif h<=19 then %>
    下午好!
    <% else %>
    晚上好!
    <% end if %>
</font>
```

```
</body>
</html>
```

程序中的<% %>符号是标准的ASP定界符,定界符之间的就是脚本语言。ASP不同于一般的脚本语言,它有自己特定的语法,所有的ASP命令都必须包含在<%%>之内,如:<% test = "EnglishtesE"% >。

然后将test1.asp保存在Web服务器的虚拟目录下,并在浏览器中用HTTP的方式进行浏览,如http://localhost/test1.asp,你将会新奇地发现,你的页面的显示时间真的与你访问该网页的时间同步了。虽然这只是个非常简单的实例,而且这一功能完全可以通过客户端JavaScript完成,但是不难发现使用ASP要比JavaScript简洁、迅速得多,而且运用这种方法,你完全可以轻而易举地使你的网页在不同的时段展示不同的风格。

经过更深入的学习之后,你会体会到当工作量较小的时候无法体现出ASP的好处,而一旦数据量剧增,你将深刻地体会到ASP动态网站给你带来的感受。

通过上面的介绍,可以感受到ASP脚本语言非常简单,因此其代码也简单易懂,结合HTML代码,可快速地完成网站的应用程序。不过,正因为ASP很简单,所以单纯使用ASP所能完成的功能也是有限的,COM(Component Object Model)技术的出现弥补了ASP的不足,微软提供了COM/DCOM技术,极大拓宽了ASP的应用范围,使ASP几乎具有无限可扩充性。正因为ASP简单而易于维护的特性,它是小型网站应用的最佳选择。

(三)PHP

1994年,Rasmus Lerdorf首次设计出了PHP程序设计语言。1998年6月,PHP.net发布了PHP 3.0声明。发布以后,用户数量才真正开始猛增。PHP简单易学,因而受到广大开发者的欢迎,目前全球大约有2 200万个网站使用PHP,而且数量还在稳定增加中。应用PHP开发的成功案例有许多,比如,Media Wiki——著名的维基百科(Wiki)程序,如此庞大的条目只用PHP + MySQL支持。

为什么PHP会如此受欢迎呢?最大的原因是:PHP是完全免费的开源产品,不用花钱,可以不受限制地获得源码,可以从中加进你自己需要的特色。网站上有许多现成的、免费的、容易拿到的、且已经做好的网站软件,如行事历、网站管理、新闻、报名系统、电子报、天气预报等免费的应用组件供下载安装使用,这对没有程序编写经验的人来说是很好进入点,也符合中小企业低成本建置网站的需求。

总的来说,PHP是一种易于学习和使用的服务器脚本语言。它大量地借用C和Perl语言的语法,语法结构很像C语言,并结合PHP自己的特性,使Web开发者能够快速地写出动态页面。PHP的跨平台特性让程序无论在Windows平台还是Linux、Unix系统都能运行自如。

与ASP、JSP一样,PHP也可以结合HTML语言共同使用:它与HTML等语言具有非常好的兼容性,使用者可以直接在脚本代码中加入HTML标签,或者在HTML标签中加入脚本代码从而更好地实现页面控制,提供更加丰富的功能。

与ASP、JSP相比,PHP的优点有:安装方便,学习过程简单兼容性强;扩展性强;可以进行面向对象编程等。并且,PHP提供了标准的数据库接口,几乎可以连接所有的数据库，尤其和 MySQL 数据库的配合更是"天衣无缝"。

当然 PHP 并不是十全十美的，因为结构上的缺陷，它只适合编写小型的网站系统。

（四）JSP

这是当前流行的一种网页编程技术，它是由 Sun Microsystems 公司于 1999 年推出的新动态网页技术标准，是以 Java 为基础的 Web 开发技术，在传统的网页 HTML 文件中加入了 Java 程序片段和 JSP 标记就构成了 JSP 网页。利用这一技术可以建立先进、安全和跨平台的动态网站。JSP 具备了 Java 技术的简单易用的特点，完全面向对象，具有平台无关性，是安全可靠的编程技术。

JSP 和 ASP 在技术方面有许多相似之处。两者都是为基于 Web 应用的动态交互网页的制作提供技术环境支持。同等程度上来讲，两者都能够为程序开发人员提供实现应用程序的编制与自带组件设计网页从逻辑上分离的技术。不过两者来源于不同的技术规范组织，其实现的基础——Web 服务器的平台要求不相同。ASP 一般只应用于 Windows 操作系统平台，而 JSP 则可以不加修改地在绝大部分的 Web Server 上运行，其中包括了 NT 的系统。当从一个平台移植到另外一个平台时，JSP 甚至不用重新编译，符合一次编写、多平台运行的 Java 标准，实现了平台和服务器的独立性，因此 JSP 的适应平台更广，这是 JSP 相比 ASP 的优越之处。

其次，基于 JSP 技术的应用程序比基于 ASP 的应用程序易于维护和管理。JSP 的这些特性使不少大型企业系统和商务系统都使用这项技术。

（五）ASP.NET

ASP.NET 的前身就是 ASP 技术，ASP 技术以简单易学等优点得到了广泛的应用，但它的缺点也随着这些网站的应用而显现出来了。大型的程序开发方法让维护的难度提高很多，尤其是大型的 ASP 应用程序；直译式的 VBScript 或 JavaScript 语言让效能有些许的受限；延展性因其基础架构扩充性不足而受限；虽然有 COM 元件可用，但开发一些特殊功能（像文件上传）时没有来自内置的支持，需要寻求第三方软件商开发的元件。

1997 年时，微软针对 ASP 的缺点做了全新的改进，提出了该技术的后续者 ASP +，而后于 2000 年微软正式推动 .NET 策略，ASP + 也顺理成章地改名为 ASP.NET。目前的最新版本是 ASP.NET 4.0 以及 .NET Framework 4.0。该技术的主要特点有：

1. 世界级的工具支持

ASP.NET 构架是用 Microsoft 公司最新的产品 Visual Studio.Net 开发环境进行开发的，用 WYSIWYG（What You See Is What You Get 所见即为所得）进行编辑的。这些仅是 ASP.NET 强大化软件支持的一小部分。

2. 强大性和适应性

因为 ASP.NET 是基于通用语言的编译运行程序，所以它的强大性和适应性可以使它运行在 Web 应用软件开发者的几乎全部平台上（笔者到现在为止只知道它只能用在 Windows 2000/2003 Server/VISTA/7 上）。通用语言的基本库、消息机制、数据接口的处理都能无缝地整合到 ASP.NET 的 Web 应用中。ASP.NET 同时也是 language - independent（语言独立化）的，所以，你可以选择一种最适合你的语言来编写你的程序，或者把你的程序用很多种语言来写，现在已经支持的有 C#（C++和 Java 的结合体），VB 等。这样的多种程序语言协同工作的能力将保护现在基于 COM+开发的程序，能够完整地移植向 ASP.NET。ASP.NET 一般分为两种开发语言，VB.NET 和 C#，C#相对比较常用，因为是.NET 独有的语言，VB.NET 则为以前的 VB 程序设计，适合于以前的 VB 程序员，如果新接触.NET，没有其他开发语言经验，建议直接学习 C#即可。

3. 简单性和易学性

ASP.NET 使运行一些很平常的任务如表单的提交、客户端的身份验证、分布系统和网站配置变得非常简单。例如，ASP.NET 页面构架允许建立自己的用户分界面，使其不同于常见的 VB-Like 界面。

4. 高效可管理性

ASP.NET 是一种字符基础的、分级的配置系统，它使服务器环境和应用程序的设置更加简单。因为配置信息都保存在简单文本中，新的设置有可能都不需要启动本地的管理员工具就可以实现，从而使 ASP.NET 基于应用的开发更加具体和快捷。多处理器环境的可靠性：ASP.NET 已经被刻意设计成为一种可以用于多处理器的开发工具，它在多处理器的环境下用特殊的无缝连接技术，将大大提高运行速度。自定义性和可扩展性：ASP.NET 设计时考虑了让网站开发人员在自己的代码中自己定义"plug-in"的模块。这与原来的包含关系不同，ASP.NET 可以加入自己定义的任何组件。安全性：基于 Windows 认证技术和应用程序配置，可以确保原程序是绝对安全的。

ASP.NET 的语法在很大程度上与 ASP 兼容，同时它还提供一种新的编程模型和结构，可生成伸缩性和稳定性更好的应用程序，并提供更好的安全保护。开发人员可以通过在现有的 ASP 应用程序中逐渐添加 ASP.NET 功能，随时增强 ASP 应用程序的功能。

ASP.NET 是一个已编译的、基于.NET 的环境，把基于通用语言的程序在服务器上运行。将程序在服务器端首次运行时进行编译，比 ASP 即时解释程序速度上要快很多，而且是可以用任何与.NET 兼容的语言（包括 Visual Basic.NET、C#）创作应用程序。另外，任何 ASP.NET 应用程序都可以使用整个.NET Framework。开发人员可以方便地获得这些技术的优点，其中包括托管的公共语言运行库环境、类型安全、继承等。ASP.NET 可以无缝地与 WYSIWYG HTML 编辑器和其他编程工具（包括 Microsoft Visual Studio.NET）一起工作。这不仅使 Web 开发更加方便，而且能提供这些工具的所有优点，包括开发人员可以用来将服务器控件拖放到 Web 页的 GUI 和完全集成的调试支持。

三、网页制作工具 Dreamweaver

前面几节学习了网页制作的一些基础知识，我们对网页制作有了一个大概的了解，用记事本软件编写源代码的方法编写了几个网页。虽然可以使用 HTML 直接编写网页，但网页制作中更多的是使用一些专用的网页开发工具。

美国 Macromedia 公司的 Dreamweaver、Fireworks 和 Flash 软件是专业网页制作的优秀套件，被许多用户称为网页制作的"梦幻组合"或网页制作"三剑客"。Macromedia 公司从实际应用的角度出发，充分考虑了网页设计和网站建设的各项要求，对这三款软件的功能进行了合理划分。Dreamweaver 主要完成网页设计和网站管理；Fireworks 主要进行图像的设计与编辑；Flash 主要开发适应网络传输的流媒体动画。同时这三款软件又是一个有机的整体，不仅有着基本相同的软件界面和操作方法，而且对一些共性的功能给出了相同的定义，因此大大减少了设计者的学习时间，综合使用这套软件能够设计出理想的网页。

Dreamweaver 作为一种所见即所得的网页编辑工具，其最大的优点就是直观性，使用方便，容易上手，用户在所见即所得网页编辑器进行网页制作和在 Word 中进行文本编辑时不会感到有什么区别，但它同时也存在着致命的弱点：

难以精确达到与浏览器完全一致的显示效果。也就是说用户在所见即所得网页编辑器中制作的网页放到浏览器中很难完全达到真正想要的效果，这一点在结构复杂一些的网页（如分帧结构、动态网页结构）中可以体现出来。

页面原始代码的难以控制性。比如，用户在所见即所得编辑器中制作一张表格也要几分钟，但要它完全符合要求可能需要几十分钟甚至更多时间。而相比之下，非所见则所得的网页编辑器就不存在这个问题，因为所有的 HTML 代码都在监控下产生，但是非所见即所得编辑器的先天条件注定了它的低工作效率。如何实现两者的完美结合，即既产生干净、准确的 HTML 代码，又具备所见即所得的高效率、直观性，一直是网页设计师的梦想。Dreamweaver 在这方面作了最大的折中。

本章小结

本章主要介绍了电子商务网站的概念和主要功能，在此基础上讨论了电子商务网站规划的要求和整体设计风格以及电子商务网站设计、规划与实现的相关技术。最后介绍了网页设计的相关工具 Dreamweaver。

复习题

一、选择题

1. 可以链接到其他网站的或其他数据上的文本为（　　）。
   A. 超媒体　　　　B. 超文本　　　　C. 超文本标识语言　　　　D. 超链接
2. 下面（　　）文件属于静态网页。
   A. abc.asp　　　　B. abc.doc　　　　C. abc.htm　　　　D. abc.jsp
3. 下面（　　）不是网页编辑软件。
   A. Dreamweaver　　　　B. CuteFTP　　　　C. Word　　　　D. Flash
4. 下面（　　）文件不是网站的主页。
   A. index.html　　　　B. default.jsp　　　　C. index1.htm　　　　D. default.php
5. 网页的元素不包括（　　）。
   A. 文字　　　　B. 图片　　　　C. 界面　　　　D. 视频
6. 文本被做成超链接后，鼠标移到文本时光标会变成（　　）。
   A. 人手形　　　　B. 十字形　　　　C. 向右的箭头　　　　D. 没变化

二、简答题

1. 常用的网站制作技术有哪些？各有哪些优缺点？
2. 电子商务网站的主要功能有哪些？

3. 电子商务网站设计的主要元素是什么？
4. 电子商务网站规划的基本要求是什么？
5. 电子商务网站的体系结构是什么？主要由哪几层组成？简述其作用。

三、论述题

论述电子商务网站的维护主要分为哪几个方面。

四、实践题

任意访问一个电子商务网站，分析其网站的风格。

第九章 企业电子商务应用

导读

电子商务和企业信息化之间存在密切的关系。企业信息化是电子商务发展的基础，企业信息化推动了电子商务的发展；而电子商务的发展又促进了企业信息化的深入进行和深层次的开发应用。企业信息化实质上是将企业的生产过程、物料移动、事务处理、现金流动、客户交互等业务过程数字化，通过各种信息系统网络加工生成新的信息资源，提供给各层次的人们洞悉、观察各类动态业务中的一切信息，以做出有利于生产要素组合优化的决策，使企业资源合理配置，以使企业能适应瞬息万变的市场经济竞争环境，求得最大的经济效益。企业电子商务应用是指利用电子信息技术来解决问题、降低成本、增加价值和创造商业和贸易机会的商业活动，包括通过网络实现从原材料查询、采购、产品展示、订购到出品、储运、电子支付等一系列的贸易活动。本章主要围绕企业资源计划、客户关系管理以及供应商关系管理进行阐述。

学习目标

1. 了解企业信息化的产生和发展背景。
2. 理解企业信息化的基本概念、内容及其主要功能。
3. 掌握企业资源计划（ERP）的基本概念、特点、管理思想以及系统构成。
4. 了解ERP在我国的应用现状、存在的问题及应对策略。
5. 理解客户关系管理（CRM）的基本概念、实施步骤以及系统构成。
6. 掌握供应商关系管理（SRM）的基本概念及其主要功能。
7. 能够运用实际案例分析企业信息化的具体应用。

第一节　企业电子商务的应用类型

一、企业电子商务的应用层次及交易模式

企业电子商务的应用主要是指传统企业如何利用电子商务实现企业经营管理和商务活动的数字化。电子商务作为信息技术发展的产物，它在企业的应用不是一蹴而就的，是需要分阶段进行和实施的。从企业经营活动的范围来看，可以将企业电子商务的应用分为两个层次。

第一个层次是企业内部的电子商务活动，也就是企业内部如何利用电子商务技术实现企业内部交易的数字化，同时更好地保证企业外部电子商务的实施。企业内部电子商务的运用主要是帮助企业降低成本，提高企业内部运营效率和效用。

第二个层次是企业外部的电子商务活动，它是指企业通过市场提供产品服务，实现企业的价值。从参与市场交易的主体性质划分，可以将市场交易主体划分为组织和个人（用 D 表示）；对于组织根据其商业性质划分，可以分为营利组织和非营利组织（用 C 表示）；对于营利组织根据生产与销售功能划分，可以为具有全部功能的生产企业（用 A 表示）和只具有销售功能的中间商（用 B 表示）。上述四种市场主体之间的交易关系如表 9-1 所示。根据参与交易的购买方是否是组织机构（包括企业与政府等），可以将电子虚拟市场分为组织市场（Business to Business，B2B）和消费者市场（Business to Consumer，B2C）。企业外部电子商务主要是扩大企业收入来源，同时帮助降低企业的外部经营管理成本。

表 9-1　四种市场主体之间交易关系矩阵图

市场主体	A 生产企业	B 中间商	C 非营利组织	D 个人消费者
A 生产企业	直销工业品市场	批发品市场	直销组织市场	直销消费者市场
B 中间商	批发品市场	中间商市场	零售组织市场	零售消费者市场
C 非营利组织	直销组织市场	零售组织市场	—	—
D 个人消费者	直销消费者市场	零售消费者市场	—	—

在传统市场交易中，供方企业处于主导地位，交易时供方企业一般处于控制地位，顾客（特别是消费者）只有选择权。而在网络时代，顾客（个人、组织或企业）的地位上升，交易时顾客处于主导地位，不但有选择权，还有直接参与产品或服务的设计、生产、定价和销售等方面的决策权。可以根据交易双方的地位，将现有的传统市场上的交易模式称为供方主导型，将正在发展的以顾客为主导的交易模式称为顾客主导型。供方主导型交易模式并不是说供方企业的经营管理不是市场导向的，只是指供方企业通过主动地了解市场需求，然后制定相应策略来满足市场需求，在交易过程当中顾客只是通过选择来对供方企业经营管理进行引导，是一种间接影响。顾客主导型交易模式强调的是顾客直接提出需求，供方直接根据顾客需求，结合企业自身的实力有选择性地提供产品和服务，来满足顾客的部分需求，从而实

现供方的经营管理目标。上述两种模式都是市场导向，只是体现"顾客是上帝"的方式有很大差别，一个是被尊为"上帝"，一个是通过自主控制成为"上帝"。一般将 B2B 和 B2C 称为供方主导型电子商务，将 C2C 和 C2B 称为顾客主导型电子商务。

二、企业外部电子商务

企业外部电子商务也就是通常所称的电子商贸和网络营销，主要是指针对市场交易而进行的商务活动。企业进行外部电子商务活动时必须考虑到不同主体的特点，并采取相应的电子商务方式实现网上交易。

（一）电子商务交易主体的特点

在市场交易网络中，根据参与市场交易主体的特点相应地将电子商务交易主体分为三类：营利组织（A、B）、非营利组织（C）和消费者（D）。它们的特点如表9-2所示。

表9-2 市场交易主体的特点比较

市场交易主体	营利组织（A、B）	非营利组织（C）	消费者（D）
目标	盈利	维持正常运转	满足个人需求
主体地位	社会法人	社会法人	个人
信用度	高	高	低
与银行关系	密切（依赖银行）	密切（银行结算）	稀疏
交易行为	规范、理性、约束多	规范、理性、约束多	个性、冲动、自由
交易量	批量	批量	少量
付款方式	银行转账	银行转账	现金为主
交易信息	丰富，注重收集比较	丰富，注重收集比较	不充分，凭印象
与交易方关系	比较稳定，伙伴关系	重点选择，稳定购买	随机性，品牌忠诚
交易快捷	比较长，多个回合谈判	比较长，慎重比较和选择	比较短，短时间抉择

从表9-2的比较分析可以看出，营利组织和非营利组织在交易时一般是以法人身份参与交易，交易时两个主体表现出极大的相似性，只是营利组织的目标是通过减少交易费用获取更高利润，而非营利组织的目标是通过减少交易费用节省开支维持组织的运转。

由于进行网上交易时要求交易主体必须信息化，利用基于网络的数字化交易方式进行交易。因此，在电子虚拟市场上，信息技术的应用主要是改变交易主体的交易方式，同时也对市场交易主体产生一定影响，具体表现在以下几方面：第一，参与交易主体必须有信用。如前所述，由于组织机构具有较好的信用，电子虚拟市场对组织机构这方面的影响不大；而个人消费者必须建立信用，否则个人消费者参与网上交易时会遇到障碍（如网上订购后难以实行网上支付，而是通过邮局汇款，因而限制了网上交易的快捷性）。第二，交易方式更加便捷。对于组织机构来说，网络提供了快捷方式，可以实现网上自动交易，但对于一些大型组织机构来说，更多地仍然选择网上查询和合同洽谈方式进行，比较强调理性；对于个人消费者来说，则影响比较大，个人消费者可以不出门便能购物。第三，交易行为更加理性。对于组织机构来说，网上充分的信息更加增强了购买决策的科学性和合理性；对于个人消费者来说，网上丰富的信息改变了个人消费者的被动选择局面，个人消费者可以根据大量信息进行理性选择，减少了购买的非理性成分。因此，网上交易方式对组织机构的影响主要是效率提高和风险降低的影响；对个人消费者影响较大的是，它可能改变个人消费者的消费模式和生活习惯。

（二）企业外部电子商务模式的比较

根据参与交易主体的特点，组织市场交易与消费者市场交易比较如表9-3所示。

表9-3 组织市场交易与消费者市场交易比较

交易主体		组织市场交易（B2B）	消费者市场交易（B2C）
交易主体		A、B、C（法人）	买方为A、B；卖方为D
交易过程		报价/意向—谈判/招标—订合同—发货—结算	寻找/告示—选择/冲动—付款/取货
交易特点	数量金额	交易数量大、金额较大	交易数量小、金额较小
	合同形式	正式合同，理性交易	口头要约，有限理性
	支付方式	通过银行和现代金融信用工具结算	通过现金或信用卡现场结算
	信息掌握	透明度大，信息充分，信息对称	信息不对称，消费者处于弱势
	交易特征	信息流、物流和货币流分离，通过信用和合同来保证这三流的统一和交易实现	物流和货币流在时间和空间上高度统一，保证交易的实时性
	交易关系	交易双方关系密切，重复性交易多	交易偶发性，关系简单

从表9-3可以看出，组织市场交易与消费者市场交易有着很大区别。具体表现为：第一，交易过程方面。组织购买时，首先，提出购买意向并进行询价，在确定购买意向后就着手进行谈判或者通过招标确定价格，并签订正式合同；然后，双方着手具体交易进行货物交接和货款结算。由此可见，组织市场交易过程比较规范，比较注重交易风险的控制和交易理性。消费者市场中，消费者一般通过信息告示来寻找满足自己需求的产品，购买过程比较简单，强调的是快捷性，不注重交易过程的规范性。第二，交易数量金额方面。组织市场的每次交易的数量比较大，交易金额也比较大；而消费者的购买属于零星购买，交易的数量金额都比较小。第三，交易合同形式方面。组织市场的买卖行为一般都需要通过正式合同文本来规范；而消费者市场的买卖行为主要是现场交易，是口头要约形式。第四，信息掌握方面。组织市场的交易由于双方掌握信息都比较充分，可以双方都处在平等交易地位；而在消费者

市场消费者由于精力和时间限制，不可能充分掌握信息，即使掌握大量信息也因为精力不够而无法全面分析，因此交易的透明度不够。第五，支付方式方面。组织市场的交易主要通过银行进行结算，通过合同来约束交易的完成，而消费者市场的交易主要是现款现货交易居多。电子虚拟市场的发展将大大改善消费者市场中交易透明度不够的问题，以及交易实现中的支付手段由原来的现金支付转为依赖信用支付方式。

三、企业内部电子商务

企业内部电子商务主要是指采用电子商务技术实现企业内部交易，解决企业内部的物流、资金流和信息流的信息化。企业内部电子商务的基础是企业的信息化，在信息化基础上融合一些新型的电子商务技术，如 EDI 技术、因特网技术等。实现企业内部电子商务必须从系统角度将企业内部经营活动进行统筹规划，也就是按照企业的价值链实现企业内部的电子商务活动。

价值链把企业分解为战略上相互联系的活动，以分析了解企业的成本优势。每个企业都是在设计、生产、销售、发送产品和辅助过程中进行种种活动的集合体。所有的这些活动都可以用一个价值链来表明，如表 9-4 所示。

表 9-4　价值链

辅助活动	企业基础设施建设					利润
	人力资源管理					
	技术开发					
	采购					
基本活动	进货后勤	生产作业	发货后勤	经营后勤	服务	
企业内部网						

从表 9-4 中可以看出，价值链把总价值展开，它由价值活动和差额组成。价值活动是一个企业所进行的在物质形态上和技术上都界限分明的活动，这是企业赖以创造出对客户有价值的产品的基石。差额是总价值和进行价值活动的成本总和的差，它在一定程度上反映了企业的业绩。

价值活动可以分为基本活动和辅助活动两大类，左下方的基本活动是制造有形产品、销售和发送，以及售后服务等活动；左上方的辅助活动通过提供基础设施、技术、人力资源和各种企业范围的职能来辅助基本活动进行，并支持整个价值链。基本活动是企业价值活动中最主要的和最明显的，而辅助活动也是必不可少的，这是因为每一种价值活动都必须通过外购投入、人力资源和某种形式的技术来发挥其功能。采购、技术开发和人力资源管理都与各种具体的基本活动相联系并支持整个价值链。企业的基础设施虽然并不与各种特别的基本活动相联系，但是也支持着整个价值链。

（一）进货后勤

进货后勤又称内部后勤，是指有关接收、存储和分配产品的投入的活动。进货后勤是生产前对原材料储备量的控制，这一阶段的目标是发出快，尽量减少存量。它的主要任务包括：

◇ 原材料的搬运。
◇ 原材料的质量检查。
◇ 仓储。
◇ 库存管理。
◇ 车辆调度。
◇ 向供应厂商退货。

（二）生产作业

生产作业是指有关将投入转化为最终产品的活动。生产管理是企业价值活动中涵盖范围最广的一项价值活动，归纳起来有五大构成要素：生产过程、生产能力、生产库存、生产质量和生产人员管理。

1. 生产过程管理的主要任务

◇ 生产战略的设计。
◇ 生产类型的选择。
◇ 生产过程设计。
◇ 产品设计。
◇ 产品的客户化。
◇ 工厂的设计、选址、布置和规模决策。

2. 生产能力决策的主要任务

◇ 生产规模的计划和控制。
◇ 资源计划。
◇ 生产现场的调度和控制。

3. 生产库存管理的主要任务

生产库存管理是从物质流的角度来指挥和控制的，现今最流行的库存管理方法是准时生产制（Just in Time），又称为零库存管理。它是一种能够自我调整、自我完善的动态管理机制。

4. 生产质量管理的主要任务

◇ 质量检验。
◇ 全面质量管理。
◇ 全员管理和全过程管理。

5. 生产人员管理的主要任务

生产人员管理是生产企业人力资源管理的一部分。这一阶段的目标是在使员工满意的基础上调动员工的积极性，发挥生产者的潜力和创造精神。它的主要任务包括：

◇ 人员工作设计。

◇ 生产系统的定编定员。
◇ 生产人员的选拔和录用。
◇ 生产人员的技能培训和职业发展。
◇ 生产人员工作业绩评估。

（三）发货后勤

发货后勤又称外部后勤，是指有关集中、存储和把产品实际分销给客户的活动。发货后勤是生产后对产品储备的控制，这一阶段的目标是及时地把产品销售出去回收资金。它的主要任务包括：

◇ 产品库存。
◇ 原材料搬运。
◇ 送货车辆管理。
◇ 订单处理。
◇ 进度安排。

（四）经营销售

经营销售包括销售和市场促销活动，一般要制定以下几个方面的策略。

1. 产品策略

产品策略主要包括：对产品不同的生命周期制定不同的经营对策，如新产品的开发策略；产品的市场分析、市场预测和商品化策略；产品的组合策略，即根据企业的资源条件和外部市场环境合理地选择产品组合的宽度、深度和关联性。

2. 价格和定价策略

产品的价格除受价值规律的支配外，还受供求关系、消费心理和其他诸多因素的影响。常用的定价策略有高价策略、低价策略、心理定价策略、差别定价策略、折扣和让价策略等。

3. 销售渠道策略

销售渠道要解决以下几个主要问题：是采用直接销售形式（无中间商）还是间接销售形式？如果有中间环节，中间环节的最佳宽度和深度应该如何？选择的中间商应当具备什么条件？

4. 促销策略

促销可以采用人员或者非人员方式，帮助或说服顾客购买某项产品或劳务，并使顾客对卖方的经营方式产生好感。常见的促销方式（即企业与顾客和公众沟通的工具）主要有四种。

（1）广告

通常，广告可通过各种媒介对商品或服务的信息进行传播，影响顾客的态度和需要，从而实现扩大销售的目标。

（2）人员推销

人员推销是一种面对面的促销，口头上传达和沟通信息，这要求推销员有较高的技巧。它的优点是直接和容易成功，缺点是开支较大和接触顾客有限。

(3) 公共关系。

公共关系不同于其他促销手段，即其显著的特点是促销不是直接针对现实顾客和潜在顾客。其重要手段之一是通过公共宣传来吸引公众的注意力，去除企业在公众头脑中已有的坏印象和建立良好的信誉。

(4) 营业推广

营业推广是鼓励消费者增加购买和提高中间商交易效益的一种促进销售的策略。它包括诸如赠送样品、折价赠券、赠货折扣等多种形式。营业推广又可分消费者的营业推广和中间商的交易推广两种。

(5) 营销组合策略

营销组合是指从制定产品策略着手，同时制定价格、销售渠道、促销策略，再考虑其相互影响，最后组合为策略的总体，达到将合适的产品以合适的价格、合适的促销方式，通过合适的渠道，有效地送到企业目标市场的目的。

（五）服务

服务可分为售前服务和售后服务。

(1) 售前服务

售前服务是指在销售商品前为顾客提供的各种服务，其目的是为顾客创造某些购买条件。它的主要内容有：为用户提供方便的搜索功能；回答用户提出的各种技术问题；同用户进行技术交流；参加技术讨论会；使用户了解产品的特点和使用范围等。

(2) 售后服务

售后服务是指商品销售出去后，根据顾客的要求继续提供的各种服务，其目的是保证用户长期地使用本企业的产品。它的主要内容有：到现场为用户安装调试设备；为用户培训技术人员和操作人员；为用户维修和检修设备；按合同提供零配件；退换、加工改制产品；租赁、代购代运机具；回答用户提出的技术问题。

有的服务项目很难把它区分为售后服务还是售前服务。例如，回答用户提出的技术问题不但可以作为一种售前服务，也可以作为一种售后服务，它可以是在用户购买了产品以后为用户回答技术难点，也可以是在用户购买产品前回答一些技术问题以使用户安心购买。在互联网上经常可以看到的各公司的常见问答（Frequently Asked Questions，FAQ）页面就是典型的例子。又如许多网页都提供一种类似于 BBS 的网上用户论坛或者读者论坛，这也是一个服务的项目，兼有售后服务和售前服务的内容。

（六）采购

采购指的是购买用于从事企业价值链各项活动必需品的活动。它的主要任务包括：
◇ 用于生产的原材料、零配件的采购。
◇ 办公消耗品、营销用品，如文具、电脑等的采购。
◇ 企业的固定资产和设施的采购，如机器、实验室设备、办公室设备和房屋建筑等资产。
◇ 企业的一些无形资产的采购，如知识、专利。
◇ 同供应商交易的程序、手段。

◇ 供应商的资格审定。

采购作为一项辅助活动与通常所指的进货活动相比，它的范围更宽，其作用是提供进行各项价值活动所必需的物品。并且，与所有的价值活动一样，采购也是一种"技术"，例如同供应商打交道的程序、资格审定原则等。一项特定的采购活动通常和它所支持的一项具体的价值活动或它所辅助的若干活动相联系。它常常对企业的总成本和别具一格的形象有着重大的影响。改变采购方法往往会对采购的成本和质量产生强烈的影响。

（七）技术开发

每项价值活动都包含着技术，无论是技术诀窍、程序，还是在工艺设备中所包含的技术。大多数企业采用的技术范围都是极为广泛的，从用于准备文件和运输物资的技术一直到产品本身所包含的技术。此外，大多数价值活动都运用一种结合了数种不同分支技术并涉及不同学科的技术。技术管理的主要任务包括：

◇ 新产品的技术开发。
◇ 行业技术标准的制定。
◇ 生产过程中的技术运用，如工艺设计，生产程序等。
◇ 同客户和供应商以及竞争对手之间打交道的技术。

（八）人力资源管理

人力资源管理由对各类人员的招聘、雇用、培训、开发和报酬管理等活动组成。人力资源管理中的人力是对企业中各种人员的总称，它是一种重要的辅助活动，既支持着基本活动和辅助活动，又支持着整个价值链，前面所提到的生产人员管理仅是它的一部分。以现代管理学的观点来看，企业是一个生产人才的地方，企业的人力资源管理有两个主要的目标：一是尽量吸引各方面的人才到本企业效力；二是使这些人才在企业中能够各尽所能，充分调动其积极性，并为其创造满意的工作环境。人力资源管理的主要任务包括：

◇ 企业雇员的招聘和解聘。
◇ 企业雇员的报酬管理。
◇ 新雇员的培训。
◇ 员工的管理、激励、领导和引导。
◇ 不同员工的工作任务分配和设计。

（九）企业基础设施建设

企业基础设施建设管理由全面管理、计划、财务、会计、法律、政府事务和质量管理等活动组成。基础设施和其他的辅助活动不同，它通常支持着整个价值链，而不是单项活动。例如，管理信息系统是企业的一项重要的基础设施，它在企业的各层管理中起着重要的作用。又如，企业的网站建设也是企业的一项重要的基础设施。

对于不同的产业，不同的基本活动和辅助活动的重要性是不同的。比如对一个批发商而言，进货和发货后勤最为重要；对于一个像餐厅和零售店这样的在自己场所提供服务的企业而言，发货后勤在很大程度上或许根本不存在，生产作业则是其要害所在；而就一个高速复印机制造商而言，服务是其竞争优势的关键。在任何企业，所有各种基本活动和辅助活动都在一定程度上存在，并对竞争优势起着一定的作用。

企业内部电子商务的管理主要是在企业信息化基础上整合企业外部电子商务，按照价值链流程实现企业内部管理的数字化。

第二节　顾客主导型电子商务模式

一、顾客主导型电子商务模式的内涵

顾客主导型电子商务模式是由顾客通过网络直接提出需求，供方直接根据顾客需求，结合企业自身的实力有选择性地提供产品和服务，来满足顾客的部分需求，从而实现供方的经营管理目标。它与供方主导型电子商务模式不同的是，供方主导型电子商务交易模式是由供方企业主动去了解顾客需求（这一过程也就是市场调查，要真正了解顾客的直接需求是非常困难的一件事），然后根据顾客需求提供产品和服务满足顾客需求；而顾客主导型则是供方在了解顾客需求的前提下有选择性地满足顾客需求。

（一）顾客主导型电子商务模式的类型

1. 消费者间的交易（C2C 型）

即通过电子虚拟市场消费者之间直接进行交易，一般交易的对象是消费者自己拥有的旧产品或者其他东西（如提供服务）。

2. 顾客（包括个人消费者、须采购的组织和须采购的企业）同企业（指提供产品和服务的企业，即供方企业）的交易（C2B 型）

具体地说，它有三种形式，即消费者对企业（C2B 型）、组织对企业（O2B 型），以及买方企业对卖方企业（B2B 型）。它由顾客提出需求，然后由企业通过竞争满足顾客的需求；或者是顾客通过网络结成群体与企业讨价还价（如集体竞价）。

（二）顾客主导型电子商务模式的中间商方式

1. C2C 型交易

C2C 型交易是通过一些提供网上中介服务的电子商务网站，由买卖双方通过网络达成协议并进行交易。目前，实现 C2C 型交易的新型电子中间商主要有两种形式：一种是提供一个虚拟开放的网上中介市场，在网上中介市场的消费者可以直接发布买卖信息，由买卖双方消费者自己达成交易，这种电子中间商主要提供一个信息交互平台。另一种是比较成功的新型电子商务模式，就是通过网上拍卖实现交易，交易双方达成价格通过拍卖竞价确定。拍卖时，消费者通过互联网轮流公开竞价，在规定时间内出价高者赢得购买权。例如，国内的淘宝网 http://www.taobao.com，它允许商品公开在网上拍卖，拍卖竞价者只需要在网上进行登记即可。拍卖方只需将拍卖品的相关信息提交给淘宝网站，经淘宝审查合格后即可上网拍卖。

2. C2B 型交易

C2B 型交易也需要通过一些电子中间商实现交易。达成这种交易有三种方式：第一种方式是竞价拍卖（也称为反向拍卖），是竞价拍卖的反向过程，消费者提出一个价格范

围，求购某一商品，由商家出价，出价可以是公开的或隐蔽的，消费者将与出价最低或最接近的商家成交。这种形式，对于商家来说吸引力不是很大，因为单个消费者购买量比较小，因此单笔交易的费用也比较高。第二种方式是集合竞价模式，是将需求类似的消费者通过网络集结在一起，增加与商家的讨价还价能力，这种模式又称为 Cs2B 型交易。在因特网出现以前，这种方式在国外主要是多个零售商结合起来向批发商（或生产商）以数量换价格的方式。当因特网出现后，普通的消费者也能使用这种方式购买商品。最早提出这一模式的是美国著名的 Priceline 公司（http：//www.priceline.com）。在国内，雅宝（http：//www.yabuy.com）已经率先将这一全新的模式引入了自己的网站。典型的例子有：1999 年 12 月 23 日，在雅宝的拍卖竞价网站上，500 多个网民联合起来集体竞价，《没完没了》电影票价原价 30 元，他们 5 元就可以购得。同一天，在联合购买网（http：//www.Go-buy.com.cn），一群素不相识的网友通过"联合租房"栏目一起合租一套三居室的房子。第三种方式是购买方企业通过建立电子虚拟采购市场，吸引供应商在电子虚拟市场按购买方要求提供产品和服务。例如，美国汽车的三大巨头通用、福特和戴姆勒—克莱斯勒公司建立了网上原材料电子虚拟市场，提高在原材料市场的竞争力，加强与供应商的联系。

二、顾客主导型电子商务模式的管理

以顾客为主导型的交易模式利用了由信息技术带来的信息沟通成本低廉的特点，使传统直接交易难以克服的地理空间分隔的问题在电子虚拟市场上得到解决。与供方企业主导型交易存在的差异是：顾客主导型交易体现了顾客特别是消费者在市场交易中的主体地位，消费者通过网络消除了信息不对称，扩大了产品服务选择范围，通过网络可以同其他需求类似的消费者形成虚拟消费团体，增强讨价还价的能力。实现顾客主导型交易的基础是新型的提供市场信息中介服务的电子中间商的崛起。这类电子中间商发展非常迅猛，如早期提供信息服务的因特网服务提供商 ICP（Internet Content Provider），现在发展迅猛的电子商务站点如网上拍卖站点、网上自由市场等。网络时代的交易必将从供方主导型转为顾客主导型，企业的生产和服务只有在充分满足顾客需求的前提下，企业才可能在市场竞争中立足。

对于顾客主导型电子商务模式，传统提供产品服务的企业必须转变企业经营模式，只有对企业的经营管理进行变革才有可能实现顾客主导型电子商务模式。顾客主导型电子商务模式的核心是顾客直接参与企业产品的整个设计生产环节，由被动型的接受变为主动型的参与。因此，企业内部管理的核心是如何最大限度地方便顾客实现自己的需求，要求企业内部各部门进行协同工作，共同为顾客服务，同时这种协同工作必须是顾客导向的。

要实现上述顾客主导型电子商务模式，企业必须调整原有的业务流程，由原来企业主导的业务驱动流程变为顾客主导的业务驱动流程。实现企业供应链的转变、业务流程的顾客导向转变和企业业务流程的转变必须有效地结合电子商务技术，通过业务流程再造（Business Process Reengineering，BPR）实现业务流程顾客导向转变。企业只有运用有效的电子商务技术才可能真正做到顾客主导型的电子商务模式。

第三节　企业电子商务信息化建设

电子商务与企业信息化之间存在密切的关系。企业信息化是电子商务发展的基础。企业信息化孕育并推动了电子商务的发展，而电子商务的发展又促进了企业信息化的深入进行和深层次开发。没有企业信息化，社会对电子商务不可能有强烈的追求，只有置身于电子商务中，人们才能感受到企业信息化的重大意义。

一、企业信息化的产生和发展

在当今世界，随着电子信息技术的发展，信息化已经成为社会发展必不可少的手段和工具。企业信息化建设也逐步被越来越多的现代化企业提上战略发展的日程，在企业战略规划以及具体运作管理中发挥着重要的作用。下面将对企业信息化的发展环境进行分析。

（一）国际背景

众所周知，第二次世界大战前后，美国一直是制造业大国，在全球的制造业中占有不可动摇的地位，但是20世纪50年代以后出于军备竞赛的需要，美国政府偏重于高新技术和军用技术的发展，而放松了对一般制造业的重视和促进。这就直接导致了20世纪80年代中期后美国经济的缓慢发展，与此同时日本、欧洲各国的经济则取得了突飞猛进的发展。统计表明，1986年，美国一半以上的机床需要进口，并且直到20世纪90年代初，美国仍然有四分之一以上的国内汽车市场被日本所占领。美国经济空前滑坡，国际贸易逆差急剧增长。20世纪90年代中期，美国在开始反省自身产业政策失误的同时，先后推出了促进制造业发展的两项计划，即"先进制造技术计划"和"制造技术中心计划"，并于1994年开始实施。

日本在第二次世界大战后因制造业的迅速崛起而确定了其经济的霸主地位。在新一轮的竞争中，日本在提出了"智能制造技术计划"的同时，战略性地将此计划拓展到国际共同研究课题，先后得到了美国、欧共体、加拿大、澳大利亚及欧洲自由贸易联盟等国家和组织的响应。同时，欧共体也积极资助微电子、软件工程和信息处理系统、计算机集成制造技术等方面的建设，推动了制造业利用信息技术方面的发展；韩国也于1991年年底提出了"高级先进技术国家计划"（简称G-7计划），旨在进入21世纪时韩国的技术实力提高到世界第一流的工业发达国家的水平。

随着各国对制造行业的重新重视和开发，世界制造业已经开始朝着广义的"大制造业"方向发展，其涉及的概念和领域正逐渐发生着巨大的转变和整合。具体发展趋势概括如下。

1. 信息化趋势

在新时期，制造业除了充分开发和利用在传统制造业中发挥着重大作用的"物质"和"能量"两个元素外，信息在制造业中的作用也日见突出。信息同其他要素的良好集成成为制造业企业新的核心竞争力。信息化的发展趋势越来越明显。

2. 服务化趋势

随着信息在制造业中所起的作用日渐突出，制造业的运营模式也发生了巨大的转变，基本上实现了由传统的以产品为中心向以客户为中心生产模式的转变，即在企业具体的运作过程中一切以客户的需求为出发点，在第一时间内快速将优质产品投入到准确的市场，并通过高效的信息反馈进行新一轮的设计投入的市场生产模式。

3. 高精尖趋势

企业信息化建设是在结合信息技术、自动控制技术、管理科学、系统科学、生命科学、经济学、物理学及数学等学科的基础上发展起来的。而现代先进技术中的超精密加工技术和数控技术更进一步推动了高新技术或尖端技术在制造行业的应用和发展。

（二）国内背景

在我国，制造业在国民经济中有发动机的作用，是对外贸易的支柱和国家安全的保障，更是实现社会主义现代化的原动力，而它面临着一些巨大的挑战。

1. 国内制造业信息化发展仍有差距

从 20 世纪 80 年代后期开始，诸多发达国家已经开始建立信息化，并能够在信息技术支持下，快速地组织设计与生产，选择最优的生产经营方式、合作伙伴，提供最满意的客户服务。一些大公司甚至已经形成了全球性的研究、开发、设计、制造和销售网络。从中国而言，中国虽已成为世界制造大国，但在核心技术、产品附加值、产品质量、生产效率、能源资源利用和环境保护等方面，与发达国家先进水平尚有较大差距，并面临诸多方面的挑战，必须紧紧抓住新一轮产业变革机遇，采取积极有效措施，打造新的竞争优势，加快制造业转型升级。

2. 市场需求日益个性化和多样化

随着市场经济的发展，我国大多数商品市场已经呈现供过于求的局面，这就需要企业改变传统的"以产定需"的生产模式，建立起以市场消费者需求为第一生命力的生产理念。因此，企业必须在第一时间内快速将优质产品投入到准确的市场，并通过高效的信息反馈，投入到新一轮的设计中去。而这些方面的实现就需要在技术方面有突破，企业的信息化建设势在必行。

3. 国际竞争的挑战

随着经济全球化步伐的加快以及投资、贸易自由化，给中国企业扩大了资源配置空间。盘活和共享社会资源成为广大企业特别是中小企业信息化的迫切需要，信息技术促进了跨国生产、跨国经营的形成，从而引发了企业结构和产业结构的变革。同时，我国加入 WTO 以后，贸易壁垒逐渐被技术壁垒所替代，劳动密集型企业在知识密集型企业的面前显得更加乏力。因此，了解用户的需求、把握市场的技术前沿、不断自主创新开发新产品已成为企业生存、壮大的命脉。

在现代社会，信息技术和制造业的融合成为现代制造业的主要特征。信息技术对传统产业的注入改变了传统产业结构、企业结构、社会经济结构及其运行模式，促进了全球经济的快速增长和全球经济一体化的形成。而中国制造业只有把握有利的时机，用先进的管理理念、先进的技术实现手段（计算机技术）武装自己，以面对大的国际市场，走科技之路、技术之路、市场之路，才能在激烈的国际竞争中站住脚跟，实现我国的工业化进程，并在新世纪的竞争中立于不败之地。

二、企业信息化的概念和内容

通俗地讲，企业信息化是把信息技术、制造化技术与管理技术相结合，带动企业的产品、设计、装备的创新，实现产品设计、制造、企业管理过程的信息化，制造过程信息化、智能化以及网络化。从广义上来讲，企业信息化就是以现代化的信息处理技术和信息设备、网络技术和网络设备以及自动控制技术和建成现代化的通信系统等手段对企业进行全方位、多角度、高效和安全的改造，以实现通过信息流来控制物质流和能源流，通过信息资源的开发和信息技术的有效利用来提高企业的生产能力与经营管理水平，增强企业在国内外市场中的竞争力。

从上述定义可以总结出，企业信息化的核心和精髓是先进经营理念、先进管理技术、现代制造技术与现代信息技术的结合，以这个结合来解决企业需求，并且企业信息化的实现是一个按照总体规划、从当前实际出发、不断前进的一个渐进过程。例如，在现代生产中，生产的控制、测量、加工以及产品的设计等都无不采用信息技术，始终伴随生产过程的生产信息不断地被收集、传输、加工、存储和使用，使整个生产过程达到自动化。如果将浩如烟海的管理信息，如物资、财务、计划、销售、库存等由人工处理的信息也用现代化工具处理时，则企业的信息化就进入一个更高的层次。一般来说，企业信息化的主要内容可以划分为业务过程信息化和管理信息化两个方面，并且信息化是建立在企业战略规划以及相关职能部门基础上的。具体来说，企业信息化（图9-1）表现在以下几个方面。

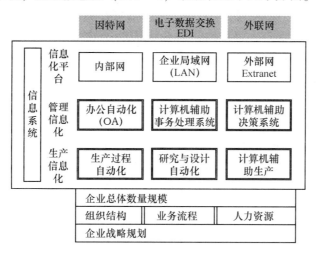

图9-1　企业信息化系统构成

1. 生产过程信息化

即在生产过程中采用先进的 IT 技术，运用最新的科技成果来提高生产的自动化水平，从而达到增强产品市场竞争力的目的，如产品设计与开发的信息化、生产环节的信息化、生产过程的综合信息化等。

2. 流通过程信息化

即企业在采购和销售过程中利用先进的现代信息技术代替人的体力和脑力劳动，重组企业物资流程，以信息流带动物资周转、减少流通费用的过程。

3. 管理系统信息化

即利用现代的信息技术来代替人的体力劳动和脑力劳动。例如，建立管理信息系统（MIS）、办公自动化系统（OA）以及决策支持系统（DSS）等，从而发挥计划、组织、领导、协调和控制等各项管理职能和管理内容信息化，即将管理的重点放在以信息资源为核心的管理上。

4. 组织结构信息化

就是使组织内不同部门的界面在信息化过程中逐渐模糊，并由静态的递阶结构向动态的网络结构过渡，建立扁平式立体管理组织机构。

5. 生产要素信息化

它主要有两层含义：一方面是要突出信息管理职能，使信息成为创造力、生产力、利润力的源泉；另一方面是指传统生产要素的信息化，促使劳动力、生产工具、劳动对象诸要素通过信息化的功能来释放最大价值。

其中，生产过程信息化和流通过程信息化属于业务层面，而管理系统信息化、组织结构信息化以及生产要素信息化则属于管理层面的信息化建设，这两者之间具有极其密切的关系。企业管理自动化服务于企业业务信息化，业务进展的好坏主要取决于企业管理是否先进。而管理信息化作为推动企业发展的主要力量，不仅取决于企业的性质、类型和规模，而且会在不同的企业之间存在较多的共性和规律。从信息化体系来说，如果将生产过程信息化和管理自动化结合起来，则企业信息化建设可以囊括从计算机辅助设计（CAD）、计算机辅助生产（CAM）到计算机辅助管理（MIS、DSS、OA、ES）等。它们组成一个完整的有机的整体，就可以达到企业信息化的最高境界。因此，在管理信息化建设中不仅要注重自身的发展特点，而且要不断借鉴标杆企业从信息管理向知识管理转化过程中的经验和教训。

三、企业信息化的功能和作用

简单来说，企业信息化是发展电子商务的基础，电子商务是推动企业信息化的引擎，是对企业信息化的基本理念、内容和功能等的综合运用。两者之间是相互促进、相互影响、相互制约的关系。

（一）企业信息化是实施电子商务的基础

在信息经济中，企业是根据各种各样的信息来组织生产的。因此，企业首先必须要有获得信息的技术手段，才能够在信息技术的支撑下清楚地知道现实的市场需求，在什么地方以及对产品需求的具体状况。企业信息化不是在现行的业务流程中增设一套并行的信息流程，而是要按照现代企业制度的要求，适应市场竞争的外部环境，对企业业务流程进行重组和优化，并采用现代信息技术作为支撑手段。而电子商务的实质并不是通过网络购买东西，而是利用因特网技术来改变传统的商业运作模式。电子商务的成功运作可以帮助企业极大地降低成本，节约开支，提高运作效率，并能够更好地为客户提供满意的服务。对企业来说，电子商务是一种业务转型，真正的电子商务使企业得以从事在物理环境中所不能从事的业务。随着企业运用信息技术的发展，企业内部的运行管理机制必然发生变化。电子商务对企业的作用不仅仅会改变交易手段和贸易方式，而且可能在提高供应链管理能力、转移市场重心以及大幅降低管理费用方面做出重大的贡献。因此，电子商务成为企业流程重组的一种根本推动力。

（二）企业电子商务是对企业信息化内容、功能的综合运用

电子商务活动的开展标志着企业有效利用企业信息化提供的信息环境，充分体现了IT技术运用于网络信息环境的高价值。企业开展电子商务的主要目标就是在新型经济形势下要努力营造出适合企业开拓市场的商业氛围，创造出竞争优势。在网络和信息化社会中，电子商务以其显著的信息优势为企业奠定了激烈竞争的生存之源和立足之本。电子商务的信息优势主要是指企业获取信息、处理信息、传输信息的能力，即提高企业宣传商品、分析目标市场、决策支持及新产品开发等方面的信息能力，来利用相关IT技术的信息网络平台全部或部分代替商务活动的程序，并最大限度地消除人工干预，以数字化、电子化、网络化的形式集成企业资源，提高企业在虚拟环境中的经营管理水平。这些信息优势主要制约着企业的市场竞争力，从而决定了电子商务信息优势的发挥与创造。例如，现代计算机网络在企业生产中的应用与制造活动相结合，使之更贴近市场需求，有助于提高企业生产的敏捷性和适应性，使高质量、低成本的产品与及时供货和周到服务相结合，把时间和服务同质量和成本并列为企业生产的要求。又如，企业利用互联网可以开展与国际市场的对话，企业在互联网上发布信息，较容易为企业的发展带来机遇、带来国际市场。网络虚拟化特征可以使小企业变大。互联网作为一种信息技术，可以从信息管理的各个方面把一个小企业变大，使企业在瞬息万变的商场上不再受到经济规模大小的制约，可以方便地进行信息的交流、管理与利用。因此，企业信息化建设的实施好坏决定着企业电子商务活动开展的成败。

电子商务作为企业信息化内容和功能的综合运用，它的发展和进步有利于现代企业在知识经济条件下保持旺盛的生命力，也更有利于增强企业的竞争力。信息化在企业的应用主要经历了三个阶段：第一个阶段是信息技术简单、分散的应用，主要是解决特定的任务，但是可能无形中增加了管理成本；第二个阶段是部门应用整合，即将分散的任务整合为连续的流程；第三个阶段就是跨部门的应用整合，主要是管理和优化跨部门的业务流程，将分散的部门活动融合成组织良好的、可靠的系统，典型应用群有客户关系管理、企业资源规划、供应链管理、销售链管理、经营资源管理（ORM）和知识管理（KM）等。

第四节 企业的电子商务应用——企业资源计划

企业资源计划（ERP）不是一个单独的系统，而是一个应用系统的框架和企业管理理念，强调对企业的内部甚至外部的资源进行优化配置，提高利用效率。它主要包括管理应用系统（如财务系统、会计系统）、人力资源管理系统（如工资系统、福利系统）和制造资源规划（MRP）系统（如采购系统、生产计划系统）等。企业资源计划系统是企业顺利开展电子商务的基础。

一、ERP的产生背景

从世界范围来看，在20世纪80年代中期前后，社会经济发展发生了重大变化，人们把20世纪80年代中期以前称为工业社会，而将20世纪80年代中期以后称为合成化社会。在

20世纪80年代中期以前，企业管理的注意力主要放在企业内部管理上，包括产品生产过程的管理、库存的管理和成本控制。MRP和MRPⅡ就是围绕这种目标而设计的。在20世纪80年代后期，社会开始发生革命性的变化，即从工业化社会进入合成化社会，企业所处的时代背景与竞争环境发生了很大的变化，主要表现在企业要不断创新才能生存，企业生产过程的调整应适应市场需求的迅速变动、竞争空间的扩大。以前企业生产什么就卖什么的时代一去不复返了。另外，随着各国市场的开发，信息化管理手段的应用，企业逐步形成规模化发展并进入了国际化发展空间，任何企业都要承受来自国际化企业发展的竞争压力。

20世纪90年代以来，由于经济全球化和市场国际化的影响，制造业所面临的竞争更趋激烈。基于此，以客户为中心，基于时间、面向整个供应链的管理理念成为在新的形势下制造业发展的基本动向，实施以客户为中心的经营战略也就成为企业在经营战略方面的重大转变。

传统的经营战略是以企业自身为中心的。企业的组织形式是按职能划分的层次结构；企业的管理方式着眼于纵向的控制和优化；企业的生产过程是由产品驱动的，并按标准产品组织生产流程；客户对于企业的大部分职能部门而言都被视为外部对象，除了销售和客户服务部门之外的其他部门都不直接与客户打交道；在影响客户购买的因素中，价格是第一位的，其次是质量和交货期，于是，企业的生产目标依次为成本、质量、交货期。

以客户为中心的经营战略则要求企业的组织为动态的、可组合的弹性结构；企业的管理者着眼于按客户需求形成的增值链的横向优化；客户和供应商被集成在增值链中，成为企业受控对象的一部分；在影响客户购买的因素中，交货期是第一位的，企业的生产目标也转为交货期、质量和成本。

实施以客户为中心的经营战略就要对客户需求迅速做出响应，并在最短的时间内向客户交付高质量和低成本的产品。这就要求企业能够根据客户需求迅速重组业务流程，消除业务流程中非增值的无效活动，变顺序作业为并行作业，在所有业务环节中追求高效率和及时响应，尽可能采用现代技术手段，快速完成整个业务流程，这就是基于时间的含义。而基于时间的作业方式的真正实现又必须扩大企业的控制范围，面向整个供应链，把从供应商到客户的全部环节都集成起来。

实施以客户为中心的经营战略涉及企业的再造工程。企业再造工程是对传统管理观念的重大变革，在这种观念下，产品不再是定型的，而是根据客户需求选配的。业务流程和生产流程不再是一成不变的，而是针对客户需求，以减少非增值的无效活动为原则而重新组合的，特别是企业的组织也必须是灵活的、动态可变的。显然，这种需求变化是传统的MRPⅡ软件难以满足的，而必须转向以客户为中心、基于时间、面向整个供应链为基本特点的ERP系统。而面向对象的技术、计算机辅助软件工程以及开放的客户端/服务器计算环境又为实现这种转变提供了技术基础。于是，ERP应运而生了。

二、ERP的概念和特点

针对经济全球化的趋势以及逐步形成的全球供应链环境，美国加特纳咨询公司（Gartner Group Inc.）开发出ERP管理软件。此后，一些知名的软件公司纷纷推出了各自的ERP软件，在不到10年的短暂时间内，它就被广泛地认同和接受，并为众多的企业带来了丰厚的收益。作为企业管理思想，它是一种新型的管理模式；作为一种管理工具，它同时又是一套先进的计算机管理系统。

从先进管理系统的角度，它主要是用来描述下一代制造商业系统和制造资源计划（MRPⅡ）的软件。它可能包含客户端/服务器架构，使用图形用户接口，应用开放系统制作。除了已有的标准功能，它还包括其他特性，如品质、过程运作管理以及调整报告等。

Gartner Group 公司对 ERP 所应具备的功能进行了标准描述，对 ERP 的内涵有了更深层次的描述。

（一）ERP 超越了传统 MRPⅡ 范围的集成功能

相对于标准 MRPⅡ 系统来说，ERP 的功能得到极大扩展，包括质量管理、实验室管理、流程作业管理、配方管理、产品数据管理、维护管理和仓库管理等。这些扩展功能仅是 ERP 超越 MRPⅡ 范围的首要扩展对象，并非包括全部 ERP 的标准功能。如今，诸如质量管理、实验室管理、流程作业管理等许多不包括在标准 MRPⅡ 系统之内的功能，在目前的一些软件系统中已经具备，只是还缺少标准化和规范化，ERP 流程如图 9-2 所示。

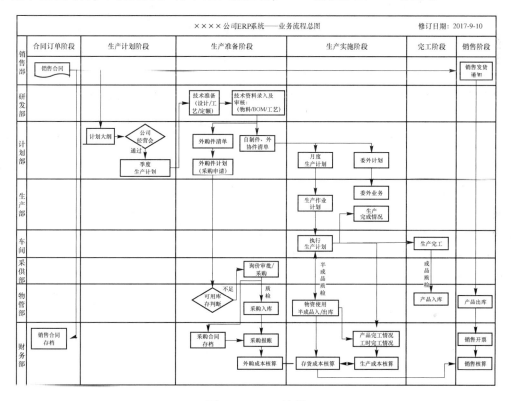

图 9-2　ERP 流程

（二）支持混合方式的制造环境

所谓混合方式的制造环境，包括既可支持离散又可支持流程的制造环境以及按照面向对象的业务模型组合业务过程的能力和国际范围内的应用。具体来说，混合方式的制造环境包括以下三种情况。

1. 生产方式的混合

生产方式的混合首先是指离散型制造和流程式制造的混合。由于企业的兼并与联合、企业多角化经营的发展，加之高科技产品中包含的技术复杂程度越来越高，使无论是纯粹的离散型制造环境还是纯粹的流程式制造环境在一个企业中都很少见，通常是二者不同程度的混合；其次是指单件生产、面向库存生产、面向订单装配以及大批量重复生产方式的混合。

2. 经营方式的混合

经营方式的混合是指国内经营与跨国经营的混合。由于经济全球化、市场国际化、企业经营的国际化，使纯粹的国内经营逐渐减少，而各种形式的外向型经营越来越多。这些外向型经营可能包括原料进口、产品出口、合作经营、合资经营、对外投资直到跨国经营等各种形式的混合经营方式。

3. 生产、分销和服务等业务的混合

生产、分销和服务等业务的混合是指多角色经营形成的技、工、贸一体化集团企业环境。

ERP 系统主要从两个方面体现了对混合制造环境的适应和支持。首先，ERP 专门研究并设计流程工业的计划和控制问题，突破了传统 MRP II 的制约和限制。传统的 MRP II 系统以行业普遍适用的原则来界定系统所应包含的功能，而 ERP 则进一步扩展到流程行业，把配方管理，计量单位的转换，联产品、副产品流程作业管理、批量平衡等功能都作为 ERP 不可缺少的一部分。其次，传统的 MRP II 软件系统往往是基于标准 MRP II 系统、同时面向特定的制造环境开发的。因此，即使通用化的商品软件在按照某一用户的需求进行业务流程的重组时，也会受到限制，这就很难满足客户快速重组业务流程的灵活性需求。而在 ERP 系统中，其实现的方法不是剪裁拼装式的，而是企业业务流程的再造工程。

（三）支持能动的监控能力

该项标准是关于 ERP 能动式功能的加强，包括在整个企业内采用计划和控制方法、模拟功能、决策支持能力和图形能力。能动式功能则具有主动性和超前性。ERP 的能动式功能表现在它所采用的控制和工程方法、模拟功能、决策支持能力和图形能力。例如，把统计过程控制的方法应用到管理事务中，以预防为主，就是过程控制在 ERP 中应用的例子。决策支持能力是 ERP 能动功能的一部分。传统的 MRP II 系统是面向结构化决策问题的，就它所解决的问题来说，决策过程的环境和原则均能用明确的语言（数学的或逻辑的，定量的或定性的）清楚地予以描述。在企业经营管理中，还有大量半结构化和非结构化的问题，决策者往往对这些问题有所了解，但不全面；有所分析，但不确切；有所估计，但不准确。如新产品开发、企业合并、收购等问题均是如此。ERP 的决策支持功能要扩展到对这些半结构化或非结构化问题的处理。

（四）支持开放的客户端/服务器计算环境

支持开放的客户端/服务器计算环境主要包括客户端/服务器体系结构，图形用户界面（GUI），计算机辅助设计工程（CASE），面向对象技术使用 SQL 对关系数据库查询，内部集成的工程系统、商业系统、数据采集和外部集成（EDI）等。总之，虽然从本质上看 ERP 仍然以 MRP II 为核心，但在功能和技术上却超越了传统的 MRP II，实现了以顾客驱动的、基于时间的、面向整个供应链管理的企业资源计划。

鉴于上述对 ERP 的功能范围、集成程度、应用环境以及支持技术等方面的评价和界定，可以对 ERP 的内涵概括如下。

1. ERP 系统改变企业的管理核心

真正实现从最初的在正确的时间制造和销售正确的产品转移到了在最佳的时间和地点获得最大利润。这种管理方法和手段应用范围也从制造企业扩展至各个不同行业的企业。

2. ERP 从满足动态监控发展到引入商务智能

使以往简单的事务处理系统变成了真正具有智能化的管理控制系统。

3. ERP 是一个综合管理应用体系

ERP 不仅仅是一个软件系统，而是一个集组织模型、业务流程、企业规范和信息技术、实施方法为一体的综合管理应用体系。从软件系统的结构而言，现在的 ERP 必须能够适应互联网的应用，可以支持跨平台的多组织应用，并和电子商务之间的应用具有广泛的数据、业务逻辑的接口。

三、ERP 系统的管理思想

一个企业要想很好地应用 ERP 系统，首先应正确认识到 ERP 的管理思想。ERP 的核心管理思想就是实现对整个供应链的有效管理，主要体现在以下方面。

（一）以供应链管理为核心的管理理念

在知识经济时代仅靠自己企业的资源不可能有效地参与市场竞争，还必须把经营过程中的有关各方如供应商、制造工厂、分销网络、客户等纳入一个紧密的供应链中，才能满足企业利用全社会一切市场资源快速高效地进行生产经营的需求。ERP 系统在 MRP 的基础上扩展了管理范围，把客户需求和企业内部的制造活动以及供应商的制造资源整合在一起，形成一个完整的供应链（SCM），并对供应链上的所有环节进行有效管理，这就形成了以供应链为核心的 ERP 管理系统。总之，ERP 系统实现了对整个企业供应链的管理，适应了企业在知识经济时代市场竞争的需要。

（二）体现精益生产、同步工程和敏捷制造的思想

ERP 系统支持对混合型生产方式的管理，其管理思想表现在三个方面。

1. 体现"精益生产"的思想

它是由美国麻省理工学院提出的一种企业经营战略体系。所谓精益生产，即企业按大批量生产方式组织生产时，把客户、销售代理商、供应商、协作单位纳入生产体系，企业同其销售代理、客户和供应商的关系，已不再是简单的业务往来关系，而是利益共享的合作伙伴关系。这种合作伙伴关系组成了一个企业的供应链，这即是精益生产的核心思想。

2. 体现"敏捷制造"（Agile Manufacturing）的思想

当市场发生变化，企业遇到特定的市场和产品需求时，企业的基本合作伙伴不一定能满足新产品开发生产的要求。这时，企业会组织一个由特定的供应商和销售渠道组成的短期或一次性供应链，形成虚拟工厂，把供应和协作单位看成是企业的一个组成部分，运用同步工

程组织生产，用最短的时间将新产品打入市场，时刻保持产品的高质量、多样化和灵活性，这即是敏捷制造的核心思想。

3. 体现事先计划与事中控制的思想

ERP 系统中的计划体系主要包括主生产计划、物料需求计划、能力计划、采购计划、销售执行计划、利润计划、财务预算和人力资源计划等，而且这些计划功能与价值控制功能已完全集成到整个供应链系统中。ERP 系统通过定义事务处理相关的会计核算科目与核算方式，以便在事务处理发生的同时自动生成会计核算分录，保证了资金流与物流的同步记录和数据的一致性，从而实现了根据财务资金现状可以追溯资金的来龙去脉，并进一步追溯所发生的相关业务活动，改变了资金信息滞后于物料信息的状况，便于实现事中控制和实时做出决策。

此外，计划、事务处理、控制与决策功能都在整个供应链的业务处理流程中实现。要求在每个流程业务处理过程中最大限度地发挥每个人的工作潜能与责任心，流程与流程之间则强调人与人之间的合作精神，以便在有机组织中充分发挥每个人的主观能动性与潜能。总之，借助 IT 技术的飞速发展与应用，ERP 系统得以将很多先进的管理思想变成现实中可实施应用的计算机软件系统。

四、ERP 系统的构成

ERP 是对企业资源进行整合集成管理，简单地说，就是将企业的资金流、物流、信息流进行全面统一管理的管理信息系统。它的功能模块不同于以往的 MRP 或者 MRP Ⅱ 的模块，它不仅可用于生产企业的管理，而且在许多其他类型的企业中，也可以得到广泛的应用。一般来说，ERP 管理系统包括生产控制（计划、制造）、物流管理（分销、采购、库存管理）、财务管理（会计核算、财务管理）、人力资源管理等模块。下面对财务管理、生产控制、物流管理等进行具体分析。

（一）财务管理模块

清晰分明的财务管理模块对于企业信息化的发展是极其重要的，是 ERP 整个方案中不可或缺的一部分。ERP 中的财务模块与一般的财务软件不同，作为 ERP 系统中的一部分，它和系统的其他模块有相应的接口，能够相互集成。例如，可将由生产活动、采购活动输入的信息自动计入财务模块生成总账、会计报表，取消了输入凭证烦琐的过程，几乎完全替代以往传统的手工操作。一般的 ERP 软件的财务部分分为会计核算与财务管理两大块。

1. 会计核算

会计核算主要是指记录、核算、反映和分析资金在企业经济活动中的变动过程及其结果。它由总账、分类账、资产管理、工资管理、现金管理、成本管理、多币制等部分构成。

总账模块的主要功能是处理记账凭证输入、登记，输出日记账、一般明细账及总分类账，编制主要会计报表。它是整个会计核算的核心，应收账、应付账、固定资产核算、现金管理、工资核算、多币制等各模块都以其为中心来互相传递信息。总账系统与各个分类账之间紧密集成，所有在分类账上发生的业务，都应该及时地反映在总账上。同时，总账和成本中心会计及赢利能力分析集成，只要附有少量资料，就可以同时实现财务会计和管理会计双重职能。

分类账使用了应付账款管理、应收账款管理模块。

应付账款管理是企业应付购货款等，它包括了发票管理、供应商管理、支票管理、账龄分析等。它能够和采购模块、库存模块完全集成以替代过去烦琐的手工操作。应付账款与采购管理系统集成，自动将供应商发票录入到该供应商的明细账；同时应付账款和采购的发票稽查集成，能够自动将供应商发票与采购订单以及收货单相核对。

应收账款管理模块是指企业应收的由于商品赊销而产生的正常客户欠款账，它包括发票管理、客户管理、付款管理、账龄分析等功能。应收账款与销售系统集成，系统产生销售发票的同时会自动产生该客户的应收账款明细账。同时，系统提供特殊总账分类功能，能够制定特殊的总账，对应客户的明细分类账科目。

资产管理模块集成了固定资产管理、无形资产管理以及低值易耗品的管理。系统集成了资产的采购、折旧或摊销以及资产报废等的会计处理。它能够帮助管理者对目前资产的现状有所了解，并能通过该模块提供的各种方法来管理资产以及进行相应的会计处理。它的具体功能有：登记各种资产卡片和明细账，计算折旧或摊销，编制报表以及自动编制转账凭证，并转入总账。它和应付账、成本、总账模块集成。

工资管理模块自动进行企业员工的工资结算、分配、核算以及各项相关经费的计提。它能够登记工资、打印工资清单及各类汇总报表，计提各项与工资有关的费用，自动做出凭证，导入总账。这一模块是和总账、成本模块集成的。

现金管理模块主要是对现金流入、流出的控制以及零用现金及银行存款的核算。它包括了对硬币、纸币、支票、汇票和银行存款的管理。在 ERP 中提供了票据维护、票据打印、付款维护、银行清单打印、付款查询、银行查询和支票查询等和现金有关的功能。此外，它还和应收账、应付账、总账等模块集成自动产生凭证，进入总账。

成本管理模块将依据产品结构、工作中心、工序、采购等信息进行产品的各种成本的计算，以便进行成本分析和规划，还能用标准成本或平均成本法按地点维护成本。

多币制模块是为了适应当今企业的国际化经营，对外币结算业务的要求增多而产生的。多币制将企业整个财务系统的各项功能以各种币制来表示和结算，且客户订单、库存管理及采购管理等也能使用多币制进行交易管理。多币制和应收账、应付账、总账、客户订单、采购等各模块都有接口，可自动生成所需数据。

2. 财务管理

财务管理的功能主要是基于会计核算的数据，再加以分析，从而进行相应的预测、管理和控制活动。它侧重于财务计划、分析和决策。其中，财务计划是指根据前期财务分析做出下期的财务计划、预算等；财务分析指提供查询功能和通过用户定义的差异数据的图形显示进行财务绩效评估、账户分析等；财务决策是财务管理的核心部分，中心内容是做出有关资金的决策，包括资金筹集、投放及资金管理。

（二）生产控制模块

生产控制管理模块是 ERP 系统的核心所在。它将企业的整个生产过程有机地结合在一起，使得企业能够有效地降低库存，提高效率。同时，各个原本分散的生产流程的自动连接也使生产流程能够前后连贯的进行，而不会出现生产脱节，耽误生产交货时间。

ERP 的生产控制管理模块是一个以计划为导向的先进的生产、管理方法。首先，企业确定它的一个总生产计划，再经过系统层层细分后，下达到各部门去执行，即生产部门以此生产，采购部门按此采购等。

主生产计划是根据生产计划、预测和客户订单的输入来安排将来的各周期中提供的产品种类和数量，它将生产计划转为产品计划，在平衡了物料和能力的需要后，精确到时间、数量的详细的进度计划。主生产计划是企业在一段时期内的总活动的安排，是一个稳定的计划，是以生产计划、实际订单和对历史销售分析得来的预测产生的。

物料需求计划在主生产计划决定生产多少最终产品后，再根据物料清单，把整个企业要生产的产品的数量转变为所需生产的零部件的数量，并对照现有的库存量，得到还需加工多少、采购多少的最终数量，这才是整个部门真正执行的计划。

能力需求计划是在得出初步的物料需求计划之后，将所有工作中心的总工作负荷在与工作中心的能力平衡后产生的详细工作计划，用以确定生成的物料需求计划是否是企业生产能力上可行的需求计划。能力需求计划是一种短期的、当前实际应用的计划。

车间控制是随时间变化的动态作业计划，是将作业先分配到具体各个车间，再进行作业排序、作业管理和作业监控。

制造标准在编制计划中需要许多生产基本信息，这些基本信息就是制造标准，包括零件、产品结构、工序和工作中心，都用唯一的代码在计算机中识别。

（三）物流管理模块

物流管理模块主要包括分销管理、库存管理和采购管理三个方面。

1. 分销管理

分销管理从产品的销售计划开始，对其销售产品、销售地区、销售客户各种信息的管理和统计，并可对销售数量、金额、利润、绩效、客户服务做出全面的分析。这样在分销管理模块中大致有信息档案建立、销售订单管理以及销售统计分析三个方面的功能。

2. 库存管理

库存管理用来控制存储物料的数量，以保证稳定的物流支持正常的生产，但又最小限度地占用资本。它是一种相关的、动态的、真实的库存控制系统。库存管理能够结合、满足相关部门的需求，随时间变化动态地调整库存，精确地反映库存现状。这一系统的功能又涉及为所有的物料建立库存、验收入库以及日程业务处理等多样工作。

3. 采购管理

采购管理的目的是确定合理的订货量、优秀的供应商和保持最佳的安全储备。能够随时提供订购、验收的信息，跟踪和催促对外订购或委外加工的物料，保证货物及时到达；建立供应商的档案，用最新的成本信息来调整库存的成本。

内部人力资源越来越受到企业的关注，被视为企业的资源之本。在这种情况下，人力资源管理作为一个独立的模块纳入 ERP 系统。具体来说，人力资源模块包括具体工作分析、招聘管理、人事管理、培训管理、薪酬管理以及绩效评价等。

同时，随着 ERP 系统的不断发展，可能还需要对客户管理、供应商等进行详细的分析和总结。

五、ERP 在我国的应用现状和存在的问题

由于 ERP 是先进管理经验的集成，故而在帮助企业改善库存管理、减少库存资金占用、提高劳动生产率、有效降低成本从而提高经济效益和企业的市场竞争力方面有明显的优势。因此，自 1981 年沈阳第一机床厂从国外引进第一套 MRP Ⅱ 软件以来，目前已有很多企业购买或使用了 MRP Ⅱ 或 ERP 软件。但是 ERP 在我国的应用效果却不尽如人意，产生了很多我国独有的特点和问题，甚至导致理论界出现 ERP 究竟是否适合中国企业的疑问。

（一）ERP 应用现状分析

从 ERP 系统在我国的实施过程来看，在已经实施 ERP 的企业中，按实施过程的不同阶段可以将它们分为三类。第一阶段的企业是指进行了系统总体规划，计划的编制已开始由手工完成向计算机辅助完成转变，对基础数据进行整理，开展了前期工作的企业。第二阶段的企业指在第一阶段基础上已经应用了系统的部分模块进行了库存管理、采购管理、订单管理、材料用量管理等，基本上形成时段式 MRP 的企业。一般来讲，由手工管理向第一、二阶段的实现较为简单，企业注意力集中于购置硬件和软件，往往半年就能安装试行完毕。从第二阶段向第三阶段的扩展特别强调企业各子系统之间的高度集成，也就使这一过程成了触动传统生产管理方式最多、企业最难突破的瓶颈。ERP 系统能否成功实施，关键在于企业能否踏踏实实地做好五个"P"的工作，即 Process（业务流程改造）、People（人力资源和组织）、Practice（业务行为规范）、Products（信息产品支持）、Partnership（选择合作伙伴）。我国企业在应用 ERP 的过程中依然存在诸多问题，如信息在整个企业中的共享性不足、企业生产弹性不足以及管理思维等方面也存在问题。

（二）ERP 应用过程中存在的问题

1. 系统引进未详细论证，投资盲目性

在当今市场经济条件下，企业要赢得市场竞争中生存和发展的优势，必须借助于各种先进的信息技术和方法，以降低成本，提高劳动生产率。而 ERP 作为先进的管理思想和管理工具，在发达国家为众多企业带来了丰厚的回报，我国部分企业也因为成功实施 ERP 而取得巨大的成功。但是 ERP 的实施是一项复杂的工程，需要对企业内部需求、经济和技术可行性等进行分析。但我国绝大多数企业在进行 ERP 投资决策时，对企业经营目标、管理观念以及产品市场定位等方面都没有明确分析，盲目引进 ERP 系统，反而增大了投资风险，甚至有些企业为此背负了沉重的债务，影响了企业的正常运营。

2. 企业管理基础工作不能满足系统运行的要求

首先，生产系统运行不规范导致 ERP 系统运行的基础数据严重缺乏。据调查结果表明，90% 以上的企业都存在基础数据不满足要求的问题，有的企业 ERP/MRP Ⅱ 项目已经实施 10 年，基础数据的准备工作还未完成。

其次，生产过程不稳定。ERP/MRP Ⅱ 正常运行有赖于生产稳定运行及信息流畅传递，但国内企业的生产过程经常由于质量事故而停顿，如设备故障、加工差等。企业管理者 80% 的精力用于处理物流的重新启动问题，使整个生产过程经常无法按预定计划运行，处于不可控制的状态，致使 ERP/MRP Ⅱ 系统无法正常运行。

最后，企业管理机制和市场环境不完善。目前，国内企业由于历史的惯性，可能还存在计划经济下的传统的管理方式，市场意识不强，消极对待新的管理思想和方式。外部市场法规不健全、行政干预时有发生、合同不按期履行等都会影响企业按市场规律和规则运作，对ERP系统的实施也极为不利。

3. 企业管理和业务人员的素质不能适应

目前，我国依然有部分企业存在着技术装备差、人员素质低的状况，导致管理水平低下。企业内部的管理程序不顺畅，不适应市场经济的要求，操作起来弊端多。技术人员忽视对管理软件原理及功能的必要培训，导致操作困难。另外，企业技术骨干流失相当严重，尤其在大城市、国有企业中表现更为突出。调查案例中，95%以上的企业均遇到此类问题，最严重的企业90%以上的技术骨干流失到外资公司、合资公司及国外。不仅是企业，国内的软件开发及研究单位亦如此，技术骨干流失影响了国内软件业的发展。

（三）ERP成功实施的应对策略

怎样才能提高ERP应用成功率，努力实现我国企业管理水平的跨越式发展，进而推动我国企业管理的现代化进程呢？在具体实施ERP系统以前，需要明确ERP系统的应用是一项高风险、高投入项目，成功与否受诸多因素的影响，从系统选型到上线实施的整个过程存在种种风险。因此，企业有必要对风险有充分认识，建立一套行之有效的风险管理机制，从而提高ERP系统的实施成功率，最终提高企业的管理水平。主要可以从以下几点着手努力。

1. 明确企业推广应用ERP的真正目的

ERP是一种面向供应链管理的现代企业管理思想和方法。推广应用ERP的根本目的就是在学习、研究和应用国外现代企业管理思想、方法和信息技术的基础上，尽快改变我国企业管理粗放、落后的面貌，进而建立起一套符合市场经济体制的现代企业管理模式。应用ERP，一定要努力实现我国企业管理水平的跨越式发展，进而推动我国企业管理现代化进程，加快我国工业化进程，确保国民经济可持续发展。因此，从本质上看，ERP项目是一个企业管理系统工程，而不应仅仅停留在表面上，视其为企业管理信息系统工程或企业信息化建设工程。这个根本目的和基本思想必须始终贯穿于ERP应用全过程。

2. 加强以人为本的管理工作，重视知识资源的开发利用

努力提高企业全员知识水平，充分调动和发挥人的主动性、积极性和创造性，积极营造人与企业一起成长、共同发展的良好环境，是现代企业管理的新理论，也是企业生存与发展之本。因此，企业应用ERP一定要加强以人为本的管理工作，建立相应的竞争机制、激励机制和约束机制，把应用ERP与制定企业经营发展战略、推动企业管理现代化进程和企业全员业绩考核有机地结合起来，促使员工在感受外部压力的同时都自觉地投入到ERP应用中来，并能为ERP应用，乃至企业的生存与发展尽职尽责。企业一定要通过各种形式、不同内容和不同程度的培训使企业全员接受新经济、新思想、新理论和新方法。

3. 确保基础数据的准确性和时效性

企业应用ERP需要大量的基础数据，然而，实际应用中这些数据的准确性和时效性普遍较差。这一方面深刻揭示了由于我国尚未实现工业化，且大多数企业又长期处于传统、粗放管理的实际状况所造成的目前我国企业管理水平低下、管理基础薄弱的现实问题；另一方面也从一个侧面充分反映了广大企业和应用人员对基础数据的准确性和时效性与提高我国 ERP 应用成功率和企业管理水平的关系缺乏足够的认识。

4. 建立工程项目管理体系和运作机制

企业在 ERP 应用过程中必须从系统工程和科学管理的角度出发，建立健全工程项目管理体系和运作机制，确保 ERP 项目的成功实施。其主要内容包括：制定明确、量化的 ERP 应用目标，进行 ERP 等现代科技知识的培训教育，引入企业管理咨询，进行 ERP 项目需求分析，开展企业管理创新，实行业务流程重组，实行 ERP 项目监理制和实行 ERP 项目评价制等。

5. 认真做好工程项目前期准备工作

企业在 ERP 应用过程中一定要按照客观规律，认真做好前期准备工作。其中，培训教育不能仅限于 ERP 原理和信息技术方面，而应把相关科学技术都包括进来；企业需求分析不是一个简单的问题归类，而应直接指出造成这些问题的根源所在，以便有针对性地加以解决；业务流程重组要立足于根本性的思考和彻底的重组，也就是说要立足于企业管理创新，确保企业有一个科学、规范和严格的管理基础。

总之，只有提高思想认识水平，转变思想观念，才能增强企业主体意识。只有增强了企业主体意识，才能提高企业主体能力，发挥企业主体作用，才能从根本上提高 ERP 在我国企业中应用的成功率。

第五节　电子商务的应用——客户关系管理

随着信息技术的飞速发展和客户驱动市场的形成，制造业面临的竞争越来越激烈。许多企业通过 ERP、供应商关系管理等管理信息化系统强化了财务、生产、物流、产品管理后，发现自己因营销与服务能力的不足，导致人力、费用耗费巨大，但业绩以及顾客满意度却没有显著提高。因此，打造一个富有战斗力的营销服务体系成为突破管理与发展瓶颈的明智选择。客户关系管理强调建立以客户为中心的现代企业，以客户价值来判定市场需求。

一、客户关系管理概述

客户关系管理（Customer Relationship Management，CRM）的主要含义就是通过对客户详细资料的深入分析来提高客户满意程度，从而提高企业的竞争力的一种手段。客户关系是指围绕客户生命周期发生、发展的信息归集。客户关系管理的核心是客户价值管理，通过"一对一"营销原则满足不同价值客户的个性化需求，提高客户忠诚度和保有率，实现客户价值持续贡献，从而全面提升企业盈利能力。

通常所指的 CRM，是指通过计算机实现上述流程自动化的软件系统，使企业员工全面了解客户关系，根据客户需求进行交易，记录获得的客户信息，在企业内部做到客户信息共享；对市场计划进行整体规划和评估；对各种销售活动进行跟踪；通过大量积累的动态资料，对市场和销售进行全面分析。

客户关系管理首先是一套先进的管理模式，其实施要取得成功必须有强大的技术和工具支持，CRM 软件是实施客户关系管理必不可少的一套技术和工具集成支持平台。企管通 CRM 管理系统基于网络、通信、计算机等信息技术，能实现企业前台、后台不同职能部门的无缝连接，能够协助管理者更好地完成客户关系管理的两项基本任务——识别和保持有价值客户，如图 9-3 所示。

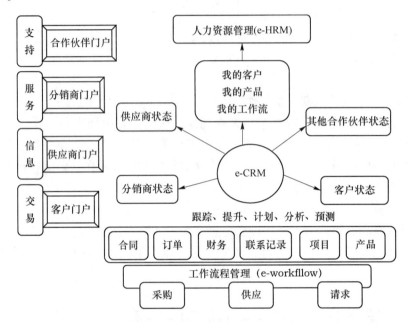

图 9-3　CRM 管理系统（截图来源 http：//www.ccw.com.cm）

二、成功实施 CRM 战略的主要步骤

CRM 指的是企业通过富有意义的交流沟通，理解并影响客户行为，最终实现提高客户获得、客户保留、客户忠诚和客户创利的目的。CRM 是一整套的先进理念、方法和解决方案。要想正确实施 CRM，必须经过以下步骤。

（一）确定业务计划

企业在考虑部署客户关系管理方案之前，首先确定利用这一新系统要实现的具体目标，如提高客户满意度、缩短产品销售周期以及增加合同的成交率等，即企业应了解这一系统的价值。

（二）建立 CRM 人员队伍

为成功地实现 CRM 方案，管理者还需对企业业务进行统筹考虑，并建立一支有效的员工队伍。每一个准备使用这一销售系统方案的部门均需选出一名代表加入该员工队伍。

（三）评估销售、服务过程

在评估一个 CRM 方案的可行性之前，使用者需多花费一些时间，详细规划和分析自身具体业务流程。为此需广泛地征求员工意见，了解他们对销售、服务过程的理解和需求；要确保企业高层管理人员的参与，以确立最佳方案。

（四）明确企业实际需求

充分了解企业的业务运作情况后，接下来需从销售和服务人员的角度出发，确定其所需功能，并让最终使用者寻找出对其有益的及其所希望使用的功能。就产品的销售而言，企业中存在着两大用户群：销售管理人员和销售人员。其中，销售管理人员感兴趣于市场预测、销售渠道管理以及销售报告的提交，而销售人员则希望迅速生成精确的销售额和销售建议、产品目录以及客户资料等。

（五）合理选择CRM系统供应商

确保所选择的供应商对企业所要解决的问题有充分的理解。了解其方案可以提供的功能及应如何使用其CRM方案。确保该供应商所提交的每一软、硬件设施都具有详尽的文字说明。

（六）开发和部署

CRM方案的设计需要企业与供应商两个方面的共同努力。为使这一方案得以迅速实现，企业应先部署那些当前最为需要的功能，然后再分阶段不断向其中添加新功能。其中，应优先考虑使用这一系统的员工的需求，并针对某一用户群对这一系统进行测试。另外，企业还应针对其CRM方案确立相应的培训计划。

三、CRM的系统构成

CRM系统的核心是客户数据的管理。可以把客户数据库看作是一个数据中心，企业可以利用客户数据库记录在整个市场与销售的过程中和客户发生的各种活动，跟踪各类活动的状态，建立各类数据的统计模型用于后期的分析和决策支持。为达到上述目的，一套CRM系统大都具备市场管理、销售管理、销售支持与服务和竞争者分析模块。

（一）市场管理模块

市场管理模块主要包括以下内容：

（1）对现有客户数据的分析

识别每一个具体客户，按照共同属性对客户进行分类，并对已分类的客户群体进行分析。

（2）提供个性化的市场信息

在对现有客户数据分析基础上，发掘最有潜力的客户并对不同客户群体制定有针对性的市场宣传与促销手段，提供个性化的、在价格方面具有吸引力的产品介绍。

（3）提供销售预测功能

在对市场、客户群体和历史数据进行分析的基础上，预测产品和服务的需求状况。

（二）销售管理模块

销售管理模块主要包括以下内容：

1. 提供有效、快速而安全的交易方式。

一般的CRM系统均会提供电话销售、移动销售、网上销售等多种销售形式，并在每一种销售形式中考虑实时的订单价格、确认数量和交易安全等方面的问题。

2. 提供订单与合同的管理

记录多种交易形式，包括订单和合同的建立、更改、查询等功能，可以根据客户、产品等多种形式进行搜索。

（三）销售支持与服务模块

销售支持与服务模块应该包括呼叫中心服务；订单与合同的处理状态及执行情况跟踪；实时的发票处理；提供产品的保修与维修处理，不仅记录客户的维修或保修请求，执行维修和保修过程，记录该过程中所发生的服务费用和备品备件服务，并在维修服务完成后开出服务发票；记录产品的索赔及退货等。

（四）竞争者分析

1. 记录主要竞争对手

对竞争者的基本情况加以记录，包括其公司背景、目前发展状况、主要的竞争领域和竞争策略等内容。

2. 记录主要竞争产品

记录其他企业所提供的同类产品、近似产品和其他可替代产品，包括主要用途、性能及价格等内容。不难看出，一套CRM集成系统的功能构成不应当是独立存在的，它必然与企业后端的供应链管理紧密相关，从而保证CRM系统中每一张订单能够在保证利润的前提下有效及时地得到确认并确保执行。每一笔销售交易的达成都有赖于企业后台的支撑平台即ERP系统，其中包括分销与运输管理、生产与服务计划、信用与风险控制、成本与利润分析等功能。

第六节　企业信息化应用——供应商关系管理

供应商关系管理（SRM）正如当今流行的CRM是用来改善与客户的关系一样，SRM是用来改善与供应链上游供应商的关系的，是一种致力于实现与供应商建立和维持长久、紧密伙伴关系的管理思想和软件技术的解决方案。了解供应商关系管理的相关知识，将有利于企业市场规模的扩大以及合作伙伴关系的建立，真正实现顺应供应链管理理念的管理模式。

（一）定义

供应商关系管理（SRM）是旨在改善企业与供应商之间关系的新型管理机制，实施于围绕企业采购业务相关的领域，目标是通过与供应商建立长期、紧密的业务关系，并通过对双方资源和竞争优势的整合来共同开拓市场，扩大市场需求和份额，降低产品前期的高额成本，实现双赢的企业管理模式；同时它又是以多种信息技术为支持和手段的一套先进的管理软件和技术，将先进的电子商务、数据挖掘、协同技术等信息技术紧密集成在一起，为企业产品的策略性设计、资源的策略性获取、合同的有效洽谈、产品内容的统一管理等过程提供一个优化的解决方案。实际上，它是一种以扩展协作互助的伙伴关系、共同开拓和扩大市场份额、实现双赢为导向的企业资源获取管理的系统工程。

（二）重要意义

1. 效率与规模经济

人们渐渐发现，供应商可以通过与同业的伙伴关系，运用科技的力量合力削减成本与改善效率，这在零售业中尤其盛行，例如 J. C. Penny 把其存货控制与产品补充系统与其他供应商整合在一起，这样供应链上的企业可以利用其各自的能力与资源，节省重叠的成本。

不论是通过科技让整个供给过程更为精简，或是达到研发上的规模经济，供应商之间共结伙伴关系的最重要理由是，追求更大效率与更佳生产效率的需要。就这点而言，与许多供应商—客户间伙伴关系的促成因素如出一辙，亦即伙伴关系是为适应追求更佳的生产效率而生。

2. 新市场价值

在某些产业中，供应链上的企业之间的伙伴关系进入了一个更新的层次——结合力量创造更多的市场价值，为整合市场创造全新的贡献。也就是说，企业之间结合彼此的核心能力，研发新的产品或推出新的方案，在最高的层次中，这种核心能力的结合甚至会扭转整合产业的方向。从日常运营层面来看，经由合作共同创造的新的市场价值，更为结为伙伴的厂商带来强而有力的竞争优势。例如苹果电脑、IBM 与摩托罗拉之间合作共同创造 Power PC 以及其他产品。从日常营运层面来看，经由合作所创造的新市场价值，更为结为伙伴的厂商带来强而有力的竞争优势。

本章小结

电子商务与企业信息化之间存在密切的关系。企业信息化是电子商务发展的基础，企业信息化孕育并推动了电子商务的发展；而电子商务的发展又促进了企业信息化的深入进行和深层次开发。企业信息化是在复杂的国际、国内背景下发展起来的。在国内，由于制造业信息化极其薄弱、市场需求日益个性化和多样化以及国际竞争的加剧，信息化成为企业发展的方向和动力。通俗地讲，企业信息化是把信息技术、制造化技术与管理技术相结合，带动企业的产品、设计、装备的创新，实现产品设计、制造、企业管理过程的信息化，制造过程信息化、智能化以及网络化。企业信息化的内容应该包括生产过程信息化、流通过程信息化、管理系统信息化、组织结构信息化以及生产要素信息化等。

电子商务作为信息化的主要表现形式，其应用可以概括为诸多方面。本章主要围绕企业资源计划、客户关系管理以及供应商关系管理进行阐述。

企业资源规划（ERP）不是一个单独的系统，而是一个应用系统的框架和企业管理理念，强调对企业的内部甚至外部的资源进行优化配置、提高利用效率，主要包括管理应用系统（如财务系统、会计系统）、人力资源管理系统（如工资系统、福利系统）和制造资源规划（MRP）系统（如采购系统、生产计划系统）等。企业资源规划系统是企业顺利开展电子商务的基础。ERP 系统的核心管理理念可以概括为：以供应链管理为核心的管理理念、体现精益生产、同步工程和敏捷制造的思想以及体现事先计划与事中控制的思想。

客户关系管理（CRM）的主要含义是通过对客户详细资料的深入分析来提高客户满意

程度，从而提高企业的竞争力的一种手段。客户关系是指围绕客户生命周期发生、发展的信息归集。成功实施 CRM 必须经过一定的程序才能够完成，如确立业务计划、建立 CRM 人员队伍、评估服务销售环节、明确企业实际需求等。而企业为了达到提高顾客满意度的目的，CRM 系统应该包括市场管理、销售管理、销售支持与服务和竞争者分析等模块。

供应商关系管理（SRM）是企业用来改善与供应链上游供应商的关系的，是一种致力于实现与供应商建立和维持长久、紧密伙伴关系的管理思想和软件技术的解决方案。了解供应商关系管理的相关知识，有利于企业市场规模的扩大以及合作伙伴关系的建立，真正实现顺应供应链管理理念的管理模式。

复习题

一、选择题

1. 最早提出 ERP 概念的咨询公司在（　　）。
   A. 英国　　　　　　B. 中国　　　　　　C. 美国
2. MRP 是在（　　）学说的基础上形成的。
   A. 物料需求　　　　　　　　　B. 物料独立需求和相关需求
   C. 物料独立需求　　　　　　　D. 物料相关需求
3. MRP Ⅱ 与 ERP 的主要区别就是它运用了（　　）的概念。
   A. 会计　　　B. 成本会计　　　C. 管理会计　　　D. 财务管理
4. 客户关系管理的目的是（　　）。
   A. 企业利润最大化　　　　　　B. 企业与客户的双赢
   C. 企业成本最小化　　　　　　D. 客户价值最大化
5. （　　）是切实保证客户关系管理的有效性的关键所在。
   A. 客户忠诚的有效管理　　　　B. 客户价值的有效管理
   C. 客户互动的有效管理　　　　D. 企业利润的有效管理

二、简答题

1. 企业信息化具有怎样的功能和作用？
2. CRM 的职能和主要构成模块是什么？
3. 简要阐述供应商关系管理的内涵和构成。

三、论述题

1. ERP 是在怎样的背景下产生的？具有怎样的特点和功能？
2. 概述 ERP 目前在我国的发展现状、存在的主要问题以及应对措施。

第十章

电子商务的法律问题

导　读

随着网络技术的迅猛发展，电子商务得到广泛应用，在网络环境下如何规范交易各方就成为一个世界性的问题。由此，电子商务的法律问题被提上议事日程。目前对电子商务法律问题的研究还处于初级阶段，本章将围绕电子商务交易安全法律保障、消费者权益与保护、隐私保护、网络道德与网络犯罪及知识产权等几个方面的问题展开讨论。

学习目标

1. 了解并掌握电子商务交易安全的法律保障。
2. 了解并掌握电子商务中的消费者权益与保护。
3. 了解并掌握电子商务中的隐私保护。
4. 了解并掌握电子商务环境下的网络道德与网络犯罪问题。
5. 了解并掌握电子商务涉及的知识产权问题。

第一节　电子商务法律概述

一、电子商务法律问题产生的原因

经过一段时期的实践，人们发现电子商务发展的主要障碍不是来自技术，也不是来自传统经济活动方式，而是来自政策和法律。这是基于电子商务本身的特点而产生的。

首先，电子商务的技术基础是计算机及互联网络。网络的根本特点在于它的互联性。网络的各个终端（用户）分布于世界各地，极为分散，但它们相互之间又是连通的，而且这种连通不仅是单向或双向的，而且是呈多方向的网状结构，因此，在网络空间，传统的管辖边界不再适用。

其次，电子商务的非政府管理特点。电子商务的管理在很大程度上依赖于网络服务商（包括 ISP 和 ICP），网络服务商本身是一个非政府机构，而且数量众多。因此，网络上交易活动受政府监管的可能性大大降低。这使网络社会呈现出一种无政府状态，导致无序和结构混乱。

再次，网络社会的虚拟特征，使电子商务中交易者的身份、交易场所、交易权限、交易流程均呈虚拟化、数字化状态，这给建立在物化形态上的法律上的管理带来很大的难度。

由此可见，传统的法律框架已不适应电子商务发展的需要。全球电子商务的持续发展将取决于新的法律框架的制定，只有制定地方、国家和国际法律所认可的电子商务活动规则，只有参与电子交易的个人、企业和政府的权利义务得以明确，他们的利益变得可以预期，电子商务才能健康有序的发展。

二、电子商务的基本法律问题

（一）电子交易的基本规则

电子商务的参与者，包括企业、消费者、金融机构和网络服务商等主体之间必须建立起一套大家共同遵守的商业规则，且这种规则要为各国法律所确认。这些规则包括：电子商务合同订立，生效的时间、地点、电子商务文件的证据效力，电子商务的书面形式要求和电子签名的认证，争端的解决方式及电子商务纠纷的司法管辖权问题等内容。

（二）电子商务中的知识产权保护

电子商务不可避免地涉及知识产权问题。卖家希望他们的知识产权不被剽窃，买家也不希望买到假冒伪劣产品。电子商务活动中涉及域名、计算机软件、版权、商标等诸多问题，这些问题单纯地依靠加密等技术手段是无法加以充分有效的保护的，必须建立起全面的法律框架，为权利人提供实体和程序上的双重法律依据。

（三）电子商务税收

电子商务的虚拟特征、多国性、流动性及无纸化特征，使各国基于属地和属人两种原则建立起来的税收管辖权面临挑战。同时，电子商务方式与传统商务方式的区别对纳税主体、客体、纳税环节、地方等税收概念、理论受到巨大冲击。因此，面对电子商务，税收法律必须修改。综合欧盟、美国的电子商务税收政策，在对电子商务征税时我国应遵循的原则有：

1. 中性原则

一视同仁，不因交易方式及采用技术的不同而给予不同的税收待遇。

2. 减少电子商务的税收成本

中国应制定对国内电子商务实行税收优惠的政策。对电子商务税收问题，应进行全面、深入的研究。但不应该将注意力集中在如何征税上。因此，在一定时期内，中国不应对中国尚十分幼稚的电子商务进行征税。在国际上普遍对电子商务进行免税的情况下，中国对电子商务征税不利于中国电子商务的发展。另外，以中国的技术水平（国际上也是如此），对电子商务进行征税不仅税收成本高，技术上也无实现可能。

3. 保护隐私权

电子商务既要保证信息公开、自由流动，又要防止滥用个人信息，所以要对商品及服务供应商、网络服务商收集、加工、存储和使用个人信息进行规范，防止因隐私权问题而影响电子商务的健康发展。

三、电子商务法的概念和特征

（一）电子商务法的概念

广义的电子商务法是与广义的电子商务概念相对应的，它包括了所有以数据电文方式进行的商事活动的法律规范。其内容极其丰富，至少可分为调整以电子商务为交易形式的，和调整以电子信息为交易内容的两大类规范。狭义的电子商务法，是调整以数据电文为交易手段而形成的因交易形式所引起的商事关系的规范体系。

（二）电子商务法的特征

1. 商法性

商法是规范商事主体和商事行为的法律规范。电子商务法规范主要属于行为法，如数据电文制度、电子签名及其认证制度、电子合同制度、电子信息交易制度、电子支付制度等。但是，电子商务法也含有组织法的内容，如认证机构的设立条件、管理、责任等，就具有组织法的特点。

2. 技术性

在电子商务法中，许多法律规范都是直接或间接地由技术规范演变而成的。比如，一些国家将运用公开密钥体系生成的数字签名规定为安全的电子签名，这样就将有关公开密钥的技术规范转化成了法律要求，对当事人之间的交易形式和权利义务的行使都有极其重要的影响。另外，当事人若不遵守关于网络协议的技术标准，就不可能在开放环境下进行电子商务交易。

3. 开放性和兼容性

所谓开放性，是指电子商务法要对世界各地区、各种技术网络开放；所谓兼容性，是指电子商务法应适应多种技术手段、多种传输媒介的对接与融合。只有坚持了这个原则，才能实现世界网络信息资源的共享，保证各种先进技术在电子商务中及时应用。

4. 国际性

电子商务固有的开放性、跨国性要求全球范围内的电子商务规则应该是协调和基本一致的。电子商务法应当而且可以通过多国的共同努力予以发展。通过研究有关国家的电子商务法规，我们发现其原则和规则包括建立的相关制度，在很大程度上是协调一致的。联合国国际贸易法委员会的《电子商务示范法》为这种协调性奠定了基础。

第二节 电子商务交易安全的法律保障

一、电子商务与消费者权益保护

电子商务的兴起拓宽了消费市场，增大了消费信息量，增加了市场透明度，给消费者带来了福音,但是,又不可避免地使消费关系复杂化,并增加了消费者遭受损害的机会。因此,电子商务给消费者权益保护带来了新的挑战。

(一) 电子商务对消费者的威胁

1. 因特网存在欺诈的沃土

因特网可以使欺诈行为人将其欺诈行为掩盖得天衣无缝,并通过匿名的方式躲避调查,利用法律盲区和"打擦边球"战术使执法者束手无策。因特网上的欺诈行为有两个显著特征:首先,与其他传统的方式相比,欺诈行为人在因特网上更容易利用易受损害的消费者。例如,利用保健商品和器材、就业机会、金字塔式的销售等骗钱,往往在因特网上更容易大行其道。其次,富有创造性的人更容易利用新技术创造高技术媒体独有的欺骗性方式。例如,在 Fetch. Audiotex Connections. lnc. 一案中,被告在因特网上声称消费者可以免费获取计算机图像下载一种特殊的节目。但是,被告利用软件暗中"劫持"了消费者与其计算机的连接,将消费者引入价格昂贵的国际长途电话系统之中,使消费者的电话经由加拿大、摩尔多瓦、俄罗斯之后再返回美国,从而在外国电话公司"踢皮球"中大赚其钱。

2. 因特网对隐私可能存在威胁

因特网具有惊人的整理信息并进行分类的能力,在线消费者的信息随时都有被收集和扩散的危险,从而对传统的隐私价值产生了新的潜在的威胁。因特网技术使对个人信息的收集、存储、处理和销售有着前所未有的能力和规模,而一般消费者对此可能不太清楚。引诱儿童提供个人信息就是一个比较突出的问题。在没有因特网的时代,经营者在未经家长同意的情况下是很难从儿童那里获得儿童及其家长的个人信息的,但利用因特网就可以很便利地从口无遮拦的儿童那里获取信息,从而极易侵犯他人隐私权。为此,有些国家还制定了专门的法律,如美国国会制定的《1998年儿童在线隐私保护法》(2000年4月生效)责成联邦贸易委员会制定规则,规范从13岁以下儿童处在线收集和使用个人信息的行为。由于儿童是未成年人,该法要求网站经营者在儿童处收集和披露信息时,必须予以告知并经家长同意。美国一些州也对消费者隐私保护问题进行了专门立法,如纽约州正在寻求限制网上服务提供者和金融机构在网上收集和披露个人信息的范围。在我国,一些用户在网站注册时都会得到信誓旦旦的保证:确保个人隐私,数据不会被泄露。但事实上有的网站甚至把用户的个人资料(如通信地址、家庭地址 E-mail 地址、联系电话、所购物品等详细内容)公开展览,使用户资料就像放在没有锁的抽屉中,从而引发隐私权保护问题。

3. 消费者权益保护问题

由于电子商务无国界,一些在常规的市场交易中不太常见的问题在消费者保护国际执法的合作和协调中越来越必不可少。人们提出了两个疑问:

第一,经营者在线经营时可能受到全世界各国法律的管辖,这是否公平?经营者一旦在线经营,对于谁能够获知其广告和销售信息就无从控制,而各国对销售对象、折扣、产品安全和要求的披露程度差别极大,即使在一国之内也会有这种情况,而且管辖法律常常变动,特别是一些网上交易本来就具有很大的不可预见性。

第二,消费者在线消费时可能丧失本国消费者保护法的保护,这是否公平?消费者熟悉保护其权益的国内法及其适用情况,不熟悉其他国家的法律,如果进行网上跨国消费,从遥远的他国购买商品但往往对销售方所在国的法律一无所知。由于旅途费用、时间跨度、不熟悉当地法律及其救济方式，消费者受害后可能得不到任何救济。这种网上跨国消费的法律救济需要通过双边协议、多边协议甚至国际公约等国际合作方式来解决，但绝不是一蹴而就的。

另外，电子商务革命加大了穷人与富人、发达国家与发展中国家甚至一国之内发达地区与不发达地区之间的贫富差距。因此，电子商务在促进经济迅速发展的同时，也对消费者福利和国际秩序的稳定带来了威胁。

（二）电子商务要解决的问题

1. 完善反网络欺诈的相关法律

特别是针对网上的虚假广告、不正当引诱方式等欺诈行为，制定特殊的规则，及时纳入规范之列。

2. 加强消费者隐私权的保护

在传统的消费市场中，隐私保护一般不属于消费者保护的突出问题，现行消费者权益保护法也未作特别的规定。但在网上交易中，消费者隐私保护变得非常突出，需要有针对性地制定特别的规则，加强对消费者隐私权的保护。更何况，我国民事基本法迄今对隐私权的保护尚无基本规定。

3. 加强对网上侵犯消费者权益的监管

网上侵犯消费者权益行为类型复杂，隐蔽性强，技术手段先进，对其进行监管的难度也大。因此，对网上侵犯消费者权益的监管需要捕捉和识别违法行为的较高的科技手段，并设置相应的监测体系，如网上投诉网络。

4. 密切注意消费者保护国际合作的动态

在我国，目前消费者权益的国际保护问题还不太突出，但迟早也会成为突出的问题。我们要未雨绸缪，及时跟踪相应的国际动态，积极研究对策，在条件成熟时开展相关的国际合作。

二、电子商务中的隐私保护

随着电子商务的应用和普及，有些商家在利益驱使下在网络应用者不知情或不情愿的情况下采取各种技术手段取得和利用其信息，侵犯了上网者的隐私权。网络隐私数据如何得到安全保障，这是任何国家发展电子商务中都会遇到的问题。对网络隐私权的有效保护成为电子商务顺利发展的重要市场环境条件。

人类的隐私权是人的基本权利之一，它是伴随着人们对自身的尊严、权利、价值的产生而出现的，人们要求在社会生活中尊重、保护隐私权。隐私权包括个人和生活不被干扰权与个人资料的支配控制权，具体到网络与电子商务中的隐私权，隐私权的保护涉及对个人数据（包括企业的商业秘密）的收集、传递、存储和加工利用等各个环节的保护问题。

从权利形态分，有隐私不被窥视的权利、不被侵入的权利、不被干扰的权利、不被非法收集利用的权利；从权利的内容分，可以有个人特质的隐私权（姓名、身份、肖像、声音等）、个人资料的隐私权、个人行为的隐私权、通信内容的隐私权和匿名的隐私权等。其中，隐私不被窥视、侵入的权利主要体现在用户的个人信箱、网上账户、信用记录的安全保密性上；隐私不被干扰的权利主要体现在用户使用信箱、交流信息及从事交易活动的安全保密性上；不被非法收集利用的权利主要体现在用户的个人特质、个人资料等不得在非经许可的状态下被利用上。

(一) 网络隐私权问题产生的原因

分析不断发生在电子商务中的侵犯用户隐私权事件，主要有互联网固有的结构特性和电子商务发展导致的利益驱动这两个方面的原因。

1. 互联网的开放性

从网络本身来看，网络是一个自由、开放的世界，它使全球连成一个整体，它一方面使搜集个人隐私极为方便，另一方面也为非法散布隐私提供了一个大平台。由于互联网成员的多样和位置的分散，其安全性并不好。互联网的安全性分为两个广义的类型：认证和隐私权。认证就是指一种功能，其作用是证明某人的身份，以确认当前与自己通信的个人或系统与他们自称的个人或系统是否相符。隐私权似乎比认证更为重要，因为互联网上的信息传送是通过路由器来传送的，而用户不可能知道信息是通过哪些路由器进行的，这样有些人或组织就可以通过对某个关键节点的扫描跟踪来窃取用户信息。也就是说从技术层面上截取用户信息的可能性是显然存在的。任何一个上网者的任何一个网络隐私数据，都有被窥探的可能。

因特网的开放性、全球性增加了人们对其是否安全的担心，数据仓库、数据挖掘技术的兴起，使人们担心，由于利益的驱动，某些集团对个人数据无限制地加工利用，最终会导致侵犯个人隐私的结果。

2. 网络"小甜饼" cookie

某些 Web 站点会在用户的硬盘上用文本文件存储一些信息，这些文件被称为 cookie。cookie 包含的信息与用户和用户的爱好有关。例如，如果用户在某家航空公司的站点上查阅了航班时刻表，该站点可能就创建了包含用户的旅行计划的 cookie。它也可能记录下用户在该站点上曾经访问过的 Web 页，由此帮助该站点在用户下次访问时根据用户的情况对显示的内容进行调整。

现在的许多网站在每个访客进入网站时将 cookie 放入访客电脑，不仅能知道用户在网站上买了些什么，还能掌握该用户在网站上看过哪些内容，总共逗留了多长时间等，以便了解网站的流量和页面浏览数量。只要网站愿意，就可一直保留这样的信息。这样，访客下次再进入这个网站时，就会被辨认出来，如此，网站管理人员就可以知道访客的"忠诚度"了。另外，网络广告商也经常用 cookie 来统计广告条幅的点击率和点击量，从而分析访客的上网习惯，并由此调整广告策略。一些广告公司还进一步将所收集到的这类信息与用户在其他许多网站的浏览活动联系起来。这显然侵犯了他人的隐私。由于访客资料是一笔宝贵的财富，某些经营情况困难的网站会将这些收集来的资料出售给买主，以此牟利。根据纽约时报报道，B00.com、Toy smart 和 CraftSbop.com 等网站都曾将客户姓名、住址、电子邮件甚至信用卡号码等统计分析结果都标价出售，以换取更多的资金。

目前，大部分商业网站都会将 cookie 放置到访客的电脑里，以跟踪访客的上网习惯、浏览的页面、停留时间、访客来源等。这种行为已经引起许多争议。虽然许多商业网站都保证，其站点将确保在线日程表业务中关键的私人隐私数据不会被泄露，然而事实并非这样简单。调查显示，在美国即使是最受欢迎的排名前 100 位的电子商务网站，有 35 个网站允许第三方公司跟踪记录访问者的信息，另外，有18个网站根本不对消费者公开信息收集原则。

美国国会也对此问题表示关注，国会正在研究方案，将禁止网络公司将用户数据库列入公司资产，这样将禁止网络公司任意将用户数据库资料出售的行为，从而保护消费者的隐私。

（二）网络服务提供商在网络隐私权保护中的责任

网络服务提供商对网络与电子商务中隐私权保护的责任，包括以下的一些内容：在用户申请或开始使用服务时告知使用因特网可能带来的对个人权利的危害；告知用户降低风险的技术方法；采取适当的步骤和技术保护个人的权利，特别是保证数据的统一性和秘密性，以及网络和基于网络提供服务的物理和逻辑上的安全；告知用户匿名访问因特网及参加一些活动的权利；不修改或删除用户传送的信息；收集、处理和存储用户的数据必须坚持必要的、特定的、合法的原则；不为促销目的而使用数据，除非得到用户的许可；对所使用的数据负有责任，必须向用户明确个人权利保护措施；在用户开始使用服务或访问ISP站点时告知其所采集、处理、存储的信息内容、方式、目的和使用期限；根据用户的要求更正不准确的数据或删除多余的、过时的或不再需要的信息，避免隐蔽地使用数据；向用户提供的信息必须准确、及时予以更新；在网上公布数据应谨慎。

此外，还可以对数据文档的互联与比较做出约定。如澳大利亚法律规定，除非国内法能提供相应的保护措施，否则应当禁止互联，特别是通过连接、合并或下载包含有个人数据的文档，禁止从第三方可查询的文件中建立新的文档，禁止将第三方掌握的文档或个人数据与公共机构掌握的一个或更多的文档进行对比或互联。

在现实社会经济生活中，人们还会遇到网络免费服务与用户信息收集利用的关系问题。目前，网上的许多服务都是免费的，如免费电子邮箱、免费下载软件、免费登录，为用户或会员免费提供一些信息及一些免费的咨询服务等，然而人们发现在接受这些免费服务时必经的一道程序就是录入个人的一些资料，如姓名、地址、工作、兴趣爱好等，服务提供商会声称这是为了方便管理，但是也存在着服务商将这些信息挪作他用甚至出卖的可能。

事实上，隐私权保护的最基本原则之一就是个人资料应在资料所有者许可的情况下被收集利用，而这项原则不应因提供的服务是否收费而有所变化，除非商家在提供免费服务时，在附加条件中就明确说明将相关资料用做一些商业利用的要件。

（三）客户关系管理与网络隐私权

1. 客户关系管理

客户关系管理（CRM）起源于1980年年初提出的"接触管理"（Contract Management），即专门收集整理客户与公司联系的所有信息。到1990年初期，则演变成为包括电话服务中心与支援资料分析的客户服务（Customer Care）。经历了近三十年的不断发展，客户关系管理不断演变发展并趋向成熟，最终形成了一套完整的管理理论体系。目前，消费者隐私权的问题正在以各种方式影响着客户关系管理。从最简单的意义上来说，客户关系管理包含着两个互为补充的部分——"进攻"和"防御"，这两个部分对于商家和消费者来说具有不同的意义。

在制定整体的客户关系管理战略之前必须要首先确定到底应该花费多大的努力去收集、

分析数据，并利用分析结果。管理层必须要通过对客户数据的分析和公司标准化政策的制定来确定为每一个客户提供服务和市场决策是否切实可行。

防御性的客户关系管理包括数据信息的收集、分析以及对分析结果的利用。它使商家能够向客户提供他们所关注的产品及其他方面的信息，在多种产品的基础上制定服务决策并且依靠大量可靠的信息来提供更有效、更精确的服务。

进攻性客户关系管理包括通过对客户信息的直接或间接使用来影响他们的行为，使他们的行为向着有利于商家的方向发展。进攻性客户关系管理的目的在于比客户更好地了解他们自身，在此基础上为客户提供让他们满意的产品和服务，增加公司的利润。进攻性客户关系管理是通过对公司自身所拥有的或从外部资源得到的大量信息的分析得以实现的。尽管它并不直接应用在客户市场，仍然被消费者和市场管理者看作是一种扰人的行为。对网络及分析技术的滥用已经引起了消费者和市场管理者的愤怒。

要在防御性客户关系管理和进攻性客户关系管理之间划分出一条明确的界限是十分困难的。举例来说，告诉你其他商品与你现在正打算购买的商品是否相配属于进攻性客户关系管理，事先了解你已经购买了那些商品并提醒你不要进行重复性购买则属于防御性客户关系管理。又比如，为客户提供一份生日小礼物属于防御性客户关系管理，而为客户提供15%的打折优惠则属于进攻性客户关系管理。

2. 客户的网络隐私权

不论客户的个人信息是在公司内部使用还是与第三方共享，在考虑公司客户关系管理战略的时候如果没有考虑到消费者隐私权这一重要因素将会带来非常消极的负面影响。

维护消费者和合作伙伴的隐私权是商家在商业运作过程中不能忽视的一个基本组成部分。在一个公司考虑自己的客户关系管理战略时，消费者与合作伙伴的隐私权必须引起足够的重视。商家必须要想办法使自己对客户信息的使用为公众所接受，否则的话，他们与客户之间的摩擦就会越来越多，关系就会越来越疏远，他们所能得到的利润也会受到影响。因此，不论是由于地方法规的规定还是出于市场压力的结果，对于以消费者为导向的公司来说消费者隐私权的保护将成为其商业运作过程中的基本组成部分。

美国著名互联网咨询公司 Gartner Group 在消费者可以接受并且不违反相应法律法规的程度上对可以提供的"消费者隐私"做了详细说明。

① 经过消费者本人亲自确定的消费者个人信息以及公司所掌握消费者信息的发布。

② 公司与已经签约或向来签约的第三方之间的市场合同。

③ 经授权的或未经授权的，公司及其已经签约或尚未签约合作方对消费者个人信息的使用。

3. 企业管理网络隐私权的措施

对于企业来说，如何保护自己、用户和合作伙伴的信息隐私权问题已经成为企业管理中越来越重要的问题之一。基于此，一些有责任心的企业认识到有必要让专人来负责建立和维护隐私政策。一般的理解认为，互联网隐私保护使用的是技术手段，但隐私专家说，隐私问题更多的是一个管理问题。隐私官将能在个人对隐私的需求和公司以合理手段使用隐私材料的权利之间，建立适当的平衡关系。

首席隐私官（CPO, Chief Privacy Officer）专门负责处理与用户隐私权相关事宜，直接对企业的最高领导人负责。隐私官的任务是处理内部和外部隐私事务。内部事务包括政策的制定、展开和适应及同公司现有及过去员工的联系；外部事务包括公司和其他商家及公共领域、股东、客户、媒体的交流。微软的首席隐私官理查德·普赛尔将他的工作分成三部分：提出公司的数据保密政策；监督公司的业务发展以确保公司开发的新程序保护用户的隐私权；培训公司员工。从目前的情况看，CPO的需求颇为可观：美国商业信息隐私组织主席表示，类似CPO这样的职位在欧洲已经非常普遍。许多国家都要求收集数据的企业指派一位"资料保护"经理。

随着电子商务的发展，越来越多的用户私密信息被记录在计算机中。虽然详尽的统计细节资料可以帮助商家更好地进行商品和服务销售，但是，商家使用这类信息需要冷静及尊重消费者的意见。然而，企业的信息安全与网络隐私保护有时也会出现矛盾。表现在：

（1）一方为了保障其信息安全而影响到了另一方的隐私

如公司为保障其企业数据的安全而对公司员工行为的监视。对同一个客体来说，往往也存在着冲突，在某方面获得信息安全的同时则要牺牲另一方面的隐私利益。比如，银行摄像机的安装，显然这是确保我们在银行的资产不会被不法之徒窃取的有效手段，但我们每个人都要在摄像机中露脸，这是地地道道的隐私侵犯。

（2）企业的声誉

如果企业在受攻击后立刻向有关机构报告，这固然有利于执法和研究机构立即行动，还可以避免攻击面波及其他企业，可是有多少企业愿意公开自己受攻击的消息呢？对一个企业来说，企业被攻击这种事是企业自己的隐私，一旦公布出去会对企业造成极为负面的影响，于是这又构成了矛盾。

（四）网络隐私权的法律保护及国际协调

目前，电子商务仍处于技术高速发展的时期，对于电子商务的法律管理，不是简单的法律调整代替技术调整，而是将技术调整纳入整个调整体系内，立法时就应充分考虑技术要求和现实的可能性。鉴于信息技术的飞速发展，方法上还应该有足够的前瞻性。

信息时代保护网络隐私权的原则应当是力求平衡——既要保证隐私权不受侵犯，又不能使保护隐私成为信息自由流通发挥其经济价值的障碍。当前，以电子商务为代表的网络经济不仅在中国还处于萌芽期，就世界范围而言，也处在由幼稚向成熟发展的探索期，这样一个相对理性的调整时期正是立法工作可以谨慎而积极开展的时机。同时，法律的完善也是网络经济调整的重要一环，当基础建设达到一定的程度后，法律保障就完全有可能成为复苏以网络经济为代表的新经济的重要动力。

从人们的隐私权法律意识来看，还需逐渐加强。中国近年来虽受西方国家的影响，引入了隐私权这一概念，历经数年，隐私权法律意识有所增强，但总的来看还是处于比较低的水平。中国传统文化中重集体、轻个人，重义务、轻权利的传统是与以个人本位、权利本位为基础的隐私权相抵触的。保护隐私权是我国法律长期忽视的盲区，保障信息自由流通是社会发展的新要求——两者都是我国现代化法治建设的薄弱环节。对此进行法律调整既是社会发展的需要，也受到社会的实际经济生活条件的制约。

为了专门解决网上隐私权的保护问题，已有不少国家、地区和组织开始进行这方面的立法工作。美国是互联网技术和电子商务发展发达的国家之一，在法律传统上也比较重视个人的隐私。1974 年通过的《联邦隐私法案》主要从行政的角度出发，对政府应当如何搜集资料、资料如何保管、资料的开放程度等都做了系统的规定。而在民事方面，法律涉入不多；商业领域一般非常强调业界的自律，尽量避免政府法令的介入。此外，美国对于未成年人的隐私权有专门的法律，如1998 年通过的《网上儿童隐私权保护法》规定，搜集12 岁以下儿童的资料时须获得家长的同意。这一点也为我国的一些网站所借鉴。

美国联邦贸易委员会对网上隐私权的保护问题提出了相应的公平操作的原则和操作建议。

1. 用户应该拥有的权利

（1）知情权

事先要清楚明白地告知用户收集了哪些信息，这些信息的用途是什么。

（2）选择权

即让消费者拥有对个人资料使用用途的选择权。

（3）合理的访问权限

即消费者应该能够通过合理的途径访问个人资料并修改错误信息或删除数据。

（4）足够的安全性

即网络公司应该保证用户信息的安全性，阻止未被授权的非法访问。

2. 对保护消费者的隐私权提出的建议

① 指定一名信息安全官员来确保公司对消费者信息的使用是符合法律的。

② 设置密码，安装鉴定软件来对获取消费者个人信息的人进行监控。

③ 设置防火墙或者将消费者的个人信息在线收集到经过保护的、在网上无法进入的服务器当中。

④ 对所有包含客户个人信息的文档进行加密。

⑤ 安装安全相机以保护数据分析仪器的物理安全。

但是，美国联邦贸易委员会的报告指出，因特网产业无法贯彻贸委会所颁布的公平操作的原则，根据联邦代理处的统计数字，只有 20% 的网络公司和 42% 的大型站点遵循这些协议。因此，联邦贸易委员会放弃了对网络自我管理机制的支持，并呼吁方法机构保护用户的隐私。

欧洲也是互联网技术和电子商务发达的地区。欧洲与美国双方在如何确保消费者在隐私权被侵犯时，享有明确的解决纠纷权利的问题上存在一些基本分歧，美国方面提倡采用业界自律的方法，而欧洲国家更强调通过法律的手段调整社会关系，尤其是新技术带来的充满未知数的新型社会关系。1995 年，欧盟发布《欧盟资料保护指令》，在保护隐私权方面将欧盟国家作为一个整体纳入了法律调整的范围内——这对国际如何协调隐私的法律保护有一定的参考价值。《欧盟资料保护指令》中争议最大的第 25 条规定：有关跨国资料传输时，个人资料不可以被传输到欧盟以外的国家，除非这个国家能保证资料传输有适当程度的保证。而这个"适当程度的保证"的要求之高，连美国都未能达到。

欧盟的这种规定，显然是在保护隐私权和保障信息自由流通的选择中将重心向前者倾斜。这固然是出于保护公民的基本权利的需要，但是由于欧盟经济和技术的优势，许多国家都需要从欧盟输入资料信息，其中不可避免地涉及一些个人资料，而欧盟的这一规定使其他有求于它的国家在立法建制上不得不向它靠拢，这对欧盟在国际竞争中显然非常有利。然而这种近于保守的稳重，也是欧洲在信息产业方面落后于美国的重要原因之一。

互联网本身没有国界，因此有关网络各种规范的法律在管辖权、国际司法协作等方面必然遇到国际协调问题。美国和欧盟在隐私权保护上的分歧，已危及美国企业是否能够进入欧盟电子商务领域活动的问题。从欧盟与美国关于网络与电子商务中隐私权的矛盾，我们可以看出，保护网络与电子商务中的隐私权需要国际协调，即一方面我国的法律对我国用户及外国用户进行完善的隐私权保护，另一方面，我们也需要其他国家的法律与机构来保护我国用户的隐私权。此外，通过欧盟和美国的矛盾我们还可以看到，美国作为因特网的倡导者与控制者，之所以在保护隐私权上并不十分积极，就是因为它可以通过这种方法来掌握其他国用户甚至是国家的隐私与秘密，以达到控制其他国家的目的，微软的软件与英特尔的芯片中的"机关"已经能够说明问题了。所以这就要求我们一方面尽快完善我国的隐私权保护体系，另一方面与一些相应国家进行协调，提出我们认可的对我国用户网上隐私权保护的要求与标准。同时，这样做的意义还在于，可以尽快完善我国市场经济的法制环境，为我国加入 WTO 后的顺利发展创造良好的环境。

（五）计算机犯罪以及相应的法律法规

在网络安全技术与黑客不断地在技术的层面进行较量的同时，完备的法律制裁手段也必不可少。不同国家在保障网络安全方面的规定及手段虽然有所不同，但恐怕都要面对如何从不同的角度对计算机犯罪作明确的规定并达到有效的法律威慑作用的问题。在美国，如果以黑客定罪，每一次破坏最高可判五年、最低半年的徒刑，累犯最高可判 10 年徒刑；在德国，2000 年 2 月震惊世界的美国几大网络相继遭袭击事件的始作俑者——一位开发了名为部族洪水网络软件 Tribe Flood Network 挂在网上供人下载，专门用来袭击网站的青年，被判处六个月的徒刑；在我国，有 1999 年发生在海口的首例破坏计算机系统案的被告被判有期徒刑一年零三个月，也有成都法院判处利用计算机进行贪污、诈骗的主犯死刑的案例。

美国的著名计算机安全专家唐·帕克认为，计算机犯罪应包括三种：计算机滥用——含有使用计算机的任何故意行为，计算机犯罪——指在实施犯罪过程中涉及计算机的行为，以及与计算机有关的犯罪。而在我国刑法的第 286 条、第 287 条中，对以计算机系统为客体的犯罪、以计算机中的信息为客体的犯罪、制作传播病毒或破坏性程序的犯罪、以计算机为工具的金融犯罪都做出了明确的规定与制裁，此外，再辅之以《计算机信息系统安全保护条例》《计算机信息网络国际联网安全保护管理办法》《金融机构计算机信息安全保护工作暂行规定》《计算机信息网络国际联网保密管理办法》，应该说，我国已基本建立了完备的网络安全保护及计算机犯罪制裁的法律体系，但对于电子商务中新的计算机犯罪问题，我国法律还很少涉及，比如，盗用用户网上支付账户的犯罪、伪造并使用网上支付账户的犯罪、盗用商户电子商务身份证诈骗的犯罪、电子商务中的诈骗犯罪、虚假认证的犯罪、侵犯电子商务秘密的犯罪、电子商务偷逃税的犯罪、非法入侵电子商务认证系统犯罪，等等。

从我国刑法的规定来看，明文规定的计算机网络犯罪大致分成以下几类：

1. 非法侵入计算机系统罪

我国刑法第 285 条规定："违反国家规定，侵入国家事务、国防建设、尖端科学技术领域的计算机信息系统的,处三年以下有期徒刑或者拘役。"最高人民法院将这条罪名规定为"非法侵入计算机系统罪"。而非法侵入计算机系统就是指行为人以破解计算机安全系统为手段,非法进入自己无权进入的计算机系统的行为。公安部于1997年12月16日颁布了《计算机信息网络国际联网安全保护管理办法》,对入侵计算机信息网络的犯罪行为进行了更大范围的规定。其中第6条规定:"任何单位和个人不得从事下列危害计算机信息网络安全的活动:未经允许,进入计算机信息网络或者使用计算机信息网络资源的。"

非法入侵计算机系统的目的有很多,甚至有些仅仅是因为黑客的好奇心作祟。在绝大部分情况中,犯罪行为人是以窃取和篡改系统内部的数据为目的,而且很有可能并没有对计算机系统造成破坏。表面上看来仿佛并没有太大的危害性,但是其潜在的破坏力也是巨大的。计算机系统中的数据一般都具有保密性,特别是国家重要部门或是公司内部的计算机系统。它们都会采取一定的防范措施对自己的系统网络加以安全保护,但是任何措施都不是绝对的,都存在被非法者入侵的可能性。而且此类犯罪行为非常难以被发现,因为它并没有对计算机系统造成任何损害,尽管如此,重要信息、数据的丢失、国家机密或商业秘密的公开造成的损失都是无可估量的。

目前,在我国刑法的规定中,仅仅是将侵入国家事务、国防建设、尖端科学技术领域的计算机信息系统的行为定为非法侵入计算机系统罪,对于计算机信息系统的限制过于狭窄。绝大部分的计算机信息系统都有自己的安全系统,有自己的授权范围,未授权人对于计算机信息系统是没有权限去进入的。除了国家事务、国防建设、尖端科学技术领域的计算机信息系统外,国家金融机构、电子商务认证机构、公司或个人的计算机信息系统都应该是未经授权不得擅入的。比如,电子商务认证是电子商务的重要组成部分,电子商务认证机构的计算机信息系统安全性对电子商务的安全起着至关重要的作用。如果行为人利用计算机网络技术,非法侵入电子商务认证机构的计算机信息系统,即使行为人没有删除、修改其中的应用程序和数据或破坏系统安全防护措施,但是非法入侵以及对于秘密信息的窃用都会导致整个电子商务秩序的混乱,从而给国家电子商务的稳定发展和交易各方造成严重损害。当然量刑轻重可以根据被侵入计算机信息系统之重要程度不同而进行调节。

随着网络技术的发展,对于信息安全的定义已经不仅仅止于对信息的机密性、完整性和可获性的保护。中国工程院院士何德全指出:现代的信息安全涉及个人权益、企业生存、金融风险防范、社会稳定和国家的安全。它是物理安全、网络安全、数据安全、信息内容安全、信息基础设施安全、国家信息安全的总和。

在二十多年前主机时代形成的对信息安全的定义是指经过网络传输的信息不被截获、不被破译,也不被篡改。保护的是设在专用机房内的主机以及数据的安全性,是面向单机、面向数据的。而在20世纪80年代进入了微机和局域网时代,直到20世纪90年代进入了互联网时代,计算机已经从专用机房解放出来,成为人们生活中常见的工具。这个时代的安全概念已经不同于面向数据的安全概念。面向数据的安全概念是前面所谈的保密性、完整性和可获性;而面向使用者的安全概念,则包含了鉴别、授权、访问控制、抗否认性和可服务性以及基于内容的个人隐私、知识产权等的保护。

2. 破坏计算机信息系统功能罪

犯罪行为人通过对计算机信息系统功能进行删除、修改、增加、干扰而造成计算机信息系统不能正常运作。这种网络上的破坏可以用来获取经济利益，促成恐怖分子的非法行为，或是偷窃数据或程序以达到恐吓、威胁的目的。这种对通过网络传播从而对计算机系统造成破坏的行为，按照中国最高人民法院的罪名解释，罪名应为"破坏计算机信息系统罪"。《刑法》第286条所规定的内容就是破坏计算机系统罪。

该条规定："违反国家规定，对计算机信息系统功能进行删除、修改、增加、干扰，造成计算机信息系统不能正常运行，后果严重的，处五年以下有期徒刑或者拘役，后果特别严重的，处五年以上有期徒刑。"该款明确规定了对直接破坏计算机信息系统犯罪行为的处罚。

第286条第二款规定："违反国家规定，对计算机信息系统中存储、处理或者传输的数据和应用程序进行删除、修改、增加的操作，后果严重的，依照前款的规定处罚。"这一款中列出的犯罪行为与上一款有所不同。行为人可能通过上述行为对计算机信息系统造成了破坏，也有可能仅仅是通过上述行为来进行其他目的，并没有破坏计算机信息系统，但是在其他方面造成了严重后果。对于这种行为，刑法也将其归入破坏计算机信息系统罪的范围内。

3. 制作、传播计算机病毒等破坏性计算机程序

我国刑法第286条第三款规定："故意制作、传播计算机病毒等破坏性程序影响计算机系统正常运行，后果严重的，依照第一款的规定处罚。"

计算机病毒（Computer Virus）在《中华人民共和国计算机信息系统安全保护条例》中被明确定义为："编制或者在计算机程序中插入的破坏计算机功能或者破坏数据，影响计算机使用并且能够自我复制的一组计算机指令或者程序代码"。病毒是一种人为的特制程序，具有自我复制能力，很强的感染性，一定的潜伏性，特定的触发性，很大的破坏性。计算机的信息需要存取、复制、传送，病毒作为信息的一种形式可以随之繁殖、感染、破坏，并且当病毒取得控制权之后，它们会主动寻找感染目标，使自己广为流传。

从1987年引导型病毒的出现，随着计算机与互联网的发展，病毒也随之更新换代。1989年，可执行文件型病毒出现，代表为"耶路撒冷""星期天"病毒。1990年，发展为复合型病毒，可感染com和exe文件。1992年，伴随型病毒出现。1994年，随着汇编语言的发展，又出现了"幽灵"病毒。到了1995年，随着网络的普及，病毒开始利用网络进行传播，它们只是以上几代病毒的改进。在非DOS操作系统中，"蠕虫"是典型的代表，它不占用除内存以外的任何资源，不修改磁盘文件，利用网络功能搜索网络地址，将自身向下一个地址进行传播，有时也在网络服务器和启动文件中存在。1996年，随着Windows和Windows 95的日益普及，利用Windows进行工作的病毒开始发展。1996年，随着Windows Word功能的增强，使用Word宏语言也可以编制病毒。1997年，随着互联网的发展，各种病毒也开始利用因特网进行传播，一些携带病毒的数据包和邮件越来越多，如果不小心打开了这些邮件，机器就有可能中毒。1997年，随着互联网上Java的普及，利用Java语言进行传播和资料获取的病毒开始出现，还有一些利用邮件服务器进行传播和破坏的病毒，如Mail–Bomb病毒，严重影响了因特网的效率。

除了病毒之外，还有其他一些程序也对计算机系统具有强大的破坏性，比如"特洛伊木马"。特洛伊木马的名称来自古希腊传说，因其表面合法，而内部往往隐藏一些秘密指令和非法程序段的程序而被称为"特洛伊木马"。1997年4月,美国计算机事件咨询部门向网络用户宣布,一个高度危险的能够删除用户所有硬盘文件的"特洛伊木马"程序正在网络上传播,受害者误以为该程序可以使他们在美国在线的网站上设立账户,结果是用户硬盘上的所有文件都被其删除。另外一次特洛伊木马事件发生于1997年8月,美国在线AOL警告所有其在线用户警惕一份伪称来自美国在线关键词列表区(Keyword List Area)的程序文件,该文件能够窃取用户的名称与密码,然后用于非法用途。

由于计算机信息系统的重要性,对于计算机信息系统的破坏就显得格外严重。这种对计算机信息系统进行破坏行为的主体并没有限制,与下文我们即将探讨的非法侵入计算机系统罪有所不同。不管是计算机信息系统合法的使用者或是未经授权的侵入者,只要对计算机信息系统功能进行删除、修改、增加、干扰,造成计算机信息系统不能正常运行,或者是违反国家规定,对计算机信息系统中存储、处理或者传输的数据和应用程序进行删除、修改、增加的操作,且后果严重的,都属于犯罪行为人。

4. 网上诈骗犯罪行为

除了刑法明文规定的这三种计算机网络犯罪以外,还存在着很多其他类型的以计算机网络为工具而进行的传统犯罪行为,它们也属于我们讨论的计算机网络犯罪的范畴当中。

在电子商务交易中,交易各方最关心的就是交易的安全性。因为电子商务交易的方式完全不同于传统方式,互联网本身具有的无边界性和开放性,使网络交易面临重重危险。由于网络的不安全性,交易各方不愿意将自己的私人保密信息公开在网上,以免被他人非法窃取;同时在交易的时候也常常无法确定对方身份的真实可靠性,从而使很多人无法接受新型的网络交易,对电子商务具有潜在的排斥性。

网络空间以及网络的特性为那些有组织的犯罪团体提供了一个巨大的空间。信用卡信息、私人资料以及金融财政内部资料早就成为它们窥视的目标。现在,在网络上实施犯罪远比传统手段便利,再也不用蒙面持枪打劫银行或是偷盗抢劫信用卡,只要在网上获取这些私人资料,再将其高价卖给伪造信用卡者,就可以赚取丰厚利润,而且需要冒的风险和可能被抓获的可能性也大大降低。信用卡伪造者利用专门的电脑硬件与软件将虚假的资料进行编码,储存到银行卡的磁条上,该卡就可以使用了。同样伪造虚假的旅行文件也是犯罪团体的一大"生意"。

使用虚假的信用卡和证明文件作为掩护,诈骗犯们可以自如地在网络上通过"合法"身份进行诈骗,使破案难度大大加剧,而人们对网络安全的信任度更是大大下降。

曾有人对金融机构的网络安全进行过测试。当荷兰第二大银行的顾客登录该银行网页并输入个人用户名和密码时,被告之发生错误,于是他们重新登录,然后顺利进入,完成任务,然后离开了该网站。但是他们不知道的是,他们第一次进入的网站并不是该银行的真正网站,而是由测试者设置的镜像网站,当他们输入自己的用户名和密码时,他们的保密信息已经被测试者获取。随即测试者就利用了他们合法的信息顺利登录该银行的网络,并从每一个银行账户上提取了2美元多的金额,很多人甚至不会去注意这个金额。通过这种手法,可以非常容易地盗取成千上万的资金而不被任何人察觉。幸好这只是一个测试,测试者仅仅想证明该银行的网络安全并没有它想象中的那么牢不可破,而被提走的金钱也都被原额退回。

电子商务中非常典型的一种犯罪行为就是盗用商户合法身份行骗的犯罪行为。在电子商务进行的过程中，由于网络的特性，交易各方并不直接见面，在地理位置上，他们甚至远隔重洋。如果在我们所说的 B2C 或 B2B 的过程中，消费者向商家购买物品或商家之间进行交易，则各方只能凭借认证机构发放的证明对方经营信用的电子商务身份证来判断商家能否真正履行合约。如果合法商家的电子身份证被盗取，那么行为人就可以在网上大打合法企业的名号，骗取消费者和商家的财物或信用卡的信息，同时对合法商家的信誉也造成了非常不良的损害。在 C2C 的过程中，由于双方都是个人，对于对方的信誉只能基于一些表面的凭证，比如由于以往交易信誉良好而获得的星级信誉称号等。但是已经有很多诈骗行为发生，一些人通过制造假的交易记录而使自己的交易信誉呈现良好的一面，以此来进行诈骗。更有"技艺高超"的网上黑客，通过各种先进的电脑技术来盗取他人私人秘密信息，然后对金融机构进行诈骗。网络的特性使商务诈骗非常难以追究。

为了确保网络交易的安全，人们使用了不同网络层次的安全标准和协议来保护互联网上的数据，如用来保证互联网安全通信的协议——安全套接协议（SSL，Secure Sock Layer）；用于为应用程序进行鉴别和保证秘密的协议——安全电子交易协议 S – HTTP；对电子商务事务进行安全保证的协议（SET，Secure Electronic Translation）等。它们用于数据通信的不同层次上的安全防护。在上述这些安全协议或者标准中，采用的典型的安全电子交易方法和手段主要包括公私密钥、数字摘要加密方法、数字签名、认证中心（CA）、数字时间戳、数字凭证等。这些手段常常是结合在一起使用，构成了电子交易的安全体系。

目前，我国电子商务的发展尚处于初级阶段，整个建设还在规范化的过程中，不论是技术问题，还是管理问题与法律问题，都尚未完善。而这些不足，更诱发了电子商务领域中的网络犯罪行为。

5. 未授权盗取

对于计算机软件未经授权的复制、传播会对计算机软件的所有权人造成不可估量的巨大经济损失。美国曾经发生过这一类的事件，司法机构将其归到刑事犯罪并予以制裁。在 David La Machida 一案中，David 是一名 21 岁的麻省理工学院的学生，以加密的地址匿名在网络上设立了一个电子公告栏，并且鼓励网络使用者上传流行的应用电脑软件以及电脑游戏。然后他将上传的软件转发到另外一个地址，在该地址上，知道密码的网络用户就可以下载应用软件及游戏软件。在事情泄露后，David 被拘捕，被指控违反了美国电信欺诈法案。但由于他并没有从侵权行为中得到任何经济利益，所以当时法院并没有对其进行制裁。但是这一事件却引发了司法及立法机构对此类网络上的软件侵权事件的重视，他们认为这种对软件的侵权行为即使侵权者并没有商业动机，也应该对其处以刑事及民事上的处罚。

6. 滥用计算机系统

滥用计算机系统是指在计算机系统中输入或者传播非法或虚假信息数据，造成严重后果的行为。由于网络没有任何国界的限制，只要联机上网就可以去到互联网上任何一个角落，所以在网络上发布非法或虚假信息而对公众造成的影响和破坏比通过传统媒介要大得多，也严重得多。

利用计算机网络来进行的犯罪还有很多，比如利用网络电子公告板免费发送软件，非法复制软件，侵犯著作权，利用网络发表反政府言论、恐怖言论和从事颠覆破坏活动，利用网络传播内容淫秽的视听资料，利用网络传授犯罪方法等，在这里我们不再一一赘述。

三、垃圾邮件及其法律措施

（一）电子垃圾邮件现象的产生

随着互联网的快速发展和广泛应用，人类正逐步地从工业社会迈入信息社会。网络也已经越来越成为人们社会生活的重要场所。网络的开放性和传播速度快等特征，既使网络中的信息来源渠道广泛、内容丰富，同时又为信息的交流、传播提供了较现实环境更为广阔的空间。例如，网站提供的电子邮箱服务（尤其是免费邮箱服务）极大地提高了信息的交流速度。然而随着人们对电子邮箱服务的依赖性越来越强的时候，人们慢慢发现自己的电子邮箱每天会多出一点无用的广告邮件，而且越来越多，甚至有的用户电子邮箱中的广告邮件由于来不及清理，导致了电子邮箱的崩溃。更有甚者，有的广告邮件本身就带有病毒，会导致用户的计算机染上病毒，从而给用户造成了很大的损失。而当用户向发信人拒收此类广告邮件时，常常会发现寄发电子广告邮件的地址通常是伪造的或并不存在的。

电子广告邮件通常又被人们称为"垃圾邮件"，在美国又被称为"不请自来的商业电子邮件"（Unsolicited Commercial E-mail），是指那些寄发到用户电子邮箱里的不断重复而且不受欢迎的电子广告信函。

（二）电子垃圾邮件引发的相关法律问题

对于众多电子邮箱用户遭遇的这种"尴尬"，仔细追究其因，不外乎两种，要么是论文资料站点广告商费尽心思"淘金所得"，要么是网站所有者的"背后一击"，即由网站所有者向网络广告商有价转让电子邮箱所有者的相关资料。因为在申请注册电子邮箱时，用户需要填写相关的材料。因此，对于众多用户包括电子邮箱在内的相关材料，网站难辞其咎。由此不难看出，电子垃圾邮件的大量出现一方面使得广大用户不胜其烦，另一方面也由此引发了相关的法律问题。

1. 侵犯用户隐私权的法律问题

正如上面所述，用户电子邮箱中之所以大量涌现垃圾邮件（除了用户在其他网站自愿订阅电子期刊，而向订阅网站提供电子邮箱外），不外乎两种。其一是寄发垃圾邮件的网络广告商任意在网络上大量搜集众多电子邮箱地址的行为。但这种行为不但费时费力，而且也不存在侵犯网络用户隐私权的法律问题。其二便是提供电子邮箱服务的网站向网络广告商大量转卖其掌握的会员资料，包括用户的电子邮箱的地址，从而使网络广告商不费吹灰之力"按图索骥"地向用户的电子邮箱中寄发大量垃圾邮件。这很类似于目前广大学校为了招揽生源，不择手段地获取在校学生的名单，从而乱发所谓的录取通知书的行为。隐私权作为一种基本人格权利，是指公民"享有的私人生活安宁与私人信息依法受到保护，不被他人非法侵扰、知悉、搜集、利用和公开的一种人格权"。它是伴随着人类对自身的尊严、权利和价值的认识而逐渐产生的。然而，近些年来随着互联网的迅猛发展，不但传统的隐私权受到了极大的挑战，而且网络空间个人隐私权也受到了严峻的挑战。如何强化网络空间个人信息和隐私权的法律保护，如何协调、平衡网络空间中个人和社会公共之间的利益，已成为国际社会网络立法的当务之急。

与传统意义上的隐私权范围仅限于"与社会公共利益无关的私生活信息,而在论文资料站环境中,以数据形式存在的不受传统隐私权保护的个人信息或资料,对电子商家来说已经变成了可以赚钱的有用信息"。基于有利可图的商业利润,众多网站纷纷打起了电子邮箱用户的主意,而网络广告商也正有这方向的需求,于是两者一拍即合,从而造成了垃圾邮件大量泛滥的现象。这正是"追求商业利益最大化的经营者,对公民的个人资料进行收集、整理并应用于以营利为目的的经营活动中,侵犯了消费者对于其个人隐私所享有的隐瞒、支配、维护以及利用权"。

综上所述,造成电子邮箱里出现大量垃圾邮件的行为,明显地侵犯了用户的隐私权,即合法控制个人数据、信息材料的权利。而"赋予论文资料站用户对自己的个人信息控制权已经成为民事权利在论文资料站空间中的延伸与发展,成为目前民事立法的重要任务"。

2. 违反合同义务,侵犯论文资料站服务提供商合法权益的法律问题

欲寄发大量电子广告邮件,论文资料站点广告商势必要与论文资料站服务提供商(ISP)签订服务合约,使用论文资料站服务提供商提供的服务器,完成寄发邮件的行为。但这种大量寄发垃圾邮件的行为,一方面会造成服务器负担过重,由于论文资料站服务提供商提供的网宽,在一定时期内是固定不变的,很有可能会因为网络广告商占有大量的网络传输频宽,而造成其他用户服务的中断,或使其他用户收发电子邮件的服务器主机无法顺利运作,甚至还会给用户造成巨大的损失。从而势必从根本上减少用户对该服务器的使用次数,进一步损害服务器所有人——网络服务提供商的使用、收益权,并且这种行为显然是故意而为的。另一方面这种行为也违反了合同的约定(通常服务合约中会规定禁止会员利用服务器发送垃圾邮件的行为)。根据民法通则第 106 条的规定:"公民、法人违反合同或者不履行其他义务的,应当承担民事责任。公民、法人由于过错侵害国家的、集体的财产,侵害他人财产、人身的,应当承担民事责任。"很显然,论文资料站点广告商的行为违反了合同义务,侵犯了论文资料站服务提供商的合法权益。

(三)解决电子垃圾邮件引发的侵害隐私权法律问题

针对电子垃圾邮件引发的侵害隐私权的法律问题,仔细分析其形成原因,正如上面所述,一方面是源于论文资料站的固有特性和巨大的利益驱动,另一方面广大用户缺乏保护隐私权的意识及相关技术保护措施的滞后也是一个重要因素。对此问题,各国在加强论文资料站点法律方面已经取得了共识的前提下,又纷纷采取了相关的法律措施,以保护广大用户的合法权益。

1. 美国采取的行业自律模式

与传统隐私权的法律保护相比,对于论文资料站点空间个人隐私权益的保护,美国更倾向于行业自律。如 FTC 就该问题提出了"公平信息准则":要求网站搜集个人信息时要发出通知,允许用户选择信息并自由使用信息;允许用户查看有关自己的信息,并检索其真实性;要求网站采取安全措施保护未经授权的信息。此外,FTC 在 1999 年 7 月 13 日的报告中,甚至认为"我们相信有效的业界自律机制,是论文资料站上保护消费者隐私权的最好解决方案"。然而随着网上个人资料大量被盗的现象越来越严重,美国政府也被迫采取了立法和判例两种形式,来加强对网络空间隐私权的法律保护。最早是关于网上隐私权保护的

《儿童网上隐私权保护法》，此外还有 1996 年通过的《全球电子商务政策框架》和 1999 年 5 月通过的《个人隐私权与国家信息基础设施》。在判例上，则是在 1993 年加利福尼亚州 Bourke V Nissan Moto 公司一案中，美国确立了 E–mail 中隐私权保护的一般原则："事先知道公司政策（知道 E–mail 可被别人查阅）即可视为对隐私权无合理期望，且所有者、经营者对本网站的访问不构成截获。"

2. 欧盟采取的立法规制模式

与美国相比，欧盟采取了立法规制的方式，来保护论文资料站点空间的个人隐私权。如上文曾提到的欧盟 1995 年颁布的《个人数据处理和活动中个体权利的保护指令》，1996 年颁布的《电子通信资料保护指令》，还有 1999 年颁布的《Internet 上个人数据保护的一般原则》《关于 Internet 上软件、硬件进行的不可见的和自动化的个人数据处理的建议》《信息公路上个人数据收集处理过程中个人权利保护指南》等相关法规。它们一起构成了欧盟统一的具有可操作性的隐私权保护的法律体系。较美国的行业自律模式相比，欧盟的做法显得对个人论文资料站点空间隐私权的法律保护更加有力。

3. 我国为解决电子垃圾邮件引发的相关法律问题应采取的措施

在我国，无论是宪法还是民法通则，都十分明确地规定了对公民隐私权和公民合法财产所有权的法律保护。与国外相比，由于电子垃圾邮件引发的相关法律问题在中国刚刚出现不久，所以我国在解决电子垃圾邮件引发的相关法律问题方面的措施仍显得缺乏力度。随着该问题的日益严重，笔者认为，我国应从以下几个方面采取有力措施，从根本上解决这类问题的产生。

① 在充分考虑国情的前提下，借鉴外国经验，制定我国解决论文资料站点空间的个人隐私权法律保护方面的相关法律。

由于电子垃圾邮件所引发的相关法律问题的核心集中于论文资料站点空间的个人隐私权的法律保护，所以首先应从法律上明确将隐私权作为一种独立的民事权利，再进一步加快制定我国的隐私权法，从而对传统与论文资料站点环境中的个人隐私权都加强法律保护。这同时又涉及另一个值得思考的问题，即面对论文资料站，原有的民法应该如何加以调整才能既适用于传统又适用于论文资料站点环境？在目前条件不成熟的情况下，可以仿照对论文资料站著作权的保护模式（先由最高法院颁布《关于审理涉及论文资料站著作权纠纷案件适用法律若干问题的解释》，待条件、时机成熟时，再在《著作权法》做出修订完善），先由国务院相关部门或最高法院拟定相关条例、决定或司法解释。但同时应充分坚持"任何对互联网的规则都不应阻碍其发展"这一基本原则。

② 在具体做法上，要求论文资料站服务提供商采取相应的技术措施，在保护自身利益同时加强对论文资料站用户合法利益的保护。

由于论文资料站服务提供商在用户申请注册电子邮箱时，向用户提供自由选择是否考虑广告电子邮件的服务功能，即由用户根据自己的意愿去选择是否接受此类服务。一方面，可以减少论文资料站服务提供商（ISP）所面临的共同侵权风险；另一方面，也充分体现了论文资料站的自由性和论文资料站点空间适用法律的私法性。

为了将合法权益被损害的可能性降至最低，论文资料站服务提供商在对论文资料站用户加强保护其合法权益的同时，还应该充分利用自己的优势——技术，来加强对论文资料站的审查。因为这一方面可以减少并防止那些不法论文资料站点广告商利用服务器损害其合法权益的行为，另一方面可以随时通过其自身的技术监测论文资料站点广告商是否违反服务合约而大量乱发广告电子邮件，这样做既利人又利己。

此外，我国台湾地区也于1995年正式颁布了《电脑处理个人资料保护法》及其实施细则，也对个人论文资料站点空间隐私权提供了较为有力的法律保护。

第三节　电子商务涉及的知识产权问题

一、网络版权问题

所谓版权，有时也称作者权，在我国被称为著作权，是基于特定作品的精神权利以及全面支配该作品并享受其利益的经济权利的合称。一般来讲，版权的客体是指版权法所认可的文学、艺术和科学等作品（简称作品）。但是在信息时代，计算机软件、数据库、多媒体技术给版权的客体带来了新的内容。目前世界上已经建立了一个比较全面的版权保护法律体系，将计算机软件纳入版权保护中，给软件提供更加及时和完善的保护。1972年，菲律宾第一个把"计算机程序"列为"文学艺术作品"中的一项，1980年后，美国、匈牙利、澳大利亚及印度先后把计算机程序或者计算机软件列为版权法的保护客体。1985年之后，又有日本、法国、英国、联邦德国、智利、多米尼加、新加坡等国以及我国台湾与香港地区，都把它列到了版权法之中。1990年，我国制定《著作权法》《计算机软件保护条例》《计算机软件登记办法》等法律法规，建立了对计算机软件版权的保护。

在涉及电子商务的版权侵权问题时，我们尤其需要注意的是网络服务商侵权问题和链接侵权问题。网络服务商根据其提供服务内容的不同，主要分为网络内容服务商和网络中介服务商两大类。网络内容服务商指自己组织信息通过网络向公众传播的主体。网络内容服务商会提供一些网页，在这些网页上面的内容就存储在网页所在的服务器上。如果网络内容服务商提供的内容服务未经版权人允许，则构成了对作品复制权和网络传播权的侵犯。网络中介服务商的基本特征是按照用户的选择传输或接收信息，其本身并不组织、筛选所传播的信息。这个基本特征决定了其在版权保护法律体系中具有与网络内容提供商不同的法律地位，从而使其可能承担的侵权责任问题显得更趋复杂，更具有时代性。

信息共享始终是互联网的理想追求，因此链接技术的出现就深受人们欢迎。所谓链接是指使用超文本标志语言HTML的标记指令，通过URL指向其他内容。链接的对象可以是一个网站，也可以是网站中的某个网页或者是网页中的某个组成部分。关于链接技术的侵权问题目前并没有统一的说法，不同的国家有很大的差别。主要来讲，链接可能侵犯的有作品的复制权、演绎权以及精神权利等。

案例10-1　　　　　　　　　　**土豆网侵权案**

2007年4月，土豆网被新传在线（北京）信息技术有限公司告上法庭。原告称被告在未经原告许可且未支付报酬的情况下，通过所运营之网站土豆网向用户提供电影《疯狂的石头》的在线播放，侵害了原告依法享有电影作品《疯狂的石头》的信息网络传播权。故请求法院判令被告停止侵权行为、赔偿原告经济损失人民币15万元。这桩被称为"国内视频网站版权第一案"的官司，在业内和网友中引发了强烈的讨论。而作为第一例影响极大的视频共享网站侵权案，其审判结果必然会为行业同类案件树立一个范例，而对于判词及审判过程中援引法律等问题的审视、反思也会对今后网络著作权的立法、执法起到提供一种思路。

2008年3月10日，上海市第一中级人民法院对土豆网站侵权案做出如下判决：被告明知会有盗版和非法转载作品被上传至土豆网的可能，却疏于管理和监控，导致一度热播之影片《疯狂的石头》被网络用户多次传播而未能得到及时删除，故被告主观上具有纵容和帮助他人实施侵犯原告所享有的信息网络传播权的过错。判令土豆网运营商上海全土豆网络科技公司立即删除土豆网上的侵权电影，并赔偿享有该电影网络信息传播权的新传在线（北京）公司经济损失及合理费用共计人民币5万元。"土豆侵权案"的审判焦点主要集中在以下方面。

1. 是否适用"避风港"原则

著作权领域的"避风港"条款最早出现在美国1998年制定的《数字千年版权法案》（DMCA法案中）。它是指在发生著作权侵权案件时，当ISP（网络服务提供商）只提供空间服务，并不制作网页内容，如果ISP被告知侵权，则有删除的义务，否则就被视为侵权。我国2006年7月1日颁布实施的《信息网络传播权保护条例》（以下简称《条例》）也明确规定了信息网络传播权领域的"避风港"原则。《条例》第23条规定："网络服务提供者为服务对象提供搜索或者链接服务，在接到权利人的通知书后，根据本条例规定断开与侵权的作品、表演、录音录像制品的链接的，不承担赔偿责任；但是，明知或者应知所链接的作品、表演、录音录像制品侵权的，应当承担共同侵权责任。"可见是否适用"避风港"原则的关键在ISP是否"明知或应知"侵权。

目前，各视频共享网站在"隐私和版权"条款中都写有类似土豆网之版权声明，如"本网站作为网络服务提供者，对非法转载、盗版行为的发生不具备充分的监控能力。但是一经发现，负有移除盗版和非法转载作品以及停止继续传播的义务。我们对他人在网站上实施的此类侵权行为不承担法律责任，侵权的法律责任概由本人承担。"但是，"土豆侵权案"一审法院对此声明不加理睬，而且明确强调，被告不能以其已在网站使用协议中发布版权声明而对网站上显而易见的侵权行为听之任之。

在"土豆侵权案"中，上海全土豆网络科技有限公司应用了"避风港原则"进行抗辩，称其属于网络存储空间的提供者，土豆网上所有内容都是用户上传的，一旦有盗版或者侵权其就会予以删除；土豆网的审核是计算机按照特征码进行自动识别的，而《疯狂的石头》没有特征码，故不知道该作品涉嫌侵权，也从未收到过原告的通知。在接到起诉状后立即进行了删除，故符合《条例》规定的免责条件，不应承担赔偿责任。但是，法院审理认为，对于此类网络服务提供者侵权责任承担与否的认定，应当根据《条例》的相关规定并结合具体案情进行综合判断。首先，土豆网提供的并不是单纯的网络存储空间服务，实际上是一个影音、视频的发布网站，删除涉嫌侵权作品的处理页面恰恰说明土豆网对上传到网上的作品是有批准过程的，因此被告称无法得知侵权是逃避责任的一种托词。其次，从常理上来分析，一部电影拍摄所需倾注的人力和财力、涉案影片的热门程度等方面分析，被告作为专业网站理应知晓电影《疯狂的石头》一般不会是著作权人自行或许可他人在互联网上发布供公众无偿观看的。因此，可以认定被告主观上具有纵容和帮助他人实施侵权的过错。另外，法官从土豆网的后台设置分析被告有权利和能力掌握和控制侵权活动的发生，但是用户先后多次发布《疯狂的石头》而未被删除，判断被告主观上具有纵容和帮助他人实施侵犯原告所享有的信息网络传播权的过错，不完全具备《信息网络传播权保护条例》第22条所规定的可不承担赔偿责任之条件。

从判词来看，推断理由和结论之间并不是必然的、唯一的。让人感觉在这个问题上似乎适用了双重标准：侵权认定的无过错责任，以及侵权损害赔偿的过错责任。所谓无过错原则即不论行为人主观是否有过错，只要其行为与损害后果间存在因果关系，就应承担民事责任。从理论上说，归责原则强调的是行为者是否应承担责任的判断依据。"责任是归责的结果，但归责并不意味着必然导致责任的产生。责任的成立与否，取决于行为人的行为及其后果是否符合责任的构成要件，而归责只是为责任是否成立寻求根据，而并不以责任的最终成立为最终目的。"

2. 属于哪种侵权行为

在"土豆侵权案"的审理中，一审法院认为"被告主观上具有纵容和帮助他人实施侵犯原告所享有的信息网络传播权的过错"。我国法律没有"帮助侵权"的专门表述，但是，在司法解释中有引申阐释。最高人民法院在《关于贯彻执行〈民法通则〉若干问题的意见》中，把"帮助侵权"视为"共同侵权"的一种类型，认为："教唆、帮助他人实施侵权行为的人，为共同侵权人"。共同侵权的合法性基础在于它合理分配损害，以减少社会危险因素，使受害人处于更优越的法律地位，从而获得更充分的保护。《民法通则》第130条规定："二人以上共同侵权造成他人损害的，应当承担连带责任。"根据"连带之责"的原则，所有的共同侵权人都是必要的诉讼当事人，只有将直接侵权行为人列为被告，才可以对提供帮助的其他行为人提起诉讼。共同侵权责任的创设是为了让有共同侵权行为的人共同承担责任，而实际上却并非如此。在诸多的网络侵权事件中，只有网络服务商作为可视的责任人而最终独立承担侵权责任。虽在民事诉讼中可行，但是直接侵权人逍遥法外，网络侵权也并不会因此而减少，并没有起到改善网络环境的作用，在一定程度是社会资源的浪费。即使网络服务商在我国的连带责任中有权在全额赔偿之后继续追究最初侵权人的责任，但是，要想找到版权人自己都殆于寻找的侵权人还要付出额外代价。这样看来，追偿权只不过是以一种极其合乎规范和程序正义的方式将查找真正侵权人的重负转移给了网络服务商。合法的权利和程序就这样产生了不尽合理的责任、风险转嫁。

二、域名的知识产权问题

案例 10-2　　　　开心网的域名之争

案情：2008年3月，程炳皓离开新浪，创立了开心网（kaixin001.com），该网站很快便因其病毒性的传播特征，成为互联网行业网民最受关注的社交网站。

2008年10月，千橡国际用高价购得kaixin.com域名，并开通同样名为"开心网"的网站。

2009年5月，开发运营开心网的北京开心人信息技术有限公司向法院提起诉讼，状告千橡开心网的运营公司——北京千橡互联科技发展有限公司不正当竞争，理由是后者冒充开心网的名称，并索赔1 000万元。这一案件被业内称为"真假开心网"官司，曾在业内引发广泛关注。2009年10月该案首次庭审，千橡提出了管辖权异议，持续一年半的"真假开心案"于2010年10月26日作出一审判决，法院认定千橡不正当竞争行为成立，被判40万元并不得再使用"开心网"名称。

域名是一种资源标志符，是因特网主机的IP地址，由它可以转换成特定主机在因特网中的物理地址。域名作为一种在因特网上的地址名称，在区分不同的站点用户上起着非常重要的作用。域名是作为一种技术性手段建立起来的，它在本质上并不是一种知识产权，因此域名本来并不能像商标那样被作为知识产权受到保护。但是，随着域名商业价值的不断增强，法律已经开始将某些知识产权的权利内容赋予域名，以保护权利人利益。我国的商标法只规定可受保护标识为"文字、图案或其组合"，而没有把在网上出现的某一动态过程作为商标来保护。在网络环境下的商业活动，已使人们感到用"视觉感知"去认定，比起用"文字、图案"认定商标更能适应商业活动的发展需要。当前在我国最突出的问题是在网络环境下，"域名注册"与商标权的冲突。虽然1997年5月国务院部门发布了《中国互联网络域名注册暂行规定》，但其中只规定了"不得使用不属于自己的已注册商标，申请域名注册"，并没有禁止以他人的商标和商号抢注域名。因而"域名"已实际上成为商誉乃至商号的一部分并作为无形资产被进行交易。

域名具有唯一性，即它在全球范围内是独一无二的，但同时域名又通常都是按照"登记在先"的原则来进行登记的，因此一旦有人先对某个名字进行了注册，其他人就不得再使用该名字来命名其网址。因为域名具有较高的商业价值，抢注者希望借助于被抢注者的良好名誉得到网络用户的访问，一旦抢注成功，网络用户将无法访问到该域名真正代表的被抢注企业的站点，而是访问到抢注者的站点。法律应当制止这种恶意抢注行为，保护被抢注者的域名名称或商标利益。

三、网络对专利领域提出的挑战

专利是专利权的简称，指的是一种法律认定的权利。它是指对于公开的发明创造所享有的一定期限内的独占权。专利制度并非一成不变，它必须随着科学技术的发展所提出的新问题不断变化。网络技术对专利领域也提出了大量问题。例如，计算机软件能否成为专利制度保护的客体，因特网的广泛性和开放性对专利"三性"（新颖性、创造性、实用性）中的"新颖性"特点提出了挑战，此外，专利的电子申请方式中涉及的法律问题等，都是在网络环境中需要讨论和解决的问题。

在专利法中一般都规定，授予专利的发明创造必须具有新颖性，新颖性是授予发明或实用新型专利的实质要件之一。传统的专利法并没有规定在因特网上公开发明创造应采取什么样的原则，因此在因特网上公布的发明是否还具有新颖性就是一个值得探讨的问题。

专利的电子申请在网络环境下也有了新的问题。电子申请就是以电子文件的形式，向国家知识产权主管行政机关提交有关专利的申请。而传统的做法是以纸质文件为载体进行的。世界知识产权组织（WIPO）起草的《专利法案条约（草案）》和《专利合作条约》细则的修改中，已确认了电子申请的合法性。日本专利局已于1990年12月开始接受专利的电子申请。韩国已经着手进行通过因特网申请专利的实验。美国、日本、欧洲三个专利局尝试通过因特网联机申请专利的准备，并把实现专利文献无纸化作为今后的发展方向。

在电子商务快速发展的同时，传统的知识产权法面临如何认定电子商务中的侵权行为以及如何保护电子商务中出现的新的知识产权等问题。为解决这些新问题，国际社会一方面通过制定新的公约加以协调，另一方面要求各国知识产权法做出相应的调整，以适应全球电子商务发展的需要。

1. 版权法的适用问题

传统的版权法要求作品必须附着在载体上或相关的载体（磁盘、磁带）上才会受到保护，但在互联网领域所写的东西是通过机器来帮助阅读的，这就构成了"附着在载体上"这个法律要件。美国《花花公子》案是第一个涉及计算机网络纠纷的版权案子。《花花公子》杂志诉 Star ware 公司从网络上取得其53张照片资料，并将之放在CD—ROM上贩卖而侵犯了其版权。法院经审理，判决《花花公子》胜诉。通过这个案子可以看出，版权的概念在网络环境下必须得到新的扩展。

2. 商标法的适用问题

在这方面，不同的国家规定不同。美国奉行的是先使用原则，即谁首先使用这个名称，谁就获得相关的权利。但网络上的域名登记问题毕竟不是简单的商标法问题，现在并没有一个明确的法律来调整这个问题。美国商务部电信与信息司于1998年年初公布的《Internet 名称与地址的技术性管理的改进方案》列举了七方面的问题。为探寻符合国际标准和适合中国国情的域名制度，1997年5月30日，国务院信息办印发了《中国互联网络域名注册暂行管理办法》。目前，现有的国际知识产权法缺乏保护域名的专门制度，但是，巴黎公约、伯尔尼公约和 TRIPs 协议（与贸易有关的知识产权协议的简称）等主要的国际知识产权法所规定的基本原则与规则，可能对建立域名的知识产权国际保护制度起指导作用。Internet 国际协会、美国及全球产业界、因特网用户等最近也已达成初步协议，成立新的全球性管理顶级域名机构。这说明国际社会正在加紧努力，协调这一基础性领域内错综复杂的问题。

3. 管辖权问题

一般从民诉方面来讲，起诉需在侵权发生地，但有时候你根本无法知道错误和误导性的信息是从哪里冒出来的。侵权者可能打一枪换一个地方，他把信息输送上去之后，马上关机，你就不知道他在哪儿。就传统的法律而言，这提出了一个新课题：到底在哪儿起诉？传统的民法理论实际上对原告不利，因为在被告所在地或侵权发生地起诉，有时候原告离他很远，对原告的起诉权不利。但在联网系统里面，由于不知道被告（向联网里输送信息的人）具体在哪个地方，反而对原告起诉有利，因为原告既然不知道被告在哪儿，原告就可以随便挑选从法律上和地点上对他最有利的地方起诉。但根据一般原则，还是应该在因网络里的诽谤及错误等信息引起伤害的地方起诉。

案例 10-3 论网络虚拟财产侵权案件的管辖权
——一起管辖权异议案件引发的思考

案情：2002年6月，原告王某在被告上海某网络公司经营的网络游戏《传奇》中分别注册了 linkai9876 和 131577 这两个游戏账号。原告为两个账号花费了大量的时间和精力，并耗巨资从其他玩家手中购买了诸多的极品装备。2005年8月16日，原告在家中登录账户时，发现部分装备及武器丢失。为此，原告向被告咨询得知自己丢失的装备和武器系被告以被盗为理由查封。后原告与被告多次协商，均未果。同年9月26日，原告以被告侵犯其网络财产权属为由，请求原告所在地法院判令被告返还原告 linkai9876 和 131577 这两个游戏账号中被被告查封的武器装备，并由被告在其网站上向原告公开赔礼道歉、恢复名誉。被告收到诉状后，在答辩期间对管辖权提出异议，认为原被告签署的《最终用户使用许可协议》已约定与该协议有关的争议均由被告所在地的人民法院管辖，故本案应移送至被告所在地法院审理。

管辖权异议的审查结果：

一审法院经审查后认为，本案系原告因财产权属受到损害而提起的侵权之诉，而非违约之诉。侵权之诉可依当事人选择被告所在地或侵权地的人民法院受理。本案原告诉称的武器装备，虽以数据的形式存在于特定网络环境之中，但该数据只能通过网络终端为特定的用户所感知，即被告对原告的数据进行修改时，其修改的结果也只能通过原告所使用的电脑终端反馈于原告，原告由此向侵权结果发生地的法院提起诉讼，并无不当，本院对被告的管辖异议不予支持。依照《中华人民共和国民事诉讼法》第二十九条、第三十八条，最高人民法院《关于适用〈中华人民共和国民事诉讼法〉若干问题的意见》第二十八条的规定，裁定驳回被告对本案管辖权提出的异议。

被告不服，就此提起上诉，称：被上诉人曾与上诉人签订《最终用户使用许可协议》，该合同规定，上诉人有权查封本案被上诉人王某的账户。此查封行为属于合同纠纷，应适用合同约定的上诉人所在地管辖。即使以侵权纠纷认定，用户的武器装备被冻结在上诉人的终端服务器数据库的硬盘上，其称的"侵权事实"发生在上诉人所在地，而不是客户端。因此，原审法院认定侵权行为地在被上诉人的电脑端所在地认识错误，请求撤销原裁定，将案件移送上诉人所在地法院管辖。

二审法院经审查后认为，被上诉人因网络游戏获得的虚拟财产受到侵害提起财产权属诉讼，上诉人亦称自己有权查封被上诉人的账户，双方之间已形成侵权纠纷并诉之法院。侵权纠纷应以侵权行为地为管辖地。由于网络信息是通过上诉人的终端数据库服务器与被上诉人的客户电脑上网连接所形成的，被上诉人诉称被侵害的财产通过上诉人的终端服务器修改其数据，在被上诉人所使用的电脑终端而反馈感知，双方当事人终端服务器所在地均可以作为侵权行为地。原审原告选择其中一个终端服务器所在地人民法院起诉，符合侵权行为地的管辖规定。为此，驳回上诉，维持原裁定。

评析：

本案主要涉及以下两个问题：

第一，本案是违约之诉还是侵权之诉？本案被告查封原告的网络虚拟财产的行为，既涉及双方所签订的合同，又涉及原告的财产权。因此，本案属于违约之诉与侵权之诉的结合。

依据法律规定,当事人可选择其一进行诉讼。现原告以网络虚拟财产的权益受侵害为由提起诉讼,系选择了侵权之诉,故本案可由被告所在地或侵权行为地法院管辖。

第二,如何正确理解网络虚拟财产侵权行为地?根据最高人民法院《关于适用〈中华人民共和国民事诉讼法〉若干问题的意见》第二十八条的规定,侵权行为地包括侵权行为实施地和侵权结果发生地。就本案而言,侵权行为实施地是显而易见的,即被告实施对原告账户数据进行修改的服务器所在地,也即被告所在地。而如何理解"侵权结果发生地"正是本案的焦点所在,它将决定案件的管辖地。最高人民法院《关于审理名誉权案件若干问题的解释》在对侵犯名誉权案件的侵权结果发生地解释时,将"受侵权方的住所地"也涵盖在内。但本案是财产侵权案件,而非名誉权案件,最高人民法院的上述解释是否也可类推适用于本案呢?

一般传统(非网络)的案件,其侵权行为、对象、地点相对固定,故侵权结果发生地相对而言较易确定。而网络具有虚拟性、发散性等特点,侵权行为一旦发生,受侵害人只要通过网络终端就会感知侵权行为的存在,换言之,只要有网络存在的地方就会有侵权结果的指向(此又与传统媒体的侵权案件相似)。本案被告通过在服务器上修改了原告账户的数据,原告只要通过有网络终端的地方登录其账户,被告的服务器就会将已修改的账户信息通过数据的形式反馈于原告所使用的网络终端。如此,原告可通过任意一个网络终端登录其账户,证明其网络虚拟财产受到侵害,并以此来选择受理案件的法院。这是否违反或架空了法律对侵权行为管辖权的规定?对于上述问题,我们可否从社会成本角度来探究呢?网络案件的当事人强弱显而易见,若单从社会公平角度来讲,应加强对弱势一方的保护。过严限制管辖权往往会导致弱势地位的当事人到强势地位的当事人处诉讼,如此增加了弱势地位当事人的诉讼成本支出,致使双方当事人弱者愈弱、强者愈强。但是除了对道德成本的考虑外,还需结合其是否适应社会的发展及社会就此类案件需支出的成本来考虑。社会成本在法律上的实现总是通过一定的程序来调节,程序法的目的是实现社会成本最小化。就本案而言,现阶段网络虚拟财产案件标的一般都较小,胜诉机会又不确定,这往往使弱势当事人放弃诉讼,转而使用非理性的手段,如通过网络散播不满情绪,更有甚者会通过网络暴力(如黑客)来发泄自己的私愤。其结果势必冲击和破坏现有尚不完善的网络秩序和网络信用,而重构网络秩序和信用需大量的社会成本支出,这显然不符合社会成本最小化原则。综上,不管是从社会成本还是从法律理念来考虑,给弱势当事人选择网络虚拟财产侵权结果发生地的权利,其产生的效应明显强于剥夺他们选择权利所产生的效应。基于以上考虑,应给受侵害人选择管辖法院的权利。但若给予受侵害人广泛的选择权,则又会造成管辖法院的不确定,可能会出现非善意选择的情形,从而增加了侵权人额外的诉累。当此两种利益出现冲突时,应进行利益平衡。利益平衡的基点在于既保障受侵害人的选择权,又应对此予以适当的限制;限制应以受侵害人的利益为中心,适当缩减适用范围,因此,与受侵害人最密切联系原则成为最优选项。结合本案,与原告最密切联系的媒介应为原告的住所地,此也体现于最高人民法院《关于审理名誉权案件若干问题的解释》的规定之中。因网络虚拟财产侵权案件与名誉权侵权案件均属侵权案件,故本案可类推适用上述规定,将原告住所地认定为网络虚拟财产案件侵权结果发生地。

本章小结

本章主要阐述了电子商务中的法律问题,重点介绍了电子商务交易安全的法律保障,如消费者权益与保护、电子商务中的隐私保护、电子商务环境下的网络道德与网络犯罪问题等,同时也介绍了电子商务涉及的知识产权问题。

复习题

一、选择题

1. 根据规定,涉及域名的侵权纠纷案件,由侵权行为地或者被告所在地的中级人民法院管辖。对难以确定的原告发现该域名的计算机终端等设备所在地可以视为(   )。
   A. 原告所在地   B. 被告所在地   C. 侵权结果地   D. 侵权行为地

2. 电子商务法,是调整以数据电文为交易手段而形成的因(   )所引起的商事关系的规范体系。
   A. 交易形式   B. 交易内容   C. 交易方式   D. 交易结果

3. 在许多国家,认证机构按不同的层次构建起来,常被称作是(   )。
   A. 公钥基础设施   B. 认证机构   C. 公共密钥   D. 公共密码编码

4. 所谓电子支付,是指以电子计算机及其网络为手段,将负载(   )取代传统的支付工具用于资金流程,并具有实时支付效力的一种支付方式。
   A. 有特定信息的电子数据   B. 有秘密信息的电子数据
   C. 有一般信息的电子产品   D. 有通用信息的电子数据

5. 所谓国际协调原则,是指各国在立法过程中尽量采取一套国际上可以接受的规则,以便排除(   )中的障碍,为电子商务创造更加安全的法律环境。
   A. 传统技术   B. 传统法律   C. 传统理论   D. 传统观念

二、简答题

1. 产生电子商务法律问题的原因有哪些?
2. 电子商务交易安全的法律保障主要包括哪些方面?
3. 电子商务涉及的知识产权问题涉及哪些方面?
4. 电子垃圾邮件现象产生的因素有哪些,主要有哪些解决措施?

参 考 文 献

[1] United Nations Conference on Trade and Development. Information Economy Report 2007 - 2008. UnitedNations：http//www.unctad.org/en/docs/sdteecb20071_ en.pdf，2008 - 03 - 10.

[2] Canada National StatisticalAgency. Electronic Commerce and Technology Industry Canada：http：//e - com.Ic.gc.ca/epic/site/ecic - ceac.nsf/en/h_ gv00032e.html，2007 - 04 - 20.

[3] 杨坚争. 电子商务基础与应用 [M]. 第6版. 西安：西安电子科技大学出版社，2008.

[4] 戴建中. 电子商务概论 [M]. 北京：清华大学出版社，2009.

[5] 张铭洪. 网络经济学教程 [M]. 北京：科学出版社，2002.

[6] 刘杨林. 网络经济学基础 [M]，北京：清华大学出版社，2008.

[7] 甄阜铭. 电子商务基础教程 [M]. 大连：东北财经大学出版社，2003.

[8] 杨路明. 电子商务概论 [M]. 北京：科学出版社，2006.

[9] 杨雪雁. 电子商务概论 [M]. 北京：北京大学出版社，2010.

[10] 李琪，钟诚. 电子商务安全 [M]. 重庆：重庆大学出版社，2004.

[11] 祁明. 电子商务安全与保密 [M]. 北京：高等教育出版社，2006.

[12] 劳帼龄. 电子商务安全与管理 [M]. 北京：高等教育出版社，2007.

[13] 柯新生. 网络支付与结算 [M]. 北京：电子工业出版社，2004.

[14] 李洪心，马刚. 银行电子商务与网络支付 [M]. 北京：机械工业出版社，2008.

[15] 冯英健. 网络营销基础与实践 [M]. 第3版. 北京：清华大学出版社，2008.

[16] 张宽海. 电子商务概论 [M]. 北京：电子工业出版社，2009.

[17] 张润彤，周建勤. 电子商务物流管理 [M]. 大连：东北财经大学出版社，2008.

[18] 周训武. 电子商务物流与实务 [M]. 北京：化学工业出版社，2009

[19] 周长青. 电子商务物流 [M]. 北京：北京大学出版社，2006.

[20] 魏修建. 电子商务物流 [M]. 重庆：重庆大学出版社，2004.

[21] 宋华. 电子商务物流与电子供应链管理 [M]. 北京：中国人民大学出版社，2004.

[22] 赵林度. 电子商务物流管理 [M]. 北京：科学出版社，2006.

[23] 张方. 我国电子商务物流模式选择研究 [D]. 大连：东北财经大学硕士学位论

文,2007.

[24] 王转.配送中心运营与管理[M].北京:中国电力出版社,2009.

[25] 胡彪,等.物流配送中心规划与经营[M].北京:电子工业出版社,2008.

[26] 吴军,胡桃,等.电子商务物流管理[M].杭州:浙江大学出版社,2009.

[27] 网星工作室.网站设计基础与实例教程[M].北京:北京希望电子出版社,2002.

[28] 肖平,王超学.电子商务网站设计与管理[M].南京:东南大学出版社,2002.

[29] 张礼义.电子商务系统设计理论与实例分析[M].北京:科学出版社,2007.

[30] 蒋文杰.电子商务实用教程[M].杭州:浙江大学出版社,2006.

[31] 中国电子商务法律网,http://www.chinaeclaw.com.

[32] 秦成德.电子商务法[M].北京:科学出版社,2007.

[33] 陈德人.电子商务案例与分析[M].北京:高等教育出版社,2010.

[34] 蒋文杰.电子商务实用教程[M].杭州:浙江大学出版社,2006.

[35] 彭媛,宁亮,熊奇英.电子商务概论[M](第2版).北京:北京理工大学出版社,2014.